质量检验技术

主　编　董　鹏
副主编　罗朝晖

国防工业出版社

·北京·

内 容 简 介

质量检验是质量管理中的一项重要工作,也是全面质量管理中不可缺少的组成部分。质量检验技术是军方开展军品检验验收工作和企业开展产品自检工作必不可少的方法和手段。目前质量检验技术种类繁多、涉及行业广泛,本书系统梳理了各种检验技术,分析了检验技术的具体应用方法、对象、环境等。全书共分为 11 章,主要内容包括:质量检验工作概述,质量检验机构与检验人员,抽样检验,误差分析,检验数据的处理及表示,质量统计与质量统计分析,可靠性试验与分析,无损检验技术,材料检验技术,电子设备检验技术,软件检验技术,质量检验体系。

本书可作为有关军事装备采购专业本科生、研究生教材,以及军事装备采购干部轮训(培训)和军事代表培训教材,也可作为武器装备管理、采购工作人员的学习参考书。

图书在版编目(CIP)数据

质量检验技术/董鹏主编.—北京:国防工业出版社,
2015.11
ISBN 978-7-118-10341-0

Ⅰ.①质... Ⅱ.①董... Ⅲ.①武器装备—质量检
验 Ⅳ.①F407.486.3

中国版本图书馆 CIP 数据核字(2015)第 252562 号

※

*国防工业出版社*出版发行
(北京市海淀区紫竹院南路 23 号 邮政编码 100048)
北京奥鑫印刷厂印刷
新华书店经售

*

开本 787×1092 1/16 印张 23 字数 568 千字
2015 年 11 月第 1 版第 1 次印刷 印数 1—2500 册 定价 59.00 元

(本书如有印装错误,我社负责调换)

国防书店:(010)88540777 发行邮购:(010)88540776
发行传真:(010)88540755 发行业务:(010)88540717

前　言

　　军品质量好坏是我军武器装备现代化建设的重要标志之一,影响到部队战斗力的形成,甚至关系到战争的成败和国家安危。质量检验是质量管理中的一项重要工作,也是全面质量管理中不可缺少的组成部分,是提高军品质量的重要保证。长期以来,军品质量检验大多沿用以往的传统做法,然而随着新产品中新材料、新工艺、新技术的不断采用,且新产品包含的尖端技术涉及多个领域,专业面宽,工程实现复杂,协作面广,研制、生产的风险性高,这些特点要求其质量检验技术不断更新并与之相适应;质量检验方法和采用的技术多种多样,要理清各种检验技术的适用情况,对于哪种方法和技术更适用何种产品,应该进行认真、系统的研究;新产品的特点对从事质量检验机构和人员的能力和素质提出了更高的要求,不仅要掌握质量检验体系、检验监督的重要环节、检验方法理论,还需要了解质量检验技术的发展趋势,掌握先进的质量检验技术,从而提高质量检验人员的技术水平和扩大专业技术视野。显而易见,仅依靠工作岗位的长期锻炼提高质量检验水平已经难以满足新形势下的需求,必须通过系统、正规的培训,使在短期内提高检验技术水平,掌握全面、系统的检验技术知识,这对于提高检验质量,进而向部队提供高质量产品和提高部队战斗力都具有十分重要的意义。

　　近年来,为适应新形势下军品(武器装备等)发展的需要,采购队伍的建设越来越受到重视,相关机构和人员的培训力度需要不断地加强。质量检验技术是采购人员必备的专业基础知识之一,目前还缺少全面、系统阐述军品质量检验技术的书籍,给采购人员、质量检验机构和人员的培训造成了一定的困难,影响到相关学科(装备采购等)的发展。为此,编者结合多年来军品检验验收的实践经验及军品生产过程的特点,编著了本书,作为从事军品采购、质量检验验收人员培训的教材,以改进培养对象的知识结构,提高其素质能力,以期对战斗在军品科研、生产及质量监督一线的工程技术人员、军事代表等有一定的借鉴,使其更加科学、系统地做好质量检验验收等工作。

　　全书共分为 11 章。第 1 章、第 2 章介绍了质量检验工作的基础理论及质量检验机构和质量检验人员的设置等内容;第 3 章~第 10 章介绍了质量检验的基本知识,着重介绍了军品性能测试、成品试验和软件检验的技术与方法;第 11 章介绍了 ISO 9000 族标准与质量检验体系以及质量信息管理的相关知识。

　　本书由董鹏任主编,罗朝晖任副主编,参与编写的人员有董鹏(第 1 章、第 2 章)、罗朝晖(第 11 章)、李建民(第 3 章、第 4 章)、伍洁(第 5 章、第 6 章)、王科文(第 7 章、第 8 章)、余鹏(第 9 章、第 10 章)。本书由董鹏同志统稿,罗朝晖同志审订。

　　本书在编写过程中,参考和应用了一些文献资料,特向原著者致谢! 由于编者的能力和水平有限,书中难免有许多不妥之处,恳请读者批评指正。

编　者

2015 年 6 月

目　录

第1章 质量检验工作概述

1.1 质量检验的基本概念

1.1.1 质量管理发展过程中的质量检验

科学技术和生产力的高速发展促进了质量管理的发展,作为质量管理的重要组成部分的质量检验,随着质量管理的发展而发展是非常正常的,也是必然的。对产品质量提出高标准要求的同时,对质量检验的要求也更加严格。质量检验突出表现在经常化、科学化等方面,并且通过高质量、高效率的工作和全过程的验证活动,与企业管理中各项活动相协同,从而有力地保证了产品质量的稳步提高,不断满足社会日益发展、人们对物质文化生活水平提高的要求。质量管理是在质量检验的基础上发展起来的,而质量检验又随着质量管理的发展而发展。到目前为止已经经历了以下三个阶段的历程。

1. 传统质量检验阶段

自从商品走向市场,为满足顾客对产品质量的要求就开始有了质量检验。图1.1所示的是古埃及金字塔关于检验的一幅壁画,说明早在金字塔的修建工程中就已经有了质量检验。

图1.1 古埃及金字塔关于检验的壁画

传统质量检验阶段是单纯靠检验或检查保证产品或工作质量的。产品生产后经过检验,区分合格产品与不合格产品。合格产品投放市场交付顾客使用,不合格产品需通过返工、返修、降等级使用或报废等方式进行处理。因此,传统的质量检验阶段是事后的质量保证,是不经济的质量管理。

由于生产力的不断发展,生产规模不断扩大,传统质量检验阶段历经了操作者检验、工长检验、专职检验三个小阶段。在传统质量检验阶段是通过"全数检验"完成检验工作的。

2. 统计质量控制阶段

由于传统质量检验阶段对质量保证缺乏预防的功能,因此在1920年前后诸多质量管理专

1

家致力于研究如何预防不合格品的产生。1924年，美国贝尔实验室的罗半格、道吉以及休哈特等，针对传统质量检验缺乏预防性的问题，运用数理统计学原理，先后提出了在生产过程中抽样检验方案设计的"统计抽样"理论和控制生产过程中产品质量特性值分布的 $\pm 3\sigma$ 方法的"质量控制图"。统计抽样和控制图的发明为生产过程质量控制、质量缺陷预防提供了科学手段，促进了质量管理的发展，可以称其为"划时代的发明"。

统计质量控制阶段，应用数理统计方法从产品质量波动中找出规律性，捕捉生产过程中的异常先兆（苗头），经过质量分析找出影响质量的异常因素并采取措施将其消除，使生产过程的各个环节控制在正常的生产状态，从而起到最经济地生产出符合标准要求的产品的作用。

实践证明，统计质量控制是保证产品质量、预防不合格品产生的有效方法。但是由于在统计质量控制阶段，只对生产过程进行控制，忽略了产品质量的产生（设计阶段）、形成（生产制造阶段）和实现（使用和售后服务阶段）中各个环节的作用，而且还忽视了人的主观能动作用和企业组织管理（质量体系）的作用，使人误解为"质量管理就是统计方法的应用"。大多数生产者由于文化素质还达不到充分理解和掌握统计方法应用的技能，在推广应用方面受到很大的阻力。

3. 全面质量管理阶段

随着科学技术和管理理论的不断发展，20世纪60年代初，美国的费根鲍姆和朱兰等提出全面质量管理理论，把质量管理推向一个新的纪元。

全面质量管理强调"三全"管理：

1）全员参与的质量管理

要求：(1) 全员的培训教育。

(2) 明确的职责、权限和接口。

(3) 开展各种形式的群众性质量管理活动。

(4) 奖惩分明。

2）全过程的质量管理

对产品质量的产生（产品的设计阶段）、形成（产品的生产制造阶段）和实现（产品的使用和售后服务阶段）的全过程实施有效的质量管理。

要求：(1) 质量策划。

(2) 程序文件的编制和实施。

(3) 过程网络的管理。

3）全企业的质量管理

要求：(1) 建立并运行有效的质量管理体系。

(2) 确立管理职责、权限和接口。

(3) 配备必要的技术、物质资源。

(4) 管理（领导）层的高度重视。

日本自20世纪60年代推行全面质量管理，经过20年的努力，从一个伪劣产品策源地国家的地位，至80年代一举成为产品质量一流的生产国，充分证明了全面质量管理的成效是显著的。图1.2所示为日本电视机、汽车产品在美国市场占有率的逐年变化情况。美国是一个电视机和汽车产品的生产大国，之所以允许日本产品大量涌入美国市场，其主要因素是产品质量的优越，质量是挡不住的因素。

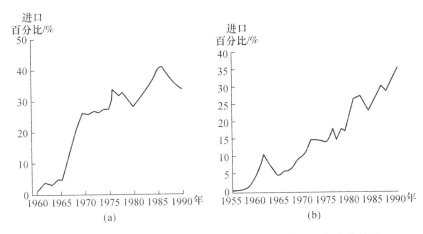

图 1.2 日本电视机、汽车产品在美国市场占有率的逐年变化情况

(a) 电视机产品:进口百分比;(b) 汽车产品:进口百分比。

我国自 1978 年从日本引进全面质量管理,至今已有 20 多年,但所取得的成效远不如日本显著。著名质量管理专家刘源张教授曾撰文"中国质量等待起飞",以不可辩驳的事实证实了这一问题。我国自 1986 年开始实施"产品质量市场监督抽查",十多年来每季度的市场监督抽查合格率始终徘徊在 75% 左右,最好的一个季度达到 81%,最差时达到 61%,个别产品合格率更低,2000 年第四季度,市场监督抽查皮革制品的合格率仅为 36%。这一现象充分说明我国工业产品的总体质量水平亟待提高,质量工作人员的责任是艰巨的,任重而道远。

1.1.2 质量保证的重要意义

1. 质量的定义

质量是一组固有特性满足要求的程度。

从质量的定义明确提出,产品质量必须全面满足用户(顾客)的要求(明确的)和期望(隐含的)。我国国民经济的发展都是为了满足社会主义建设和广大人民群众不断增长的物质、文化生活的需要。社会各方面的发展,包括物质的丰富、产品品种的增加,都与产品质量密不可分,甚至都是以产品质量为前提和基础的。没有质量就谈不上数量,当然也就难以保障国民经济的发展。

产品质量是企业技术、管理和人员素质的综合反映。从某种意义上讲,质量的好坏标志着一个企业、一个地区、一个民族的素质。

2. 质量保证的重要意义

1) 保证与提高产品质量是人类生产活动的一种基本活动

自从有了商品、有了市场就有了质量的要求。人们总是希望在衣、食、住、行等各方面能得到不断的改善、提高和得到满足。这种愿望和需求,很自然地推动了工业、农业和交通运输业以及建筑业等各行各业的发展。同时,产品品种和产品质量的不断提高,又推动了科学技术和生产力的不断发展。

2) 产品质量是国家经济建设的物质基础

企业作为国民经济的重要组成部分,其基本任务就是向社会和顾客提供适用的满足需求的产品或服务。在满足顾客要求、实现社会效益的同时,为企业创造经济效益。因此,不仅要考虑产品的经济价值,更重要的是要考虑产品的使用价值,必须始终坚持产品的经济性与适用

3

性的统一。产品的经济价值是构成社会财富的物质基础,但是应注意到没有质量就没有数量,更谈不上经济价值,企业也就没有经济效益。为了保证国家经济建设的物质需要,为了保证经济价值与使用价值的统一,企业的生产必须确保质量第一。

3)产品质量是科学技术和文化水平的综合反映

企业的产品质量的优劣,除受企业精神和传统的影响之外,主要取决于企业的科学技术、企业文化和管理水准,即常说的企业素质。国内外成功的企业经验证明,现代产品集中了现代科学技术、现代管理和文化发展的最新成果。企业的产品必须不断提高科技含量、不断创新,才能受到顾客的欢迎和占领市场。一个国家的科学技术、管理和文化水平只有处于国际领先水平,才能为发展新产品、保证和提高产品质量提供基础。

产品质量是企业技术、管理和文化素质的综合反映。因此,企业为了保证和提高产品质量,必须努力提高科学技术和企业管理水平,不断提高职工的文化素质和技能。

4)产品质量是企业生存和发展的关键

全面质量管理提出企业必须以质量为中心,而是否以质量为中心并不是看企业提出的口号,必须遵循"检验真理的唯一标准是实践"这一原则,在产品质量产生、形成和实现的全过程上下功夫。有些企业在机构改革中首先改掉了质量检验部门,由于放松了质量检验,在生产过程中不能严格按标准组织生产,重数量轻质量,以至粗制滥造,以次充好,以假乱真,欺骗顾客等现象相继发生。这必然使企业名声扫地,产品被市场淘汰,最终使企业无法生存。

"以质量求生存,以品种求发展",向质量要效益,已成为企业生存和发展的必由之路。

5)产品质量是进入市场的通行证

影响市场竞争的三个要素是:质量、价格和交货期,其中质量是第一位的。产品质量差,仅靠价格便宜是最低级的市场定位,没有长久的竞争能力。产品质量是进入市场的通行证,产品质量好,并根据顾客的要求不断改进、提高和完善,不仅可以打入市场,而且可以长期占领市场、扩大市场占有率。为企业创造巨大的经济效益,为企业的发展打下牢固的基础。

在国内,产品进入市场靠的是产品质量好,适销对路、顾客满意。国际市场也是同样的道理,我国加入世界贸易组织后,国内、国际市场将处于同样状况,必须靠一流的产品质量作为进入国际市场的通行证。

1.1.3 质量检验与全面质量管理的关系

质量检验是企业质量管理中的一项重要工作,也是全面质量管理中不可缺少的组成部分。质量管理最早是从质量检验发展起来的,全面质量管理的许多内容都与质量检验有密切关系。在质量管理发展过程中的各个阶段,质量检验的功能各有不同,但质量检验始终是质量管理中的重要工作。因此,在理解质量检验的过程中必须澄清以下两个容易糊涂的观念。

(1)认为产品质量是设计和制造出来的,不是检验出来的,因而放松质量检验,甚至撤销检验机构,削弱检验职能和技术力量。

显然,这一观念是极其错误的。朱兰的"质量螺旋"赋予企业所有部门的质量职能,产品验证在质量管理的各个阶段都是不可缺少的。其实,质量检验本身也可以看作属于制造的一个环节,是对制造的补充。生产制造和质量检验是一个有机的整体,质量检验是生产制造中不可缺少的环节。特别是现代企业自动化、流水线生产过程中,检验工序是整个工艺流程中不可分割的环节,没有检验,生产制造过程就无法进行。

(2)认为全面质量管理强调的是"预防",要求把不合格品消灭在过程之中,而检验工作只不过是"死后验尸"。

有些企业对待检验工作,认为是可有可无,仅仅是一个辅助手段。这种观念也是极为错误的,预防为主是质量管理的指导思想,是相对于传统质量检验阶段的单纯把关的职能而言。预防为主与检验把关绝不是对立的,而是相辅相成、相互结合的。全面质量管理发展过程中,创造的"信息性检验"和"寻因性检验",本身就是生产过程中的质量控制手段,具有很强的预防功能。

不合格原材料不投产,不合格半成品不转序,不合格产品不出厂,是企业必须保证的生产条件。没有强有力的质量检验工作和完整的质量检验系统,这些是很难保证的。

历史的教训不能忘记。中华人民共和国成立以来质量检验工作经历了风风雨雨,在所谓的"相信工人阶级的自觉性"的口号下和把检验工作看成"资产阶级的管、卡、压"时期,企业的质量检验工作几次受到冲击,甚至达到撤销检验机构和专职检验人员的程度,结果导致产品质量的几次历史性大倒退,其影响之深、损失之大是无法估量的。在改革开放政策实施过程中,这一观念又以新的形式有所表现,应当切记,无论当前还是今后,决不能再放松质量检验工作,质量检验工作必须不断加强。市场和商品经济越是发展,对质量检验的要求就越高。对此,必须有充分的认识和切实的措施。

1.1.4　检验的定义和要求

1. 检验

在 ISO 9000 标准中,检验的定义是:通过观察和判断,适当时结合测量、试验所进行的符合性评价。

(1) 凡是可以想象到的事物都是实体。或可理解为:可单独描述和研究的事物称为实体。例如:活动或过程;产品(有形产品和无形产品);组织(企业、部门、班组以及个人);上述各项的任何组合。因此说,检验适用于任何活动。

(2) 合格与不合格指满足或不满足规定的要求。检验工作的规定要求指质量标准。企业执行的质量标准有验收标准和内控标准之分。

(3) 检验的技术性在于对产品的一项或若干项质量特性进行。如测量、检查、试验或度量。用于检验的测量和监控装置必须在满足受控的条件下使用。

(4) 检验是一种活动。对测量、检查、试验或度量的一项或多项特性的结果,与规定要求进行比较,并确定每项特性是否合格的活动。因此,检验是一种符合性判断。

(5) 以上定义是"判定性检验"的定义。在全面质量管理发展过程中创造的"信息性检验"和"寻因性检验"另有定义。

2. 判定性检验的工作内容及要求

1) 熟悉与掌握规定的要求(质量标准)

首先应熟悉所检验的一项或多项特性的规定要求(质量标准)的内容,并将其转换为具体的质量要求、抽样和检验方法,确定所用的测量装置。通过对规定要求(质量标准)的具体化,使有关人员熟悉与掌握什么样的产品是合格产品,什么样的产品是不合格产品。

企业所执行的质量标准有验收标准和内控标准。

验收标准用于供需双方交接(验收)产品时使用。凡公开发布的标准,无论是国家标准、地区标准、行业标准还是企业标准,都属于验收标准。

内控标准用于企业对所生产的产品进行检验时使用。内控标准是在验收标准的基础上,

按以下原则进行加严:

(1) 扣除因产品质量稳定性而造成的差异。

(2) 扣除因测量误差而造成的差异。

内控标准不能无原则加严,过严则错杀很多合格产品,过宽则失去内控的意义。内控标准与验收标准的差异,反映了企业的技术能力和管理水平,因此内控标准属于企业机密。

2) 测量

测量就是按确定采用的测量装置或理化分析仪器,对产品的一项或多项特性进行定量(或定性)的测量、检查、试验或度量。

测量首先应保证所用的测量装置或理化分析仪器处于受控状态。这一点在 ISO 9000 标准中明确规定为:测量和监控装置的使用和控制应确保测量能力与测量要求相一致。

关于测量能力的概念另行叙述。

3) 比较

比较就是把检验结果与规定要求(质量标准)相比较,然后观察每一个质量特性是否符合规定要求。

应注意,企业对所生产的产品自行检验时,必须严格执行内控标准,以避免与顾客发生质量争议,影响企业的声誉。

4) 判定

质量管理具有原则性和灵活性。对检验的产品质量有符合性判断和适用性判断。

符合性判断,就是根据比较的结果,判定被检验的产品合格或不合格。符合性判断是检验部门的职能。

适用性判断,就是对经符合性判断被判定为不合格的产品或原材料进一步确认能否适用的判断。适用性判断不是检验部门的职能。

对原材料的适用性判断是企业技术部门的职能。在进行适用性判断之前必须进行必要的试验,只有在确认该项不合格的质量特性不影响产品的最终质量时,才能做出适用性判断。必要时可采用筛选和预处理(加工)的方法,创造适用性条件。

对产品的适用性判断只能由顾客做出,经顾客做出适用性判断的产品应加以特殊标识,并定向销售。

5) 处理

检验工作的处理阶段包括以下内容:

(1) 对单件产品,合格的转入下道工序或入库。不合格的做适用性判断或经返工、返修、降等级、报废等方式处理。

(2) 对批量产品,根据检验结果,分析做出接收、拒收或回用等方式处理。

6) 记录

把所测量的有关数据,按记录的格式和要求,认真做好记录。质量记录按质量体系文件规定的要求控制。

1.1.5 质量检验的职能、目的和作用

1. 质量检验职能的内容

随着科学技术和生产力的发展,检验工作也在不断发展。由于管理的科学化与现代化的要求不断增强,现代质量检验的职能与过去传统质量检验相比,已有很大的发展,已由传统的、

单纯的把关,发展为"既要严格把关,又要积极预防"的主动性检验。质量检验的职能如下。

1)鉴别的职能

鉴别的职能是其他各项职能的前提。鉴别的职能是根据技术标准、产品图样、工艺规程和订货合同(协议)的规定,采用相应的检验方法观察、试验、测量产品的质量特性,判定产品质量是否符合规定的要求。不进行鉴别就不能确定产品的质量状况,就难以实现其他各项职能。

2)把关的职能

质量"把关"是质量检验最重要、最基本的职能。产品实现的过程往往是一个复杂的过程,影响产品质量的人、机、料、法、环诸因素都会在该过程中发生变化和波动,各过程(工序)不可能始终处于等同的技术状态,质量波动是客观存在的、不可避免的。因此,必须通过严格的检验,剔除不合格品并予以"隔离",实现不合格原材料不准投产、不合格半成品不准转序、不合格成品不准出厂,严把质量关的"把关"的职能。

3)预防的职能

通过质量检验,获得大量的数据和质量信息,为质量控制提供依据,并通过过程控制,将影响产品质量的异常因素加以控制,实现以预防为主的方针。

应当说明的是目前的判定性检验,其预防的职能是极其微弱的。只有发展到信息性检验和寻因性检验,才能更好地实现预防的职能。检验的预防作用主要体现在以下几个方面:

(1)通过对过程能力的测定和控制图的应用起到预防的作用。无论是过程能力测定还是控制图的应用,都需要通过产品检验取得质量数据,但这种检验的目的不是为了判定产品合格与否,而是为了计算过程能力的大小或反映过程的状态是否受控。如果发现过程能力达不到要求,或者通过控制图表明过程出现了异常(异常先兆),都需要及时调整或采取技术、组织措施,提高过程能力或消除异常因素,使过程恢复稳定受控状态。

(2)通过过程作业的首检与巡检起到预防作用。当一个班次或一批产品开始作业(加工)时,一般应进行首件检验,只有当首件检验合格并得到认可时,才能正式投产。此外,当设备进行了调整又开始作业(加工)时,也应进行首件检验,其目的都是为了防止出现成批不合格品。而正式投产后为了及时发现作业过程中的异常变化,还要定时或不定时到作业现场进行巡回抽检,一旦发现问题可以及时采取措施纠正。

(3)广义的预防作用。实际上是对原材料和外购件的进货检验;对半成品转序或入库前的检验,既起到把关的作用又起到预防的作用。前过程(工序)的把关,对后过程(工序)就是预防。特别是应用现代数理统计方法对检验数据进行分析,就能找到或发现质量变异的特征和规律。利用这些特征和规律就能改善质量状况,预防不稳定生产状态的出现。

4)报告的职能

报告的职能是把关职能的继续。为了使领导层和相关的管理部门及时掌握产品实现过程中的质量状况,评价和分析质量控制的有效性,把检验获取的数据和信息,经汇总、整理、分析后写成报告,为质量控制、质量改进、质量考核以及质量管理决策提供重要信息和依据。

质量报告的主要内容包括:

(1)原材料、外购件、外协件进货验收的质量状况及合格率。

(2)过程检验、成品检验的合格率、返修率、报废率和等级品率,以及相应的质量损失金额。

(3)按产品组成部分(如零件、部件、组件)或作业单位划分统计的合格率、返修率、报废率及相应的质量损失金额。

（4）产品不合格原因分析。

（5）重大质量问题的调查、分析和处理意见。

（6）提高产品质量和质量改进的建议。

5）监督的职能

质量检验部门不只是监督生产过程中的产品质量状况，还肩负着生产技术监督的职能。企业职工是否严格执行各项技术标准、管理标准和工艺规程，是影响产品质量的重要方面。一般企业采用定期组织检查团的方式进行工艺监督，往往只看到表面现象而难以观察到实质。由质量检验部门进行日常的工艺技术监督，实现监督的职能是非常必要的。主要包括：

（1）产品质量的监督。

（2）专职和兼职质量检验人员工作质量的监督。

（3）工艺技术执行情况的技术监督。

监督的职能一般通过设置专职的巡检人员完成。

2. 质量检验职能之间的相互关系

质量检验的五项职能是相互关联、密切相关的，形成一个完整的概念。

质量检验就目前的判定性检验而言，把关的职能是最主要的，要严格保证不合格原材料不准投产、不合格半成品不准转序、不合格产品不准出厂。所以说把关的职能是五项职能中最重要的一项职能。

鉴别的职能是把关职能的前提，没有正确的鉴别，就难以实现严格的把关。而报告的职能是把关职能的继续。通过报告，把质量检验所获得的信息、产品质量存在的问题、企业的质量状况，及时向企业领导和有关部门通报，为质量改进提供信息，为领导决策提供依据。

监督的职能是根本，特别是工艺技术监督是实现各项职能的根本保证。

3. 质量检验的目的

对产品、零部件进行质量检验，可实现以下目的：

（1）判定产品、零部件的质量合格与否。通过对产品、零部件的质量检验，可以判定其质量是否合格。

（2）证实产品、零部件的符合性。产品、零部件是按规定的标准进行生产的，最终质量水平是否符合规定标准的质量要求，通过质量检验来证实。

（3）产品质量评定。通过质量检验确定产品缺陷的严重程度，为质量评定和质量改进提供依据。

（4）考核过程质量。对产品的生产过程进行工艺技术监督和过程质量的检验，了解职工贯彻执行工艺规程的情况，检查工艺纪律，考核过程质量是否处于稳定状况。

（5）获得质量信息。通过质量检验可以获得大量的质量数据，对这些数据的统计分析，既可以提供产品质量考核指标的完成情况，又可以为质量改进和广泛开展的质量管理活动提供重要的质量信息。

（6）仲裁质量纠纷。对企业内部各部门之间及企业与顾客之间因产品质量问题而发生的纠纷，或生产者对质量检验结果提出疑义时，可以仲裁检验，判定责任，做出公正的裁决结论。

4. 质量检验的作用

企业的生产经营活动是一个复杂的过程，产品质量受到人、机、料、法、环等多方面的综合影响，往往会引起质量波动，甚至产生不合格品。为了保证产品质量，对生产过程中的原材料、外购件、外协件、毛坯、半成品、成品及包装等各个生产环节及生产过程，进行质量检验，严格把住质量关,确保按技术标准、管理标准、工艺规程和产品图样进行生产,是确保国家利益、企业利益和顾客利益的需要。只有不断提高企业信誉和社会效益,企业才具备生存和发展的条件。

企业只有严格实施质量检验,才有条件实现不合格原材料不投产、不合格半成品不转序、不合格产品不出厂。

质量检验的作用不仅仅是挑出各生产工序中的不合格品,起到把好质量关的单一作用。质量检验过程既监督了产品质量又对工艺技术的执行情况进行监督。质量检验过程所获得的大量质量信息和情报,又可以为及时发现过程中的异常,进行质量改进以及为确定过程能力,为产品设计改进和调整工艺路线,计算质量成本等多方面提供技术、经济与管理方面的数据、信息和资料等。

国内外大量事实证明,企业中的专职质量检验,任何时候都是完全必要的。质量管理起源于质量检验,质量检验随着质量管理的发展而发展,质量检验永远是质量管理的重要组成部分,在质量管理工作中发挥重要的作用。任何削弱甚至取消质量检验的行为都是错误的,其结果必然会导致产品质量的严重下降。

1.1.6 质量检验、试验、验证和监视

1. 质量检验

产品质量检验是通过观察和判断,适时结合测量、试验所进行的符合性评价。对产品而言,是指根据产品标准或检验规程对原材料、半成品、成品进行观察,适时进行测量或试验,并将所得到的质量特性值(测定值)与规定要求相比较,判定出产品或产品批合格与不合格的一种技术性检查活动。

产品试验往往是产品质量检验的一种手段。试验一般应按照规定的程序确定产品、过程的一种或多种特性的技术性活动。对产品而言,试验就是按照规定的技术程序和方法,确定产品的一个或多个技术特性(性能)。

产品的周期检验就是通过大量的试验来完成的,所以周期检验又称为"例行试验"。

产品试验一般有:产品性能试验和环境条件试验。

2. 产品验证

产品验证是指通过提供客观证据对规定要求已得到满足的认定。产品验证是对生产各阶段形成有形产品和无形产品,通过物理的、化学的和其他科学技术手段及方法进行观察、测量或试验后所提供的客观证据,证实规定要求已经得到满足的认定。产品验证是一种管理性的检查活动。

产品的质量检验通常是产品验证的基础和依据,产品验证要以质量检验结果作为客观证据,还要按规定的程序和要求进行认定。

3. 监视

监视是对某项事物按规定要求给予应有的观察、注视、监控和验证。现代工业化国家的质量管理体系要求对产品的符合性、过程的结果及能力实施监视和测量。这就要对产品的特性和对影响过程能力的因素进行监视,并对其进行测量,获取证实产品质量特性符合性的证据,及证实过程结果达到预定目标的能力的证据。

在现代化工业生产中,过程监视是经常采用的一种有效的质量控制方式,并作为对质量检验的一种补充形式广泛地在机械、电子、化工、医药、食品等加工行业中使用。

在自动化生产线中,对重要的过程(工序)和环节实施在线主动测量,不间断地对过程的结

果进行自动监视和控制(包括测量后的反馈、修正和自动调整),以实现对中间产品和最终产品进行监视和控制。但主动测量结果要有对标准试样的检验结果作为比较的基准与参照的对象。

有些产品在形成过程中,过程的结果不能通过其后的检验或试验来确认(如必须对样品进行破坏性检测,检测费用昂贵不能成为常规的检测手段),或产品属于流程性材料,其形成过程是连续不断的,这种情况下其产品质量特性取决于过程参数,而停止作业过程来进行检测调整参数是十分困难的、代价很高甚至是不可能的,对这样的过程,生产者往往通过必要的监控手段(如仪器、仪表)对作业有决定性影响的过程参数进行监视和控制,确保过程稳定,实现保证产品质量符合规定要求的目的。

因此,在产品实现过程的质量控制中,监视和检验是不可能相互替代的,两者的作用是相辅相成、互为补充的。为确保过程的结果达到预期的质量要求,应对过程参数按规定进行监视,并对过程运行、过程参数做出客观、完整无误的记录,作为验证过程结果的质量满足规定要求的证据。检验人员对作业过程应实施巡回检查,并在验证过程记录后签字确认。

4. 产品试验

1)产品性能试验

产品性能试验是按规定程序和要求对产品的基本功能和各种使用条件下的适应性及其能力进行检查和测量,以评价产品性能满足规定要求的程度。不同的产品其性能要求是不同的,所以试验的内容、要求和方法也不相同。就机电工程产品而言,产品性能试验主要包括:

(1)功能试验。功能试验是对产品的基本使用功能通过试验取得数据。如汽车的速度、载重量、油耗率;机车的牵引动力、速度、油耗量、制动力和距离、平稳性和稳定性等。

(2)结构力学试验。结构力学试验一般用于承受动、静载荷的产品,进行机械力学性能试验。试验时模拟外界受力的状态(如拉力、压力、扭力、振动、冲击、旋转、颠簸、跌落等)进行静力和动力等试验。试验时,往往加到规定的载荷量值、加载时间或直至结构破坏以测定其结构的强度,验证产品设计及参数设计计算的正确性。

(3)空转试验。空转试验是指产品在无负载的条件下,按照试验规定要求(时间、速度、位移、温度、压力等)检查、测试和评定各运动部分工作的灵活性、平稳性、准确性、可靠性、安全性,检查其控制、驱动、冷却、测量等系统的工作情况。

(4)负载试验。负载试验是按照试验规范所规定的试验方法,在加载情况下测试、评定产品的各项性能参数;检查各运动部位的可靠性、安全性;检查控制、驱动、冷却、测量各系统的工作状况。

2)环境条件试验

(1)环境试验的概念和作用。

环境条件试验是将产品置于自然的或人工模拟的环境条件下(如温度、湿度、气压、辐射、霉变、虫蛀等),经受其影响因素的作用,以评价产品在实际使用、运输、储存环境条件下的性能,并分析研究环境因素的影响程度及其作用机理。

任何产品都是在一定的环境条件下使用的,运输和储存过程中各种环境条件也对产品质量特性存在着不同程度的影响。随着人们对产品可靠性要求的提高,环境试验越来越多地受到科研、生产及各级质量监督、管理和检验部门的重视,并作为评价产品质量的重要手段,被广泛用于电工电子产品、塑料橡胶制品、轻工产品、运输包装件等方面的试验。

(2)环境试验方法。

环境试验一般有自然暴露试验、现场试验和人工模拟试验三类。前两类试验所需试验费用高、耗时较长,试验的可重复性和规律性较差,但是试验中所发现的问题比较真实地反映实际使用状态,因此这两种试验是人工模拟试验的基础。在质量检验中广泛采用人工模拟环境试验。为使试验结果具有可比性和再现性,目前,电工电子产品、轻工产品等基本环境试验方法已经标准化。环境试验的常用方法如下:

① 高低温试验。高低温试验是对产品在按技术标准或技术协议规定的允许的高、低温(温度)下放置(或工作)一定时间后评定产品质量特性的稳定性和可靠性。

高温试验是把产品置于高温恒温箱内,模拟高温炎热条件下的工作;低温试验通常是在人工制冷的低温冷冻箱内进行,模拟产品在寒冷地区、冬季或高空条件下的工作。

产品经过高低温试验后,一般都是按产品技术条件或技术协议中规定的质量要求评定。

② 湿热试验。湿热试验一般是把产品置入湿热试验箱内进行,靠喷雾或水加热蒸发达到一定的湿度和温度。产品湿热试验是考核产品耐受高温潮湿空气影响的能力,是评价产品在湿热空气环境下使用的可靠性的一种方式。其目的是防止产品在湿热空气条件下绝缘材料的绝缘性能显著降低,或金属零件发生严重锈蚀。湿热试验方法已广泛用于考核电工电子产品和家用电器产品的耐湿热能力,如家用电器用湿热试验考核其在湿热环境(如雷雨季节、厨房、洗澡间等场所)下能否保证人身安全及可靠使用。

产品的湿热试验一般有以下三种方式:

a. 恒定温湿试验:产品一般以非工作状态放入恒定湿热试验箱中,按其技术条件规定的试验周期保持在一定的湿热条件下进行试验。

b. 交变湿热试验:这是一种加速环境试验,用于确定产品在温度循环变化下的湿热环境中并通常在其表面上产生凝露时的使用和储存的适应性,它是利用产品随温度、湿度改变而产生的"呼吸"作用以改变产品内部的湿度,受试产品在交变湿热试验箱内依次进行升温、高温、降温、低温四个阶段试验而构成一次循环,并按技术条件规定进行若干次循环的试验。

c. 常温湿热试验:产品一般在常规温度和相对湿度较高的条件下进行试验。

③ 温度冲击试验。温度冲击试验是检查产品在温度激烈变化的冲击条件下的工作适应性及结构的承受能力。

试验时产品一般处于非工作状态,交替置入低温、高温试验箱内按所要求的高温、低温和保温时间进行若干次循环试验,在最后一次循环完成后将样品从高湿试验箱中取出,放置在常温环境中检查其技术性能。试验后的产品不应出现润滑油脂或工作油液溢出、漆层起泡、皲皮、剥落,非金属件的膨胀龟裂、变形及构件损坏等问题。其各项技术性能也应符合技术条件的规定。

④ 低气压试验。低气压试验是考核产品在低气压(如高空)环境下工作的适应性及结构的承受能力。试验时将产品置于低气压(真空)试验箱内,按技术条件规定所要求的低气压环境中放置所规定的时间,一般情况下产品处于非工作状态,之后取出产品检查其结构是否破坏及各项技术性能是否符合技术条件的规定。

⑤ 防腐试验(盐雾试验)。用于沿海工业区或经海上运输的产品,在含盐的水分或工业大气浸袭下,产品的金属零件会因受到电化学腐蚀而影响产品的外观,同时还会严重影响产品的机械、电气性能。防腐试验是检查产品对含盐水分或工业大气腐蚀的抵抗能力,广泛用于电工电子产品、轻工、金属材料等产品。

防腐试验分为大气暴露腐蚀试验和人工加速腐蚀试验。为了缩短试验周期,大多采用人工加速腐蚀试验。其中,应用较多的是中性盐雾等试验。

盐雾试验主要用于测定防护装饰性镀层在盐雾环境中的抗腐蚀能力,评价各种镀层的质量优劣。

产品的盐雾试验是把产品置入盐雾试验箱中进行。盐雾是靠喷射含腐蚀的水雾来获得,其试验温度、盐液的组成成分及浓度、喷雾量、喷雾方式、周期数等应按技术条件的规定进行。

⑥ 霉菌试验。产品长时间在温湿度较高的环境下储存使用,表面均可能有霉菌生长,其菌丝易于吸收潮湿气体,分泌有机酸性物质,使产品的绝缘性能遭到破坏,强度下降,光学玻璃的光学性能下降,加速金属零件的腐蚀,恶化产品的外观,有时还伴有令人厌恶的霉味。为此,需要进行产品的霉菌试验。

霉菌试验是检查产品或非金属零部件的抗霉菌浸蚀的能力。

霉菌试验一般是将产品在非工作状态下和易于发霉的对比试样同时置于霉菌试验箱内,将按规定配好的霉菌溶液均匀地喷到产品表面和对比试样上,保持到规定时间后检查产品霉菌生长情况。首先进行外观长霉情况检查,对于可拆开观察内部的产品还应检查其内部长霉情况。检查时用肉眼或放大镜观察,判定霉菌生长的程度和等级,肉眼观察长霉面积一般不应超过 25%。

⑦ 密封试验。工作于野外的产品都会受到风沙、灰尘和雨雪的影响,有些产品(如电缆插头、点火具、火帽等)在使用时可能被浸入水中,雨水或海水渗透都会造成产品的故障或破坏。此外,有很多产品的元件、部件都有气密性要求。

密封试验是评定产品防尘、防气体、液体渗漏的密封能力。密封可理解为产品外壳的一种防护能力。国际电工电子产品外壳防护能力有两类:第一类是固体微粒(灰尘);第二类是防液体、气体的。

防尘试验是检查产品在风沙、灰尘环境中防尘结构的密封性能和工作的可靠性。气体、液体密封试验是检查产品在严于工作条件下防止气体、液体渗漏的能力。

⑧ 外力试验。产品在运输和使用中常常会遭受外力(如振动、冲击、颠簸、离心(旋转)、跌落等)作用的影响,例如船舶、汽车、飞机、机车、空间飞行器上产品所出现的情况,产品受到周期性外力的干扰后,各构件都会被激振动,甚至有些构件会产生谐振。弹性构件谐振后,构件承受反复载荷会影响其寿命,甚至很快产生断裂。由于外力的作用还会使产品各构件的连接部位松动、脱落甚至破坏;外力的作用还可能使滑动或转动构件之间的摩擦力增大或产生附加的摩擦运动而加速磨损;电器部件有可能造成导线、插头、焊点和接线板的松动或脱落;仪器、仪表也可能失效而停止工作。

外力试验是检查产品经受外力作用后,其结构、性能的适应性以及评价其结构的完好性。外力试验是在人工模拟各种外力作用的专用试验台上进行,外力的严格程度、频率及作用时间可按技术条件规定调节。

⑨ 老化试验。从可靠性浴盆曲线可知,产品后期失效大多是由产品的老化所决定的。产品老化包括电工电子产品在电负荷下长期工作而产生的元器件老化和化工产品(橡胶、塑料、树脂、油漆等高分子材料)储存和使用过程中因受环境条件的影响,其性能不断变化甚至失效的老化现象。

老化试验包括:电负荷老化试验,加速电负荷老化试验,大气老化试验,热老化试验。

老化试验结果一般以产品性能试验前后变化的百分率表示。

(3)通过环境试验的基本条件。

环境条件试验后一般在符合下列要求时可认可通过:

① 产品的技术性能符合技术标准或试验的作业指导书规定要求,产品功能正常,无任何故障和缺陷,电气产品及组件绝缘性能正常。

② 产品及可解体组件部分不应有脱落、松动、裂纹、折断、损伤、变形、非正常磨损及其他不应有的缺陷。

③ 产品金属表面涂层不应出现剥离、起泡、锈蚀、变色等;非金属表面不应出现膨胀、起泡、开裂、脱落、麻斑等;橡胶制品无软化、黏结、老化、龟裂等。

1.2 检验的分类

1.2.1 按生产过程的顺序分类

1. 进货检验

进货检验是企业对所采购的原材料、外购件、外协件、配套件、辅助材料、配套产品以及半成品等在入库之前所进行的检验。进货检验的目的是为了防止不合格品进入仓库,防止由于使用不合格品而影响产品质量,影响企业信誉或打乱正常的生产秩序。这对于把好质量关,减少企业不必要的经济损失是至关重要的。

进货检验应由企业专职检验员,严格按照技术文件认真检验。

进货检验包括首(件)批样品检验和成批进货检验两种。

1)首(件)批样品检验

首(件)批样品检验是指对供应方的样品进行检验。其目的在于掌握样品的质量水平和审核供应方的质量保证能力,并为今后成批进货提供质量水平的依据。因此,必须认真地对首(件)批样品进行检验,必要时进行破坏性试验、解剖分析等。

在以下几种情况下应进行首(件)批样品检验:

(1)首次交货。

(2)在执行合同中产品设计有较大的改变。

(3)制造过程有较大的变化,如采用新工艺、新技术或停产三个月以上之后又恢复生产等。

(4)对产品质量有新的要求。

2)成批进货检验

成批进货检验是指对供应方正常交货的成批货物进行的检验。目的是为了防止不符合质量要求的原材料、外协件等成批进入生产过程,影响产品质量。利用进货检验数据作控制图,控制供货质量及选择合格供方。

根据外购货品的质量要求,应根据其对产品质量的影响程度分成 A、B、C 三类,检验时应区别对待。

A 类(关键)品:必须进行严格的检验;

B 类(重要)品:可以进行抽检;

C 类(一般)品:可以采用无试验检验,但必须有符合要求的合格标志和说明书等。

通过 A、B、C 分类检验,可以使检验工作分清主次,集中力量对关键品进行检验,确保产品质量。其中,A 类原材料、外购件的检验应全项目检验,无条件检验时可采用工艺验证的方式检验。

2. 过程检验

过程检验也称工序检验,是在产品形成过程中对各加工工序之间进行的检验。其目的在于保证各工序的不合格半成品不得流入下道工序,防止对不合格半成品的继续加工和成批半成品不合格,确保正常的生产秩序。由于过程检验是按生产工艺流程和操作规程进行检验,因而起到验证工艺和保证工艺规程贯彻执行的作用。

过程检验通常有以下三种形式:

1)首件检验

首件检验是在生产开始时(上班或换班)或工序因素调整后(调整工艺、工装、设备等)对制造的第一件或前几件产品进行的检验。目的是为了尽早发现过程中的系统因素,防止产品成批报废。在首件检验中,可实施"首件三检制",即操作工人自检、班组长检验和专职检验员检验。首件不合格时,应进行质量分析,采取纠正措施,直到再次首件检验合格后才能成批生产。检验员对检验合格的首件应按规定进行标识,并保留到该批产品完工。

2)巡回检验

巡回检验也称为流动检验,是检验员在生产现场按一定的时间间隔对有关工序的产品质量和加工工艺进行的监督检验。

巡回检验员在过程检验中应进行的检验项目和职责:

(1)巡回检验的重点是关键工序,检验员应熟悉所负责检验范围内工序质量控制点的质量要求、检测方法和加工工艺,并对加工后产品是否符合质量要求及检验指导书规定的要求,及负有监督工艺执行情况的责任。

(2)做好检验后的合格品、不合格品(返修品)、废品的专门存放处理工作。

3)完工检验

完工检验是对该工序的一批完工的产品进行全面的检验。完工检验的目的是挑出不合格品,使合格品继续流入下道工序。过程检验不是单纯的质量把关,应与质量控制、质量分析、质量改进、工艺监督等相结合,重点做好质量控制点加工质量的主导要素的效果检查。

3. 最终检验

最终检验也称为成品检验,目的在于保证不合格产品不出厂。成品检验是在生产结束后,产品入库前对产品进行的全面检验。成品检验由企业质量检验机构负责,检验应按成品检验指导书的规定进行,大批量成品检验一般采用统计抽样检验的方式进行。成品检验合格的产品,应由检验员签发合格证后,车间才能办理入库手续。凡检验不合格的成品,应全部退回车间做返工、返修、降级或报废处理。经返工、返修后的产品必须再次进行全项目检验,检验员要做好返工、返修产品的检验记录,保证产品质量具有可追溯性。

1.2.2 按检验地点分类

1. 集中检验

把被检验的产品集中在一个固定的场所进行检验,如检验站等。一般最终检验采用集中检验的方式。

2. 现场检验

现场检验也称为就地检验,是指在生产现场或产品存放地进行检验。一般过程检验或大型产品的最终检验采用现场检验的方式。

3. 流动检验(巡回检验)

检验者深入生产现场对产品(含过程)进行的检验。

1.2.3 按检验方法分类

1. 理化检验

理化检验是指主要依靠量检具、仪器、仪表、测量装置或化学方法对产品进行检验,获得检验结果的方法。有条件时尽可能采用理化检验。

2. 感官检验

感官检验也称为官能检验,是依靠人的感觉器官对产品的质量进行评价或判断。如对产品的形状、颜色、气味、伤痕、老化程度等,通常是依靠人的视觉、听觉、触觉或嗅觉等感觉器官进行检验,并判断产品质量的好坏或合格与否。

感官检验又可分为:

(1)嗜好型感官检验,如品酒、品茶及产品外观、款式的鉴定。要靠检验人员丰富的实践经验,才能正确、有效判断。

(2)分析型感官检验,如列车点检、设备点检,依靠手、眼、耳的感觉对温度、速度、噪声等进行判断。

3. 试验性使用鉴别

试验性使用鉴别是指对产品进行实际使用效果的检验。通过对产品的实际使用或试用,观察产品使用特性的适用性情况。

1.2.4 按被检验产品的数量分类

1. 全数检验

全数检验也称为100%检验,是对所提交检验的全部产品逐件按规定的标准全数检验。全数检验在以下情况进行:

(1)产品价值高但检验费用不高时应全数检验。

(2)关键质量特性和安全性指标应全数检验。

(3)生产批量不大,质量又无可靠措施保证时应全数检验。

(4)精度要求比较高或对下道工序加工影响比较大的质量特性要全数检验。

(5)手工操作比重大,质量不稳定的加工工序所生产的产品应全数检验。

(6)用户退回的不合格交验批应采用全数重检筛选不合格产品。

应注意,即使全数检验由于错验和漏验也不能保证100%合格。如果希望得到的产品100%都是合格产品,必须重复多次全数检验才能接近100%合格。

全数检验的主要优点是能够最大限度地减少批中不合格品。它的主要缺点就是检验费用高;还有可能给人们造成一种错觉,认为保证产品质量,主要靠检验人员筛选,生产者反而可以不承担责任;不利于保证、提高产品质量。但必须知道,100%检验不管对使用方还是生产方,都构成检验过程一个必需部分。在一些不可避免的情况下,例如当针对致命不合格进行检验时,从 GB/T2828.1 中可以明确看出100%检验的必要性。

2. 抽样检验

抽样检验是按预先确定的抽样方案,从交验批中抽取规定数量的样品构成一个样本,通过对样本的检验推断批合格或批不合格。

抽样检验方案的确定依据不同时,又有以下两种检验方法。

1）统计抽样检验

统计抽样检验的方案完全由统计技术所决定,其对交验批的接受概率只受批质量水平唯一因素影响,因此是科学的、合理的抽样检验。

以数理统计作为理论基础,从一批产品中随机抽取一部分产品进行检验,根据部分产品(样本)检验结果的数据,对批产品做出是否合格的判断。统计抽样检验,避免了全数检验的缺点,可以将产品质量的责任公平地转向了应当承担的一方——生产者。检验员不再被认为只是分检员。生产方必须关注产品的质量,否则就会因为有不接收的批而带来许多麻烦和大量花费。统计抽样检验可以而且应当导致较少的检验工作量,较低的花费和对使用方而言的较好的质量。GB/T2828.1 中的抽样检验方案提供了将接收不满意产品的风险(称为使用方风险)和不接收满意产品的风险(称为生产方风险)进行量化以及选择一种不超过所接收的风险的计划的方法。

2）非统计抽样检验

非统计抽样检验(如百分比抽样检验)的方案不是由统计技术决定的,其对交验批的接收概率不只受批质量水平的影响,还受到批量大小的影响,是不科学、不合理的抽样检验,应予淘汰。

3. 免检

免检又称无试验检验,主要是对经国家权威部门产品质量认证合格的产品或信得过产品在买入时执行的无试验检验,接收与否可以以供应方的合格证或检验数据为依据。执行免检时,顾客往往要对供应方的生产过程进行监督。监督方式可采用派员进驻或索取生产过程的控制图等方式进行。

但是,"免检"并不意味着不进行"验证",而是以供方(供应商)的合格证或检验数据为依据,决定接收与否。"免检"是"验证"的一种方式的通俗表达。需要特别提醒的是:那种认为免检就是什么都不进行检验的想法和做法是错误的。免检并非完全放弃检验。如果不能及时获得生产过程的质量情报,一旦发生异常将难以拿出有效的解决措施。所以,采用免检时应加强对生产方的生产过程进行质量监督,如派驻代表(指军工生产企业的军代表制)和向生产方索取生产过程的控制图等。

免检的适用范围:生产过程稳定,对后续生产无影响时可采用免检;国家批准的免检产品及产品质量认证产品的无试验买入时可采用免检;长期检验证明质量优良,使用信誉很高的产品在交接中可采用免检等。

1.2.5 按质量特性的数据性质分类

1. 计量值检验

计量值检验需要测量和记录质量特性的具体数值,取得计量值数据,并根据数据值与标准对比,判断产品是否合格。计量值检验所取得的质量数据,可应用直方图、控制图等统计方法进行质量分析,可以获得较多的质量信息。

2. 计数值检验

在工业生产中为了提高生产效率,常采用界限量规(如塞规、卡规等)进行检验。所获得的质量数据为合格品数、不合格品数等计数值数据,而不能取得质量特性的具体数值。

1.2.6 按检验后样品的状况分类

1. 破坏性检验

破坏性检验指只有将被检验的样品破坏以后才能取得检验结果(如炮弹的爆破能力、金属材料的强度等)。经破坏性检验后被检验的样品完全丧失了原有的使用价值,因此抽样的样本量小,检验的风险大。

2. 非破坏性检验

非破坏性检验是指检验过程中产品不受到破坏,产品质量不发生实质性变化的检验。如零件尺寸的测量等大多数检验都属于非破坏性检验。现在由于无损探伤技术的发展,非破坏性检验的范围在逐渐扩大。

运用统计技术(如回归分析等),以非破坏性检验推断破坏性检验的结果(如以金属材料的硬度推断金属材料的抗拉强度),大大提高了检验的有效性。

1.2.7 按检验目的分类

1. 生产检验

生产检验指生产企业在产品形成的整个生产过程中的各个阶段所进行的检验。生产检验的目的在于保证生产企业所生产的产品质量。

生产检验执行内控标准。

2. 验收检验

验收检验是顾客(需方)在验收生产企业(供方)提供的产品所进行的检验。验收检验的目的是顾客为了保证验收产品的质量。

验收检验执行验收标准。

3. 监督检验

监督检验指经各级政府主管部门所授权的独立检验机构,按质量监督管理部门制订的计划,从市场抽取商品或直接从生产企业抽取产品所进行的市场抽查监督检验。监督检验的目的是为了对投入市场的产品质量进行宏观控制。

4. 验证检验

验证检验指各级政府主管部门所授权的独立检验机构,从企业生产的产品中抽取样品,通过检验验证企业所生产的产品是否符合所执行的质量标准要求的检验。如产品质量认证中的型式试验就属于验证检验。

5. 仲裁检验

仲裁检验指当供需双方因产品质量发生争议时,由各级政府主管部门所授权的独立检验机构抽取样品进行检验,提供仲裁机构作为裁决的技术依据。

1.2.8 按供需关系分类

1. 第一方检验

生产方(供方)称为第一方。第一方检验指生产企业自己对自己所生产的产品进行的检验。第一方检验实际就是生产检验。

2. 第二方检验

使用方(顾客、需方)称为第二方。需方对采购的产品或原材料、外购件、外协件及配套产品等所进行的检验称为第二方检验。第二方检验实际就是进货检验(买入检验)和验收检验。

3. 第三方检验

由各级政府主管部门所授权的独立检验机构称为公正的第三方。第三方检验包括监督检验、验证检验、仲裁检验等。

1.2.9 按检验人员分类

1. 自检

自检是指由操作工人自己对自己所加工的产品或零部件所进行的检验。自检的目的是操作者通过检验了解被加工产品或零部件的质量状况,以便不断调整生产过程生产出完全符合质量要求的产品或零部件。

2. 互检

互检是由同工种或上下道工序的操作者相互检验所加工的产品。互检的目的在于通过检验及时发现不符合工艺规程规定的质量问题,以便及时采取纠正措施,从而保证加工产品的质量。

3. 专检

专检是指由企业质量检验机构直接领导,专职从事质量检验的人员所进行的检验。

1.2.10 按检验系统组成部分分类

1. 逐批检验

逐批检验是指对生产过程中的每一批产品,逐批进行的检验。逐批检验的目的在于判断批产品合格与否。

2. 周期检验

周期检验是从逐批检验合格的某批或若干批中按确定的时间间隔(季或月)所进行的检验。周期检验的目的在于判断周期内的生产过程是否稳定。

周期检验和逐批检验构成企业的完整检验体系。周期检验是为了判定生产过程中系统因素作用的检验,而逐批检验是为了判定随机因素作用的检验,二者是投产和维持生产的完整的检验体系。周期检验是逐批检验的前提,没有周期检验或周期检验不合格的生产系统不存在逐批检验。逐批检验是周期检验的补充,逐批检验是在经周期检验杜绝系统因素作用的基础上而进行的控制随机因素作用的检验。

一般情况下逐批检验只检验产品的关键质量特性。而周期检验要检验产品的全部质量特性以及环境(温度、湿度、时间、气压、外力、负荷、辐射、霉变、虫蛀等)对质量特性的影响,甚至包括加速老化和寿命试验。因此,周期检验所需设备复杂、周期长、费用高,但绝不能因此而不进行周期检验。企业没有条件进行周期检验时,可委托各级检验机构代做周期检验。

1.2.11 按检验的效果分类

1. 判定性检验

判定性检验是依据产品的质量标准,通过检验判断产品合格与否的符合性判断。

判定性检验的主要职能是把关,其预防职能的体现是非常微弱的。

2. 信息性检验

信息性检验是利用检验所获得的信息进行质量控制的一种现代检验方法。因为信息性检验既是检验又是质量控制,所以具有很强的预防功能。

关于信息性检验的内容另行讲解。

3. 寻因性检验

寻因性检验是在产品的设计阶段,通过充分的预测,寻找可能产生不合格的原因(寻因),有针对性地设计和制造防差错装置,用于产品的生产制造过程,杜绝不合格品的产生。因此,寻因性检验具有很强的预防功能。

1.3　质量检验的主要工作内容

质量检验的具体工作内容包括:取样、测定、检验数据的处理和表示、检验依据、判定、检验数据的统计和分析、检验报告等。有些内容已在其他章节专题讲解,以下作简要介绍。

1.3.1　检验样本的抽取

检验样本是质量检验工作的具体对象,是质量检验工作的首要环节,是一项重要的基础工作。抽取的样本必须保证抽样的随机性。所谓随机抽样是以统计理论为基础的科学抽样方法,应保证批中每一件产品被抽取的概率完全相同,即保证所抽取的样本在批中的代表性,应避免有人为的意识所造成的误差。常用的随机抽样方法如下:

1. 简单随机抽样

简单随机抽样是最具有代表性的随机抽样,它对批中的全部产品完全做到随机化抽取。常采用的方式有抽签、抓阄、随机骰子或随机数表等。采用简单随机抽样时,必须是总体中每个单位产品(个体)已经有编号的情况下进行。

2. 分层随机抽样

分层随机抽样是将检验批分成若干部分,如已包装好的若干包装箱,将其称为"层"。抽样时按各层数量的比例在各层中随机抽取单位产品组成样本。

3. 分段随机抽样

分段随机抽样是在被检验产品批已经严密包装于若干包装箱中,若分层抽样每件包装箱必然遭到全部破坏。这种情况下可先随机抽取几个部分(包装箱),之后再从中抽取产品组成样本。

4. 系统随机抽样

系统随机抽样是当产品能按顺序排列时(如流水线生产方式),以确定的时间间隔或确定的产品数量间隔抽取样本。

1.3.2　检验样品的测定

准确测定检验样品的质量特性值是保证测量效果的前提。准确测定的硬件保证是测量设备的受控。

ISO 9004:2000 标准中,对测量和监视装置的控制有严格的要求。规定"管理者应当规定并实施有效和高效的测量和监视过程,包括产品和过程的验证、确认的方法和装置,以确保顾客和其他相关方满意。这些过程包括调查、模拟以及其他测量和监视活动。为了获得可信的数据,测量和监视过程应当包括对装置是否适用进行确认。对装置是否保持适宜的准确度并符合验收标准和测量要求进行确认,以及识别装置状态的手段。为了对过程的输出进行验证,组织应当考虑消除过程中潜在错误的手段,如'防错',从而将测量和监视装置的控制需求减到最小,为相关方增值。"

1. 测量能力

测量能力即测量过程的过程能力。测量能力的定量表达指标是测量能力指数 M_{CP}。

1) 测量能力指数 M_{CP} 的计算公式

(1) 用于测量装置的选择:

$$M_{CP} = \frac{T}{2V} = \frac{T}{3V_1}$$

（2）用于测量装置的计量确认：

$$M_{CP} = \frac{T}{6\sigma_m}$$

式中　　M_{CP}——测量能力指数；

　　　　T——测量任务要求的测量值的最大差值；

　　　　V——测量误差；

　　　　V_1——测量装置的系统误差；

　　　　σ_m——多次测量取得的数值分布的标准偏差，是测量不确定度的主成分。

注：（1）测量误差 V 由系统误差 V_1 和随机误差 V_2 组成，其关系为

$$V^2 = V_1^2 + V_2^2$$

一般情况下认为 $V_1 = V_2$，所以 $V = \sqrt{2}V_1 \approx 1.5V_1$。

（3）计算测量能力指数 M_{CP} 的两组公式，在极限情况下是相等的。计量检定的合格界限为 $6\sigma_m \leqslant 2V$，当 $6\sigma_m = 2V$ 时，两组公式相等。

2）测量能力指数的数值范围

ISO 10012-1 标准要求：校准误差应尽可能小。在大多数测量领域不应超过被确认设备在使用时允许误差的 1/3，最好为 1/10。

标准对测量能力的要求，其含义是：在大多数测量领域应该有 $V = \frac{1}{3}T$，最好 $V = \frac{1}{10}T$。代入测量能力指数计算公式可得 $M_{CP} = 1.5 \sim 5$。

3）测量能力等级评定

按测量能力指数的数值，中国计量科学研究院将测量能力分为五个等级。

A 级：$M_{CP} \geqslant 3 \sim 5$，对计量确认（校准）工作和高精密度测量任务所用测量装置，其测量能力应达到 A 级。

B 级：$M_{CP} \geqslant 2 \sim 3$，对一般工业测量中具有较高精度要求的测量任务所用的测量装置，其测量能力应达到 B 级。

C 级：$M_{CP} \geqslant 1.5 \sim 2$，对一般工业测量中精密度要求较低的测量任务所用的测量装置，其测量能力应达到 C 级。

D 级：$M_{CP} \geqslant 1 \sim 1.5$，一般对非工业测量（如估测）的粗略评估时的测量工具，其测量能力允许处于 D 级。

E 级：$M_{CP} < 1$，测量能力过低，不允许使用。

2. 测量装置的周期检定

1）周期检定

对使用中的测量装置必须进行定期检定，以证实测量装置确实能保持适宜的准确度并符合验收标准和测量要求。周期检定应按检定规程的规定，通过检查和提供证据来证实规定的要求已经得到满足。

2）周期检定的范围

我国计量法明确规定：企业使用的最高计量标准器具以及用于贸易结算、安全防护、医疗卫生、环境监测等方面的测量装置列入强制检定目录，实行强制检定。非强制检定的其他计量

标准、工作计量器具及测量装置由使用单位自行定期检定,或送其他计量检定机构检定。

3)检定周期的确定

检定周期是测量装置相邻两次检定的时间间隔。检定周期在计量检定规程中都有规定,但所给定的检定周期是相邻两次检定时间间隔的最大期限,实际执行时应实行动态管理。一般对周期检定频繁出现不合格或抽检不合格的测量装置应根据实际情况缩短检定周期,以保证使用不合格的测量装置的风险尽可能小。

4)周期检定的实施

企业应编制周期检定计划,经审核批准后由计量管理部门周密组织,切实按计划实施。要求做到检定按周期、传递要准确,实现受检率达到100%。企业通常采取的做法为:

(1)计量管理人员按月计划下达在用测量装置周期检定送检通知单,督促使用单位按时送检,并签字反馈存查,取得送检单位的支持配合。为达到100%的受检率,企业的计量管理制度必须明确规定及时送检,各使用单位无原因不按时送检的,不算完成任务,应给予经济处罚。任何使用单位不得使用未经周期检定或超过检定周期的测量装置。因此,不按时送检的测量装置实际处于停止使用状态。

(2)因故不能按时送检的,应填报调整检定周期申请单,经计量管理部门批准后予以调整。调整周期后的测量装置不再计入应检数。

(3)实施周期检定的工作人员应做好记录,填好周期检定计划表(见表1.1、表1.2、表1.3)。

(4)周期检定计划的完成情况,应纳入企业经济责任制考核指标或纳入实行质量否决权的质量考核指标进行考核。

(5)及时出具周期检定证书(或通知书),填写并粘贴周期检定标志。

(6)有条件的企业应将测量设备总台账、分台账、分布表、周期检定计划表和汇总统计等建立计算机软件数据库,并对数据库进行动态管理。

表1.1　企业最高测量标准周期检定送检计划表

类别	序号	名称	规格型号	准确度等级	编号	检定单位	周期	送检日期						备注
								年月	年月	年月	年月	年月	年月	

表1.2　工作测量标准周期检定计划表

类别	名称	编号	规格型号	准确度等级	检定单位	存放地点	送检日期	周检率	周检合格率	周期	周期检定情况												
											实检数								应检数				
											月　份												
											1	2	3	4	5	6	7	8	9	10	11	12
长度																							

类别	名称	编号	规格型号	准确度等级	检定单位	存放地点	送检日期	周检率	周检合格率	周期	周期检定情况 实检数／应检数 月份												
											1	2	3	4	5	6	7	8	9	10	11	12	

表 1.3　在用测量器具周期检定（校准）计划表

类别	名称	总计	周期受检率	周期合格率	检定单位	在用地点 车间	在用地点 车间	检定周期	周期检定情况 实检数／应检数 月份											
									1	2	3	4	5	6	7	8	9	10	11	12
长度																				

1.3.3　检验数据的处理和检验结果的表示

检验数据的处理和检验结果的表示会在后面第 3 章中详细讲述。

1.3.4　检验依据

质量检验的主要任务是鉴别、验证产品、零部件、外协外购件及原材料等是否符合设计要求及规定的技术要求，起到符合性判断的作用。（注：指判定性检验。）

质量检验的依据是标准（技术标准和管理标准）、产品图样、工艺文件、合同（协议）以及顾客（用户）的特殊要求。

1. 标准

1）标准的定义

国家标准 GB3935.1《标准化基本术语　第一部分》，对"标准"的定义是："标准是对重复性的事物和概念所做的统一规定。它以科学、技术和实践经验的综合成果为基础，经有关方面协商一致，由主管机构批准，以特定形式发布，作为共同遵守的准则和依据。"

实际可以理解为,标准是经实践验证成功的科学技术成果(包括经验)经标准化所形成的文件。标准是规范人行为的文件,因此无论活动过程还是活动结果,都必须符合有关标准,所以标准就成为检验的依据。

2)标准的类别

(1)国外标准:国外标准包括国际标准、国外先进标准和国外一般标准。

国际标准是指国际标准化组织(ISO)和国际电工会议(IEC)所制定和发布的标准。

经国际标准化组织发布的其他国际组织规定的某些标准也属于国际标准。

各国家对国际标准可以等同采用、等效采用和参照采用三种方式选择采用。

国外先进标准是指国际上有权威的区域性标准、世界主要经济发达国家的国家标准和通行的团体标准,以及其他国际公认的先进标准。

(2)我国标准:我国《标准化法》规定标准分为国家标准、行业标准、地方标准和企业标准四级。

① 国家标准是指对国家经济、技术有重大意义,需要在全国范围内统一技术要求而制定的标准(含标准样本的制作)。国家标准包括强制执行的国家标准(GB)和推荐性国家标准(GB/T)。

② 行业标准是指对没有国家标准而又需要在全国某个行业内统一的技术要求,可制定行业标准(含标准样品的制作)。

③ 地方标准是指对没有国家标准和行业标准而又需要在省、自治区、直辖市范围内统一的技术要求,可以制定地方标准(含标准样品的制作)。

④ 企业标准是企业组织生产、经营活动的依据。企业标准化工作的基本任务是,既要认真贯彻执行国家标准、行业标准和地方标准,又要对企业范围内需要协调统一的技术要求、管理要求和工作要求,制定企业标准。

说明:凡是公开发布的标准,包括国家标准、行业标准、地方标准、企业标准,均属于验收标准。验收标准是供需双方交接产品进行验收时验证产品质量的依据,但企业自行检验时应制定内控标准作为验证产品质量的依据。

内控标准的制定原则是在验收标准的基础上扣除影响验证产品质量的差异,以避免发生供需双方的质量争议。

a. 应扣除因产品质量稳定性所造成的差异;

b. 应扣除因测量误差所造成的差异。

内控标准严于验收标准,但严格程度必须恰如其分,过严会错杀许多合格产品,过松则失去内控的意义。加严的幅度反映了企业的技术能力和管理水平,所以内控标准属于企业的机密。

3)按标准化的性质对标准分类

按照标准化的性质,一般以物、事和人为对象,分为技术标准、管理标准和工作标准。技术标准、管理标准和工作标准又可按其各自的性质、内容和用途的不同分为不同的标准。

(1)技术标准。

技术标准是指针对标准化领域中需要协调统一的技术事项所制定的标准。技术标准又包括基础标准、产品标准(产品验收标准和产品内控标准)、方法标准、安全卫生与环境保护标准等。

（2）管理标准。

管理标准是指对企业标准化领域中需要协调统一的管理事项所制定的标准。管理标准涉及企业各方面的管理,因此类型较多。例如:营销管理、设计和开发管理、采购管理、生产管理、设备管理、产品验证管理、测量和测试设备管理、不合格及纠正措施管理、搬运储存标志包装安装交付售后服务管理、科技档案管理、人事管理、安全管理、环境卫生管理、质量成本管理、能源管理等诸多方面的管理标准。

（3）工作标准。

工作标准是指对企业标准化领域中需要协调统一的工作事项所制定的标准。工作标准是以人为对象,按岗位制定的标准,因此涉及面很宽、范围十分广泛。涉及企业决策层领导干部,中层领导干部,一般管理干部,从事各类工作的科技、工程技术干部以及生产车间的各类科技、工艺、管理干部,班组长(工段长)和操作工人等,都需要分别制定通用工作标准和岗位作业标准。

2. 产品图样

产品图样是指根据几何投影的方法绘制的用于产品制造或工程施工的工程图样。产品图样是表达技术思想、设计构思的重要工具,是现代化生产的重要技术文件,同时也是质量检验的最基本的依据。要求产品图样既要符合有关标准和法规,又要表达产品组成的结构、零部件的配合关系和完整的轮廓。而且产品图样还要达到完整、齐全、清晰和准确无误、协调统一的要求。以机械制造业为例,产品图样中应标注的内容包括:尺寸、公差、形状、表面粗糙度、材质、硬度以及制造工艺、检验要求等。

产品图样既包括相关标准,又是相关标准的反映,产品图样与标准都是检验的依据。产品图样中标注的尺寸、公差、表面粗糙度、形位公差等技术要求是进货检验、过程(工序)检验、零部件检验、成品检验及供需双方验收产品的重要依据。产品图样对保证产品质量起着决定性作用,必须符合以下基本要求:

（1）应符合国家有关法律、法规、方针、政策的要求。

（2）除应保证达到完整、正确、统一、齐套、清晰的要求外,还应符合现行的国家标准或国际标准(如 ISO128 - 1982《技术制图——画法通则》)等的规定。

注:为保证有关国家标准及国际标准的正确实施,有些行业(如电子、机械等)专门制定有《图样管理制度》,以满足行业的特殊要求。

（3）产品图样、设计文件的内容应符合六项互换性基础标准的要求。

（4）产品图样标明的技术要求应符合该产品所遵循的技术标准。

（5）产品图样所标注的计量单位应符合法定计量单位。

（6）为保证其性能可靠、制造经济、维修方便,在设计产品或零部件时,应根据使用要求,最大限度地采用标准件、通用件以及外购件。

（7）产品图样必须能清楚地表达产品及零部件的结构、轮廓、尺寸和各部分的相互关系。

（8）产品图样上所填写的产品及零部件名称,应达到简短、确切,并符合有关标准。

（9）产品图样的签署栏内,应按规定的技术责任制的分工,由相关人员签署。

产品图样的分类如表1.4所列。

表 1.4　产品图样分类表

分类方法	一级	二级	三级
按表示对象分类	总　图	装　配　图	零　件　图
			部　件　图
			组　件　图
		简　图	系　统　图
			方　框　图
			接　线　图
			原　理　图
			表　格　图
		外　形　图	
		安　装　图	
按使用特点分类	设计图样	原图(草图)	
	存档图样	底　　图	
		副　底　图	
	工　作图样	蓝　　图	
		复　印　图	

3. 工艺文件

在工业生产过程中,将各种原材料、半成品加工成产品的方法和过程称为工艺,所形成的技术性资料称为工艺文件。工艺文件包括工艺规程和基准。

1) 工艺规程

工艺规程是指规定产品或零件制造工艺过程和操作方法的工艺文件。工艺规程包括工艺流程、工序卡片、检验卡片、工艺装备图样以及铸造、锻造毛坯图样等。工艺规程的内容应包括整机、部件、零件的名称和代号、数量、材质及所用的加工设备、工具、夹具、模具、刃具、量具等的名称、规格、代号。用于加工零件的简图应标注定位基准、夹紧部位。应用粗实线表示加工表面,应标注原始尺寸、测量尺寸和检验基准。对被加工表面应标注尺寸公差、形位公差和表面粗糙度。对特殊要求(如热处理、表面处理等)可用文字说明。应规定工序加工的内容(如划分工步、工位、走刀次数和切削用量)。应规定单件加工工时定额及其他必要的说明。

在生产过程中,操作者应严格按工艺规程生产,检验人员应认真按工艺规程进行检验,才能生产出符合设计要求和工艺规程要求的合格产品。

2) 基准

基准是指零件上用来确定其他点、线、面位置的那些点、线、面。作为基准的点、线、面在零件上不一定能直观表现出来,如孔的中心等。通常需要采用一些具体的方法体现基准,如检验内孔或轴的径向跳动,实际是通过内孔的表面体现轴线的,则内孔表面被称为检验基准面。

基准是进行检测的基础,只有找准基准才能得出准确可靠的检验结果。根据基准的作用,可分为设计基准和工艺基准。工艺基准又可分为定位基准、检测基准和装配基准。

4. 购销合同(协议)及顾客(用户)的特殊要求

凡在购销合同(协议)等文件中规定的超出企业技术、质量标准要求的各项条款,均属于外部质量保证的内容,应作为质量检验的依据。

1.3.5 检验状态、不合格品的控制及检验印鉴的管理

对于判定性检验而言,产品的检验状态有四种:产品未经检验(待检)、产品检验合格、产品检验不合格和产品已经检验但尚待判定。只有检验合格的原材料、零部件、外购外协件、配套件才能投入生产,只有合格的半成品才能转序,只有合格的产品才能出厂(入库)。不合格的产品不能计算产值和产量,并严格控制避免错用、误用。企业必须正确区分和管理产品所处的检验状态,并以恰当的方式标识,以标明产品是否经过检验,检验结果是合格还是不合格,要按质量计划或程序文件的规定,对产品生产、安装和服务过程中的产品检验状态标识妥善保护,确保合格产品才能交付顾客(用户)。

1. 检验状态的类别及含义

(1)产品未经检验(待检)状态:指所生产的产品尚未经过质量检验的状态。

(2)产品经过检验合格的状态:指所生产的产品已经过质量检验,处于完全满足全部规定的质量要求的状态。

(3)产品经过检验判定为不合格的状态:指所生产的产品已经过质量检验,但处于不能满足某个规定的质量要求的状态。

产品有很多项质量特性要求,只要有一项质量特性不能满足规定的质量要求,即应判为不合格。

不合格状态还包括返工、返修、降等级使用、报废、让步接收、修改文件(或质量要求)等状态。

(4)产品已经检验但尚待判定的状态:指所生产的产品虽然已经过质量检验,但由于某种原因尚未判定合格与否的状态。

2. 检验标识

检验标识一般可分为验证状态标识和产品标识两个方面。

1)验证状态标识

验证状态标识是标注产品所处的符合性状态的标识。为保证企业有一个正常的生产秩序,防止将未经检验或经检验不合格及尚未认定的原材料、零部件流入下道工序,必须对生产过程中的原材料、零部件的检验状态进行标识,以明确是否已经过检验合格。根据检验状态的类别,验证状态标识也相应有待检、已检合格和不合格三种。对处在各种检验状态的实物,应通过存放区域(定置管理)及检验标识予以区别,以便能有效追溯有关的质量记录及责任者。

验证状态的标识可以应用标记、印章、标签、标牌、路线卡、检验记录、存放容器及存放地点等方法区别。验证状态的标识应明确由企业的哪个部门负责,在生产过程中的哪一段实施以及应在产品的哪一部位上做标识。实行验证状态标识既可以有效防止产品混批和不合格品的非正常转序,又便于追溯责任者。所以,实施验证状态标识是质量体系中实施实物控制的主要环节,是保证检验工作有效性的重要措施。要特别注意标识的识别和保护,防止涂改、消失而造成不同状态产品的误用、混用,对标识印章、标签等应严格管理。

2)产品标识

产品标识是用于每件或每批产品形成过程中识别记录的标识,可以通过在产品上做出标记或挂上标签,或用随行文件加以标识。对大量生产或流程性材料也可以用投料批号、熔炼炉号等标识。

产品标识的目的在于区分不同类别、规格、批次、炉号等的产品,既能有效识别从投料到成

品全过程中的产品,防止混用,又可实现产品加工过程的可追溯性,追溯到产品(或产品批)的原始状态、生产过程和使用情况的能力,以便查找不合格的原因,采取相应的纠正和预防措施。

表1.5列出了验证状态标识和产品标识的区别。

表1.5　验证状态和产品标识的区别

内　　容 标识种类	产品标识	验证状态标识
目　　的	防止不同类型产品混淆,必要时可以追溯	防止不同检验状态产品混淆,错用不合格品
标识可变性	生产过程中应保持不变,是唯一性的标识	生产过程中,状态变化标识也相应变化
必要性	产品必要时才标识	凡需检验和试验的产品都要标识

3. 不合格品的控制

不合格品的控制包括对不合格品的评审和处置,目的在于对生产过程各环节所产生的不合格品能及时地验证、确认、隔离和处置,以确保不合格原材料(含零部件、外购外协件)不投产;不合格半成品不转序;不合格产品不出厂。

1)不合格品的控制程序

在生产过程中难免会产生不合格品,因此企业必须建立并实施对不合格品的控制的文件化程序。

不合格品的控制程序应包括以下内容:

(1)一旦发现不合格品要及时做出标识,以便识别。标识的形式可采用色标、票签、印记等。

(2)做好不合格品的记录,确定不合格品的范围,如生产时间、地点、产品批次、零部件号、生产设备等。

(3)评价不合格品,提出对不合格品的处置方法,决定返工、返修、让步、降级、报废等处置方式,并做好记录。

(4)对不合格品要隔离存放,严防误用或误装。

① 根据不合格品的处置方法,对不合格品做出处理决定并监督实施;

② 通报与不合格品有关的职能部门,必要时通知用户;

③ 不合格品的评审与处置。

2)对不合格品的评审

对不合格品的评审是根据不合格品哪一项质量特性(A类、B类还是C类)不合格,依据其严重程度和造成的损失大小来决定由哪一级处理,谁负责,谁参加并明确评审的职责和处置的权限。

3)对不合格品的处置

对不合格品的处置是根据对不合格品的评审来决定采用哪种处置方法。如返工、返修、降等级或改作他用、拒收或报废等。

4)不合格品的控制及采取纠正和预防措施

在检验活动中一旦发现不合格品应立即采取相应措施加以控制和纠正。

（1）不合格品的控制措施。

① 企业应制定处理不合格品的工作程序,并在管理标准中明确规定在生产过程中一旦发现不合格品时,应立即采取标识、鉴别、隔离、处置、评审和处理及预防其再发生的各项措施。

② 在生产过程中一旦发现可能出现不合格品或不合格批时,应立即进行鉴别和记录,在条件允许时应对以前生产的批进行复检。对确认为不合格品或不合格批应按规定做出标识、隔离,确实保证不得误用或误装。

③ 企业应指定有关部门人员对不合格品进行评定,以确定能否回用、返工、返修、降级使用或报废,并按规定立即进行处置。

④ 一旦发现不合格品后应立即进行质量分析,采取纠正和预防措施,防止再发生。

⑤ 建立健全不合格品管理制度和档案,定期进行质量统计分析,掌握产生不合格品的原因和规律,以便采取预防措施加以控制。

（2）不合格品的纠正和预防措施。

纠正是指返工、返修或调整和涉及现有的不合格所进行的处置。而更重要的是要从中吸取教训,"举一反三"采取预防措施杜绝类似不合格项目的再次发生。

一般所采取的措施内容包括：

① 对产生的不合格品,进行调查找出产生原因,研究防止再发生而采取的措施。

② 为保证措施的有效实施,应有必要的控制手段。

③ 对生产过程的质量记录和用户的申诉进行分析,查明和消除产生不合格品的潜在原因。

④ 执行纠正和预防措施若涉及质量体系文件(如程序文件、作业指导书)的更改,应按文件控制程序办理,并做好记录。

⑤ 对生产过程中产生的不合格品,应立即采取补救措施,预防再发生。进行质量改进以减少返工、返修、报废所造成的损失。

⑥ 对产生不合格品的责任部门及个人实行质量否决权,按规定进行处罚。

4. 检验印鉴的管理

在产品质量形成过程中的各个环节,检验人员按照产品图样、工艺文件和技术标准进行检验。检验后应将结果填入检验报告等文件并加盖检验印章,各种检验方能生效,成为产品质量和质量体系运行有效的证据。为此,加强对检验印章的管理是非常必要的。

1）产品质量等级印章的管理

产品质量等级印章分为合格品、一等品、优等品、废品印章。经成品检验后,根据产品质量等级的评价规定,在产品或工作单等检验文件上加盖相应的印章,以作为符合产品质量等级的证明。因此,企业要加强对产品质量等级印章的管理,明确使用范围及责任人员等。

2）检验职能人员印章的管理

各类检验职能人员都有代表自己的印章,如检验员、试验员、理化试验员、计量员、质量分析员、检验科(处)长等。在检验结果及检验报告上加盖有关人员的印章,表明应对检验结果负责。职能人员印章往往用代号表示,由个人使用和保管。

3）检验部门印章

对经检验合格产品的出厂(入库)合格证书上应加盖检验部门的产品检验专用章,作为产品满足质量要求的证据。这类印章还包括检验专用章、检验部门领导名章、厂长(法人)名章、"超差特许"专用章等。

第2章　质量检验机构与检验人员

2.1　质量检验机构

2.1.1　质量检验机构的设置

1. 质量检验机构的设置原则

质量检验机构的设置原则是必须切实保证技术、生产和检验的三权独立原则。

技术部门是立法机构,负责制定生产工艺规程和检验规程。

生产部门是执法机构,必须严格执行技术部门所制定的工艺规程,确保工艺执行率在一般工序应达到95%以上,在关键工序达到100%。生产部门所生产的半成品、成品应提交由检验部门进行质量检验。

检验部门是执法机构,必须严格按技术部门所制定的检验规程对生产部门所提交的半成品、成品进行质量检验,判定其合格与否。

技术、生产和检验的三权独立,既保证了相互的制约关系,又切实保证产品质量的符合性。

2. 设置检验机构的必要性

(1) 是科学技术、管理技术及生产力发展的必然。

(2) 是提高生产效率、降低成本的需要。

(3) 是企业建立正常生产秩序,确保产品质量的需要。

(4) 是向用户和社会提供质量保证和承担质量责任之必需。

3. 质量检验机构的性质和地位

企业的质量检验机构是质量体系的重要组成部分,是独立行使质量检验职权的专职职能部门,其职能具有两重性。

1) 在企业内部

(1) 质量检验机构受企业法人的直接领导并授权独立行使检验职权。

(2) 质量检验机构是质量把关的重要部门,直接掌握整个企业产品质量情况,对产品质量的符合性负有重要责任。

因此,质量检验机构在质量体系中处于既不能缺少,也不能削弱的地位。质量检验机构在独立行使质量检验职能时,不受企业内外部任何方面的干扰。

2) 在企业外部

质量检验机构代表企业向用户、消费者、法定检验机构及质量监督部门提供质量证据,实现质量保证,是维护国家利益和人民利益的部门。其工作应受到法律保护,任何干扰和阻止质量检验人员行使职权的行为都是违法的,应受到法律制裁。

4. 质量检验机构设置的基本要求

企业规模、行业性质、产品结构以及生产经营方式不同,质量检验机构的设置不会完全相同。但必须保证技术、生产、检验机构的三权独立原则,必须加强和完善检验机构在产品质量产生、形成和实现的全过程实施严格的检验,实现鉴别、把关、预防、报告和监督的五项职能。

衡量一个企业的质量检验机构是否健全和有效,质量检验机构的设置是否合理,提出以下基本要求:

(1)专职质量检验机构受企业法人直接领导。厂长应支持和保证质量检验机构能独立行使职权,并为质量检验机构提供必要的工作环境和工作条件。对质量检验机构负责人的任免应按德才兼备的标准配备、衡量和考核。

(2)在质量体系文件及职能分配中,应明确界定质量检验机构的职责、权限和接口,编制质量检验机构的职责条例。

(3)质量检验机构的内部设置要科学、合理,建立完善的检验工作系统。根据检验工作量配备符合要求的各专业质量检验人员。

(4)配备符合要求、能满足质量检验工作所需的检测装备及有关物质资源。

(5)制定和完善质量检验的工作程序、工作标准和规章制度,确保质量检验工作有序进行。

2.1.2 质量检验机构的主要工作范围

质量检验机构的主要工作范围如下:

(1)负责宣传、贯彻产品质量的法令、法规、方针、政策、决定或指示。

(2)编制质量管理体系文件中有关质量检验方面的程序文件。

(3)准备并管理好质量检验用的各类文件。

1)设计部门应提供的文件:产品标准,产品图样,产品制造与验收的技术条件,关键件与易损件清单,产品装箱单中有关备品备件的品种与数量清单等。

2)工艺技术部门应提供的文件:工艺规程和检验规程,工艺装备图样,工序质量控制点的有关文件等。

3)销售部门应提供的文件:订货合同(协议)中有关对产品的技术与质量要求,用户的特殊要求等。

4)标准化工作部门应提供的文件:有关国家标准,有关行业标准,有关地区标准,有关企业标准,有关标准化方面的资料。

(4)检验设备的配备和管理。

(5)检验工作的组织与实施。

2.1.3 质量检验机构的权限和责任

企业法人是质量第一负责人,质量检验机构代表法人负责质量保证工作。

1. 质量检验机构的权限

(1)有权在企业内认真贯彻有关质量的方针、政策,执行检验标准或有关技术标准。

(2)有权决定产品、零部件及原材料、外购件、外协件及配套产品的合格与否。对缺少标准或相关技术文件的情况,有权拒绝检验。

(3)对忽视产品质量,以次充好,弄虚作假的行为,有权制止、限期改进,必要时建议厂长给予处分。

(4)对产品质量事故,有权追查产生的原因和责任者,视其情节严重情况提出处分建议。

(5)对生产过程中的质量状况,有权如实进行统计、分析,提出改进建议。

（6）对国家明令淘汰的产品,以假充真的产品,有权拒绝检验。

2. 质量检验机构的责任

（1）对因未认真贯彻有关质量的方针、政策、标准或规定,而导致的产品质量问题负责。

（2）对因错检、漏检、误检而造成的质量损失负责。

（3）对因组织管理不善而造成压检,影响生产进度负责。

（4）因未执行首件检验及流动检验,造成成批质量事故负责。

（5）因对检验状态及标识管理不善,对不合格品未及时隔离,造成生产混乱和影响产品质量负责。

（6）对质量统计及报表、质量信息的正确性、及时性负责。

（7）对忽视质量的行为或质量事故,不反映、不上报,甚至参与弄虚作假而造成的损失负责。

（9）对明知是不合格品或假冒伪劣产品,还给予检验并签发检验合格证书的行为负责。

2.1.4 质量检验机构设置示例

由于各行业特点、企业规模、产品结构以及生产经营方式的不同,企业质量检验机构的设置也不完全一样,一般有以下几种类型。

1. 集中领导型质量检验机构

企业的质量检验机构在法人代表、厂长的直接领导下,全部专职检验人员统归质量检验处、科领导负责从原材料、外构件、外协件、配套产品入厂开始整个生产过程的质量检验工作（图2.1）。

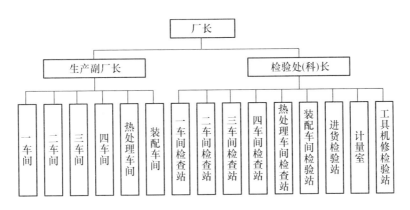

图 2.1　集中领导型质量检验机构

集中领导型质量检验机构内部设置,还有两种形式。

1）按职能划分的检验机构

集中领导型质量检验机构的内部设置,按职能划分为进货检验站、工序检验站、成品检验站及计量室等,如图 2.2 所示。

2）按产品划分的检验机构

集中领导型质量检验机构的内部设置,要根据企业设置和独立出产品的封闭车间或分厂、检验机构的设置,按产品划分内部机构。例如,进货检验站、甲产品检验站、乙产品检验站、丙产品检验站、计量室等,如图 2.3 所示。

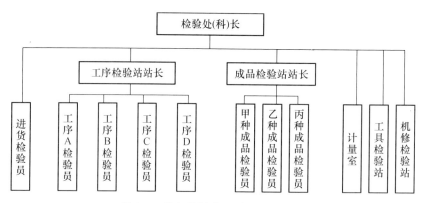

图 2.2　按职能划分的质量检验机构

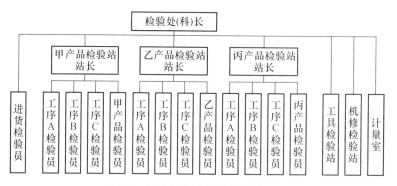

图 2.3　按产品划分的质量检验机构

2. 集中与分散相结合的质量检验机构

这种类型的质量检验的工作范围,是负责原材料、外构件、外协件、配套产品的入厂检验;零部件的完工检验;成品性能检验;产品出厂包装检验;计量室等的检验人员由检验处、科长直接领导,而中间工序的质量检验人员,行政上受车间领导,而其质量检验业务工作接受质量检验处、科的指导,如图 2.4 所示。

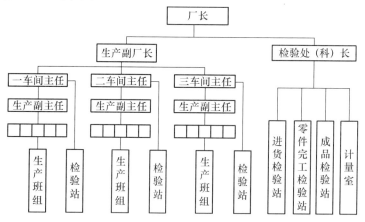

图 2.4　集中与分散相结合的质量检验机构

集中领导型、集中与分散相结合两种类型质量检验机构的比较:

1)集中领导型质量检验机构的优缺点

优点:

（1）有利于质量把关。在集中领导下的质量检验机构,产品质量合格与否的决策权集中,有利于把住质量关。

（2）判断质量问题不受干扰。质量检验人员在判断产品质量问题时,可以不受完成生产任务与否的影响。

（3）有利于质量检验系统的统一性和协调性。由于检验人员集中统一领导,能保证整个生产过程执行各类标准的一致性和检验要求的协调性和统一性。

（4）有利于检验人员技术业务素质的不断提高。检验员集中统一领导,不断进行培训教育和业务交流,有利于质量检验人员技术业务素质的不断提高。

缺点:

（1）易形成"你把关""我闯关"的状态。

（2）易发生一些矛盾或冲突。部分忽视产品质量的某些生产管理人员或生产工人,常常把专职检验人员严格执行标准看成是妨碍完成生产任务的阻力,往往由于产品质量问题,发生一些矛盾或冲突。

2）集中与分散相结合类型检验机构的优缺点

优点:

（1）从理论上讲,加重了生产车间领导者的质量责任,有利于调动车间各类人员确保产品质量的积极性。

（2）检验人员受车间领导,感到自己是生产车间的组成部分,有利于配合生产、搞好内部关系。

缺点:

（1）对产品质量的决策权力分散,处理产品质量问题缺乏全面、系统的分析与考虑。

（2）不利于质量检验工作的协调性与统一性。

（3）检验人员归车间领导,受完成任务和奖励等的影响,难于全面实现质量检验的基本职能。

（4）不利于质量检验人员技术业务素质的提高。

2.1.5 质量检验机构与有关方面的关系

企业质量检验部门与企业各职能部门、生产车间的关系,应在企业质量手册、有关程序文件、质量责任制等质量文件中予以明文规定。

正确处理质量检验部门与企业内、外各方面的关系,既有利于质量检验部门职能作用的发挥,有效地行使检验职权,又有利于增强企业内部各部门的协调一致,提高工作效率,共同把好质量关。

1. 与企业内部有关方面的关系

1）与企业厂级领导的关系

企业行政正职(厂长或总经理)直接领导质量检验部门,检验部门做出的产品质量检验结论应对厂长(或总经理)负责。一些行业系统和企业都做出规定,唯有厂长(总经理)有权以书面的形式对质量检验部门的检验结论做出否决,质量检验部门有权就重大质量分歧向上级主管机构报告。

分管生产的副厂长(或副总经理),对产品质量负有较大的责任,在指挥生产的同时,也应指导车间保证产品质量;质量检验部门职能作用的发挥,需要生产副厂长的支持;在产品质量的具体问题上也会与质量检验部门发生分歧,做出相应的决定,往往需要请示厂长由厂长(总经理)做出最后的裁决。

企业设技术副厂长或总工程师的,一般由技术副厂长(或总工程师)协助厂长分管质量检验部门的技术工作,负责组织解决与攻克全厂质量关键,并主持处理质量检验中发现的技术与质量问题,并有权做出决定。

质量检验机构应定期与不定期向厂长或有关厂级领导汇报产品质量情况,并针对存在的质量问题提出改进措施意见,以取得厂级领导对产品质量的重视与支持。

2)与设计部门的关系

(1)设计部门提供质量检验部门产品图样、有关产品标准、制造验收技术条件以及产品内控标准等标准或资料,作为质量检验的依据。

(2)质量检验部门从设计部门取得有关产品修改通知单,及时修改现行的产品图样等技术文件,以保证质量检验部门使用图样的正确性。

(3)质量检验部门就发现产品图样与产品标准不合理之处,及时向设计部门反馈。

(4)质量检验部门将质量分析报告、达不到设计要求的产品零件的加工质量情况及时提供给设计部门。

(5)设计部门指派管设计的人员给质量检验人员讲解新投产产品结构、性能及主要精度要求。

3)与工艺部门的关系

(1)工艺部门及时提供质量检验部门工艺装备图样、工艺规程、产品零件加工定额,以便质量检验部门进行工艺装备检验、加工过程检验以及计算废品率之用。质量检验部门是这些工装或工艺的执行者。

(2)工艺部门及时提供质量检验部门有关工序控制点建设、分布情况等资料。

(3)质量检验部门派员参加新设计的工艺装备的生产验证工作,对加工完的零件进行认真检查,得出合格与否的结论。

(4)在加工中发现属于工艺编制或工装设计不合理的问题,及时转给工艺部门。

(5)及时转给工艺部门质量分析报告以及有关质量统计资料。

4)与质量管理部门的关系

(1)质量检验部门与质量管理部门都是企业质量体系中的专职职能部门,共同肩负企业的质量控制、质量管理与质量保证任务。

(2)两个部门又各有侧重:质量管理部门主要任务是保证企业质量体系的正常运转、各项质量职能的实施,并着重质量管理方面的策划、组织、协调、控制、审核和改进等方面工作。而质量检验部门主要履行鉴别职能,对产品形成全过程进行检验把关,形成生产过程中不可缺少的重要环节。

(3)送交质量管理部门下列材料:

① 月、季、年企业产品质量情况总结。

② 产品质量分析报告。

③ 各项质量指标完成情况统计报表及有关分析材料。

④ 重大质量事故调查处理报告。

⑤ 与质量检验部门有关的质量目标完成情况。

(4)质量检验机构派员参加产品质量审核、工序质量审核以及产品质量突击性检查等。

（5）质量管理部门对企业质量体系中有关质量检验要素的有效性负有指导与检查的责任，并支持质量检验部门独立行使职权，把好产品质量关。

5）与计划销售部门的关系

（1）从计划销售部门取得以下材料：

① 月、季、年质量考核计划指标。

② 企业长远发展规划。

③ 企业月、季、年生产计划。

④ 用户产品质量的意见和要求等。

（2）将各项质量指标完成情况，按月、季、年报计划销售部门。

（3）实行"三包"的产品，质量检验部门为"三包"产品进行鉴别。

6）与生产管理部门的关系

（1）生产管理部门负责企业生产的计划编制、组织实施和督促检查；质量检验部门应协助生产部门执行生产管理部门编制并经批准的生产计划。

（2）质量检验部门从生产管理部门取得以下资料：

① 企业及各生产车间年、季、月生产计划。

② 新产品及轮番生产产品的技术准备图表。

③ 出口产品明细表。

④ 外加工任务计划及其图样、标准等资料。

（3）质量检验部门向生产管理部门提供企业及各生产车间年、季、月产品质量情况总结；产品质量事故分析报告；各项产品质量指标完成情况。

（4）生产管理部门在检查企业及各车间生产计划完成情况的同时，应检查产品质量情况，发现影响产品质量问题或隐患，应及时与质量检验部门联系。

（5）生产管理部门在部署生产准备计划时，应着重考虑在保证产品质量的前提下做好各项准备工作。

（6）生产管理部门召开生产调度会时，在检查、总结生产任务完成情况的同时，还应检查与总结产品质量完成情况。

7）与供应部门的关系

（1）供应部门负责企业生产用各种原材料、外购件的订货与采购工作。质量检验部门从供应部门取得外购进厂生产用原材料、外购件等原生产厂家出厂合格证或质量保证资料。

（2）质量检验部门接收供应部门采购的生产用原材料、外购件的检验，经检验合格，方准验收入库；检验确定不合格的原材料、外购件应及时办理退货手续。

（3）质量检验部门将生产中发现因外购件、外协件而影响产品质量的问题，应及时提交供应部门。

8）与设备动力部门的关系

（1）设备动力部门负责企业机械动力设备的统一管理，其工作职责主要有：

① 负责编制及汇总全厂设备修理计划，并检查考核设备修理计划的执行情况。

② 负责企业设备的更新改造和购置。

③ 负责对企业各种设备的监督、检查使用与维护保养情况。

④ 负责各种设备事故组织调查，并进行处理。

⑤ 参与专用设备设计评审，制造中的检查考核。

⑥ 负责领导设备修理车间。

（2）质量检验部门按设备检修计划及时配合对修复设备的检查验收。

（3）质量检验部门负责外购、外协设备、备件的入厂验收及自制配件的检查工作。

（4）质量检验部门派员参加与产品质量有关的设备事故的调查及分析处理。

9）与生产制造部门的关系

（1）生产制造是产品质量形成最重要的环节，其主要质量职责是：用经济的方法，按规定的要求组织均衡生产和文明生产，严格贯彻产品技术要求和工艺文件，实施质量控制，按计划要求的数量和时间，生产出质量符合图样和标准要求的产品。

（2）质量检验工作的重点是生产过程的质量检验，质量检验机构与生产制造部门关系最为密切，每时每刻都直接发生接触和联系。因此，必须做好两者间的相互配合和密切协作。

（3）对生产制造部门来讲，要支持质量检验机构的工作，必须做好以下各项工作：

① 生产制造部门在努力完成产品的同时，要抓好产品质量，确保生产的产品其质量符合规定的质量要求。

② 生产制造部门应按规定主动、及时地交验产品，未经检验或检验不合格的零件或产品，不得转入下道工序，更不能擅自放行。

③ 生产制造部门要主动配合专职检验人员的工作，并组织生产工人广泛开展自检、互检活动，做到自盖工号，及时隔离废、次品，确保出厂产品或零件的质量。

④ 不得干涉质量检验机构的正常检验活动和检验结果的判定。凡未经检验合格的产品或零件不得入库和计算产值、产量；未完成质量考核指标的，应与未完成生产计划指标一样进行严格考核与处罚。

（4）质量检验机构应做好以下几点：

① 严格贯彻执行"工作"规定。坚持按产品标准、产品图样、工艺文件、订货合同等质量检验依据进行检验。

② 按生产计划进度要求，按期完成交检的零件或产品，保证生产进度不受影响。

③ 配合与指导生产车间搞好自检和互检，做到专群结合，共同把好产品质量关。充分发挥专职质量检验人员的作用，做到既是质量检查员、质量宣传员，又是技术辅导员。

④ 协助车间和工艺部门检查工艺纪律，有权督促生产工人执行"三按"（指按标准、按图样、按工艺)生产，发现违反工艺纪律而产生废品时，应及时提出制止意见，并立即报告有关领导采取纠正措施。

⑤ 应主动、及时地向生产车间反馈各种质量信息；参加车间质量分析会；帮助车间发现与解决产品质量存在的问题，做到把关和预防相结合。

2. 与企业外部有关方面的关系

1）与用户的关系

（1）当合同规定用户对供货企业生产过程进行监督以及产品进行检查验收时，由质量检验部门负责向用户代表进行接洽，提供有关证据、交验产品，接受用户有关质量方面的评价意见，并及时通知生产车间采取措施改进。

（2）当合同规定用户对采购物资进行验证时，质量检验部门派员陪同用户代表赴物资生产企业进行验证。

（3）当合同有要求的情况下，若使用或返修不合格品，一般由质量检验部门向用户提出让步申请。

2）与分承包方的关系

（1）在合同有规定时,质量检验部门代表企业赴分承包方对原材料或产品进行监制和验收;分承包方作为受检方,应按规定项目进行交验,并负责处理在交验中发现的质量问题。

（2）企业在使用分承包方生产的产品时,若发现质量问题,质量检验部门应协助供应部门负责与分承包方联系解决,包括返修、退换或接受分承包方让步申请等事项。

（3）当分承包方生产的产品质量低劣、难以达到合同中规定有关质量要求时,由质量检验部门提出质量检验报告,提交与分承包方签订协议的部门办理终止合同手续。

3）与法定或公正检验机构的关系

（1）当企业生产法规规定应由法定检验机构或合同规定经公正检验机构检验的产品时,质量检验部门将代表企业按规定检验项目向这些机构的代表提交产品检验,提供质量证据,并接受其意见,若发现质量问题,通知生产车间及时纠正。

（2）对于出口产品,若合同中规定需经国外的一些检验机构检验或验收时,质量检验部门将代表企业履行上述职责,与国外的这些机构建立工作联系。

4）与质量监督部门的关系

当国家、省或市等的质量监督管理部门或质量监督检验机构赴企业进行质量监督时,质量检验部门代表企业接受质量监督;提供各种方便,并负责与质量监督管理部门或质量监督检验机构的联系。

2.2　质量检验人员

质量检验人员是工作在质量检验工作第一线的直接责任者,其工作质量的优劣将直接影响企业的生产活动、质量信誉和经济效益。因此,企业对质量检验人员的配备、培训和管理,必须予以高度重视。质量检验人员的类别、数量和素质必须合理配置,与生产发展相适应。

2.2.1　质量检验人员的类别

按工作性质划分,企业应配置以下两类质量检验人员。

（1）技术管理人员（从事质量检验的管理工作）:包括主管检验工作的负责人、检验的组织调度、检验技术、质量统计和质量信息管理等人员。

（2）检验工作人员（从事质量检验的具体工作）:包括检验技术（质量分析）和检验工人。

企业的质量检验机构若兼管计量工作,还应建立计量室,应配置专职计量检定和计量器具修理人员。

2.2.2　质量检验人员的配置原则

质量检验人员的配置原则如下:

（1）质量检验人员的类别应与质量检验计划相一致。

（2）质量检验人员数量的配置应与生产规模相一致。对生产过程稳定、工艺先进的企业质量检验人员的配置一般占职工总数的 2%~4%;对生产产品品种较多,工艺技术水平较低,质量不太稳定的企业,一般应为 7%~10% 或更多一些。

（3）质量检验人员的技术等级,一般应高于所检验产品同工种技术工人的平均等级。

2.2.3　质量检验人员的素质

质量检验人员在企业生产活动中,起着不可替代的重要作用。他们不仅要当好质量检验员,还要当好工人的质量宣传员和技术辅导员。他们肩负着质量检验的繁重任务,还要在生产第一线随时宣传质量第一的思想,指导、帮助生产工人进行质量分析、解决质量问题。因此,企业质量检验人员的思想素质、文化素质、技术业务素质和身体健康素质都应当具备规定的条件,以适应质量检验工作的开展。为保证企业质量检验队伍建设,对质量检验人员的选择、培训和考核必须制定明确的规范并严格执行。

2.2.4　检验技术人员应掌握必要的统计技术应用技能

从 ISO/TRl0017《统计技术应用指南》中不难看出,企业应用统计技术最为广泛的工作包括新产品开发设计、过程控制和质量检验三个方面。作为质量检验的工程技术人员必须掌握必要的统计技术应用技能,才能做好质量检验工作。

统计技术在质量检验工作中的应用主要体现在以下几个方面:

（1）检验准确度、精确度分析;误差理论研究及检验误差分析,应用分布理论。

（2）分布的获得及分布特征值计算,应用直方图、正态概率纸。

（3）抽样方案设计,以最少的抽样量获得最高的质量保证,应用统计抽样程序及抽样表。

（4）以非破坏性检验取代破坏性检验,应用散布图及回归分析。如以金属材料的硬度推断其抗拉强度。

（5）以简便的检验方法取代难度大的检验方法,应用散布图及回归分析。如在炼铁过程中以高炉炉渣的碱度推断生铁的含硫量。又如产品性能测试中以常温测量参数推断高温、低温状态下的测量参数。

（6）质量统计分析工作中统计方法获得广泛的应用。如分析质量问题可应用排列图、直方图、正态概率纸等;分析产生质量问题的潜在原因可应用因果图、因素展开型系统图、关联图等;分析问题之间、因素之间的相关关系可应用散布图及回归分析;其他分析还可应用方差分析、回归分析、显著性检验等方法。

2.2.5　质量检验人员的培训与考核

1. 质量检验人员的培训

1）培训内容

对质量检验人员开展的培训,像其他职工的培训一样,要求有明确的目的性和针对性,要有计划、有步骤地进行系统培训。应当本着理论联系实际,干什么学什么,缺什么补什么,学以致用的原则,不仅要开展技术业务培训,也要注意思想教育和职业道德教育。培训内容应包括:

（1）产品质量法律、法规、方针、政策及有关规定。

（2）ISO 9000 族标准。

（3）企业的质量管理体系文件、技术标准、管理标准和有关规章制度。

（4）质量检验技术,包括原材料、外购件、外协件、零部件、半成品、成品的检验、试验方法。

（5）数理统计技术。

（6）检验、试验设备、仪器仪表、各种量具的基本原理及操作、维护方法,以及计算机的应用。

2）培训方式

对质量检验人员的培训应采用多种多样的方式,如:

（1）岗位培训:上岗前的培训及上岗后的补充培训,主要针对岗位应知应会的内容。

（2）经验交流:经常性地开展师傅带徒弟的岗位练兵、经验交流、技术表演、技术讲座等。

（3）课堂培训:可以采用走出去或请进来的方式,聘请有关专家系统地组织质量检验方面的基础理论教育。

（4）电化教育:现代科学技术,为培训教育提供多种多样的电化教育方式,方便企业组织各种类型的培训。

2. 质量检验人员的考核

为了不断提高质量检验人员的素质,保证质量检验的工作质量,企业应建立质量检验人员的工作考核制度。质量检验人员上岗前应经过培训、考核合格持资格证书上岗,发给检验印章,方能独立从事质量检验工作。对质量检验人员工作业绩的考核,应当依据其检验任务完成情况和检验工作质量。那种将企业的产品质量指标承包给质量检验机构,或者将检验人员的工作绩效同企业的产品质量指标挂钩的做法都是十分错误的;将质量检验人员的工资、奖金同产品质量指标挂在一起更是不可取的。这些做法不利于调动质量检验人员的工作积极性,不利于质量检验人员发现质量问题,不利于质量检验实现把关的职能。

第3章 抽样检验

3.1 抽样检验概述

3.1.1 抽样检验与全数检验

1. 抽样检验

1）抽样检验的定义

抽样检验是按预先确定的抽样方案,从交验批中抽取规定数量的样品构成一个样本,通过对样本的检验推断批合格或批不合格。图3.1为抽样检验示意图。

图3.1 抽样检验示意图

N—批产品;n—样本;r—不合格品数;A_c—格判定数;R_e—不合格判定数。

根据抽样方案是否采用数理统计技术确定,将抽样检验分为:

（1）统计抽样检验。统计抽样方案完全由数理统计技术决定,对交验批的接收概率只受批质量水平唯一因素影响,是一种科学合理的抽样检验。

（2）非统计抽样检验。非统计抽样检验的方案（如百分比抽样检验）不是由数理统计技术决定的,其对交验批的接收概率不只受批质量水平的影响,还受到批量大小的影响,一般不宜采纳。

2）实施抽样检验的前提是产品的生产过程具有是稳定性

3）抽样检验适用的场合

（1）量多值低且允许有不合格品混入的检验。

（2）检验项目较多时。

（3）希望检验费用较少时。

（4）生产批量大,产品质量比较稳定的情况。

（5）不易划分单位产品的连续产品,如钢条、粉状产品等。

（6）带有破坏性检验项目的产品。

（7）生产效率高、检验时间长的产品。

（8）有少数产品不合格不会造成重大损失的情况。

（9）希望检验对供应商改进质量起促进作用,强调生产方风险的场合。

4）抽样检验的缺点

（1）经抽检合格的产品批中,混杂一定数量的不合格品。

（2）抽检存在一个错判风险。

（3）抽检所提供的质量情报比全检少。

2. 全数检验（100％检验/产品筛选）

1）全数检验的定义

全数检验就是对全部产品逐个地进行测定,从而判定每个产品合格与否的检验。

2）全数检验适用的场合

（1）产品价值高但检验费用不高时应全数检验。

（2）关键质量特性和安全性指标应全数检验。

（3）生产批量不大,质量又无可靠措施保证时应全数检验。

（4）产品质量不稳定时,应全数检验。

（5）精度要求比较高或对下道工序加工影响比较大的质量特性要全数检验。

（6）手工操作比重大,质量不稳定的加工工序所生产的产品要全数检验。

（7）用户退回的不合格交验批应全数重检,筛选不合格产品。

3）全数检验存在的问题

（1）需增加人员、添置设备、多设检验站点。

（2）人力有限的条件下进行全检,势必要缩短每个产品的检验时间,或减少检验项目,这将降低产品质量的保证程度。

（3）全检也存在着错检、漏检。在一次全检中,平均只能检出70％的不合格品。如果希望得到的产品100％合格,必须重复多次进行全数检验才能接近百分之百合格。检验误差与批量大小、不合格率高低、检验技术水平、责任心强弱等因素有关。

（4）不能用于破坏性检测等一些试验费用昂贵的检验。

（5）对价值低、批量大的产品采用全检显得很不经济。

3.1.2 抽样检验的分类

1. 按数据的性质分类

1）计数抽样检验

计数抽样检验是以不合格品数或不合格数作为判断依据的抽样检验。

按照一个或一组规定要求,把单位产品简单地划分为合格品或不合格品,或者只计算不合格数,然后根据样本的检验结果,按预先规定的判定准则来确定接收还是不接收一批产品。

2）计量抽样检验

计量抽样检验是以计量数据为判断依据的抽样检验。

对单位产品的质量特征,必须用某种与之对应的连续量（如时间、质量、重量、强度、长度等）进行实际测量,然后根据统计计算结果（如均值、标准差或其他统计量等）是否符合规定的接收判定值或接收准则来决定是否接收一批产品。

表 3.1 对计数抽样检验和计量抽样检验进行了比较。

表 3.1　计数抽样检验和计量抽样检验比较表

质量表示方法	计数抽样检验		计量抽样检验
	据不合格品数检验	据不合格数检验	计量值
	合格品、不合格品	不合格	
检查的实施	检验不要求熟练； 检验设备简单； 计算简单； 检验项目多时可作综合判定		一般要求检验熟练； 检验设备复杂； 计算复杂； 每个检验项目分别检验，项目多时，批的综合质量不能保证
	检验需要的时间少； 记录简单	检验时间较少； 记录较简单	检验时间长； 记录复杂
使用时理论上的制约	除随机抽样外，无分布要求		质量特征值必须服从正态分布等统计分布
好批、坏批的判断能力和检验个数	同样判断能力，样本量大； 检验个数相同时，判断能力低		同样判断能力，样本量小；检验个数相同时，判断能力强
检验记录的利用	检验记录用于其他目的程度低	检验记录用于其他目的程度较低	检验记录用于其他目的程度较高
样本所提供信息的利用	不能较充分地利用样本所提供的信息		能较充分地利用样本所提供的信息
适用场所	检验费用比产品价格低； 检验时间、设备、人员不足，检验项目多； 保证批综合质量时采用有利		检验费用比产品价格高，检验时间、设备、人员充足，保证批质量的关键项目时采用有利
	不合格品可全部用合格品更换的场合	不合格品调整、修理可清除的场合	每个不合格品或不合格批质量有重要影响的场合

2. 按抽样次数分类

1）一次抽样

从批中抽取一个样本，据检验结果判批合格或不合格。

2）二次抽样

第一次按规定样本大小抽样并检查，做出合格、不合格或继续抽检的结论。若结论为继续抽检，按规定样本大小作第二次抽样检验，据累计抽样检验结果判定批合格或不合格。

3）多次抽样

多次抽样检验是二次抽样检验的扩展。每次均按规定的样本大小抽样并作检验，将各次抽检结果累计与判定数组比较，做出合格、不合格或继续抽检的结论，直至抽检次数可做出合格或不合格判断为止。中国标准 GB/T2828.1 - 2003 规定有五次抽样检验，美国标准 ANSI/ASQ Z1.4 - 2003（MIL - STD - 105E）规定有七次抽样。

4）序贯抽样

序贯抽样检验每次只抽取一个样品检验，一个或若干个样品检验后，将累计检验结果与相应的判断标准比较，做出合格、不合格或继续抽检的结论。表 3.2 对各种检验抽样方式优缺点进行了比较。

表 3.2　各种检验抽样方式优缺点比较

项目	一次抽样	二次抽样	多次抽样	序贯抽样
检验批平均检验个数	大	中	小	最小
管理要求	简单	较复杂	复杂	复杂
对检验员抽检知识的要求	较低	较高	高	高
行政费用(含人员、训练、记录和抽样等)	少	较多	多	多
心理效果 （存在小心谨慎感时）	劣	中等	好	好
实施与记录的繁简程度	简单	中等	复杂	复杂
适宜场合	单位产品的检验费用低	单位产品检验费用稍高,旨在减少检验个数	检验费用高,需要较少检验个数	检验费用昂贵,需要减少检验个数
质量保证效果	相同			

3. 按实施方式分类

1）调整型抽样检验

调整型抽样检验主要适用于一系列的连续批,它的主要特点,就是有一组与批的质量紧密联系的转移规则和严格程度不同的抽样方案,能根据产品的质量历史情况适时改变方案的严格程度。

一般首先采用正常检验,批质量较差时改为加严检验;批质量较好时改为放宽检验。正常、加严、放宽三种不同严格度的抽样检验的转换应严格按规定进行。

GB/T2828.1 - 2003《计数抽样检验程序　第 1 部分:按接收质量限(AQL)检验的逐批检验抽样计划》(等效于美国国家标准 ANSI/ASQ Z1.4 - 2003/美军标准 MIL - STD - 105E)、GB/T6378 - 2002《不合格品率的计量抽样检验程序及图表(适用于连续批的检验)》(等效于美军标准 MIL - STD - 414、美国国家标准 ANSI/ASQ Z1.9、国际标准 ISO3951)属于调整型抽样检验标准。

跳批抽样检验是调整型抽样检验中放宽检验的另一种形式。实施跳批检验最重要的条件,就是提交批的质量状况已经证明:供方具有持续提交高质量批的能力,而且被检质量特征中,不会出现影响人身安全的致命不合格。它的主要特点,就是在连续提交批中,只按规定的跳批频率抽取一定比例的批进行检验,其余的批被跳过去了;被跳过的批未经检验就可以接收。

GB/T2828.3《跳批计数抽样检验程序》(对应 ISO 2859 - 3,代替 GB/T13263 - 1991)就属于跳批抽样检验标准。

2）标准型抽样检验

标准型抽样检验的原则是判断目前批本身的质量是合格还是不合格,并作了保护生产方和使用方两个规定。适用于孤立的一批产品的验收,以确定检验批本身合格与否。

GB/T8053、GB/T8054、GB/T13262 属于标准型抽样检验标准。

标准型抽样检验属于非调整型抽样检验。非调整型抽样检验一般不利用产品的质量历史,使用中也没有调整规则。

3)挑选型抽样检验

检验批按预先规定的抽样检验方法检验,合格批接收,不合格批,一个个挑选,检出不合格品换成合格品,或者修复成合格品后交付。

GB/T13546《挑选型计数抽样检验程序及抽样表》属于挑选型抽样检验标准。

4)连续型抽样检验

连续型抽样检验是在连续制造产品的过程中进行的,可以将产品质量控制在规定的平均质量水平内。其基本做法是:开始先逐个检验每个产品,如果连续 i 个(i 由标准规定)产品都合格,则接下去采用区段抽检,即从相邻的每个产品区段中任抽一个进行检验,只要没有不合格品出现就继续这样抽检下去。一旦出现不合格品,立即恢复逐个检验。GB/T8052《单水平和多水平计数连续抽样检验程序及表》(等效于美军标准 MIL – STD – 1235B)属于连续生产型抽样检验标准。

3.2 单位产品

3.2.1 单位产品的定义

单位产品(item)是可单独描述和考察的事物。例如:一个有形的实体、一定量的材料、一项服务、一次活动或一个过程、一个组织或个人、上述项目的任何组合。

在使用计数检验时,必须统计一些数据,如批量、样本量、不合格数等。这些数据是按单位产品来统计的。ISO 中采用"产品"这个术语作为单位产品是为了避免与其他的单位,如厘米、克等相混淆。通常单位产品是一个单一的物品,如果确实是单一物品,单词"物品"也可以代替单位产品。

3.2.2 单位产品的划分

单位产品是为实施抽样检验的需要而划分的基本单位。

检验前,必须决定以什么作为检验单位。在抽样检验中,数据是按单位产品来统计的。

单位产品的划分要从物品形态、使用条件、合同、方便检验等方面考虑。

单位产品可以是一个、一对、一打、一盒、一箱或其他规定数量的一组产品,或者一定长度、一定面积、一定体积、一定重量的产品或某项特定工作等。

单位产品可以与采购、供应、生产或运输的产品单位相同,也可以不同。单位产品的划分,必须有利于保证产品的使用性能。

【举例】

(1)一颗螺丝、一枝铅笔、一个灯泡都以1为检验单位。螺丝等物装入容器(盒、袋)内交易时,可将容器中的全部物品作为检验单位。

(2)盐、砂糖等粒状物品,不能以1个作为单位,通常以一定重量作为检验单位;电线、布料等卷装物品,以一定长度作为检验单位;油、汽油、硫酸等液态物品,通常以一定容量作为检验单位。

3.2.3 单位产品的质量表示方法

单位产品的质量表示方法,通常有三种:以合格品和不合格品表示(计件法)、以不合格数表示(计点法)、以计量值表示。

（1）以合格品和不合格品表示。这是一种将产品质量特性与质量标准比较,划分合格品和不合格品的方法。

（2）以不合格数表示。这是一种用单位产品具有的质量特征表示其质量的方法。一个质量特征不符合要求为一个不合格数。

注:质量特征是单位产品所具有的可以按照产品图纸、技术条件或其他特定的要求进行检验的一些特征。例如,如果技术条件中规定滚珠轴承的直径、重量、硬度必须在某个范围以内才算合格,那么这里的直径、重量、硬度,就是滚珠轴承的质量特征。为了满足产品质量要求,单位产品的质量特征必须达到产品图、技术条件或其他有关文件规定的质量标准。

用不合格数表示单位产品质量的方法,在织物、带类、电线等连续物中广泛采用。例如,漆包铜线上一个气孔为一个不合格数,用1m长的不合格数表示电线质量;PCB线路板,用一块板上未通孔的个数表示其质量。

不合格品数与不合格数计数方法不同。1个不合格品上可能有多个不合格项目,如1个不合格品上有4个检验项目不合格,则不合格数为4。

（3）以计量值表示。这是一种通过测量单位产品的质量特性值,用其测定值表示质量的方法。产品质量特征有机械强度、热量、电气性能等。

3.2.4 不合格与不合格品

1. 不合格及其分类

1）不合格、缺陷的定义

（1）不合格(nonconformity)。

不满足规范的要求称为不合格。例如,假定一枝圆珠笔不能写,不能写就是不合格。同样的笔也可能在其他方面不能满足规范,如颜色、尺寸等。在某些情况下,规范与使用方法要求一致,在另一些情况它们可能不一致,或更严,或更宽,或者不完全知道或不了解两者间的精确关系。因此,不合格并不意味着不能用于使用目的。例如,对一块尺寸超过规定公差的砖,尽管不合格,但仍然可以用于建筑;电视机外壳破损,不能满足规范的要求,是不合格品,但仍能收看电视节目。

（2）缺陷(defect)。

不满足预期的使用要求。

2）不合格分类

按质量特性的重要性或其不符合的严重程度分类,不合格可分成三类:

（1）A类不合格(致命不合格)。

单位产品的极重要的质量特性不符合规定,或单位产品的质量特性极严重不符合规定,称为A类不合格。

A类不合格指危及人身安全,易招致不安全因素的项目以及导致其基本功能失效的项目。

（2）B类不合格(严重不合格)。

单位产品的重要质量特性不符合规定,或单位产品的质量特性严重不符合规定,称为B类不合格。

B类不合格指不会危及人身安全,但可能导致功能失误或降低原有使用功能的项目。

（3）C类不合格(轻微不合格)。

单位产品的一般质量特性不符合规定,或单位产品的质量特性轻微不符合规定,称为 C 类不合格。

C 类不合格指对产品的使用性能没有影响或只有轻微影响的项目。

【举例】

以 DVD 为例说明 A、B、C 类不合格:会引起火灾的机内异常发热为 A 类不合格;无色彩、无伴音为 B 类不合格;机壳轻微伤痕为 C 类不合格。

2. 不合格品及其分类

有一个或一个以上不合格的单位产品,称为不合格品(nonconforming unit)。按不合格类型,不合格品一般可分为三类:

(1) A 类不合格品(致命不合格品)。

有一个或一个以上 A 类不合格,也可能还有 B 类不合格和(或)C 类不合格的单位产品,称 A 类不合格品。

(2) B 类不合格品(严重不合格品)。

有一个或一个以上 B 类不合格,也可能还有 C 类不合格,但没有 A 类不合格的单位产品,称 B 类不合格品。

(3) C 类不合格品(轻微不合格品)。

有一个或一个以上 C 类不合格,但没有 A 类不合格,也没有 B 类不合格的单位产品,称 C 类不合格品。

【特别提醒】

不合格品的类型是根据不合格的类别划分的,在 GB/T2828.1 中,根据不合格品存在的最严重的不合格分类。如某个产品有 1 个 A 类不合格、2 个 B 类不合格、1 个 C 类不合格,则应将此产品划为 A 类不合格品。

3.3　批的组成、提交与批的质量表示方法

3.3.1　批的组成原则

实施抽样检验,首先要决定产品批。产品批(检验批)只能由在基本相同的时段和一致的条件下生产的产品组成。也就是说,这些产品要符合一致性的要求。构成批的单位产品的质量不应有本质的差异,只能有随机的波动。下面几点必须予以注意:

(1) 不同原料、零件制造的产品不得归在一起。

(2) 不同设备、制造方法制造的产品,不得归在一起。

(3) 不同时段或交替轮番制造的产品,一般不得归在一起。

【举例】

某产品以一天的产量作为批量时,一天当中,由于故障原因,设备作了调整,这一天的产量,要以设备调整前后的产量分别组成检验批。

批的形式有稳定批和流动批:稳定批指产品可以整批贮放在一起,使批中所有单位产品可以同时提交检验。流动批则不然,它由一段时间不断完工的产品构成。例如,生产线上的产品,你不可以等全部产品做完后才抽检,一般都是每隔一定时间抽样。产品做完,检验也做完。

3.3.2 批量大小(N)

批量大小指一批产品中所包含的单位产品的总数,用字母 N 表示。

对批量的大小没有特殊的规定,一般质量不太稳定的产品,批量应小一些;而生产过程稳定的产品,批量可适当大一些。但是批量不宜太大,否则一旦出现误判,后果严重,即错判为合格批时,大量不合格品被接收;错判为不合格批时,大量合格品被退货或报废或要求返工,造成很大损失。

3.3.3 连续批的定义及条件

连续批是指待检批可利用最近已检批所提供质量信息的连续提交检验批,即连续生产并连续提交的产品批。

连续生产一般应满足下列条件:

(1)产品的设计、结构、工艺和材料无大的变化。

(2)生产人员的技术水平和操作水平稳定。

(3)生产环境及设备无大的改变。

(4)中间停产时间一般不超过 1 个月,有计划的停产除外。

3.3.4 批的提交

产品批提交时要注意以下事项:

(1)提交检验的一批批产品的顺序不能乱。

对于连续批调整型抽样方案,应严格按照生产顺序提交检验,不能随意打乱,否则根据连续批的质量状况来调整检验的力度(放宽或加严)就无可遵循,无法操作了。

(2)检验批要尽可能符合一致性的要求。

(3)批的组成、批量以及识别每个批的方式,由生产方与使用方协商确定。

(4)提交时,必须整批提交。可以在生产现场、库房或其他合适的场所提交;也可以按每个独立生产阶段(即相互在质量上没有什么影响的各个生产阶段)分段提交;可以在装箱前提交,也可以在装箱后提交。具体提交方式,可以根据产品质量要求,实际生产情况,在保证接收批质量的前提下由生产方与使用方协商确定。

(5)必要时,生产方提供适用和足够的储存场地,便于使用方抽取样本。同时,也应提供为鉴定和试验所需的设备、计量器具以及为处理产品和抽样所需要的人员。

3.3.5 批的质量的表示方法

批的质量可用批不合格品百分数、批每百单位产品不合格数、批的质量特征值的平均值三种方法表示。

1. 批不合格品百分数(percent nonconforming in a lot)

批中不合格品总数除以被检验单位产品总数,再乘以100,即

$$批不合格品百分数 = \frac{批中不合格品总数}{被检验单位产品总数} \times 100$$

在抽样检验时,总体或批的实际不合格品百分数是不知道的,只能根据随机样本的检验结果进行估计,它的点估计值可以按下式计算:

$$（总体或批）不合格品百分数的点估计值 = \frac{样本中的不合格品数}{样本量} \times 100$$

2. 批每百单位产品不合格数（nonconformities per 100 items in a lot）

不合格总数除以被检验单位产品总数，再乘以100，即

$$批每百单位产品不合格数 = \frac{批中不合格总数}{被检验单位产品总数} \times 100$$

在抽样检验时，总体或批的实际每百单位产品不合格数是不知道的，只能根据随机样本的检验结果进行估计，它的点估计值可以按下式计算：

$$（总体或批）每百单位产品不合格数的点估计值 = \frac{样本中的不合格数}{样本量} \times 100$$

值得注意的是，每百单位产品不合格数及其点估计值有可能超出100。

【举例】

一批电视机共20台，经检验，一个检验项目不合格的电视机有3台，两个检验项目不合格的电视机有2台，三个检验项目不合格的电视机有1台，无不合格项目的电视机有14台。则

批不合格品百分数为：$6/20 \times 100 = 30$

批每百单位产品不合格数为：$[(1 \times 3 + 2 \times 2 + 3 \times 1)/20] \times 100 = 50$

3. 批的质量特征值的平均值

批的质量特征值的平均值是批中单位产品质量特征值总和与单位产品总数的比值，即

$$批的质量特征值的平均值 = \frac{批中单位产品质量特征值总和}{单位产品总数}$$

4. 质量表示方法的选定

在实施抽样检验以前，究竟采用哪一种质量表示方法，应明确做出规定。为此要综合考虑各种因素，所需要考虑的因素如下：

（1）不合格品百分数的检验假定1个单位产品若包含1个或多个不合格，则该单位产品是不合格品。

可预先假定1个单位产品所包含不合格的数量是有限和已知的，如每个单位产品有5个不合格。

在采用不合格品百分数检验的情况下，每个不合格品所包含的不合格应该记住，以便于针对每个不合格采取纠正措施。在统计时不必区分具有1个不合格的单位产品或是具有几个不合格的单位产品，它们都将被视为1个不合格品。

（2）每百单位产品不合格数的检验需要统计每1个不合格。在1个单位产品上发现3个不合格就统计为3个，而且这3个不合格与在3个单位产品上发现3个不合格是一样的。

一种特殊情况是，在1个单位产品上某个不合格出现的次数未知并且可以出现几乎无数次，例如，表面的瑕疵或者针孔可以出现任意次，并且出现的次数是未知的。不合格品百分数对于这种情况就没有意义，这种情况下，应该采用每百单位产品不合格数。

（3）如果在1个单位产品上出现的2个不合格部分由于或完全由于一些共同原因，或者两种特性中的一种特性影响另一种，在上述情况下，这两种特性都将是相关的。若是如此，则需要用生产过程的具体知识来确定这些特性的相关性。在数学术语中，如果两个特性（如长度和直径）是独立的，则意味着如果将生产的所有产品按照其长度是否合格分成两组，那么将

会发现在两组中关于直径的每百单位产品不合格品数是基本相等的;或者交换一下,根据直径是否合格分为两组,在两组中关于长度的每单位产品不合格品数也是基本相等的。可在数学上证明这两个过程是等价的。

如果 2 个不合格不是相互独立的,则称它们是相关的或相依的。若在 1 个单位产品中出现了 2 个相关的不合格,应仅算作 1 个不合格,而不是 2 个。有时 2 个相关的不合格的相关性很弱,此时,这 2 个不合格可视为独立。不合格品百分数的检验避免了这些麻烦。

(4)如果批的每百单位产品不合格品数小于 2.5%,那么不合格品百分数检验方案和相应的每百单位产品不合格数检验方案的概率分布几乎相同。批每百单位产品不合格品数在 2.5% ~ 10% 之间,上述概率分布会有一些明显的不同,每百单位产品不合格数方案比相应的不合格品百分数方案更严格。

(5)如果允许,在检验站使用一种方法比频繁地从一种方法换到另一种方法更简单和方便,例如,使用不合格品百分数检验而不是每百单位产品不合格数检验。

(6)从保存对提高产品质量有益的记录角度考虑,最好使用每百单位产品不合格数检验,因为记录自动包含关于所有不合格的信息,而在不合格品百分数检验中,有些不合格就可能从记录中漏掉。

3.4 样本的选择与样本质量的表示方法

3.4.1 样本的选择原则

样本的选择原则:随机抽样。随机抽样,就是保证在抽取样本过程中,排除一切主观意向,使批中的每个单位产品都有同等被抽取的机会的一种抽样方法。很显然,任何一批产品,即使是优质批,也有可能存在极少数的不合格品,如果在抽样过程中有意挑选,或者只从某一局部抽取,就会使样本失去代表性,就不是本标准所要求的抽样检验了。

当然,即使做到随机抽样,也可能出现有些样本的质量比批好,有些比批差,但就平均值来说可以代表被抽样的总体的,其误差仅仅是由于抽样过程中某些难于避免的差异造成的。

3.4.2 随机抽样方法

1. 简单随机抽样法

简单随机抽样法就是平常所说的随机抽样法,就是指总体中的每个个体被抽到的机会是相同的。可采用抽签、抓阄、掷骰子、查随机数值表(乱数表)等方法。抽奖时摇奖的方法就是一种简单随机抽样。

简单随机抽样法的优点是抽样误差小,缺点是抽样手续比较繁杂。

2. 系统随机抽样法

系统随机抽样法又叫等距抽样法或机械抽样法。

系统随机抽样是每隔一定时间或一定编号进行,而每一次又是从一定时间间隔内生产出的产品或一段编号的产品中任意抽取一个,这种组成样本的方法称为系统随机抽样法。

像在流水线上定时抽 1 件产品进行检验就是系统随机抽样的一个例子。系统随机抽样操作简便,实施起来不易出差错。

但在总体发生周期性变化的场合,不宜使用这种抽样的方法。

3. 分层抽样法

分层抽样法也叫类型抽样法。它是从一个可以分成不同层（或称子体）的总体中，按规定的比例从不同层中随机抽取样品的方法。层别可以按设备分、按操作人员分、按操作方法分。

【举例】

A、B、C 3 个工人一天产量分别为 1000、1200、1800 件，那么批量 $N = 1000 + 1200 + 1800 = 4000$ 件。若抽取样本量 $n = 80$，则各层抽取件数为

A 层：$80 \times (1000/4000) = 20$ 件；

B 层：$80 \times (1200/4000) = 24$ 件；

C 层：$80 \times (1800/4000) = 36$ 件。

分层抽样法常用于产品质量验收。优点是样本代表性比较好，抽样误差比较小。缺点是抽样手续较简单随机抽样还要复杂些。

4. 整群抽样法

整群抽样法又叫集团抽样法。这种方法是将总体分成许多群（组），每个群（组）由个体按一定方式结合而成，然后随机地抽取若干群（组），并由这些群（组）中的所有个体组成样本。

例如，对某种产品来说，每隔 20h 抽出其中 1h 的产量组成样本。

整群抽样法的优点是抽样实施方便；缺点是由于样本只来自个别几个群体，而不能均匀地分布在总体中，因而代表性差，抽样误差大。

【举例】

现在举一个例子来说明以上 4 种抽样方法的运用。

假设有某种成品零件分别装在 20 个零件箱中，每箱各装 50 个，总共是 1000 个。如果想从中取 100 个零件作为样本进行测试研究，那么应该怎样运用上述 4 种抽样方法呢？

（1）简单随机抽样：

将 20 箱零件倒在一起，混合均匀，并将零件从 1～1000 一一编号，然后用查随机数表或抽签的办法从中抽出编号毫无规律的 100 个零件组成样本，这就是简单随机抽样。

（2）系统随机抽样：

将 20 箱零件倒在一起，混合均匀，并将零件从 1～1000 逐一编号，然后用查随机数表或抽签的办法先决定起始编号，比如 16 号，那么后面入选样本的零件编号依次为 26，36，46，56，…，996，06。于是就由这样 100 个零件组成样本，这就是系统随机抽样。

（3）分层抽样：

对所有 20 箱零件，每箱都随机抽出 5 个零件，共 100 件组成样本，这就是分层抽样。

（4）整群抽样：

先从 20 箱零件随机抽出 2 箱，然后对这 2 箱零件进行全数检验，即把 2 箱零件看成是"整群"，由它们组成样本，这就是整群抽样。

当然随机抽样方法还有其他类型，如等间隔时间抽样、利用计算机随机数发生器抽样等。

3.4.3　随机抽样注意事项

随机抽样应注意以下事项：

（1）流体物品，尽可能搅拌均匀后再取样。

（2）如果组成一个批的产品的原材料来源不同，生产日期与班组不同，有可能对产品品质有较大影响，此时应把此批产品分为若干层（按材料/生产日期/班组分层），按比例在各层抽

检,应尽可能抽检到每批材料、每个生产日期与每个班组。

（3）在已经包装好零部件的箱中取样,尽可能从下、中、上层平均取样。

（4）物品在不断移动时,可采用一定间隔抽取样本或设定时间抽取样本的方法,但一定间隔本身应该随机规定。

3.4.4 样本抽取的时机

样本可在生产全部完成后抽取,或可在生产过程中抽取。批的大小须在样本抽取前决定。

如果样本是在生产过程中抽取,如发现在该批完成前即已达到拒收数,则已完成之部分产品,应予拒收。在此之后开始新的批（这叫截尾检验,在实施 GB/2828.1 时,一般不采纳）。

3.4.5 样本质量表示方法

从批中抽取样本质量可用样本的不合格品数、样本的不合格数、样本均值三种方法表示。GB/2828.1 采用前两种方法。

具有一个以上检验项目的单位产品,不合格品数和不合格数的计数方法不同。

【举例】

1 个不合格品可能有多个不合格项目,如 1 个不合格品上有 4 个检验项目不合格,则不合格数为 4。

3.5　检验后批的处理

3.5.1 合格批的处理

检验合格的批做如下处理:

（1）检验合格的批,样本中发现的不合格品要更换或返工修理。

（2）合格批整批接收,入库或转入下道工序。

3.5.2 不合格批的处理

检验不合格的批做如下处理:

（1）退货或返工。

（2）全部更换不合格品或修复不合格品。

（3）检验部门或产品接收方对产品全检,挑出不合格品。

（4）报废。

（5）让步接收。

对合格批中的不合格品,以及不合格批,进行处理后,可允许再次提交检验。为防止再次出现不合格,必要时采取纠正措施。

3.5.3 不合格批的再提交

再提交批,就是已经被拒收,经过 100% 检验或试验,剔除了所有不合格,并经过修理或调换合格品以后,允许再次提交的批。

对因某种类型不合格导致不被接收的批,再次提交时,最低限度也应对导致批不被接收的那一类不合格进行检验。至于其他类别的不合格是否要进行检验,由负责部门(responsible authority)确定。

再检验是采用正常检验,还是加严检验,应由负责部门确定。再检验不许采用放宽检验。

3.5.4 不合格品的处理

在抽样检验过程中,或者对拒收批筛选过程中发现的不合格品,不许混入产品批,经负责部门同意后,不合格单位产品可以采用如下办法处理:

(1)经过返工修理和累积一个时期以后,可以作为混合批重新提交,但必须对所有质量特征重新进行检验,检验的严格性由负责部门根据情况确定,但不得采用放宽检验。

(2)经过返工修理以后,可以返回原批重新提交。

(3)由生产方按照批准的超差品处理办法重新提交。

(4)按使用方与生产方协商的办法处理。

(5)由生产方作废品处理。

3.6 检验水平(IL)

3.6.1 检验水平的概念

检验水平规定了批量与样本量之间的关系。一般说来批量 N 越大,样本量 n 也越大,但不是正比关系,大批量样本占的比例比小批量样本占的比例小。

抽样检验中,检验水平用于表征判断能力。检验水平高,判断能力强,即优于或等于 AQL 质量批的接收概率将有所提高,劣质批(如质量为 10AQL 的批)的接收概率,将有较明显的降低。但需注意的是,检验水平越高,检验样本量越大,检验费用也相应提高。

GB/T2828.1 给出了 3 个一般检验水平,分别是 Ⅰ、Ⅱ、Ⅲ,还有 4 个特殊检验水平,分别是 S-1、S-2、S-3、S-4。数码越大,等级越高,判断能力越强;一般检验水平高于特殊检验水平。水平 Ⅰ 的样本量不到水平 Ⅱ 的样本量的一半,水平 Ⅲ 的样本量大约是水平 Ⅱ 的 1.5 倍。

3.6.2 检验水平的等级

1. 一般检验水平

一般检验水平分为三级:一般检验水平 Ⅰ;一般检验水平 Ⅱ;一般检验水平 Ⅲ。判断能力:Ⅲ > Ⅱ > Ⅰ。

在没有特殊说明的情况下,抽样检验的检验水平一律选用一般检验水平 Ⅱ 级。对判断能力要求高的抽样检验则选择 Ⅲ 级,而判断能力要求较低的抽样检验则选择 Ⅰ 级。

2. 特殊检验水平

特殊检验水平分为四级:特殊检验水平 S-1;特殊检验水平 S-2;特殊检验水平 S-3;特殊检验水平 S-4。判断能力:S-4 > S-3 > S-2 > S-1。

一般检验水平的判断能力大于特殊检验水平的判断能力,只有破坏性检验和外观检验时,才能采用特殊检验水平。即 Ⅲ > Ⅱ > Ⅰ > S-4 > S-3 > S-2 > S-1。

3.6.3 确定检验水平应考虑的因素

为了确定一个风险与检验费用具有比较合理关系的检验水平,应综合考虑以下因素:

（1）产品的重要程度。

（2）产品的复杂程度及其维修性。

（3）生产过程是否稳定,过去的质量状况是否令人满意。

（4）检验试验是破坏性的还是非破坏性的。

（5）产品的实际价格和检验、试验实际费用。

（6）接收了不合格品以后可能造成的损失。

（7）切实地了解可供选择的几种检验水平对供需双方可能提供的保护。

（8）批量大小。

3.6.4 检验水平的选择原则

（1）没有特别规定时,首先采用一般检验水平Ⅱ。

（2）比较检验费用时,若每个样品的检验费用与处理一个不合格品的费用相当时,选择一般检验水平级Ⅱ,若高则改选Ⅰ级,若低则选择Ⅲ级。

（3）为保证 AQL,使得劣于 AQL 的产品尽可能少的漏过去,宜选用高的检验水平。

（4）检验费用(包括人力、物力、时间等)较低时,选用高的检验水平。

（5）产品质量不稳定,波动大时,选用高的检验水平。

（6）破坏性检验或严重降低产品性能的检验,选用低的检验水平。

（7）检验费用高时,选用低的检验水平。

（8）产品质量稳定,差异小时,选用低的检验水平。

（9）历史资料不多或缺乏的试制品,为安全起见,检验水平必须选择高些;间断生产的产品,检验水平选择得要高些。

3.6.5 检验水平Ⅰ的选用条件

检验水平Ⅰ的选用条件如下:

（1）即使降低判断的准确性,但对用户使用该产品并无明显影响。

（2）单位产品的价格较低。

（3）产品生产过程比较稳定,随机因素影响较小。

（4）各个交验批之间质量状况波动不大。

（5）交验批内的质量比较均匀。

（6）产品批不合格时,带来的危险性较小。

3.6.6 检验水平Ⅲ的选用条件

检验水平Ⅲ的选用条件如下:

（1）需方在产品的使用上有特殊要求。

（2）单位产品的价格比较高。

（3）产品的质量在生产过程中易受随机因素的影响。

（4）各个交验批之间的质量状况有较大波动。

（5）交验批之间的质量存在着较大的差别。

（6）产品不合格时,平均处理费用远超过检验费用。

（7）对于质量状况把握不大的新产品。

3.6.7 特殊检验水平的选用条件

特殊检验水平一般用在检验费用极高或贵重产品的破坏性检验的场合,原则是宁愿增加对批质量误判的危险性,也要尽可能减少样本。

特殊检验水平是为必须使用小样本量的场合设计的。

3.7 接收质量限(AQL)

3.7.1 概念和意义

接收质量限(Acceptance Quality Limit,AQL)是当一个连续系列批被提交验收抽样时,可允许的最差过程平均质量水平。在 GB/T2828.1 中,接收质量限被作为一个检索工具,利用按 AQL 检索的抽样方案,来自质量等于或好于 AQL 的过程检验批,其大部分(95%以上)将被接收。AQL 是可以接收和不可以接收的过程平均的分界线。因此,AQL 不是用来描述一个抽样方案,而是确定生产所达到的程度的要求和确定过程的容忍限时考虑的一个有用的定量指标。指定 AQL 并不是意味着不合格品百分数在某个数值附近时所想要的,或者是可以接受的。无论如何,没有不合格品总比任何值的不合格品百分数要好,而且不合格品百分数越低越好。这种减少提高了每个批被接收的概率。

实践已经证明,将要选择的抽样方案,对那些始终如一的使提交批的平均质量水平优于 AQL 的供方是有利的。如果只满足于生产过程达到 AQL 规定的平均质量水平,在一个较长时间内,就很有可能遭到加严甚至暂停检验,因为在这种情况下,就可能有一部分批的不合格品百分数(或每百单位产品不合格数)超过这个界限值。

AQL 共有 26 档:0.010,0.015,0.025,0.040,0.065,0.10,0.15,0.25,0.40,0.65,1.0,1.5,2.5,4.0,6.5,10,15,25,40,65,100,150,250,400,650,1000。

在选用时须注意:

当 AQL≤10 时,对计件、计点均适用,即 AQL 既可表征不合格品百分数,又可表征每百单位产品不合格数。

当 AQL>10 时,则只能适用于计点数据,即 AQL 只能表征每百单位产品不合格数。

也就是说,对计件数据,AQL 可使用 0.010 至 10,共 16 档;对计点数据,AQL 可使用 0.010 至 1000,共 26 档。

在计件数据中,p 值以% 表示,如 AQL=0.010,实为 0.010% ,即合格批的不合格品率上限值允许为 0.010%(万分之一)。

【说明】

计件检验是用样本中的不合格品数作为产品批的判定依据。计点抽样检验是用样本中的不合格数作为产品批的判定依据。所以,只规定 AQL=0.65 之类是不明确的,应明确说明是不合格品的 AQL=0.65 或是不合格的 AQL=0.65。

3.7.2 选择 AQL 时应考虑的因素

AQL 值一般应在产品技术条件、订购合同或其他有关技术文件中做出规定,否则由负责部门规定,或由生产与使用方协商确定。

方案的严格程度,主要取决于 AQL 值的大小,在保证产品主要性能的前提下,应根据下列因素确定 AQL 值:

(1)产品的重要程度。

(2)产品的认知程度(过程平均、质量信誉)。

(3)产品的实际价值。

(4)顾客的使用要求。

(5)产品的复杂程度。

(6)产品质量不合格类别。

(7)检验项目的数量。

(8)生产方的质量保证能力。

(9)产品成本等经济性因素等。

3.7.3 AQL 的选择原则

AQL 一般在技术标准、验收要求中确定,也可在供需双方的订货合同中规定。选择 AQL 应遵循下面的原则:

(1)军用产品的 AQL 值比工业产品小一些,工业产品的 AQL 值要比民用产品的小一些。

(2)A 类不合格品(致命不合格品)的 AQL 值应比 B 类不合格品(严重不合格品)的 AQL 值小些,B 类不合格品的 AQL 值应比 C 类不合格品(轻微不合格品)的 AQL 值小些。

(3)检验项目越多,AQL 值越大。

(4)单项检验的 AQL 值应严于多项目检验。

(5)电气性能的检验 AQL 值应严于力学性能,其次是外观性能。

(6)原材料、零部件检验的 AQL 值比成品检验的 AQL 值小。

(7)订货方可根据要求提出满意的 AQL 值,但需考虑生产方的生产能力。AQL 值提的过严(过小),会使生产方的成本增加,故确定 AQL 值应与产品的质量和性能水平一致。

3.7.4 AQL 选择中的注意事项

(1)同类别的不合格,应有统一规定的 AQL,除非单独进行检验。

(2)当同类别不合格被检项目比较多,相互间又有一定程度差别时,可以划分不同程度的子类别,但子类别的 AQL 值不能大于该类别规定的 AQL 值。

(3)有些时候,除必须对重要类别不合格规定 AQL 之外,为了保证批能达到一定的质量水平,再对包括这个类别在内的所有不合格规定一个 AQL 值。

(4)当产品复杂而又有很多独立的质量特征需要单独检验时,可以对这些需要单独检验的质量特征所构成的不合格分别规定 AQL 值,然后再对其所属类别或所有类别的不合格分别规定 AQL。

(5)当 AQL≤10 时,对计件、计点均适用,即 AQL 既适合不合格品百分数的检验,又适合每百单位产品不合格数的检验。当 AQL > 10 时,则只能适用于计点数据,即 AQL 只适合每百单位产品不合格数的检验。

(6)只规定 AQL 等于多少是不行的,应明确说明 AQL 是用来进行不合格品百分数的检验(计件)或是进行每百单位产品不合格数的检验(计点)。

3.7.5 AQL 选择参考

要根据实际情况设定 AQL 值,以下是几种不同指标下的 AQL 参考值(表 3.3 ~ 表 3.6)。

表 3.3 检验项目数与 AQL 参考值

轻微不合格品		严重不合格品	
检验项目数	AQL	检验项目数	AQL
1	0.65	1 ~ 2	0.25
2	1.0	3 ~ 4	0.40
3 ~ 4	1.5	5 ~ 7	0.65
5 ~ 7	2.5	8 ~ 11	1.0
8 ~ 18	4.0	12 ~ 19	1.5
19 以上	6.5	20 ~ 48	2.5
		49 以上	4.0

表 3.4 不合格品种类与 AQL 参考值

企业	检验类别	不合格品种类	AQL 值
一般工厂	进货检验	A、B 类不合格品	0.65,1.5,2.5
		C 类不合格品	4.0,6.5
	成品出厂检验	A 类不合格品	1.5,2.5
		B、C 类不合格品	4.0,6.5

表 3.5 不同性能与 AQL 参考值

质量特性	电气性能	力学性能	外观质量
AQL	0.4 ~ 0.65	1.0 ~ 1.5	2.5 ~ 4.0

表 3.6 不同产品与 AQL 参考值

使用要求	特高	高	中	低
AQL	≤0.1	≤0.65	≤2.5	≥4.0
适用范围	卫星、导弹、宇宙飞船	飞机、舰艇、重要工业产品、军工产品	一般工业、农业用品、一般军需用品	一般民用工农业用品

3.8 过 程 平 均

过程平均(process average)是所提交一系列批的平均质量,不包括重新提交的批。

与 AQL、AOQL(平均检出质量上限)、LQ(极限质量)不同,过程平均并不是一种可计算和选择的量,也不是一种特定的抽样方案的特征,认识到这一点是非常重要的。过程平均与真正生产的是什么有关,而与采用什么样的检验无关。

一般来说,估计过程平均并不是抽样方案的不可缺少的部分。然而,过程平均本身就很重要。生产方和检验方都既对逐批决策感兴趣,又对产品质量的长远前景感兴趣。

因此,应该保持综合所得的过程平均的估计的记录。这不仅对衡量产品质量极为有用,在将来设计和生产类似产品时,对那些必须决定采用什么样抽样方案的人来说,这些信息也是无价的。

采用二次或多次抽样形式时,应当遵守一些专门的规则。在二次和多次抽样中,只有第一样本的结果才应该被用来估计过程平均。

有时需注意,不正常结果应排除在外。但这是一种危险的操作,应该谨慎使用。只有这些不正常结果是由所知的已经消除的特殊原因造成的,在这种情况下,采用这种操作才是安全的。即使这样,最好同时提供包含和不包含这些不正常结果的图表以表明确实存在不一致。

在多个特性或多个 AQL 类别的情况下,应分别单独估计过程平均。

过程平均的计算公式为

$$\text{过程平均} = 100 \times \sum_{i=1}^{m} d_i \bigg/ \sum_{i=1}^{m} n_i$$

式中　d_i——第 i 批样本中发现的不合格品数(或不合格数);

　　　n_i——第 i 批抽取的样本量($i = 1, 2, \cdots, m$);

　　　m——批数,一般取 $m = 10 \sim 20$,或更大一些,m 越大,估计值越精确。

如果只需了解最近一个时期的生产状况,可取 $m = 5$。

3.9　抽　样　方　案

3.9.1　定义和用途

抽样方案(sampling plan)是一组特定的规则,用于对批进行检验、判定。它包括样本量 n 和判定数组 A_c 和 R_e。A_c 是对批做出接收判定时,样本中发现的不合格品(或不合格)数的上限值,只要样本中发现的不合格品(或不合格)数等于或小于 A_c,就可以接收该批。R_e 是对批做出不接收判定时,样本中发现的不合格品(或不合格)数的下限值,即当样本中发现的不合格品(或不合格)数等于或大于 R_e 时,则可判定不接收。

在抽样检验中,根据抽样方案对批做出判定以前允许抽取样本的个数,分为一次、二次、多次和序贯等各种类型的抽样方案。GB/T28282.1 提供了一次、二次和五次等三种类型的抽样方案。

3.9.2　一次抽样方案

一次抽样方案用三个数来描述:样本量、接收数和拒收数,简记为 (n, A_c, R_e)。执行方案时对从批中随机抽取的样本进行检验并对发现的不合格品(或不合格)进行计数,如果不合格品(或不合格)数小于或等于接收数,整批将被接收,只有那些在样本中发现的不合格的样品才是不能接收的。另外,如果不合格品(或不合格)数等于或大于拒收数,则整批不接收。

在一次抽样方案中总有 $R_e = A_c + 1$,往往在方案中不标出。一次抽样方案的判定程序如图3.2 所示。

图 3.2　一次抽样方案的判定程序

3.9.3 二次抽样方案

由两个样本和判定数组组成,简记为$(n_1;n_2;|A_{c1},R_{e1};A_{c2},R_{e2})$。这类抽样方案,当第一样本$n_1$不能对批做出判定时,允许抽取第二样本$n_2$,根据这两个样本的检验结果,就能对批做出规定,并规定$n_1=n_2=0.613n$,n是与之等效的一次抽样方案的样本量,其实施步骤是:

(1)从批中抽取n_1个单位产品的第一样本,经逐个检验以后,如果发现的不合格品数或不合格数,小于或等于第一接收数A_{c1},则接收该批;如果等于或大于第一拒收数R_{e1},则拒收该批;如果大于第一接收数A_{c1},小于第一拒收数R_{e1},则必须抽取第二样本n_2进行检验。如果第一样本能做出接收或不接收的判定,则不需抽取第二样本。

(2)当需要从批中抽取第二样本n_2时,第二样本也应逐个进行检验,然后把两个样本中发现的不合格品(或不合格)数相加,如果累计的不合格品(或不合格)数小于或等于第二接收数A_{c2},则接收该批;如果等于或大于第二接收数R_{e2},则拒收该批。在必要时,第一样本与第二样本,可以同时抽取;如果第一样本能做出判定,则不需要检验第二样本。

这一方案,因为$R_{e2}=A_{c2}+1$,所以第二样本一定能做出判定。

二次抽样检验程序如图3.3所示。

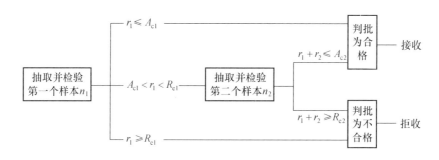

图3.3 二次抽样检验程序

r_1为样本n_1中发现的不合格品数,r_2为样本n_2中发现的不合格品数。

3.9.4 多次抽样方案

如果对一批产品需抽检三个以上样本进行检验才能做出合格或不合格的判定时,称为多次抽样检验。

目前,美国 ANSI/ASQ Z1.4 - 2003/MIL - STD - 105E 中多次抽样多达七次,我国 GB/T2828.1 - 2003/ISO2859 - 1:1999 规定最多五次抽样。

多次抽样方案是二次抽样的扩展,其检验判定方法与二次抽样方案大体相同。多次抽样在实际中使用不多,本书不做太多的介绍。

在 GB/T2828.1 - 2003 五次抽样方案的主表中,有些抽样方案,在接收数的地方只有"#",没有数字,这表示这些检验结果还不能对批做出接收的判定,还必须继续抽取样本进行检验,直到能做出判定为止。但如果不合格品数(或不合格数)或累计不合格品(或不合格)数等于或大于拒收数,可以判定不接收。

3.9.5 选择抽样方式的原则

选择抽样方式的原则如下：

（1）检验费用很高，希望减少样本量时，选用高次抽样方案。

（2）检验单位产品耗时很长，用多次抽样不允许时，只能选用一次抽样。

（3）检验费用不高时优先选用一次抽样。

（4）一次抽样方法简单，批合格与否的误判危险性小；二次抽样方法复杂、工作难度大，检验员必须经专门培训。企业在选择抽样方案时应充分考虑自己的技术能力、管理水平和人员素质。

（5）对于给定的接收质量限 AQL 和检验水平 IL，可以选用不同的抽样方案。需注意的是，只要给定的接收质量限 AQL 和检验水平 IL 相同，无论选用哪种抽样方案进行抽样检验，对批质量的判定能力及总体质量保证能力基本上是相同的。切不可受心理效果的影响，盲目选择多次抽样。

3.10 检验的严格度与转移规则

检验的严格度是指交验批所接受抽样检验的宽严程度。检验的严格度反映在抽样方案的样本量、接收数和拒收数上。GB/T2828.1 规定了三种严格程度不同的抽样方案：正常、放宽和加严检验。

当产品批初次被送交检验时，一律从正常检验开始。开始正常检验经历一段时间后，如果认为送交检验的每一批质量水平一致优于合格质量水平时，为鼓励生产方不断提高和保证产品质量方面所做的努力，应转为采用放宽检验。如果认为送交检验的各批质量水平低于合格质量水平，出现大部分批被拒收，极少部分被接收时，当然会认为被接收的批质量水平也是低劣的。为了弥补这种缺陷，必须由正常检验转入加严检验，通过降低接收概率来拒绝许多批的通过，促使生产方努力提高产品的质量水平。可见，调整型抽样检验，无论是放宽还是加严都有利于促进生产方不断提高产品的质量水平。

3.10.1 正常检验

正常检验(normal inspection)的设计原则是：当过程质量优于 AQL 时，应以很高的概率接收检验批，以保护生产方的利益。当与 AQL 相同时，批量越大，则接收概率越高。

3.10.2 加严检验

加严检验(tightened inspection)是为保护使用方的利益而设立的。一般情况下，让加严检验的样本量同正常检验的样本量一致，以降低接收数。加严检验是带有强制性的。

3.10.3 放宽检验

放宽检验(reduced inspection)的设计原则是：当批质量一贯很好时，为了尽快得到批质量的信息、情报并获得经济利益，以减少样本量为宜。因此，放宽检验的样本量要小，一般仅是正常检验样本量的40%。放宽检验是非强制性的。

3.10.4 转移规则

转移规则是形成抽样计划的核心，通过它就把三个严格程度不同的抽样方案有机地结合起来了。对于一系列连续批使用 GB/T2828.1 进行检验时,严格执行转移规则,特别是正常、加严和暂停检验的转移规则,这是保证一系列连续批的过程平均最低限度也能和规定的接收质量限一样好的一个重要条件,否则,就很难达到这个要求,就不可能对使用方提供较好的保护。对生产量不大,不能执行转移规则的少数批或单个批,就不能运用连续批的抽样检验程序。这时只能采用"极限质量保护"检验程序,使生产方得到必要的保护。

1. 正常到加严

当正在采用正常检验时,只要初次检验中连续 5 批或少于 5 批中有 2 批是不可接收的,则转移到加严检验。

2. 加严到正常

当正在采用加严检验时,如果初次检验的连续 5 批已被认为是可接收的,应恢复正常检验。

3. 正常到放宽

当正在采用正常检验时,如果下列各条件均满足,应转移到放宽检验:

(1)当前的转移得分(switching score)(表 3.7)至少是 30 分。

(2)生产稳定。

(3)负责部门认为放宽检验可取。

表 3.7 转移得分计算

转移得分的计算: 除非负责部门另有规定,在正常检验一开始就应计算转移得分。 在正常检验开始时,应将转移得分设置为 0,而在检验每个后续的批以后应更新转移得分。 1. 一次抽样方案 (1)当接收数等于或大于 2 时,如果当 AQL 加严一级后该批被接收,则给转移得分加 3 分,否则将转移得分重新设定为 0。 (2)当接收数为 0 或 1 时,如果该批被接收,则给转移得分加 2 分,否则将转移得分重新设定为 0。 2. 二次和多次抽样 (1)当使用二次抽样方案时,如果该批在检验第一样本后被接收,给转移得分加 3 分,否则将转移得分重新设定为 0。 (2)当使用多次抽样方案时,如果该批在检验第一样本或第二样本后被接收,则给转移得分加 3 分,否则将转移得分重新设定为 0。

4. 放宽到正常

当正在执行放宽检验时,如果初次检验出现下列任一情况,应恢复正常检验。

(1)一个批未被接收。

(2)生产不稳定或延迟。

(3)认为恢复正常检验是正当的其他情况。

5. 加严到暂停

加严检验后累计 5 批是不可接收时,应暂时停止检验。

6. 暂停后的恢复

在暂停检验后,若生产方确实采取了措施,使提交检验批达到或超过所规定的质量要求,则经主管负责部门同意后,可恢复检验。恢复检验从使用加严检验开始。

图 3.4 为转移规则简图。

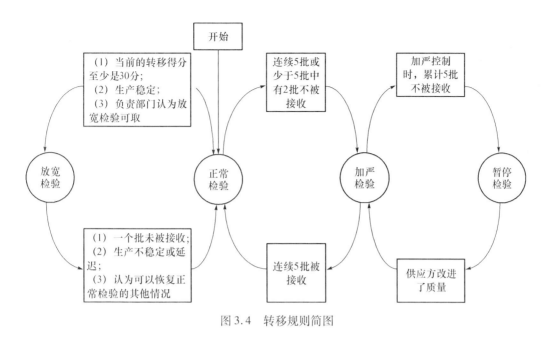

图 3.4 转移规则简图

3.10.5 开始检验时严格度的确定

开始检验指产品首次被送交检验。

（1）除非负责部门另有指示,开始时应用正常检验。

（2）以往检验相同产品或类似产品采取的是加严检验时,开始检验应采取加严检验。

（3）事先赴生产方调查,认定产品质量比规定的 AQL 值有大的可能性时,采用加严检验。

（4）生产初期曾出现过不少的质量问题,虽后来生产正常问题不大了,也要采取加严检验。

（5）生产方近期一直接受放宽检验,则开始检验可采用放宽检验。

（6）现在生产的仍是采取放宽检验的同样或类似产品时,开始检验可采用放宽检验。

3.11 抽样风险和抽检特性曲线

3.11.1 抽样风险

任何统计抽样检验都有一定的风险,即使是 100% 检验也不能完全避免。抽样检验除了作业误差之外,还有一种来源于抽样本身的风险,以致抽取的样本不能真实地反映批的质量。结果,在接收与拒收的问题上做出了错误的判断,好的批被拒收了,坏的批被接收了,样本量越小这种风险越大。在抽样检验中要完全避免风险,实际上是不大可能的,按照 GB/T2828.1 的设计要求,即使批中实际存在不合格品百分数(每百单位产品不合格数),达到 AQL 规定的质量水平,也只能以平均 88% ~99% 的高概率接收;而当批中实际存在不合格品率或不合格数大于 AQL 甚至达到一定数值时,也只能以较高或高概率拒收,不能全部拒收。达到 AQL 质量的批被部分拒收了,这就给生产方带来了风险,这类风险称为生产方风险或弃真风险,记为 α;劣质批被部分接收了,给使用方带来的风险,则称为使用方风险或取伪风险,记为 β。在实际中应照顾双方的利益,使生产方风险和使用方风险都尽可能小。

抽样方案给生产方、使用方提供的保护,就是指的减少这两类风险的程度,并可通过计算进行调整。如果事先规定 AQL 质量批的不合格品百分数或每百单位产品不合格数以 p_0 表示,5 ~ 10 倍 AQL 的劣质批的不合格品百分数或每百单位产品不合格数以 p_1 表示,则可相应地计算出生产方风险和使用方风险。

$$\alpha = 1 - L(p_0), \beta = L(p_1)$$

3.11.2 抽检特性曲线(OC 曲线)

每个抽样方案,都有它特定的 OC 曲线。实际上,提交批的质量水平是不知道的,如果知道的话,对批就可以直接判定而不需检验。抽检特性曲线表明在特定情况下抽样方案的特性,抽检特性曲线比较精确地显示了在假定的质量水平(即不合格品百分数或每百单位产品不合格数)下批被接收的概率。GB/T2828.1 提供了抽样检验方案的抽检特性曲线,适用于百分不合格品率以及每百单位不合格数的检验。GB/T2828.1 的二次或多次抽样方案的 OC 曲线与在相同的 AQL 和样本量字码下的一次抽样方案的 OC 曲线是基本匹配的。理解抽检特性曲线的含义对于设置检验水平和确定批量范围是必需的。根据抽检特性曲线能够对一次抽样方案与其他方案进行比较。

须注意在 OC 曲线中两个坐标涉及的是抽样方案的长期特性,水平坐标给出的是过程平均,而不是某一批的质量,垂直坐标给出的是批被期望接收的百分比,而不是特定的系列批接收的百分比。

1. OC 曲线的绘制方法

在绘制 OC 曲线时,一般用横坐标上的刻度表示批的质量,它的范围,可以从零到选定的适当值;纵坐标上的刻度,表示批被接收的概率,范围由零到 100%(或由 0 到 1)。很明显,当批的不合格品率为零时,任何抽样方案的接收概率都为 100%;当批的不合格率为 100% 时,任何抽样方案的接收概率都将为零。因此,图上的起点和终点用不着计算就可以确定。曲线上的其他各点,即可根据有关公式进行计算。

本标准所有 OC 曲线,都是对一次抽样方案做出的,也可以用于和它等效的二次和五次抽样方案。AQL 大于 10.0 的 OC 曲线是按泊松分布计算的,适用于每百单位产品不合格数的检验,其计算式为

$$L(p) = \sum_{r=0}^{Ac} (np)^r e^{-np}/r!$$

泊松分布是基于以下假定:不合格的发生是独立的,且其期望值为常数,这个假定在许多情况下都成立。与假定的任何偏离都将导致真实分布比泊松分布具有更大的方差,在这种情况下,使用方的受保护程度要优于抽检特性曲线所显示的值。

AQL 等于或小于 10.0 的 OC 曲线是按二项分布计算的,适用于不合格品百分数检验,其计算公式为

$$L(p) = \sum_{r=0}^{Ac} \binom{n}{r} p^r (1 - p)^{n-r}$$

2. OC 曲线的主要特征

为了便于讨论,这里只对正常检验抽样方案的 OC 曲线进行分析。在讨论 AQL 时,已经提到:AQL 是可以接收和不可以接收的过程平均的分界线。OC 曲线横坐标上的刻度,实际代

表的就是过程平均不合格品百分数或每百单位产品不合格数。按照这个定义,如果提交批的平均质量达到或优于规定的 AQL,就应该 100% 接收;大于 AQL 值就应该 100% 拒收,那么最理想的 OC 曲线,就是当 $p \leqslant$ AQL 时,接收概率为 100% 的一条水平线段以及 $p >$ AQL 时的另一条以 AQL 为起点接收概率为零的水平线段,如图 3.5 所示。当然也有不理想的,如图 3.6 所示。但任何抽样方案也只能得到接收概率随 p 的增大而逐渐减少的一条曲线。问题是超过 AQL 这一点的接收概率到底是多少比较合适,按照 AQL 的定义应该是越低越好,这样就会导致这条曲线与理想分界线(以 AQL 为垂足的一条垂线)在较低的一点相交,如图 3.7 所示。但这样处理后,不但 AQL 质量批被高概率拒收,优于 AQL 质量批也被高概率拒收。由图 3.7 可以看出,当过程平均分别为 AQL/2 和 AQL/4 时,接收概率也只有 20% 和 40% 左右。

很显然这是很不合理的,不但会给生产方带来很大风险,造成很大困难,使用方也将难于得到所需要的产品。

为了改变这种情况,GB/T2828.1 设计的正常检验方案,AQL 质量批都被高概率接收,即 OC 曲线与这条理想分界线的交点都相当高,如图 3.8 所示。但图中出现了当过程平均劣于 AQL 达到 2AQL 时,仍然有较高的接收概率,这对使用方无疑是一个很大的风险。按照 GB/T2828.1 规定的程序和抽样方案,当提交批的质量劣于 AQL 规定的水平,接收概率低于或接近 80% 时,加严检验的频率迅速增加。所以,在使用 GB/T2828.1 对连续批实施抽样检验时,为了避免大的风险,不能单独使用按连续批检验程序检索的正常检验抽样方案,必须执行转移规则和有关程序。调整型抽样方案的这些特征,也正好在 OC 曲线上反映出来了。

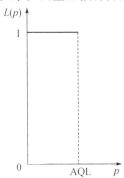

图 3.5　理想的 OC 曲线

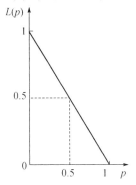

图 3.6　不理想的 OC 曲线

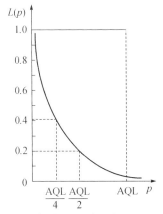

图 3.7　提交批的质量劣于 AQL 时
以低概率接收的 OC 曲线

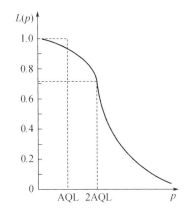

图 3.8　提交批的质量等于或优于 AQL
时保证以高概率接收的 OC 曲线

3.11.3 影响 OC 曲线的基本因素

1. 批量 N 对 OC 曲线的影响

当抽样检验方案中的 n 和 A_c 为确定值时, N 的变化对 OC 曲线的影响如图 3.9 所示,四个抽样检验方案 $[1000,20,0]$, $[200,20,0]$, $[100,20,0]$, $[50,20,0]$,其中 $n=20$, $A_c=0$ 都是相同的,只有批量 N 分别为 $1000,200,100,50$。批量之间相差 20 倍之多,但从 OC 曲线可以看出没有大的区别,四条 OC 曲线的形状非常接近,说明批量 N 对 OC 曲线(也就是对抽样检验的检验特性)影响很小。

2. 接收数 A_c 对 OC 曲线的影响

当抽样检验方案中的 N 和 n 确定, A_c 发生变化时的 OC 曲线如图 3.10 所示。方案中 $N=1000$, $n=20$ 不变,而接收数 A_c 由大变小时,OC 曲线由右向左移动,而且倾斜度变大,说明方案的检验特性也在变化。当处于同样的 p 值时, A_c 值减少使接收概率 $L(p)$ 降低,这就意味着方案变严。反之若 A_c 值增加,接收概率 $L(p)$ 值也增加,则抽样检验方案放宽。另外,曲线由右向左移动并非是平行移动,曲线越向左移就变得越陡,使接收概率的变化率增大,也就是灵敏度增加。

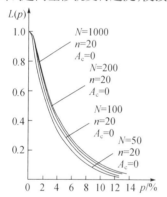

图 3.9　批量 N 不同时的 OC 曲线

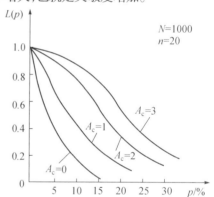

图 3.10　合格判定数 A_c 对 OC 曲线的影响

3. 样本大小 n 对 OC 曲线的影响

当方案的 N 和 A_c 确定,而 n 发生变化时,其 OC 曲线的变化如图 3.11 所示。从图中可见,当 $N=1000$, $A_c=1$ 固定不变时, n 增加使 OC 曲线由右向左移动。

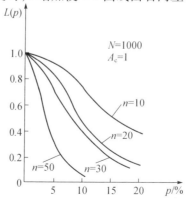

图 3.11　样本大小 n 对 OC 曲线的影响

3.11.4 OC 曲线的用途

根据 GB/T2828.1 的设计要求,一般情况下都应该使用正常检验。加严检验是在发现质量变坏以后,采取的一种强制措施,目的在于促使生产方改进提高产品质量,恢复正常检验。放宽检验是在产品质量稳定地处于优质状态时采取的一种鼓励性措施,当发现质量有变坏可能的时候,能迅速恢复正常检验。所以一次正常检验抽样方案的 OC 曲线所反映出来的抽查特性,具有比较广泛的用途。

1. OC 曲线是选择和评价抽样方案的重要工具

(1) 由于 OC 曲线能形象地反映出抽样方案的特征,在选择抽样方案过程中,可以通过多个方案 OC 曲线的分析对比,择优使用。

一般情况下,根据样本量和接收数就可以把各该方案的 OC 曲线描绘出来,或由 GB/T2828.1 的表直接检索,通过这条曲线,就可以判定该方案对生产方、使用方的保护程度,即双方可能承担的风险。认为不满意的时候,可以适当进行调整,直到满意为止。

(2) 按照国际惯例,一般规定生产方风险 α 为 5%,使用方风险 β 为 10%,于是根据 OC 曲线上接收概率为 95% 和 10% 这两点的不合格品率 p_0 和 p_1 就可以定量地计算抽样方案的鉴别力,即抽样方案区分好批与坏批的综合能力,一般以 OR 表示。OR = p_1/p_0,OR 值越小,方案的鉴别力越高,说明不合格品率一旦增高,接收概率将迅速降低。但 OR 值越小,样本量将随之增大,检验费用将会越高。所以也不是 OR 越小越好,一般取值为 4 ~ 10 或更大一些。GB/T2828.1 制定的接收数为零的方案,OR 值一般都在 40 以上,说明这一类抽样方案的鉴别力是比较低的,但它的样本量与具有相同的 AQL 值的所有同类方案比较也是最低的。

(3) 按照本标准规定的程序执行正常和加严检验时,曲线上半部,即接收概率大于75% 这一部分是比较重要的。因为当接收概率接近或低于80%以后,将会很快地转向加严检验而改变抽检特性。所以,当有必要减少样本量的时候,在同类检验水平中也可以考虑采用比较低的检验水平,因为在这种情况下,几种不同检验水平这一部分的 OC 曲线没有明显差别。

2. 估计抽样检验的预期效果

在抽样检验中,批中实际存在的不合格品率往往不能预先知道,但是可以通过 OC 曲线上反映的批被期望接收的比例估计出被接收批的平均不合格品率,即通过 OC 曲线上的点可以估计连续提交批的过程平均和它的接收概率。

3.12　评价抽样方案的几个主要参数

3.12.1　平均样本量 ASN

一次抽样方案与二次或五次抽样方案一个很大的不同点,就是一次抽样方案的样本量是固定不变的,二次或五次的样本量是随机变量,对二次来说,它可能是 n_1,也可能是 $n_1 + n_2$;对五次来说,可能是 $n_1, n_1 + n_2, n_1 + n_2 + n_3, \cdots, n_1 + n_2 + n_3 + n_4 + n_5$ 的任何一个样本量的数学期望,称为平均样本量,以符号 ASN 表示。在抽样检验中,一般都希望能以较小的样本量,获得较为满意的抽样效果。

3.12.2　平均检出质量 AOQ

当提交批的质量在 AQL 附近波动时,其中等于或优于 AQL 的批,将大部分被接收。这些被接收的批,除样本中发现的少量不合格品已被剔除之外,其他不合格品将随批的接收而被接收了。其平均不合格品率,将随着提交批不合格品率的增大而增大,当提交批的不合格品率增大到一定程度时,大部分批都将被拒收。被拒收的批,经过筛选以后,才能重新提交,其不合格品率将随着批被拒收的比例上升而下降,所以经过检验以后接收的批的平均不合格品率,实际上是这两部分被接收批的平均值,称为平均检出质量,以符号 AOQ 表示。

3.12.3　平均检出质量上限 AOQL

对给定的抽样方案,平均检出质量与批中不合格品率的关系是呈曲线变化的。这条曲线的最高点,就是 AOQ 的最大值。必须指出的是:平均检出质量上限是指一系列批采用给定的抽样方案实施抽样检验时,被接收批的平均不合格品率不会超过这个上限值,并不是每个批的质量都在这个界限值以内,也不是每个批不合格品率的上限值。就个别批来说,有些批的不合格品率可能比它高,有些批可能比它低,更不能把 AOQL 看成过程平均。

第4章　误差分析、检验数据的处理及表示

4.1　检　验　误　差

4.1.1　基本概念

检验实质上是借助于某种手段或方法,测量产品的质量特性值,获取质量数据后与标准要求进行对比和判定的活动。

由于测量具有不确定度,一个检验员用同一种方法,在同样的条件下,对同一产品的某种质量特性进行多次检验,每次检验所得到的数值不会完全相同。即使是技术很熟练的检验员,用最完善的方法和最精密的仪器测量,其结果也是如此。检验的结果在一定范围内波动,说明检验过程的测量误差是客观存在的。随着科学技术水平的不断提高,人们的经验、知识不断丰富,测量方法、手段不断提高和完善,测量误差可以被控制得愈来愈小,但不可能完全把测量误差消除。

误差可定义为绝对误差和相对误差。

1. 绝对误差

定义:某量值的给出值与真值之差称为绝对误差。

绝对误差 = 给出值 − 真值

给出值——包括测量值、实验值、标称值、计算近似值等;

真值——与给定特定量意义一致的值。

真值是一个理想的概念,一般来说真值是未知的,因此绝对误差也就是未知的。但在某些情况下从相对意义而言,真值是可知的,如:

理论真值:三角形内角之和等于180°;理论设计值和理论公式值等。

约定真值:由国际计量大会定义的单位可作为约定真值。

相对真值:高一级标准器与低一级标准器的误差,相对而言可认为前者是后者的真值。标准物质证书上所给出的标准值也是相对真值。

绝对误差是有名数(有单位)的。测量结果大于真值时误差为正;测量结果小于真值时误差为负。误差的大小是衡量测量结果准确性的尺度。

2. 相对误差

定义:相对误差表示的是绝对误差与真值的比值。

$$相对误差 = \frac{绝对误差}{真值}$$

相对误差不仅能反映误差大小,而且能反映测量的准确度。相对误差越小表示测量的准确度越高。

4.1.2　产生原因

检验误差产生的原因如下:

（1）计量器具、测试设备及试剂误差。由于测量设备本身不精确而产生的误差。如刻度不准确、未经校准、稳定性、精确度、灵敏度不够而导致检验中产生的误差。

（2）环境条件误差。测试环境(如温度、湿度、气压、振动、磁场、风、尘等)达不到要求而造成的测量误差。

（3）方法误差。检验方法不正确而造成的检验误差。

（4）检验员误差。检验员的不正确操作或生理缺陷造成的检验误差。

（5）被检产品误差。抽样检验时由于批质量的均匀性、稳定性而影响抽样的代表性差异所造成的检验误差。

4.1.3 分类

1. 系统误差

定义:在重复性条件下,对同一被测量进行无限多次测量所得结果的平均值与被测量的真值之差。

当系统误差方向和绝对值已知时,可以修正或在测量过程中加以消除。加大测量次数不能使系统误差减小。

2. 随机误差

定义:测量结果与在重复性条件下,对同一被测量进行无限多次测量所得结果的平均值之差。

引起随机误差的因素是无法控制的,因此随机误差不能修正。随机误差具有统计规律,可应用统计学的数学知识进行估计,也可通过增加测量次数的办法在某种程度上减小随机误差。

3. 粗大误差

定义:超过规定条件下所能预计的误差。

粗大误差是由于人为的读错、记错、算错,或试验条件未达到规定指标而草草进行所造成的误差。在误差分析时只能估计系统误差和随机误差,对由于粗大误差而产生的数据称为离群数据或坏值,必须从测量数据中将其剔除。

4. 测量不确定度

表征合理地赋予被测量之值的分散性,与测量结果相联系的参数。

测量不确定度是建立在误差理论基础上的一个新概念。误差的数学指标称为不确定度,它表示由于测量误差的存在而对被测量值不能确定的测量分散度。一个测量结果,只有知道它的测量不确定度时才有意义。一个完整的测量结果不仅要表示其量值大小,还必须指出其测量不确定度。

测量数据分布的标准偏差 σ_m 是测量不确定度的主成分,称为标准不确定度。

测量结果含有其他量值时,应计算合成标准不确定度。

合成标准不确定度乘以覆盖因子得到的是扩展不确定度(展伸不确定度),也称为总不确定度。

覆盖因子也称为置信因子。理论上认为只有对某一量值经无穷多次测量,数据的分布才符合正态分布,当测量次数越少时其覆盖范围(分散性)必然大于理想情况下的正态分布。覆盖因子是考虑到分散性变化的系数。

综合以上所述,图4.1以统计概念描述系统误差、随机误差、准确度、精确度和测量不确定度。

分布中心与真值的差称为偏移量 ε,是系统误差的表现,表征了测量的准确度,偏移量 ε 越小其测量准确度越高。分布的标准偏差 σ_m 为测量不确定度的主成分(标准不确定度),$6\sigma_m$ 表征测量的精确度,在计量检定的合格判定中要求 $6\sigma_m \leqslant 2\nu$(2ν 表示允许的误差范围)。正态分布是由于测量随机误差而使测量值不确定所形成的。

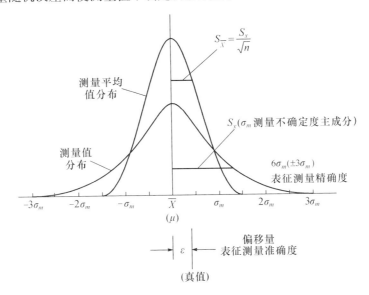

图 4.1　测量准确度、精确度、不确定度的统计概念

4.2　如何提高检验结果的准确度

4.2.1　平均值的精密度

1. 等精密度测量

在消除系统误差后,等精密度多次平行测量可以有效提高检验结果的准确度。多次测量平均值的分散程度一定比单次测定结果分布的分散程度要小。从正态分布的计算可知:

$$S_{\bar{X}} = \frac{S_x}{\sqrt{n}}$$

式中　S_x——单次测量值分布的标准偏差;

　　　$S_{\bar{X}}$——平均值分布的标准偏差;

　　　n——测量次数。

增加平行测量的次数,能够提高检验结果的准确度。表 4.1 给出二者的关系,并可用图 4.2 直观地表达。当然过多地增加测量次数虽然可以提高精密度,但需付出很大代价,耗费过多的时间和精力,一般要求 $n \geqslant 10$ 即可。

表 4.1　$S_{\bar{X}}$ 随测量次数的变化

次数	1	4	9	16	25
$S_{\bar{X}}$	0.006	0.003	0.002	0.0015	0.0012

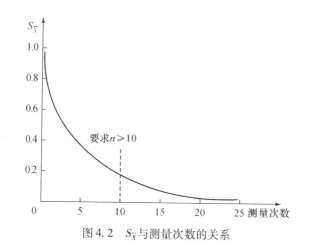

图 4.2 $S_{\bar{x}}$ 与测量次数的关系

2. 不等精密度的平均值及标准偏差

等精密度测量是指每次测量都是在完全相同的条件下进行,其数据处理比较简单。若每次测量的条件不相同,如不同人,不同时,在不同的实验室,用不同的测量设备和不同的方法测量,得到不同精密度的数据,其数据处理就需要予以加权。

4.2.2 如何提高检验结果的准确度

1. 系统误差的消除

系统误差对测量结果的影响往往比随机误差的影响还要大,所以通过试验的方法消除系统误差的影响是非常必要的。

(1)对照检验。所谓对照检验是以标准样品(或标准器)与被检样品一起进行对照检验。若检验结果符合公差要求,说明操作和设备没有问题,检验结果可靠;若不符合则以标准量的差值进行修正。

(2)校准仪器。通过计量检定得到的测定值与真值的偏差,对检验结果进行修正。

(3)检验结果的校正。通过各种试验求出外界因素影响测量值的程度,之后从检验结果中扣除。

(4)选择适宜的测量方法。

2. 控制检验环境和测量条件

正确选择测量设备和检验方法,都是保证检验结果的重要因素。

3. 对检验员的要求

由于主观因素的影响,检验员的素质条件不同会造成不同程度的检验误差,必须加以高度重视。只有对检验员严格要求,选择训练有素的检验员,才能高质量完成检验任务。常见的误差有技术性误差、粗心大意误差、程序性误差等。

(1)技术性误差的影响因素及防止措施。

影响因素:缺乏必要的技术、生产工艺知识,对生产中出现的质量问题不了解;技术不熟练,对检验设备不能正确操作;生理上的缺陷,如视力不佳;检验工作经验不足等。

防止措施:根据岗位要求的应知应会标准,选择适合担任检验员的人;加强岗位练兵和技术业务培训,提高检验员的素质;加强对检验员的工作考核,淘汰不适宜从事检验工作的人员;对有生理缺陷的人应及时调离检验岗位;经常总结经验,推广先进工作方法等。

（2）粗心大意误差的影响因素及防止措施。

影响因素：检验员的情绪或精神状态不良；检验员的责任心不强，对检验工作抱着满不在乎，不重视的态度；检验项目的精度要求高、难度大，检验员的精神过于紧张；生产任务重、时间紧，生产车间或调度人员频繁催促，造成检验员放松检验要求等。

防止措施：简化检验方法或内容，减少检验员的手忙脚乱的现象；采取不易发生差错的检验方法；采用自动化检验装置；感官检验时，采用放大装置；建立标准件或样板；采用通用量具、检具等。

（3）程序性误差的影响因素及防止措施。

影响因素：生产不均衡，前松后紧，检验任务过度集中；管理混乱，产品放置混乱，标识不清，造成不合格品的误用等。

防止措施：加强生产管理，实行三、四、三均衡生产；实行定置管理，严格产品分区堆放。要有明显的界限和明确的标识；严格调运手续，建立调度人员责任制，防止误调、误用等。

4.3　检验数据的处理和检验结果的表示

质量检验、试验的结果将以对取得的质量数据（测定值）的统计计算结果为依据。但是，所取得的所有质量数据是否符合实际，将直接影响检验结果表达的正确性和有效性。因此，检验数据的处理和检验结果的表示是质量检验、试验工作中的主要问题。

例如：用零级千分尺测量某零件尺寸（轴径），得到以下测定值（单位：mm）：

7.969，7.972，7.964，7.975，7.972，7.968，7.970，7.967，7.969，7.974。

测量次数 $n=10$

测量结果：$X_{max}=7.975$

$X_{min}=7.964$

经计算：$\bar{X}=7.970$

$\qquad S_x=0.003$

$\qquad S_{\bar{X}}=0.001$

要求应用误差理论对检验数据进行处理并正确表示出检验结果。

4.3.1　粗大误差的剔除

对所取得的检验数据，首先应判断有没有因粗大误差而取得的异常数据。剔除异常数据是质量检验、试验工作中对数据进行处理的一个最基本的问题。对质量特性的测量，经多次测量后得到一系列测定数据，数据间存在一定的散差是正常现象。但是，有时在检验数据中会出现一个或另一个明显偏高或明显偏低的数据，对这种情况，在未经查明原因不知是否属于异常数据时，不可以轻易取舍。无论是保留了异常数据，还是剔除了正常数据，都会影响检验、试验结果的真实性。

事实说明，异常数据往往表现在一系列检验数据中的最大值或最小值上，为处理方便要求将测定值（数据）排列为顺序统计量，即 $X_1 \leqslant X_2 \leqslant \cdots \leqslant X_n$。单纯判断最小值 X_1 或最大值 X_n 是否为异常值时，称为单侧检验（判断）；若同时判断最小值 X_1 和最大值 X_n 是否为异常值时，称为双侧检验（判断）。常用的检验（判断）异常值的方法有：3σ 原则检验法、狄克逊检验法、格拉布斯检验法、奈尔检验法，在此不作过多的解释。

4.3.2 检验数据的有效数字及修约规则

1. 有效数字

测量仪器本身具有一定的精度,如百分表能度量准确至 ±0.01mm,千分尺能度量准确至 ±0.001mm,万分之一的分析天平能称准确至 ±0.0001g。因此,所用测量仪器的精度决定了检验数据的有效数字。有效数字是指在检验工作中实际能测量到的数字。记录数据和计算结果保留几位有效数字,应根据检验方法和使用的测量仪器的精度来决定。一般只保留最后一位可疑数字,当有效数字确定后,其余数字(尾数)应一律舍去。

2. 数据的修约规则

当有效数字位数确定之后,要决定后面多余的数字的舍弃。过去对数值的修约采用"四舍五入"规则,但其进舍概率不均衡,会造成修约后的测量值系统偏高,因而现在采用"四舍六入"规则。

"四舍六入"修约规则的口诀是:

4 要舍,6 要入。

5 后有数进一位,5 后无数看奇偶。

5 前为奇进一位,5 前为偶全舍光。

数字修约有规定,连续修约不应当。

4.3.3 测量不确定度评定

1. 标准不确定度

1）A 类评定

若被测量 X 有 n 个可测量 $x_1, x_2, \cdots, x_n$,则 $x_1, x_2, \cdots, x_n$ 称为测量的输入量,X 称为测量的输出量。

对每一个测量的输入量 x_i 在相同条件下独立测量,可得 $x_{i1}, x_{i2}, \cdots, x_{in}$,则可测量的最佳估计值为 $x_i = \dfrac{1}{n} \sum\limits_{k=1}^{n} x_{ik}$,实际为 x_i 多次测量的平均值。

其标准不确定度为 $u(x_i) = s(x_i) = \sqrt{\dfrac{1}{n(n-1)} \sum\limits_{k=1}^{n} (x_{ik} - x_i)^2}$。

实际测量不确定度的 A 类评定为测量平均值的标准偏差 $S_{\bar{X}} = \dfrac{S_x}{\sqrt{n}}$,本例 $S_{\bar{X}} = 0.001$。

2）B 类评定

标准不确定度的 B 类评定,往往是用估计方法得到的,所依据的有关信息可以是:

(1) 以前的测量数据。

(2) 有关材料和测量仪器的性能。

(3) 制造说明书。

(4) 校准或其他证书提供的数据。

(5) 手册给出的参考数据的不确定度。

如本例的测量器具为零级千分尺,估计其标准不确定度的 B 类分量 $u_b \approx 0.001$。

2. 合成标准不确定度

合成标准不确定度由其 A 类分量与 B 类分量合成。

$$u_c = \sqrt{u_a^2 + u_b^2}$$

式中　u_c——合成标准不确定度；

　　　u_a——A 类评定标准不确定度；

　　　u_b——B 类评定标准不确定度。

本例：$u_c = \sqrt{u_a^2 + u_b^2} = \sqrt{0.001^2 + 0.001^2} = 0.0014$。

3. 扩展不确定度

扩展不确定度等于合成标准不确定度(u_c)乘以覆盖因子(k)。

$$u = k u_c$$

其中，覆盖因子可由相关的覆盖因子表查得。

4.3.4　检验结果的表示

在确定的置信概率的情况下，检验结果可以表示为：测量值的算术平均值附加(减)测量结果的扩展不确定度，即

$$(\overline{X} \pm u)（置信概率确定的情况下）$$

本例检验结果表示为$(7.970 + 0.003) \text{mm}(p = 95\%)$。

第5章 质量统计与质量统计分析

5.1 基本概念

5.1.1 质量统计

质量统计是指对有关质量的原始记录的收集、整理、计算和分析,提供统计资料的过程。

统计工作是社会主义建设的一项重要基础工作,是认识社会的一个重要手段,也是管理国家,管理企业、事业的有效工具。质量统计也就成为企业质量管理的一项重要基础工作。企业必须确保质量统计的正确性、准确性、及时性、统一性和机密性,防止统计资料数出多门,造成混乱,更要防止虚假数据和统计内容的"水分",否则会导致错误的判断和决策失误。为便于统计资料的传递、提供查阅,必须对质量统计工作实行统一管理。通常企业的质量统计工作由质量检验处(科、室)分管,应设置专职或兼职质量统计员。质量统计员应贯彻执行国家有关统计工作的法令、法规、方针、政策,按时完成国家、行业主管及企业规定的各项质量统计任务,及时报出统计报表。

为及时完成统计工作任务,对承担统计工作的人员,提出相应的规定要求。国务院在关于加强统计工作的决定中,明确提出要切实保证统计工作人员的质量。企业新增补的统计人员必须从大专或中专毕业生中选调,现有人员不具备专业知识的,要分期分批培训经考核合格上岗。

统计人员应具备的专业知识包括:

(1)统计法律、法令、法规、统计制度、统计方法和统计标准化知识。

(2)政治经济学、统计学原理、工业统计、会计学原理等课程。

(3)企业管理、计算机应用等。

(4)企业生产过程及检验、试验、计量方面的有关知识。

5.1.2 质量统计分析

质量统计分析是指对有关质量的原始记录,按照科学的理论和方法,以及统计标准化的要求加工整理,进行定性和定量分析,揭示其变化规律,做出符合客观实际的评价或推断,提出有助于决策的建议。

统计技术提供的多种统计方法、统计工具是质量统计分析过程中不可缺少的手段。简单的如排列图、因果图、调查表,复杂的如方差分析、回归分析以及直方图、正态概率纸、控制图等,均已在质量统计分析中被广泛采用。

5.1.3 统计资料

统计资料是在质量统计分析的基础上,为企业质量管理工作提供的材料,它是统计工作的结果。统计资料包括质量统计报表、统计图表、质量月(季或年)报以及质量快报、质量通讯等。

统计资料不仅反映了产品质量状况和质量水平,连续累积的统计资料反映了产品质量的波动程度和性质,以及质量问题的产生原因,为质量工作的决策提供可靠的依据。

5.1.4 质量原始记录

质量原始记录是指按规定要求,采用经策划、设计的规范化表格,对生产过程中的各类特性所做的记录。做好质量原始记录必须按照 ISO 9000:2000 标准有关文件控制和质量记录控制的要求,落实到生产过程有关人员的工作职责中,要按标准及质量体系文件的规定要求认真逐项记录,做到真实、准确、可靠,做到内容齐全,正确完整,字迹清晰,不漏记,不错记,不乱涂乱改乱画,不能以后补记,还要做到及时传递,属于专职检验岗位的检验记录,必须有专职检验人员的完整签字才有效。

质量原始记录包括:原材料、外购件、外协件检验记录,生产过程中各项检验记录,理化试验记录,成品检验记录,不合格品处置记录(如返工、返修、让步、报废等),以及企业规定的其他原始记录,如生产紧急放行(例外放行)记录、特殊过程控制记录、重大质量事故及故障分析记录、各类试验(如例行试验、寿命试验、可靠性试验等)记录,以及用户投诉、信息反馈等记录。

原始记录数据是企业实施科学管理的基础,也是质量统计分析的基础,应对原始记录数据引起高度重视。企业应建立统计台账,将原始记录分类登记、汇总,形成完整的原始记录档案并妥善保管,要有防潮、防虫蛀鼠害的适宜环境,以便于查询,便于企业填写质量报表和质量统计分析中使用。

5.1.5 质量快报

企业应根据生产管理的需要,建立内部使用的质量快报、质量旬报、月报、季报和年报。使企业各相关部门随时掌握质量状态,对提高干部和职工的质量意识,行使当家做主人的权益都是非常有益的。

5.2 质量统计的作用和原则

5.2.1 质量统计的作用

《中华人民共和国统计法》第一条明确指出:"发挥统计在了解国情国力,指导国民经济和社会发展中的重要作用,促进社会主义现代化建设事业的顺利发展。"

企业质量统计是企业统计工作的一个重要组成部分。可见,发挥质量统计在了解生产质量状况和能力,指导质量管理和质量体系的运行具有重要作用,有利于促进生产的顺利进行和生产任务的完成。

质量统计的作用主要有以下几个方面:

(1)决策的依据。质量统计资料是企业领导层做出提高质量决策,进行有效管理的依据,有利于提高企业质量管理水平和促使质量体系的有效运行。

(2)提供企业各项质量指标完成情况和编制各项质量报表。全面检查企业是否完成国家下达的各项质量指标以及企业内部考核的质量指标实际完成情况,分析质量指标完成的好坏及其影响因素。对于需要改进的,采取有效的纠正及预防措施,推动技术进步,不断提高质量水平,以利企业在激烈的市场竞争中不断开发新产品,不断改进过程控制,降低质量损失,提高过程能力,取得企业最佳的经济效益。这一切都要依赖于质量统计和质量统计分析的结果。

（3）提供质量考核的依据。通过公布质量指标的实际完成情况,作为企业质量考核的依据,同时也是实行质量否决权和质量奖励的依据。

5.2.2 质量统计的原则

工业企业进行产品质量统计,首先碰到的是产品的产量、产值的统计。产品产量是指成品、半成品以及自制品等实物产量,通常以台、套、件、匹等单位或以重量吨、千克、克等来表示。对某些质量指标如优等品产值率、质量损失率等,是以工业产品的产值来计算,计算单位为万元,价值是用现价和不变价两种来计算,应按国家经贸委、国家质量技术监督局有关通知的规定执行。在质量统计过程中应遵循以下原则:

1. 应符合质量标准的规定

报告期内产品质量统计必须符合产品技术标准和有关规定并经检验合格的产品计算产量。未经检验合格的产品以及废品、降级品(等外品)一律不得计入产量。优等品、一等品产量(产值)的计算,必须是已经取得相应质量等级证书并在其报告期内的产品。

2. 要符合规定的截止日期(时间)

报告期产品产量截止日期(时间)是报告期最后一天最后一班的交库时间。统计时间的统一规定必须严格遵守,提前、移后都是不允许的。

3. 要符合规定的入库手续

报告期内的产品产量必须是已办完入库手续的产品。入库的产品必须配套齐全,经过包装,并经最终检验合格和办理入库手续(除合同规定不需配套和不需包装的产品以外)。配套件(如外购配套电机、电控柜及附件等)和包装未完成的产品均不得计入产量。

4. 要符合产品分类规定

为便于管理,在质量统计中产品的名称、分类、排列顺序和计算单位等必须符合产品技术标准和 GB7635 – 1987《全国工农业产品(商品物资)分类和代码》标准的规定。

填报统计资料是非常严肃的工作,必须遵守统计法规和统计纪律,有下列行为之一者,为违法行为:

（1）虚报、瞒报统计资料。

（2）伪造、篡改统计资料。

（3）拒报或屡次迟报统计资料。

（4）妨碍统计机构、统计人员行使法定职权。

（5）违反统计法有关规定,未经批准自行编报统计调查表。

（6）违反统计法有关保密规定。

以上违法行为情节严重的,对有关领导和直接人员予以行政处分,对触犯统计法构成犯罪的,司法机关依法追究刑事责任。

5.3 国家规定的质量统计项目

5.3.1 产品等级品率

产品等级品率是企业产品实物质量、质量保证能力和技术水平的综合反映,是企业能够完成何种产品等级能力的标记。我国工业产品实物质量原则上按国际先进水平、国际一般水平和国内一般水平三个档次(根据采标认定的结果确定)。

考核产品等级品率(G)应根据产品所划分的优等品、一等品、合格品三个等级分别统计。应计算优等品产值率(G_1)、一等品产值率(G_2)、合格品产值率(G_3)。产品等级品率在实际统计计算时,国家规定使用加权系数,以鼓励提高我国工业产品的整体水平,这样可以直接反映出产品质量总的水平。

1. 优等品产值率(G_1)

优等品产值率是指报告期全部优等品产值与报告期分等产品总产值之比。其计算公式为

$$G_1 = \frac{P_1}{P} \times 100\%$$

式中　G_1——报告期优等品产值率(%);

　　　P_1——报告期全部优等品产值(万元,不变价);

　　　P——报告期分等产品总产值(万元,不变价)。

2. 一等品产值率(G_2)

一等品产值率是指报告期全部一等品产值与报告期分等产品总产值之比。其计算公式为

$$G_2 = \frac{P_2}{P} \times 100\%$$

式中　G_2——报告期一等品产值率(%);

　　　P_2——报告期全部一等品产值(万元,不变价);

　　　P——报告期分等产品总产值(万元,不变价)。

3. 合格品产值率(G_3)

合格品产值率是指报告期全部合格品产值与报告期分等产品总产值之比。其计算公式为

$$G_3 = \frac{P_3}{P} \times 100\%$$

式中　G_3——报告期合格品产值率(%);

　　　P_3——报告期全部合格品产值(万元,不变价);

　　　P——报告期分等产品总产值(万元,不变价)。

4. 产品质量等级品率(G)

产品质量等级品率是指报告期加权等级品产值之和(即加权优等品产值、加权一等品产值与加权合格品产值之和)与同期等级品总产值(即优等品、一等品、合格品的总产值)之比。其计算公式为

$$G = \frac{a_1 P_1 + a_2 P_2 + a_3 P_3}{P} \times 100\%$$

式中　P、P_1、P_2、P_3 同前;

　　　a_1——优等品加权系数,$a_1 = 1.5$;

　　　a_2——一等品加权系数,$a_2 = 1.0$;

　　　a_3——合格品加权系数,$a_3 = 0.5$。

加权系数值 a_1、a_2、a_3 的确定原则是依据我国工业生产的技术水平、质量水平和管理水平,依据国家和各行业统计、评价工作需要以及依据提高产品质量水平的规划目标。采用 a_1 = 1.5 是鼓励企业生产优等品;采用 a_2 = 1.0 是把我国多数产品质量水平的目标规划在国际

一般水平上;采用 $a_3 = 0.5$ 是不鼓励企业满足于生产合格品,要求多生产优等品。

5. 提高过程能力是提高产品质量等级品率的唯一途径

ISO 9000 标准对提高过程能力有明确的要求,企业坚持持续不断的质量改进是为了不断提高过程能力。过程能力的提高是保证企业产品质量等级品率不断提高的唯一途径。

5.3.2 质量损失率

质量损失率是一项为宏观经济决策提供科学依据的重要经济性指标,该指标通过内部损失成本和外部损失成本的计算而获得。考核的目的是降低内部损失和外部损失,以最经济合理的生产手段生产出满足顾客要求的、物美价廉的产品。企业通过质量损失率的考核,促进企业降低质量损失(降低废品率,返修返工品率,降低等级品率),增加企业的经济效益。多年来我国工业企业开展降损活动,有些先进企业开展无缺陷生产活动(如纺织行业的万米无疵布、冶金行业的百炉钢无废品、机械行业的万小时无废品等)。

质量损失率是质量成本管理二级科目中的内部损失成本与外部损失成本之和与工业总产值之比。其计算公式为

$$F = \frac{C_i + C_e}{P_c} \times 100\%$$

式中 F——报告期质量损失率(%);

C_i——报告期内部损失成本(万元,现价);

C_e——报告期外部损失成本(万元,现价);

P_c——报告期工业总产值(万元,现价)。

5.3.3 质量损失费用统计

企业开展质量成本管理,有五个二级科目:预防成本、鉴别成本、内部损失成本、外部损失成本和外部质量保证成本。质量损失费用统计是指报告期内内部损失成本和外部损失成本的统计。

内部损失成本是指产品在交货前不符合产品标准或合同(协议)规定的质量要求 所损失的费用;外部损失成本是指产品交货后不能满足规定的质量要求,导致索赔、修理、更换以及信誉损失等所损失的费用。表5.1 所列为这两个二级科目下所设的三级科目,即质量损失统计的范围。

表 5.1　质量内部损失成本和外部损失成本的统计要求

二级科目	三级科目	归集内容	费用开支范围	费用来源
一、内部损失成本	1. 废品损失费	因产成品、半成品、元器件、零部件、原材料未达到质量要求且无法修复或在经济上不值得修复造成报废所损失的费用	在生产过程中报废的产成品、半成品、元器件、零部件、原材料费用及人工费用和能源动力等消耗	基本生产、辅助生产
	2. 返修费	为修复不合格品并使之达到质量要求所支付的费用	人工费,所更换零部件、原材料的费用	基本生产
	3. 降级损失费	因产品质量达不到所规定的质量等级而降级所损失的费用	合格品价格与降级品价格之间的差额损失	基本生产

二级科目	三级科目	归集内容	费用开支范围	费用来源
一、内部损失成本	4. 停工损失费	因质量问题造成停工所损失的费用	停工期间损失的净产值	基本生产、辅助生产
	5. 产品质量事故处理费	因处理内部产品质量事故所支付的费用	重复检验费用、重新筛选费用等	企业管理费、车间经费
二、外部损失成本	1. 索赔费	因产品质量不符合要求，用户提出申诉，进行索赔处理支付的费用	支付用户的赔偿金（包括罚金）、索赔处理费及差旅费等	企业管理费
	2. 退货损失费	因产品质量不符合要求，造成用户退物、换货所损失的费用	产品包装损失费、运输费和退回产品的净损失等	企业管理费
	3. 折价损失费	因产品质量未达到标准，折价销售所损失的费用	销售价格与折价后的差价损失	销售
	4. 保修费	根据保修规定，为用户提供修理服务所支付的费用	差旅费、办公费、劳保费、更换零部件成本、所需器材工具、运输等费用	企业管理费
	5. 工资及福利基金	保修服务人员的工资总额及提取的职工福利基金	工资总额及提取的职工福利基金	企业管理费

5.3.4 工业产品销售率

工业产品销售率(S)是反映企业产品的销售程度和市场竞争力，评价企业经济效益以及产品质量优劣的重要指标。在国家深化改革过程中，逐步由计划经济转化为市场经济，市场调节的作用越来越重要。质量好的产品在顾客（消费者）中信誉高，需求量必然增大，企业因此而扩大生产，会获得更大的经济效益。所以，统计工业产品销售率也反映了企业所生产的产品是否适销对路。

工业产品销售率是指报告期工业产品销售产值与同期工业总产值之比。其计算公式为

$$S_p = \frac{I}{P_c} \times 100\%$$

式中 S_p——工业产品销售率(%)；

I——报告期工业产品销售产值(万元,现价)；

P_c——报告期工业总产值(万元,现价)。

5.3.5 新产品产值率

新产品产值率(N)是反映新产品在企业整个产品中的构成，反映企业技术进步的状况，同时也可以看出产品质量的进展（更新换代）情况。

首先应当明确什么样的产品为新产品，可以计入新产品产值率。

（1）新产品是指采用新技术原理、新设计构思研究生产的科研型（全新型）产品，或在结

构、材质、工艺等某一方面比老产品有明显的改进,从而显著地提高了产品性能或扩大了作用功能,并获得了新产品证书的产品。统计要求是统计国家级和地区(或行业)级的新产品。对进口原配件、零部件组装的国内尚未生产的产品以及单纯改变花色、外观包装的产品均不属于新产品统计之列。

(2)在全国范围内第一次研制、生产的新产品为国家级新产品。

(3)在地区(省、自治区、直辖市)或行业范围内第一次研制、生产的新产品为地区级或行业级新产品。

(4)新产品统计跟踪年限自新产品批量生产之日起,民用消费品为1~3年,生产资料新产品为2~4年。

新产品产值率是指报告期新产品产值与同期工业产品总产值之比。其计算公式为

$$N = \frac{P_n}{P_c} \times 100\%$$

式中　N——新产品产值率(%);

　　　P_n——报告期新产品产值(万元,现价);

　　　P_c——报告期工业总产值(万元,现价)。

5.4　行业主管部门和企业内部规定的质量指标

5.4.1　产品质量稳定提高率

产品质量稳定提高率是指某一种产品,合格品率提高的百分比。国家规定的有543种重点产品需要每年统计质量稳定提高率。应注意到生产同一类型的不同厂家、不同地区的合格品率基数不相同,因此统计质量稳定提高率没有横向的可比性。如果把产品质量稳定提高率作为企业的质量考核指标,必然发生"鞭打快牛"的不合理现象。因此,产品质量稳定提高率只能作为一项宏观指标,以反映行业或地区质量指标的波动状况,并不能反映产品的实际质量水平,不宜作为对企业的考核指标。

5.4.2　质量计划完成率

质量计划完成率是反映质量计划完成的程度。它是弥补产品质量稳定提高率不能反映产品质量水平的缺陷由各地方自行确定的一项统计项目。由于各地区产品质量水平不相同,品种也不完全相同,因而缺乏横向可比性。

5.4.3　优质产品产值率

优质产品产值率是我国主要经济效果指标,主要表示在生产的全部工业产品产值中,优质产品所占的比例,是反映企业总体产品质量水平的一个质量指标。优质产品包括国家级优质产品、部级优质产品和省级优质产品。

5.4.4　产品一次交验合格率

产品一次交验合格率是行业主管部门,特别是企业内部的一项重要考核质量指标。产品一次交验合格率分为最终产品一次交验合格率和各过程(工序)产品一次交验合格率。产品

一次交验合格率既适用于对整个企业的考核,也适用于对出产产品的车间进行考核。

产品一次交验合格率是指报告期一次交验所检验出的合格产品数量与同期一次交验产品总数之比。其计算公式为

$$D = \frac{n}{N} \times 100\%$$

式中　D——产品一次交验合格率(%);

　　　n——报告期一次交验合格品数量;

　　　N——报告期一次交验产品总数量。

目前有些先进企业已改用"一次投入产出合格率"简称"一投率"作为考核指标。一次投入产出合格率是指从原材料(或零部件、元器件)投入生产的第一道工序开始,一直到最后一道工序完成产品制造过程为止,逐工序合格品率的连乘积。这一指标的考核是非常严格的,各工序返工、返修、降等级及报废的产品、半成品一律不得计入。通过一次投入产出合格率的考核,将合格品率低的工序称为关键工序,作为质量改进(攻关)的对象,逐月、逐季、逐年的连续考核、持续改进,必会使一次投入产出合格率逐步提高,也就是产品质量水平的提高。

5.4.5　出口商品检验合格率

出口商品检验合格率是对有出口任务的企业进行质量考核的指标。

出口商品检验合格率是指报告期出口商品检验合格的批次与同期出口商品检验的总批次之比。其计算公式为

$$G_k = \frac{n_k}{N_k} \times 100\%$$

式中　G_k——出口商品检验合格率(%);

　　　n_k——报告期出口商品检验合格批次;

　　　N_k——报告期出口商品检验总批次。

5.4.6　监督抽查合格率

监督抽查合格率是表示监督抽查的合格程度。监督抽查分为国家监督抽查,行业监督抽查和省、自治区、直辖市(地区)监督抽查。国家监督抽查是对产品质量实施宏观控制的一种措施;行业监督抽查需经国家质量技术监督局批准,实行行业监督管理;省、自治区和直辖市是实施地区监督管理的需要。

有些先进企业根据企业内部质量管理的需要结合产品质量审核也实施企业内部的监督抽查。

因而,监督抽查合格率的统计可分为国家、行业、地区、企业抽查合格率。国家监督抽查时将分别统计大中型企业监督抽查合格率、小型企业监督抽查合格率和乡镇企业监督抽查合格率。

监督抽查合格率是指报告期监督抽查合格次数与同期监督抽查总次数之比。其计算公式为

$$J_c = \frac{n_c}{N_c} \times 100\%$$

式中　J_c——监督抽查合格率(%);

　　　　n_c——报告期监督抽查合格次数;

　　　　N_c——报告期监督抽查总次数。

值得注意的是,国家质量技术监督局从 1986 年起,每年在全国范围内进行季度监督抽查,从发布的公告可以看出,二十多年来监督抽查合格率都在 75% 左右(部分产品甚至低至 30% 以下),最次是 61%,最好也不过是 81%。这一现象说明我国总体工业质量水平不容忽视,不下大气力整顿,这一现象很难扭转。

5.4.7　用户接收批次合格率

用户接收批次合格率是指产品出厂用户验收合格接收的程度,是指报告期用户验收合格接收总批次与同期出厂产品总批次之比。其计算公式为

$$Y_s = \frac{n_s}{N_s} \times 100\%$$

式中　Y_s——用户接收批次合格率(%);

　　　　n_s——报告期用户接收合格批次;

　　　　N_s——报告期出厂产品总批次。

应注意,我国国家标准 GB2828 – 2003 是调整型统计抽样标准。用户在验收产品时实行正常检验,但在正常检验的情况下若连续 5 批或不到 5 批中就有 2 批不合格,用户将由正常检验转为加严检验。这种情况下必然加大生产方风险,拒收批次增加而降低用户接收批次合格率,甚至有停止交收的可能。企业应持续不断进行质量改进,提高用户接收批次合格率。

5.4.8　商品销售开箱合格率

商品销售开箱合格率是指产品在销售过程中开箱检验合格的比率。一般用于电子产品和家电产品。

商品销售开箱合格率是指报告期开箱合格数与同期开箱总数之比。其计算公式为

$$S_x = \frac{n_x}{N_x} \times 100\%$$

式中　S_x——商品销售开箱合格率(%);

　　　　n_x——报告期开箱合格数(台);

　　　　N_x——报告期开箱总数(台)。

5.4.9　配套件合格率

配套件合格率是指产品用配套件的合格程度,用于配套件多的产品,如汽车、大型整机等。

配套件合格率是指报告期配套件合格件数与同期配套件总数之比。其计算公式为

$$P_t = \frac{n_t}{N_t} \times 100\%$$

式中　P_t——配套件合格率(%);

　　　　n_t——报告期配套件合格件数;

　　　　N_t——报告期配套件总件数。

5.4.10 产品废品率

产品废品率是企业内部的质量考核指标,包括最终产品废品率和过程(工序)产品废品率,是指报告期废品总量与同期产品总量之比。其计算公式为

$$C_f = \frac{n_f}{N_f} \times 100\%$$

式中　C_f——产品废品率;
　　　　n_f——报告期废品总量;
　　　　N_f——报告期生产产品总量。

5.4.11 让步接收率

让步接收率是指经检验不合格的产品经返修或不经返修让步接收的程度,是企业内部的质量考核指标。

让步接收率是指报告期不合格品经返修或不经返修让步接收总数与同期交验产品总数之比。其计算公式为

$$R_b = \frac{n_b}{N_b} \times 100\%$$

式中　R_b——让步接收率;
　　　　n_b——报告期经返修或不经返修让步接收总数;
　　　　N_b——报告期交验产品总数。

5.4.12 返工率

返工品是指不合格品经返工后达到合格品标准的产品。返工率是指返工品数量占交验产品数量的比率,是企业内部的质量考核指标。

返工率是指报告期返工品数量与同期交验产品数量之比。其计算公式为

$$F_g = \frac{n_g}{N_g} \times 100\%$$

式中　F_g——返工率(%);
　　　　n_g——报告期返工品总数;
　　　　N_g——报告期交验产品总数。

5.5 质量统计工作程序

5.5.1 提出质量指标

由企业质量管理部门负责提出本企业的年、季、月的质量指标,提出依据为:
(1)国家和行业主管部门下达的质量指标。
(2)企业质量方针、质量目标以及年度的中心任务。
(3)企业标准(包括技术标准、管理标准和工作标准)。
(4)行业考核的质量标准。

（5）上年度质量指标完成情况,实物质量水平和新产品的生产、质量情况;

（6）完成质量指标的有利条件和不利因素。

5.5.2　批准和公布质量指标

质量管理部门将提出的质量指标,广泛征求各相关部门的意见,经修改后提交企业综合统计部门汇总,报请企业主管领导批准、公布,作为企业质量考核的内容贯彻执行。

5.5.3　质量指标的展开与落实

为确保各质量指标的贯彻执行,应用系统图的方式,按目的手段逐级展开,落实到有关职能部门、车间、班组和个人,而且要把质量指标的考核与奖励纳入经济责任制。

5.5.4　贯彻执行质量统计工作管理标准

统计工作管理标准是将原始记录管理、统计报表制度管理、统计数据和统计分析管理以及统计工作人员岗位责任制等纳入统计标准化管理。

5.5.5　质量统计

质量统计一般由质量检验部门负责实施,负责原始记录的收集、汇总、整理、分发和管理。为做好质量统计工作,质量检验部门应设有专职或兼职质量统计人员。

5.5.6　原始记录

原始记录力求简明,一单多用,并在使用中不断完善,努力做到少而实用。原始记录填写要求字迹清晰、数字真实,并有检验人员的完整签字。

5.5.7　建立统计台账

企业根据质量指标的统计要求,建立质量统计台账,将有关质量方面的原始记录分类登记、汇总,形成一套完整的原始记录档案。

5.5.8　质量统计分析

质量统计分析是应用有关的数理统计方法(统计技术),遵循统计标准化的要求,对原始记录数据进行分析、整理,研究其分布规律,做出切合实际的评价。在统计分析中若发现重大变化(异常现象),应及时提出分析报告上报,以便及时采取纠正和预防措施加以解决。

5.5.9　质量统计报表

质量检验部门的专职或兼职统计人员应根据统计资料填报质量报表,要求做到及时、准确提出月、季、年度质量统计报表,报表应有制表人和企业负责人的签字。

5.5.10　质量月报

质量检验部门应按月提出质量月报(或称为质量月报、质量统计月报),公布本企业各职能部门、车间质量指标的完成情况和产品质量综合分析、重点产品的质量分析等,并列出当月发生的重要质量问题和用户对质量的信息反馈,发到各有关职能部门和车间以及企业领导。

质量问题的改进,由质量管理部门会同技术部门提出整改方案和实施计划,限期改进,并监督检查改进情况。

5.5.11 管理好质量统计资料

质量统计资料要设专人或兼职人员管理,统计资料包括质量统计台账、原始记录、上报的质量统计报表和质量月报,要做到在规定的保管期内完好无缺和供有关部门随时调阅。

5.6 质量统计分析

5.6.1 质量统计分析的概念

质量统计分析是对所获得的质量数据运用数理统计方法(统计技术)进行分类整理和定性与定量分析,找出质量问题发生的原因,发现异常先兆(苗头),提供信息给有关职能部门,及时掌握生产过程中的质量动向,以预防问题的发生或重复发生。质量统计分析对企业部署、指挥生产、质量改进和质量决策诸方面都具有重要的作用。

质量统计分析所用的数据,主要来源于检验的原始记录,包括进货检验、过程检验、最终检验和不合格品处置等中所获得的数据,必要时通过专门组织的试验获得质量数据。质量数据不仅用于判定进货、过程和最终产品的验收,用于表达质量指标完成情况的统计计算和质量统计分析,同时也是质量客观信息的主要来源。

质量统计分析工作不一定完全由质量检验部门进行,在大多数情况下会涉及技术、生产及制造车间,各部门的技术人员和管理人员都有可能担负某一项质量统计分析的工作责任。

5.6.2 质量统计分析常用的方法

质量统计分析常用方法如下:
(1)质量统计分析的理论指导为数理统计基本原理。
(2)质量问题的选择和分析,涉及直方图、正态概率纸、排列图、方差分析、回归分析、正交试验设计法等。
(3)影响质量的原因分析,涉及因果图、因素展开型系统图、关联图等方法的应用。
(4)质量统计分析结果的表达,涉及柱状图、饼分图、折线图等方法。

5.7 质 量 考 核

质量考核是检查和评价各项质量指标完成程度的活动。企业应按照国家和行业管理的要求进行质量考核。企业的质量考核指标是根据国家、行业主管部门的要求和企业的实际情况每年制订一次,并将所制订的质量考核指标作为经济责任制的重要内容。企业应将质量指标按系统图的方法层层展开,落实到各职能部门、车间、班组、每个职工,做到各负其责、严格考核。同时应将考核结果与评先进、劳模及奖励相结合,按贡献大小给予表彰和奖励,以激发职工的工作热情,提高质量意识和主人翁责任感,同时也为企业增加经济效益。

5.7.1 质量考核的作用和原则

1. 质量考核的作用

（1）不断提高企业的管理水平。企业根据质量指标实际完成情况,同本行业先进企业的质量指标以及本企业历年来历史最好水平相比较,找出差距、发现问题、分析原因、提出改进措施,使产品质量水平和质量管理水平不断提高。因此说,质量考核是企业不断提高管理水平的重要途径。

（2）不断完善企业质量管理体系。把质量指标纳入经济责任制,定期检查评价质量指标的完成情况,并在企业内部通报,引起各部门各车间的重视,采取有效措施,按质按量按时完成任务。质量考核对促进质量改进,严格过程控制,降低质量损失,提高产品竞争能力,增加经济效益,深化管理都是有效的。所以说,质量考核对不断完善企业质量管理体系起着重要的作用。

（3）落实奖励政策的依据。实施质量考核,各项质量指标完成情况将成为企业实行"质量否决权""质量效益工资"和"质量奖惩"的依据。

（4）重要的信息来源。质量考核的数据是企业产品质量和质量管理水平客观信息的重要来源。通过质量考核的统计分析,为企业领导制定质量方针,提出质量改进措施和做出质量决策提供科学的依据。

（5）选择合格分承包方的依据。质量考核不仅对企业内部,而且对提供原材料、外购件、协作件、配套件的分承包方也要进行质量考核。这是评价分承包方的质量保证能力,是否具备满足采购文件要求的能力,作为选择合格分承包方的依据。

2. 质量考核的原则

（1）产品质量实行分等考核。对有工业产品质量分等规定的产品,应按规定的分等标准进行考核。对没有工业产品质量分等规定的产品可不按分等考核,由企业自行制定考核办法。

（2）考核报告为报告期内的产品。所考核的产品必须是报告期内所生产的产品。

（3）对全员实行质量考核。质量考核不仅是对生产过程的人员进行,而且对工程技术人员、管理人员以及领导层都需要进行质量考核,以使企业全体成员各司其职,各负其责。

（4）质量考核是经济责任制的组成部分。企业实施经济责任制,应将质量考核置于重要地位。对完成质量指标和在提高优质品率、减少废品率、降低质量损失等方面做出突出贡献的部门、车间、班组和个人给予奖励,对完成指标不好的应按经济责任制规定予以处罚。

（5）防止重复监督抽查。产品质量监督抽查包括国家、行业主管部门、地方和企业自身的监督抽查,但在具体实施时应注意防止重复性监督抽查。全国性监督抽查计划由国家质量技术监督局统一组织协调,各主管部门和地区的监督抽查计划,应报国家质量技术监督局审批和统一协调,避免重复性监督抽查,抽查结果应及时通报。

5.7.2 质量考核的内容

质量指标是质量考核的内容,包括国家和行业主管部门下达的和企业自身质量管理需要而提出的内部质量指标,具体见质量统计的内容。

我国建立有国家监督产品质量抽查制度,实际上是国家对企业产品质量是否符合相应产品质量指标抽查的一种质量考核,以促进企业提高产品质量,防止劣质产品危害国家和消费者利益。监督抽查工作由国家质量技术监督局组织实施,监督抽查的重点是:有关危害人身、财产安全、健康的产品,影响国计民生的重要产品以及用户(消费者)反映问题严重的产品。监督抽查的方法是按国家标准和行业标准,由国家检验中心或地方(行业)检验所、站,按不同产品采取不同的抽查方法。有的要在销售单位或批发仓库中近期产品中抽取样品;有的要在生产企业或用户入库的产品中抽取样品进行检验。要坚持抽查的突击性,对质量问题严重的企业及其产品进行质量跟踪监督。被抽查的企业要接受监督抽查,并积极配合,对抽查不合格的企业采取以下措施:

(1)产品经监督抽查一次不合格的企业,由质量技术监督部门进行通报批评,问题严重的由企业主管部门发出"黄牌"警告。

(2)各地区质量技术监督部门要会同行业主管部门对抽查产品质量不合格企业,区别情况采取边生产边整改、限产整改和停产整改等方式,限期完成整改任务。

(3)企业进行整改后,由质量技术监督部门突击性检查,对复查产品质量仍不合格的国有企业和乡镇企业要免去厂长职务,企业主管部门要对其领导班子进行调整,对个体工商户由工商行政管理部门吊销营业执照。

(4)对影响面较大、危害人民群众生命健康、质量问题严重的产品要予以揭露,由主管部门核实后公开曝光,对因产品质量问题造成重大经济损失,触犯刑律的责任者,依法追究刑事责任。

第6章 可靠性试验与分析

6.1 概　述

可靠性试验是对产品的可靠性进行调查、分析和评价的一种手段,也是提供或保证产品可靠性的重要环节。产品生产出来后,其可靠性是否达到定量要求,必须通过可靠性试验予以验证。同时,在设计和生产过程中可能存在不同的可靠性缺陷,通过可靠性试验,可以暴露设计、材料等方面可能存在的可靠性缺陷,从而采取措施加以改进,使可靠性逐步增长,最终达到预定的可靠性水平。可靠性试验还可为改善产品的战备完好性、提高任务成功性、减少维修和保障费用提供信息。因此,可靠性试验是获得高可靠性产品的重要环节之一,是产品在研制与生产中进行可靠性管理与可靠性监控的重要工作项目之一。

可靠性试验与分析的内容有:

(1)可靠性试验设计。

(2)试验中出现的故障的分析方法。

(3)试验数据的统计分析方法。

(4)从试验结果推断产品的实际可靠性水平。

一般来说,可靠性试验的费用都比较高,但有效的可靠性试验可为可靠性增长提供良好的依据,从而大幅提高产品的可靠性。因此,从费效比分析权衡还是值得的。当然,这并不排斥要充分利用其他试验的信息,或与其他试验结合起来节省费用。

6.1.1 可靠性试验的目的

可靠性试验是贯穿于新产品的研制、定型及批量生产的全过程之中,也就是说,产品从研制、定型到批量生产需要安排一系列可靠性试验。归纳起来,可靠性试验的目的有以下几点:

(1)在研制阶段使产品达到预定的可靠性指标。为了使产品达到预定的可靠性指标,在研制阶段需要对样品进行可靠性试验,以便找出产品在原材料、工艺、结构及环境适应性等方面存在的问题,并研究采取有效措施加以改进。通过反复试验、改进,不断提高产品的可靠性水平,以达到预定的可靠性指标要求。

(2)在产品研制定型时进行可靠性鉴定。在新产品研制定型或产品有重大设计、工艺变更时,必须根据产品的技术要求及可靠性指标要求进行鉴定试验,以便全面考核产品是否达到合同规定的可靠性指标要求,确定能否进行批量生产。

(3)在生产过程中控制产品的质量。为了稳定地生产产品,有时需要对每个产品都按产品技术条件规定的项目逐批或按一定的期限进行可靠性试验,通过产品的可靠性试验可以了解产品质量的稳定程度。若因原材料质量较差或工艺流程失控等原因造成产品质量下降时,就能在可靠性试验中反映出来,此时应及时采取纠正措施,使产品质量恢复正常。

(4)对产品进行筛选,以提高整批产品的可靠性水平。通过选择适当的环境应力、电应力,安排环境应力筛选试验可以将由于原材料缺陷、工艺措施不当、操作人员疏忽、质量检验不严等原因而造成的早期失效产品剔除,从而提高整批产品的可靠性水平。

(5)研究产品的故障机理。通过产品的可靠性试验(包括模拟试验及现场使用试验),可以了解产品在不同环境以及不同应力条件下的故障模式与故障规律。通过对产品的故障分析,可以发现产品在设计、材料、元器件和工艺方面的缺陷,找出引起产品发生故障的内在原因(即故障机理)及产品的薄弱环节,从而采取相应措施,有效地提高产品的可靠性水平。

6.1.2 可靠性试验的分类

可靠性试验有多种分类方法。根据试验的环境条件(试验的地点)、试验的目的、可靠性工作的阶段、施加的应力强度、对可靠性的影响、试验产品的破坏程度、试验规模及抽样 方案的类型等,可将可靠性试验分成很多种类。对于不同的产品,为了达到不同的目的,可以选择不同的可靠性试验方法。现仅介绍按试验环境和试验目的进行的分类。

1. 按试验环境分类

可分为实验室模拟试验(内场)和使用现场(外场)试验两大类。

(1)实验室模拟试验(laboratory test):实验室模拟试验是在实验室中模拟产品实际使用和环境条件的一种试验。由于试验是在实验室进行,显然不可能人工模拟出各种试验环境,因而只能根据各种可能的试验环境条件及其出现概率,综合出一个有代表性的典型的环境条件,供实验室试验使用。GJB899 提供了飞机、舰船等的这样的环境条件,可供参考。

(2)使用现场试验(field test):使用现场试验是在产品实际使用现场进行的试验。从原理上来讲,使用现场试验能最真实地反映产品的实际可靠性水平。但是由于不同使用环境的产品可靠性不一定相同,而且使用现场试验的环境条件不可控,因此现场使用数据需要折算到标准的典型环境条件下。这种折算关系相当复杂,因而所得时间的分析、处理难度很大。更重要的问题是使用现场试验往往需要较长的试验时间,因此只能在投入使用现场试验较长时间后,人们才能测定产品的可靠性或发现它的潜在缺陷。这时,再要采取纠正措施,即使还来得及,也是事倍功半的。所以,目前可靠性试验绝大部分是以实验室模拟试验的方式进行的。

产品的耐久性试验(endurance test)也是一种可靠性试验,是为测定产品在规定使用和维修条件下的使用寿命而进行的试验。它既包括耐久性测定试验,也有耐久性的验证试验,包括耐久性的鉴定试验及耐久性的验收试验。有的耐久性试验如汽车的使用里程可以作实际试验,但很多使用寿命为若干年的产品往往等不及做多少年试验就希望得出结论。因而多采用加速试验(accelerated test)的办法,即所谓缩短试验时间。它是在不改变故障模式和失效机理的条件下,用加大应力的方法进行的试验。但用加速试验得到的使用寿命的估计值不一定很准确,需要用现场使用数据进行核对。因此,也需要把现场使用作为使用现场试验来核对原先的估计。

因此,有计划地把现场使用作为使用现场试验来收集数据、信息是很重要的。这种办法用的费用少、数据采集、信息多,并且环境是真实的。使用方及承制方都应重视现场使用信息的收集及分析工作。

2. 按试验目的分类

国家军用标准 GJB450《装备研究与生产的可靠性通用大纲》,将可靠性试验分为两大类:可靠性工程试验和可靠性统计试验。两大类可靠性试验所包含的项目如图6.1所示。

(1)工程试验包括环境应力筛选试验及可靠性增长试验。

筛选(screening)是一种通过检验剔除不合格或有可能早期失效产品的方法。检验包括在

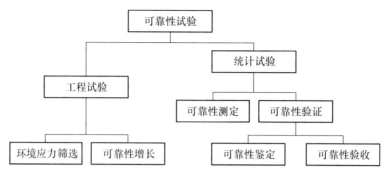

图 6.1　按可靠性试验目的进行分类

规定环境条件下的目视检查、实体尺寸测量和功能测量等。某些功能测量是在强应力下进行的。应力筛选(stress screening)是一种特定的筛选,将机械应力、电应力和(或)热应力施加到产品上,以使元器件和工艺方面的潜在缺陷以早期故障的形式表现出来的过程。环境应力筛选(Environmental Stress Screening test,ESS)是一种应力筛选,是为发现和排除不良零件、元器件、工艺缺陷和防止早期失效的出现在环境应力下所做的一系列试验。典型应力为随机振动、温度循环及电应力。为暴露产品的可靠性薄弱环节,并证明改进措施能防止可靠性薄弱环节再现(或使其出现率低于容许水平)而进行的一系列可靠性试验,叫可靠性增长试验(reliability growth test)。

可靠性工程试验的目的是暴露产品设计、工艺、元器件、原材料等方面存在的缺陷或故障,进行分析,采取纠正措施并加以排除,使产品的固有可靠性得以增长,达到合同规定的可靠性要求。

(2) 统计试验包括可靠性测定试验及可靠性验证试验。

可靠性测定试验(reliability determination test)是为确定产品的可靠性特性或其量值而进行的试验。这是一种目的不在验收与否的可靠性试验。承制方通过可靠性测定试验对产品当前达到的可靠性水平获取信息,来判断离开要求的水平还有多大距离。这是一种经常被忽视但很重要的可靠性试验。

可靠性验证试验(reliability compliance test)是为确定产品的可靠性特征量是否达到所要求的水平而进行的试验。它分为可靠性鉴定试验与可靠性验收试验。

可靠性鉴定试验(reliability qualification test)是为确定产品可靠性与设计要求可靠性的一致性,由订购方用有代表性的产品在规定条件下所做的试验,并以此作为批准定型的依据(对维修性而言,也称为验证试验)。

可靠性验收试验(reliability acceptance test)是用已交付或可交付的产品在规定条件下所做的试验,其目的是确定产品是否符合规定的可靠性要求。

可靠性验证试验的目的是为了验证产品的可靠性,主要不是在于暴露产品的可靠性缺陷(当然,对可靠性验证试验中暴露的重大可靠性缺陷,承制方有责任找到原因并采取纠正措施)。可靠性验证试验的试验计划由承制方制订,但因牵涉到接收、拒收,合格、不合格的判定,故必须经订购方的认可。

在系统或设备的可靠性验证试验开始以前,必须对元器件、零部件及设备完成环境试验(environment test),即用容许的边缘环境条件考核产品。可以包括冲击、振动、离心、温度、湿度、沙尘、盐雾、核辐射、电磁干扰等。将产品置于容许的最严酷环境下,在相对来说不太长时间内,一般会暴露出一些在较长时间的可靠性验证试验中不易暴露出来的故障机理,对提高产品的可靠性有重要意义。美国空军于1971年的一份总结报告中说,所统计到的设备故障中,52%是由于环境影响所致,因此说明在此以前的环境试验不够充分,未发现足够的环境可能激发的故障。这个教训值得我们重视,因为等到批生产装备部队后再发现严重的环境适应性故障,采取措施是非常花费人力、物力的。

6.1.3 可靠性试验的要素

可靠性试验包括以下要素:

(1) 试验条件。试验条件包括工作条件、维修条件等。工作条件包括温度、湿度、大气压力、动力、振动、机械负载等。

(2) 试验时间。试验时间是受试样品能否保证持续完成规定功能期限的一种度量。广义的时间包括工作次数、工作周期和距离,对于不同类型的样品,要求的试验时间也不相同。

(3) 故障判别原则:① 样品在规定的工作条件下运行时,任何机械、电子元器件、零部件的破裂、破坏以及使样品丧失规定功能或参数超出所要求的性能指标范围的现象,都作为故障计算;② 由于试验设备、测试仪器或工作条件的人为改变而引起的故障,则不应计入故障。

(4) 样品的抽取。一般应根据国际、国家或军队标准,确定生产方、使用方风险及受试样品数和合格标准。

(5) 试验数据处理。试验数据的分析和处理,既是设计、研究受试产品性能,提高其质量的基础,又直接关系到产品可靠性水平的评定。因此,要正确收集试验数据,并选择合理的统计分析方法。

6.1.4 可靠性试验计划

可靠性试验计划(有些国军标中也称可靠性试验大纲)一般应包括如下内容:

(1) 产品的可靠性要求。

(2) 可靠性试验的条件。

(3) 可靠性试验的进度计划及费用预算。

(4) 可靠性试验的方案。

(5) 受试产品的要求。

(6) 可靠性试验中对产品性能的监测要求。

(7) 可靠性试验用的设备、仪表。

(8) 试验结果的数据处理方法。

(9) 试验报告的内容。

可靠性试验往往需要一定的时间周期,人力、物力、费用一般也较大,因此需要与全局的进度计划、人力调动、费用统筹配合安排。

投入可靠性试验的受试产品应该已经过筛选、老炼,排除了产品的早期故障(这里的筛选、老炼是广义的。例如,陀螺仪在金属切削加工后,存在残余应力。残余应力的缓慢作用会使质心变动,增加陀螺漂移。为此需要施加温度循环,使残余应力得以释放,这也叫老炼),应该已经通过环境适应性试验。因此,环境适应性试验及环境应力筛选应排在可靠性试验之前。

某些专门项目的可靠性测试或验证试验应该在产品的可靠性测试与验证试验之前完成。例如,电子、机电产品的热设计是一项专门的可靠性工作。产品的样机出来后,就应进行工作状态下的热测试(包括用热传感器测量关键部位的温升或用热像仪测温度),验证原来要求的热环境是否达到。EMC试验、振动试验也是知此。

详细的可靠性试验计划内容见各具体可靠性试验的章节。

可靠性试验计划在进行试验前应经评审通过。提交评审的不仅是可靠性试验计划,还应提供下列文件:

(1)产品环境适应性试验报告。

(2)产品环境应力筛选报告。

(3)产品的可靠性预计报告。

(4)产品的FMEA或FMECA报告。

(5)专项可靠性试验(热试验、振动测定、EMC等)报告。

试验计划评审时,故障判据及故障分类准则(即判为关联故障与非关联故障的准则)应由订购方及承制方取得一致意见。

在进行可靠性试验之前应该取得试验设备、仪器、仪表工作状态符合规定要求的报告。其中应包括产品安装在试验设备上之后,产品通过夹具传递的振动特征,通过安装后的温度场经测试符合规定要求的测试报告(当然,测试振动及温度是在按规定或在若干关键部位进行的)。

6.1.5 试验的综合安排

可靠性试验一般是既费时间,又要花费较大人力、物力的工作项目,因此产品可靠性大纲的试验计划的安排应该尽可能把可靠性试验、性能试验、环境试验和耐久性试验结合起来,构成一个比较全面的可靠性的综合试验计划,这样可以避免重复试验,且不漏掉在单项试验中经常易受忽视的缺陷,从而节省时间、费用。

产品的性能测试一般在产品的样机生产出来之后就立即进行。产品的性能特性参数有规定的容许限。如果性能特性参数值落入容许限,产品的性能是合格的,我们说:"产品的性能可靠";否则,产品的性能是不合格的,我们说:"产品的性能是不可靠的"。

但是产品性能可靠与否不能只以标准实验室条件下的测试结果作为结论,还应在规定的容许的极限条件下进行测试,看产品性能是否合格?以半导体器件及集成电路为例,对军用级产品,不仅在标准实验室温度下测试的性能应是合格的,而且在-55℃温度下及+125℃温度下测试的性能也应是合格的。普通工业级半导体器件及集成电路,如果满足上述温度要求,则加以标识"M"(注意:这M不是代表"军用级",只代表满足军用级的温度要求)。

由于试验条件不可能绝对一致地重复,再加上测量误差,因此同样试验条件下的重复测量存在再现性误差。但当重复测量的性能参数值相差过大时,说明产品的性能参数出现了过大的漂移,性能也是不可靠的。为此,在试验前、试验中、试验后,都应进行产品性能测试,记录试验前、中、后的性能。

(1)试验前的性能。在开始进行任何试验以前,应该在标准环境条件下确定出与规定要求相关联的受试产品的性能参数的基准值。为在试验过程中或试验结束时,检测产品的设计性能提供基准或故障判据。

(2)试验中的性能。应将每一次试验循环过程中受试产品的性能参数值记录下来,并与试验前的数据进行对比。

(3)试验后的性能。试验结束时,应记录受试产品性能参数值,并与试验前、试验中的性能值及规定的基准及容许漂移量进行对比。

在可靠性测定试验、可靠性验证试验、可靠性增长试验之前,应该先进行产品的筛选,排除产品的早期故障,使产品的故障率趋于稳定,这样在可靠性试验中可反映出产品的固有可靠性,而不是暴露产品的早期故障。可靠性增长、验证试验都是很费人力、物力的。让它们来暴露产品的早期故障是太不值得了。因此,环境应力筛选试验必须在增长试验、验证试验及某些可靠性测定试验之前完成。

按 GJB450－88 4.4.4.2 规定:"产品的可靠性置信下限应等于产品最低可接收的可靠性值。"因此,据可靠性测定试验的结果分析,得出的产品可靠性置信下限已不低于产品最低可接收的可靠性值时,说明产品可靠性已达到鉴定试验的要求。如果可靠性测定试验与鉴定试验的条件是一致的,经订购方同意,可以追认测定试验的结果为鉴定试验的结果。

有时按系统验证可靠性参数是不现实或不充分的情况下,允许用低层次产品的试验结果推算出系统可靠性值作为测定或验证,这叫系统的可靠性综合。但是系统组成部分都可靠不一定能证明系统可靠,因为组成部分合成一个系统时还有一个极为重要的协调、匹配问题。例如,环境条件的协调、匹配,电磁兼容(EMC)问题、热匹配问题等。只有这些组成部分之间的协调、匹配是没有问题的,则从组成部分的试验结果综合得到的系统可靠性值才是可信的。只是组成部分之间的协调、匹配也还必须用少量的系统试验来核实,因此在任何情况下,少量的系统试验也是必不可少的。

可靠性验收试验所冒的风险可以比可靠性鉴定试验大一些。这是因为产品已通过了鉴定试验,加上生产过程的严格管理保证了质量可靠性水平不会显著低于定型水平,从统计学观点说,对质量可靠性提供了验前保证信息。可靠性增长试验是产品可靠性逐步提高的过程,尽管从统计学的观点看,产品的可靠性这个总体参数不断变化。对于固定某一可靠性参数的总体来说,样本量不大,但从不断增长可靠性参数的一系列总体来看,总的样本量是不少的。如果对最后一个样本用经典方法对产品可靠性做出估计,则由于样本量不大,估计的效果一般是不好的。但从一系列可靠性不断增大的总体的一系列样本来看,信息量是不少的,也即提供了不少验前的质量可靠性保证信息。成功的产品可靠性增长试验也可以对产品的可靠性水平做出较好的测定,从而可以在订购方的认可下代替鉴定试验。

6.2　可靠性寿命试验

6.2.1　试验方案设计原则

可靠性寿命试验一般来说所付出的代价较高,一旦试验失败将造成很大经济损失,有时时间的损失也将无法挽回。在做寿命试验之前,必须根据试验要求做出周密而切合实际的计划,制定正确的试验方案,在制定产品可靠性寿命试验方案时要考虑以下因素。

1. 试验对象

试验的目的是为了了解产品的可靠性特征,试验样品必须在筛选试验和例行试验之后的合格品中抽取,试验样品应该具有代表性。确定试验样本容量是方案设计的重要内容,要考虑到费用和试验设备条件,制定能满足统计分析要求的样本数。

2. 试验时间

对可靠性高的产品,试验时间会很长。加速寿命试验可以大大缩短试验时间,但仍然难做到所有样品全部失效才停止试验,由于统计科学的发展,只要有一部分试验样品失效就可停止试验,因此可靠性试验大部分是截尾寿命试验。

3. 测试要求

对样品在试验过程中的状态要进行监测,在没有全程自动测试仪的情况下,要制定测试周期,按一定的周期对样品进行检测。测试周期的选定原则是使每个测试周期内测到的失效数大致相同,这样才能正确地反映产品的失效规律,这需要了解产品的失效分布。测试环境和测试方法一般按产品和测试仪器的有关要求执行。

4. 试验条件

寿命试验的应力条件取决于试验目的,测定产品的工作寿命时一定要施加工作应力和环境应力,为保证试验结果的一致性,试验条件最好不要有大的变化。

6.2.2 指数分布寿命试验方案

1. 指数分布寿命试验类型

指数分布寿命试验类型有以下四种:

(1)定数无替换截尾试验(n,r,无):试验样本数为n,截尾故障数为r,样本故障后没有新的样品替换,当样品故障数达到预先规定的r时,则停止试验。

(2)定数有替换截尾试验(n,r,有):试验样本数为n,截尾故障数为r,样本故障后被撤下,用一新的样品来替换继续做试验,当故障次数累计到预先规定的r时,则停止试验。

(3)定时无替换截尾试验(n,t_0,无):试验样品数为n,样品故障后没有新的样品替换,当试验时间到达预先规定的t_0时,则停止试验。

(4)定时有替换截尾试验(n,t_0,有):试验样品数为n,样品故障后被撤下,用一新的样品来替换继续做试验,当试验时间到预先规定的t_0时,则停止试验。

四种试验方案的示意图如图6.2所示。

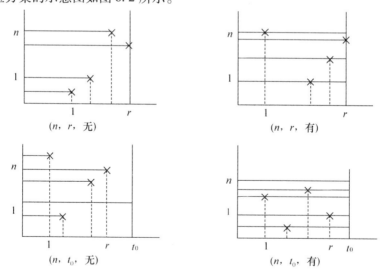

图6.2　指数分布的四种试验方案示意图

2. 测试说明

产品的失效分布函数为

$$F(t) = 1 - \exp(-t/\theta)$$

其中,θ 为在该试验条件下产品的平均寿命。

在没有自动测试仪的条件下,测试周期的确定成为一个重要问题,测试时间太短会增加工作量,测试时间太长则失效时间难以准确测出。按照前面所述的原则,使每个测试周期内测到的失效数比较接近,且测试次数还要足够多。因此可用下列方法确定测试时间。

$$t_i = \theta \ln \frac{1}{1 - F(t_i)} (i = 1,2,\cdots)$$

$F(t_i)$ 按等间隔取值,如 10%,20%,$\cdots$,或 5%,10%,15%,$\cdots$

若产品可靠性较高,$F(t_i)$ 的间隔可取小一些,以便较准确地测到样品的失效时间,反之 $F(t_i)$ 可取大些,试验前对 θ 有个初步估计时,根据 $F(t_i)$ 可确定 t_i 的值。

3. 样本容量

样本容量大时,一般可早结束试验,通常样本容量 $n > 20$ 时称为大样本,统计处理置信度较高。但样本容量大时,试验经费、测试条件等也将增加,要与经费做一较好的权衡。

在 t 时间内出现 r 个失效的概率可近似为 $\frac{r}{n}$,即 $F(t) = \frac{r}{n}$,则

$$\frac{r}{n} = 1 - \exp\left(-\frac{t}{\theta}\right)$$

$$n = \frac{r}{1 - \exp\left(-\frac{t}{\theta}\right)}$$

当 t 和 r 给出时,在粗略估计 θ 后,可求得样本容量 n。

4. 试验截止时间

由上述讨论知 n、t、r 是相关的,当 n、r 给定时,在粗略估计 θ 值后,可确定截止时间 t。

6.2.3　指数分布寿命试验统计分布

服从指数分布的寿命试验统计分析工作,主要是进行参数(失效率、均值等)估计和推断。参数估计有两种形式:点估计和区间估计。

点估计:设 θ 是未知参数,$x_1, x_2, \cdots, x_n$ 是一个子样,$\hat{\theta} = \hat{\theta}(x_1, x_2, \cdots, x_n)$ 称为 θ 的点估计。

区间估计:寻找两个统计量

$$\hat{\theta}_L = \hat{\theta}_L(x_1, x_2, \cdots, x_n)$$

$$\hat{\theta}_U = \hat{\theta}_U(x_1, x_2, \cdots, x_n)$$

$$P(\hat{\theta}_L \leqslant \theta \leqslant \hat{\theta}_U) = 1 - \alpha$$

则称 $[\hat{\theta}_L, \hat{\theta}_U]$ 为 θ 的置信度为 $1 - \alpha$ 的区间估计,α 为置信水平。

指数分布的参数估计一般用极大似然估计法。

指数分布函数为

$$F(t) = 1 - e^{-\lambda t} = 1 - e^{-\frac{t}{\theta}}$$

式中,λ 或 θ 是待估参数。

1. $(n, r, 无)$ 统计分析

$(n, r, 无)$ 方案中,将能够获得的数据从小到大排列为 $x_{(1)} \leqslant x_{(2)} \leqslant \cdots \leqslant x_{(r)}$。

下面讨论 θ 的估计。

1）θ 的点估计

$(x_{(1)},x_{(2)},\cdots,x_{(r)})$ 的联合概率密度函数为

$$f(x_1,x_2,\cdots,x_r,\theta) = \frac{n!}{(n-r)!}\frac{1}{\theta^r}\exp\left\{-\frac{1}{\theta}\left[\sum_{i=1}^{r}x_{(i)}+(n-r)x_{(r)}\right]\right\}$$

令 $\frac{\partial f}{\partial \theta}=0$，解出 θ 的极大似然估计为

$$\hat{\theta} = \frac{1}{r}T_r \quad (r \neq 0)$$

其中

$$T_r = \sum_{i=1}^{r}x_{(i)}+(n-r)x_{(r)}$$

是 n 个受试元件的总试验时间。

$\hat{\theta}$ 的性质：无偏性 $E\hat{\theta}=\theta$

$\hat{\theta}$ 的方差：$\mathrm{Var}(\hat{\theta})=\dfrac{\theta^2}{r}$

失效率 λ 的估计量为

$$\hat{\lambda} = \frac{r}{T_r}$$

因 $T_r \sim \Gamma(r,\lambda,t)$，故

$$\begin{aligned}
E\hat{\lambda} &= rE\left(\frac{1}{T_r}\right) = r\int_0^\infty \frac{1}{x}\frac{\lambda^r}{\Gamma(r)}x^{r-1}\mathrm{e}^{-\lambda x}\mathrm{d}x \\
&= \frac{r\lambda}{r-1}\int_0^\infty \frac{\lambda^{r-1}}{\Gamma(r-1)}x^{r-2}\mathrm{e}^{-\lambda x}\mathrm{d}x \\
&= \frac{r}{r-1}\lambda \quad (r>1)
\end{aligned}$$

可见 $\hat{\lambda}$ 有偏。

$$\mathrm{Var}(\hat{\lambda}) = \frac{r^2\lambda^2}{(r-1)^2(r-2)} \quad (r>2)$$

引进

$$\lambda^* = \frac{r-1}{r}\hat{\lambda} = \frac{r-1}{T_r}$$

则

$$E\lambda^* = \lambda$$

$$\mathrm{Var}(\lambda^*) = \frac{\lambda^2}{r-2} < \mathrm{Var}(\hat{\lambda}) \quad (r>2)$$

λ^* 是 λ 的无偏估计，且方差小，用 λ^* 做 λ 的估计比 $\hat{\lambda}$ 要好。

2）区间估计

问题:给定水平 α,要求 θ 的置信度为 $1-\alpha$ 的置信区间(双侧或单侧)。

因

$$2\lambda T_r = \frac{2T_r}{\theta} \sim \chi^2_\alpha(2r)$$

若记 $\chi^2_\alpha(2r)$ 为 $\chi^2(2r)$ 的 α 分位点,即

$$P\{\chi^2(2r) \leqslant \chi^2_\alpha(2r)\} = \alpha$$

于是

$$P\left\{\chi^2_{\frac{\alpha}{2}}(2r) \leqslant \frac{2T_r}{\theta} \leqslant \chi^2_{1-\frac{\alpha}{2}}(2r)\right\} = 1-\alpha$$

θ 的置信度为 $1-\alpha$ 的双侧置信区间为

$$\left[\frac{2T_r}{\chi^2_{1-\frac{\alpha}{2}}(2r)}, \quad \frac{2T_r}{\chi^2_{\frac{\alpha}{2}}(2r)}\right]$$

同理,θ 的 $1-\alpha$ 上置信区间为

$$\left[\frac{2T_r}{\chi^2_{1-\alpha}(2r)}, \infty\right)$$

θ 的 $1-\alpha$ 下置信区间为

$$\left[0, \quad \frac{2T_r}{\chi^2_\alpha(2r)}\right]$$

$\frac{2T_r}{\theta}$ 的 $1-\alpha$ 的置信区间如图 6.3 所示:

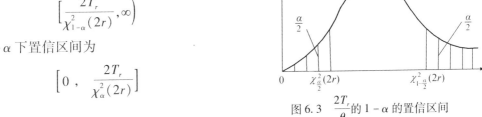

图 6.3　$\frac{2T_r}{\theta}$ 的 $1-\alpha$ 的置信区间

2. $(n,r,有)$ 统计分析

1）泊松过程的性质

设 $N_i(t)$ 为参数 λ_i 的泊松过程,$i=1,2$,且 $N_1(t)$、$N_2(t)$ 互相独立,记

$$N(t) = N_1(t) + N_2(t)$$

则 $N(t)$ 是参数 $\lambda_i = \lambda_1 + \lambda_2$ 的泊松过程。

2）θ 的点估计

我们可以将其看成元件在 n 个试验台前受试。由于失效后有替换,因此对每个试验台而言,在该台上失效时间组成一个参数为 λ 的泊松过程,即相邻失效时间间隔有参数 λ 的指数分布。由于 n 个试验台是互相独立的,因此,由泊松过程的性质,这几个过程的叠加是参数 $n\lambda$ 的泊松过程。因此 $x_{(1)}, x_{(2)}-x_{(1)}, \cdots, x_{(r)}-x_{(r-1)}$ 独立同分布,服从参数为的指数分布,其联合概率密度函数为

$$(n\lambda)^r \exp\left(-n\lambda \sum_{i=1}^r y_i\right) = \left(\frac{n}{\theta}\right)^r \exp\left(-\frac{n}{\theta} \sum_{i=1}^r y_i\right)$$

$$y_i = x_{(i)} - x_{(i-1)}, x_{(0)} = 0$$
$$y_i \geqslant 0, i = 1,2,\cdots,r$$

注意到

$$x_{(i)} = \sum_{j=1}^i (x_{(j)} - x_{(j-1)}) \quad (i = 1,2,\cdots, x_{(0)} = 0)$$

故得$(x_{(1)},x_{(2)},\cdots,x_{(r)})$的联合概率密度函数为

$$f(x_1,x_2,\cdots,x_r,\theta) = \left(\frac{n}{\theta}\right)^r \exp\left(-\frac{n}{\theta}x_{(r)}\right) \quad (0 \leqslant x_{(1)} \leqslant \cdots \leqslant x_{(r)})$$

由$\frac{\partial f}{\partial \theta}=0$解得$\theta$的极大似然估计为

$$\hat{\theta} = \frac{n}{r}x_{(r)} = \frac{T_r}{r}, T_r = nx_{(r)}$$

$$E\hat{\theta} = \frac{n}{r}Ex_{(r)} = \frac{n}{r}\sum_{i=1}^{r}E(x_{(i)}-x_{(i-1)}) = \frac{n}{r}\cdot\frac{\theta}{n}\cdot r = \theta$$

$\hat{\theta}$是无偏的。

失效率λ的点估计为

$$\hat{\lambda} = \frac{1}{\theta} = \frac{r}{nx_{(r)}}$$

$$E(\hat{\lambda}) = \frac{r}{r-1}\lambda \quad (r > 1)$$

$$\mathrm{Var}(\hat{\lambda}) = \frac{(r\lambda)^2}{(r-1)^2(r-2)} \quad (r > 2)$$

引进

$$\lambda^* = \frac{r-1}{r}\hat{\lambda} = \frac{r-1}{nx_{(r)}} = \frac{r-1}{T_r} \quad (r > 1)$$

λ^*是无偏的,且

$$\mathrm{Var}(\lambda^*) = \frac{\lambda^2}{r-2} < \mathrm{Var}(\hat{\lambda})$$

可见λ^*比$\hat{\lambda}$要好。

3)θ的区间估计

因$\frac{2n}{\theta}x_{(r)} = \frac{2n}{\theta}\sum_{i=1}^{r}(x_{(i)}-x_{(i-1)}) \sim \chi^2(2r)$,$\theta$的置信度为$1-\alpha$的双侧置信区间由下式求得

$$P\left\{\chi^2_{\frac{\alpha}{2}}(2r) \leqslant \frac{2nx_{(r)}}{\theta} \leqslant \chi^2_{1-\frac{\alpha}{2}}(2r)\right\} = 1-\alpha$$

即

$$\left[\frac{2nx_{(r)}}{\chi^2_{1-\frac{\alpha}{2}}(2r)}, \quad \frac{2nx_{(r)}}{\chi^2_{\frac{\alpha}{2}}(2r)}\right]$$

3. $(n,t_0,无)$统计分析

此时,试验到t_0终止,设得到r个失效:

$$x_{(1)} \leqslant \cdots \leqslant x_{(r)} \leqslant t_0$$

1)θ的点估计

讨论未知参数θ(平均寿命)的估计。

可以证明$(x_1, x_2, \cdots, x_r, \theta)$的联合概率密度函数为

$$f(x_1, x_2, \cdots, x_r, \theta) = \frac{n!}{(n-r)!} \frac{1}{\theta^r} \exp\left\{ -\frac{1}{\theta}\left[\sum_{i=1}^{r} x_{(i)} + (n-r)t_0 \right] \right\}$$

由$\frac{\partial}{\partial \theta}\ln f = 0$得到$\theta$的极大似然估计为

$$\hat{\theta} = \frac{T_r}{r}, \quad T_r = \sum_{i=1}^{r} x_{(i)} + (n-r)t_0$$

2）θ的区间估计

记$N(t_0) = k$为$(0, t_0)$中失效元件的个数，是一个随机变量，T_r也是一个随机变量。

$$P\{k = r\} = \binom{n}{r}(1 - e^{-\frac{t_0}{\theta}})^r (e^{-\frac{t_0}{\theta}})^{n-r} \quad (r = 0, 1, \cdots, n)$$

记

$$p = 1 - e^{-\frac{t_0}{\theta}}, \quad q = 1 - p = e^{-\frac{t_0}{\theta}}$$

则

$$P\{k = r\} = \binom{n}{r}p^r q^{n-r} \quad (r = 0, 1, \cdots, n)$$

是一个二项分布。

关于θ的区间估计问题可归为如下问题，在成功概率为p的n次独立伯努利试验中，观察到r次成功（$r \geq 1$），问如何求p的区间估计。因为有了p的区间估计，由如上p与θ的关系式，即可化为θ的区间估计。

θ的置信度至少为$1 - \alpha$的上置信区间为

$$\left(\frac{t_0}{-\ln(1 - \bar{p})}, \infty \right)$$

其中，$\bar{p}$为方程

$$\sum_{i=0}^{r} \binom{n}{i}x^i (1-x)^{n-i} = \alpha$$

的解x。

θ的置信度至少为$1 - \alpha$的双侧置信区间：

$$\left(\frac{t_0}{-\ln(1 - \bar{p})}, \frac{t_0}{-\ln(1 - \underline{p})} \right)$$

其中，$\bar{p}$、$\underline{p}$分别为下面方程中x的解。

$$\underline{p}: \sum_{i=0}^{r-1} \binom{n}{i}x^i (1-x)^{n-i} = \frac{\alpha}{2}$$

$$\bar{p}: \sum_{i=0}^{r-1} \binom{n}{i}x^i (1-x)^{n-i} = 1 - \frac{\alpha}{2}$$

3）区间估计的近似方法

把"投入n个产品定时无替换试验"近似看作"投入n'个产品定时可替换试验"，其中n'

满足 $n't_0 = T_r, T_r = \sum_{i=1}^{r} x_{(i)} + (n - r)t_0$。

θ 的置信度为 $1 - \alpha$ 的双侧置信区间和单侧置信区间分别为

$$\left[\frac{2T_r}{\chi^2_{1-\frac{\alpha}{2}}(2(r+1))}, \quad \frac{2T_r}{\chi^2_{\frac{\alpha}{2}}(2(r+1))}\right] 和 \left[\frac{2T_r}{\chi^2_{1-\alpha}(2(r+1))}, \infty\right)$$

4. $(n, t_0, 有)$ 统计分析

试验为有替换的试验方式,试验在 t_0 终止,此时观察到 $r(\geq 1)$ 个样品失效,得顺序统计量 $x_{(1)} \leq \cdots \leq x_{(r)} \leq t_0$。

1) θ 的点估计

$(x_{(1)}, x_{(2)}, \cdots, x_{(r)})$ 的联合概率密度函数为

$$f(x_1, x_2, \cdots, x_r; \theta) = \left(\frac{n}{\theta}\right) \exp\left(-\frac{n}{\theta}t_0\right)$$

由 $\frac{\partial}{\partial \theta}\ln f = 0$,解出 $\hat{\theta} = \frac{nt_0}{r} = \frac{T_r}{r}$。

其中,$T_r = nt_0$。

$$\hat{\lambda} = \frac{1}{\hat{\theta}} = \frac{r}{nt_0} = \frac{r}{T_r}$$

记 $(0, t_0)$ 中失效个数为 $N(t_0) = k$,则 k 即为参数 $n\lambda$ 的泊松过程在 $(0, t_0)$ 中随机事件出现的个数,因此,

$$P\{k = r\} = \frac{(n\lambda t_0)^r}{r!}e^{-n\lambda t_0} \quad (r = 0, 1, \cdots)$$

故

$$Ek = n\lambda t_0, \mathrm{Var}(k) = n\lambda t_0$$

于是

$$E\hat{\lambda} = \frac{1}{nt_0}Er = \lambda(r 与 k 同分布)$$

$\hat{\lambda}$ 是 λ 的无偏估计,且

$$\mathrm{Var}(\hat{\lambda}) = \frac{1}{n^2 t_0^2}\mathrm{Var}(r) = \frac{\lambda}{nt_0}$$

2) θ 的区间估计

θ 的置信度至少为 $1 - \alpha$ 的双侧置信区间为

$$\theta \in \left[\frac{2nt_0}{\chi^2_{1-\frac{\alpha}{2}}(2(r+1))}, \quad \frac{2nt_0}{\chi^2_{\frac{\alpha}{2}}(2r)}\right]$$

相仿:θ 的置信度至少为 $1 - \alpha$ 的单侧置信区间为

$$\left[\frac{2nt_0}{\chi^2_{1-\frac{\alpha}{2}}(2(r+1))}, \quad \infty\right) 或 \left(0, \quad \frac{2nt_0}{\chi^2_{\alpha}(2r)}\right]$$

6.3 可靠性验证试验

6.3.1 可靠性验证试验方案的类型和选择方案的原则

1. 试验方案的类型

1）按产品寿命特点分

（1）成败型试验方案。

对于以可靠度或成功率、合格品率为指标的重复使用或一次使用的产品，可以选用成败型试验方案。成功率是指产品在规定的条件下试验成功的概率。观测的成功率可以定义为在试验结束时，成功的试验次数与总试验次数的比值。成败型试验方案基于假设每次试验在统计意义上是独立的。因此，对于重复使用的产品，在两次试验之间应按正常维护的要求进行合理的维护，以保证每次试验开始时的状况和性能都相同。

（2）连续型试验方案。

当产品的寿命为指数、威布尔、正态、对数正态等分布时，可采用连续型统计试验方案。目前，国内外颁发的标准试验方案都属于指数分布的。本章仅介绍指数分布的试验方案，它可以分为全数试验、定数试验、定时试验、序贯截尾试验几种。

2）按试验的截尾方式分

（1）定时截尾试验方案。

定时截尾试验是指对 n 个样品进行试验，事先规定试验截尾时间 t_0，到时刻 t_0 所有试验样品停止试验，利用试验数据评估产品的可靠性特征量。按试验过程中对发生故障的设备所采取的措施，又可分为有替换或无替换两种方案。有替换指的是当试验中某产品发生了故障，立即用一个新产品代替，在整个试验过程中保持样本数不变；而无替换是指当产品发生故障就撤去，在整个试验过程中，随着故障产品的增加而使样本减少。因此，定时截尾试验方案又分为定时有替换和定时无替换两种试验方案。分别记为 $(n, 有, t_0)$ 和 $(n, 无, t_0)$，如图 6.4（a）、（b）所示。

定时截尾试验方案的优点是由于事先已确定了最大的累积试验时间，便于计划管理并能对产品 MTBF 的真值做出估计，所以得到广泛的应用。但其主要缺点是为了做出判断，质量很好或很差的产品都要经历最多的累积试验时间或故障数。

（2）定数截尾试验方案。

定数截尾试验是指对 n 个样品进行试验，事先规定试验截尾的故障数 r，试验进行到出现 r 个故障数为止，利用试验数据评估产品的可靠性特征量，同样也可分为定数有替换和定数无替换两种试验方案，分别记为 $(n, 有, t_r)$ 和 $(n, 无, t_r)$，其中，t_r 为第 r 个故障出现的时刻，如图 6.4（c）、（d）所示。由于事先不易估计所需的试验时间，因此实际应用较少。

（3）序贯截尾试验方案。

序贯截尾试验是按事先拟定的接收、拒收及截尾时间线，在试验期间，对受试产品进行连续地观测，并将累积的相关试验时间和故障数与规定的接收、拒收或继续试验的判据做比较的一种试验。

这种方案的主要优点是做出判断所要求的平均故障数和平均累积试验时间最小，因此常用于可靠性验收试验。但其缺点是随着产品质量不同，其总的试验时间差别很大，尤其对某些产品，由于不易做出接收或拒收的判断，因而最大累积试验时间和故障数可能会超过相应的定时截尾试验方案。

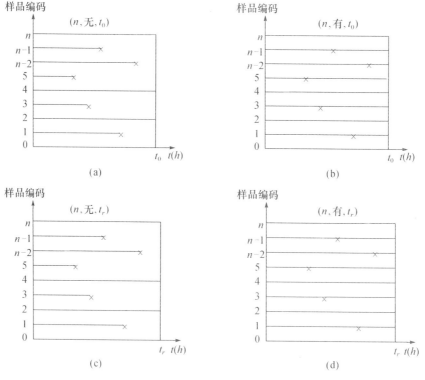

图6.4　定时、定数截尾试验

2. 选择试验方案的原则

统计试验方案在现行标准中有很多方案或推荐的方案可供选择,通常可按试验的费用、时间及指标等,选择不同的试验方案。

(1) 如果必须通过试验对 MTBF 的真值进行估计或需要预先确定试验总时间和费用,宜选用定时截尾试验方案。因此,一般可靠性鉴定试验较多选用此种方案。

(2) 如仅需以预定的判决风险率 α、β 对假设的 MTBF 值 θ_0(合格判定值)、θ_1(极限值)作判决,不需要事先确定试验的总时间时,则可选用序贯试验方案。因此,一般可靠性验收试验选用此种方案。

(3) 如果由于试验时间(或经费)限制,且生产方和使用方都愿意接受较高的风险率,可采用高风险定时截尾或序贯截尾试验方案。

(4) 当必须对每台产品进行判决时,可采用全数试验方案;对以可靠度或成功率、合格品率为指标的产品,可采用成败型试验方案。该方案不受产品寿命分布的限制。

6.3.2　可靠性验证试验大纲

根据产品可靠性大纲的要求,应制定可靠性验证试验大纲,包括:

(1) 试验的对象及其数量。

(2) 试验的目的和进度。

(3) 可靠性验证试验方案。

(4) 试验时应具备的条件,包括综合环境试验设备的条件、试验环境条件容差和检测设备的精度要求等。

① 在独立于承制方的试验场所中进行,如国家靶场、独立实验室等。

② 在订购方监督下,委托承制方对其承制方的设备进行试验。

③ 在特殊情况下,允许在承制方的实验室中对其产品进行试验,但必须在订购方严格监督下进行。

（5）设置评审点。

（6）其他,包括 FRACAS 和配合(按 GJB450 及 GJB841 执行)。

要根据可靠性验证试验方案制定相应的可靠性验证试验程序,它用来具体指导可靠性验证试验计划的实施,详细说明可靠性验证试验中有关设备的使用方法。它供订购方用来作为审查和批准承制方进行可靠性验证试验的程序、监督试验和评价试验结果的依据。可靠性验证试验程序主要包括如下内容:

（1）试验程序。

（2）受试设备,它们的最近技术状态。

（3）试验和监控设备的要求。

（4）要监测的特性参数的精度,故障判据的容许限度,监测环境条件及监测方法。

（5）综合环境条件及其容差。

（6）试验过程中应记录的数据及分析,报告要求。试验日志和数据记录的推荐格式见 GJB 899 C5 - 1。

（7）对试验中出现的设备故障要记录,故障记录的推荐格式见 GJB899 C5 - 2。在每个故障单元上应拴挂故障标签,推荐格式见 GJB899 C5 - 4。对试验中出现的设备故障要做 FRACAS 报告,FRACAS 的报告的推荐格式见 GJB899 C5 - 5。

为了保证可靠性验证试验能按合同要求的进行,承制方应制定一个可靠性验证试验大纲的评审内容,包括试验方案、试验程序和试验前的准备工作的评审(主要审查试验条件是否具备),在试验进行中应设置一些评审点(主要是根据当时试验结果,估计受试产品已达到的可靠性水平;对出现的故障进行分析讨论做出结论,及评审计划进度执行情况),在试验完成时做试验完成情况评审(主要是评价试验结果,做出评审结论,FRACAS 报告,尚遗留的问题及对策,计划执行情况等)。

为了保证评审不走过场,评审前应充分准备,并按规定的提前日数将资料交给评审人员审查,按设计评审标准进行评审,每次评审的结论应有书面记录。

6.3.3 成败型一次计数抽样检验方案

根据从批产品中一次抽样的样本的检验结果,决定是否接受该批产品叫做"一次抽样检验"(Single Sampling Inspection)。

典型的成败型可靠性一次抽样检验方案的思路如下(图 6.5)。

随机抽取一个容量为 n 的样本进行检验,其中有 r 个失效,规定一个允许不合格品数(也称为合格判定数)c;如果 $r \leqslant c$,认为批产品可靠性合格;如果 $r > c$,认为批产品可靠性不合格,拒收。

1. 接收概率与抽样特性曲线

在典型的成败型可靠性一次抽样检验方案中,

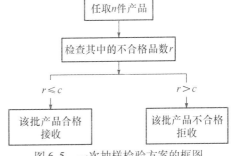

图 6.5　一次抽样检验方案的框图

设产品总体不合格率为 p,则在容量为 n 的样本中,出现 r 个失效的概率为

$$p(n,r|p) = C_n^r p^r (1-p)^{n-r}$$

一批产品按某一抽样检验方案进行检验而被接收的概率称为"接收概率"。显然接收概率与总体和不合格率 p 有关,记接收概率为 $L(p)$,则

$$L(p) = \sum_{r=0}^{c} p(n,r|p) = \sum_{r=0}^{c} C_n^r p^r (1-p)^{n-r}$$

在抽样检验中,称 $L(p)$ 为抽样特性函数。在以 p 为横坐标,$L(p)$ 为纵坐标的坐标平面上,画出 $L(p)$ 所对应的曲线。我们称此曲线为"抽样特性曲线"(Operating Characteristic Curve),简称 OC 曲线。通常不同的抽样方案有不同的 OC 曲线。

理想的抽样检验方案应当是,不把不合格的批产品作为合格的批产品接收,同时也不把不合格的批产品错当作不合格的批产品而拒收。即先规定一个允许的不合格率 p_0,当批产品的不合格率 $p \leq p_0$ 时,接收概率为 1;当批产品的不合格率 $p > p_0$ 时,接收概率为 0。因此,理想的 OC 曲线应当如图 6.6 所示。但是,由于抽样的随机性,上述理想的抽样方案实际上是不存在的,通常都会犯以下两类错误。

(1)第一类错误(弃真错误):批产品合格而被当成不合格批加以拒收,从而使生产方受到损失。犯一类错误的概率又称为生产方风险,一般记为 α。

(2)第二类错误(纳伪错误):批产品不合格而被当作合格批加以接收,从而导致用户受到损失。犯第二类错误的概率又称为使用方风险,一般记为 β。

理想的抽样方案就是使生产方风险 α 和使用方风险 β 都是 0。如果 $\alpha = 0$,则只要判断任何一批产品都为合格品即可,但这时使用方将承担很大风险。反之,判断任何一批产品都不合格,使用方就没有风险,但生产方的损失则很大。所以 α 和 β 是对立的,需视具体情况,由生产方和使用方协商而定,要兼顾生产方与使用方的利益,双方可事先共同商量,确定可接收质量水平 p_0 和允许不合格品率或极限质量 p_1(不合格批产品中不合格品率的下限)。

当批产品的实际不合格率 $p \leq p_0$ 时,认为批产品的质量是好的,应以最大概率接收该批产品,即 $p \leq p_0$ 时,$L(p) \geq 1 - \alpha$,特性要求当 $p = p_0$ 时,$L(p) = 1 - \alpha$;当批产品的不合格品率 $p \geq p_1$ 时,认为批产品的质量不好,应以小概率接收该批产品,即 $p \geq p_1$ 时,$L(p) \leq \beta$,特别要求当 $p = p_1$ 时,$L(p) = \beta$。p_1 值一般由用户根据可允许的批产品最大不合格品率来确定,p_0、p_1 应满足 $p_1 > p_0$,实际最好满足 $p_1 > 3p_0$,因为当 p_0 与 p_1 相当接近时,样本容量 n 将很大,实际 OC 曲线中最典型的如图 6.7 所示。

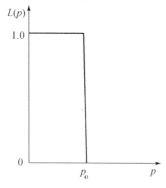

图 6.6 理想的 OC 曲线

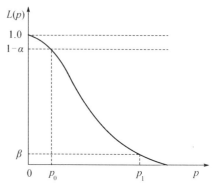

图 6.7 典型的 OC 曲线

2. 抽样检验方案的确定

综上所述,几个较好的生产方与使用方都接收的一次计数抽样检验方案,应当是在双方协商确定参数 p_0、p_1、α、β 后,再求出满足方程组

$$\begin{cases} L(p_0) = 1 - \alpha \\ L(p_1) = \beta \end{cases}$$

的 n 和 c。

上式是一个非线性方程组,一般采用尝试法求得,求解过程十分麻烦。为此 IEC605 – 1982 给出了可供选用的适用方案,设合格品率鉴别比 $D = p_1 / p_0$。IEC605 规定 4 种供选择的鉴别比值:1.50,1.75,2.00,3.00;IEC605 规定 4 种供选择的 α、β 值:$\alpha = \beta = 5\%$,$\alpha = \beta = 10\%$,$\alpha = \beta = 20\%$,$\alpha = \beta = 30\%$;IEC605 规定 15 种 $q_0 = 1 - p_0$ 值。

用 IEC605(即 GB5080.5 – 85)选可靠性一次抽样检验方案的程序如下:

生产方根据自己产品的可靠性质量水平与使用方希望的可接收质量水平进行磋商,一开始,双方提出的 p_0、p_1 值不一定具有规定的鉴别比值 D,q_0 也不一定是表 6.1 中的 15 种值的一种。协商后,参考 n_i 值,确定 q_0、D、α、β 值。

根据 q_0、D、α、β 值查表 6.1 相应得 $n = n_t$,$A_c = c$。

表 6.1　成败型可靠性一次抽样表

q_0	D	$\alpha = \beta = 5\%$		$\alpha = \beta = 10\%$		$\alpha = \beta = 20\%$		$\alpha = \beta = 30\%$	
		n_t	A_c	n_t	A_c	n_t	A_c	n_t	A_c
0.9995	1.50	108002	66	65849	40	28584	17	10814	6
	1.75	51726	34	32207	21	14306	9	5442	3
	2.00	31410	22	20125	14	9074	6	3615	2
	3.00	10467	9	6181	5	2852	2	1626	1
0.9990	1.50	53998	66	32922	40	14291	17	5407	6
	1.75	25861	34	16102	21	7152	9	2721	3
	2.00	15703	22	10061	14	4537	6	1807	2
	3.00	5232	9	3090	5	1426	2	813	1
0.9950	1.50	10647	65	6851	40	2857	17	1081	6
	1.75	5168	34	3218	21	1429	9	544	3
	2.00	3137	22	1893	13	906	6	361	2
	3.00	1044	9	617	5	285	2	162	1
0.9900	1.50	5320	65	3215	39	1428	17	540	6
	1.75	2581	34	1607	21	714	9	272	3
	2.00	1567	22	945	13	453	6	81	2
	3.00	521	9	308	5	142	2	18	1
0.9800	1.50	2620	64	1605	39	713	17	270	6
	1.75	1288	34	770	20	356	9	136	3
	2.00	781	22	471	13	226	6	90	2
	3.00	259	9	153	5	71	2	40	1

（续）

q_0	D	$\alpha=\beta=5\%$		$\alpha=\beta=10\%$		$\alpha=\beta=20\%$		$\alpha=\beta=30\%$	
		n_t	A_c	n_t	A_c	n_t	A_c	n_t	A_c
0.9700	1.50	1720	63	1044	38	450	16	180	6
	1.75	835	33	512	20	237	9	90	3
	2.00	519	22	313	13	150	6	60	2
	3.00	158	8	101	5	47	2	27	1
0.9600	1.50	1288	63	782	38	337	16	135	6
	1.75	625	33	383	20	161	8	68	3
	2.00	374	21	234	13	98	5	45	2
	3.00	117	8	76	5	35	2	20	1
0.9500	1.50	1014	62	610	37	269	16	108	6
	1.75	486	32	306	20	129	8	54	3
	2.00	298	21	187	13	78	5	36	2
	3.00	93	8	60	5	28	2	16	1
0.9400	1.50	832	61	508	37	224	16	90	6
	1.75	404	32	244	19	107	8	45	3
	2.00	248	21	155	13	65	5	30	2
	3.00	77	8	50	5	23	2	13	1
0.9300	1.50	702	60	424	36	192	16	77	6
	1.75	336	31	208	19	92	8	38	3
	2.00	203	20	125	12	55	5	25	2
	3.00	66	8	42	5	20	2	11	1
0.9200	1.50	613	60	371	36	168	16	67	6
	1.75	294	31	182	19	80	8	34	3
	2.00	177	20	109	12	48	5	22	2
	3.00	57	8	37	5	17	2	10	1
0.9100	1.50	536	59	329	36	149	16	60	6
	1.75	253	30	154	18	71	8	30	3
	2.00	157	20	96	12	43	5	20	2
	3.00	51	8	33	5	15	2	9	1
0.9000	1.50	474	58	288	35	134	16	53	6
	1.75	227	30	138	18	64	8	27	3
	2.00	135	19	86	12	39	5	18	2
	3.00	14	7	25	4	14	2	8	1
0.8500	1.50	294	54	181	33	79	14	35	6
	1.75	141	28	87	17	42	8	18	3
	2.00	85	18	53	11	21	4	12	2
	3.00	26	7	16	4	9	2	5	1

106

q_0	D	$\alpha=\beta=5\%$		$\alpha=\beta=10\%$		$\alpha=\beta=20\%$		$\alpha=\beta=30\%$	
		n_t	A_c	n_t	A_c	n_t	A_c	n_t	A_c
0.8000	1.50	204	50	127	31	55	13	26	6
	1.75	98	26	61	16	28	8	13	3
	2.00	60	17	36	10	19	5	9	2
	3.00	17	6	9	3	4	1	4	1

如果仅重视生产方风险，而未考虑使用方风险，就可根据 p_0 和 α 的值来确定抽样检验方案，这种方法称为 AQL（Acceptable Quality Limiting）方法。同样，如果仅重视使用方风险，而未考虑生产方风险，就可根据 p_1 和 β 的值来确定抽样检验方案，这种方法称为 LTPD（Lot Tolerance Percent Defective）方法。

由于"可靠性鉴定试验要提供验证可靠性的估计值"（GJB450 A3.3.3.1）以便向订购方提供合格证明，即产品在批准投产以前已经符合最低可接收的可靠性要求。这就要求给定置信度下的可靠性置信下限不低于最低可接收值。为此，下面给出此类定时、定数截尾可靠性鉴定试验方案。

6.3.4 指数寿命分布定时、定数截尾可靠性鉴定试验方案

当产品寿命（或故障时间）服从指数分布时，故障率 λ 为常数，平均寿命 θ 或平均故障间隔时间 MTBF 为故障率 λ 的倒数，它们的点估计值分别为

$$\hat{\lambda} = r/T$$

$$\hat{\theta} = T/r$$

式中　T——累计试验时间；

　　　r——试验结束时出现的所有故障数。

根据截尾方式的不同，其试验总时间 T、θ（或 MTBF）的点估计公式及置信区间如表 6.2 所列。

表 6.2　指数分布的点估计及置信区间

截尾方式	试验总时间 T	点估计值 $\hat{\theta}$	置信区间 $(\hat{\theta}_L,\hat{\theta}_U)$	单侧置信下限 $\hat{\theta}_L$
$(n,有,t_0)$	nt_0	T/r	$\left[\dfrac{2r}{\chi^2_{\gamma/2}(2r+2)}\hat{\theta},\ \dfrac{2r}{\chi^2_{1-\gamma/2}(2r)}\hat{\theta}\right]$	$\dfrac{2r}{\chi^2_{\gamma}(2r+2)}\hat{\theta}$
$(n,无,t_0)$	$\sum_{i=1}^{r}t_i+(n-r)t_0$	T/r	$\left[\dfrac{2r}{\chi^2_{\gamma/2}(2r+2)}\hat{\theta},\ \dfrac{2r}{\chi^2_{1-\gamma/2}(2r)}\hat{\theta}\right]$	$\dfrac{2r}{\chi^2_{\gamma}(2r+2)}\hat{\theta}$
$(n,有,t_r)$	nt_r	T/r	$\left[\dfrac{2r}{\chi^2_{\gamma/2}(2r)}\hat{\theta},\ \dfrac{2r}{\chi^2_{1-\gamma/2}(2r)}\hat{\theta}\right]$	$\dfrac{2r}{\chi^2_{\gamma}(2r)}\hat{\theta}$
$(n,无,t_r)$	$\sum_{i=1}^{r}t_i+(n-r)t_r$	T/r	$\left[\dfrac{2r}{\chi^2_{\gamma/2}(2r)}\hat{\theta},\ \dfrac{2r}{\chi^2_{1-\gamma/2}(2r)}\hat{\theta}\right]$	$\dfrac{2r}{\chi^2_{\gamma}(2r)}\hat{\theta}$

1. 定时截尾可靠性鉴定试验

对 n 个样品进行有替换的定时截尾试验，试验截止时间为 t_0，则平均故障间隔时间 MTBF 的估计值为 $\hat{\theta}=T/r$，故障率 λ 的估计值为 $\hat{\lambda}=r/T$（如果试验中无故障发生，即 $r=0$，则 IEC650

建议 $\hat{\lambda} = 1/3T$）。

给定置信水平 γ，则 θ 的单侧置信下限为 $\theta_L = \dfrac{2r}{\chi_\gamma^2(2r+2)}\hat{\theta} = \dfrac{2T}{\chi_\gamma^2(2r+2)}$。

故障率 λ 的单侧置信上限 $\lambda_U = 1/\theta_L$，令 $\theta_L(\psi,r) = 2r/\chi_\psi^2(2r+2)$，则 θ 的单侧置信下限 $\hat{\theta}_L = \theta_L(\psi,r)\hat{\theta}$，系数 $\theta_L(\psi,r)$ 可查表 6.3（GJB899 的表 A7）。

表 6.3　定时截尾的 $\theta_L(\psi,r)$ 和 $\theta_U(\psi,r)$ 表

| 故障数 r | 双侧 60% | | 双侧 80% | | 双侧 90% | | 双侧 95% | |
| | 单侧 80% | | 单侧 90% | | 单侧 95% | | 单侧 97.5% | |
	上 θ_U	下 θ_L	上 θ_U	下 θ_L	上 θ_U	下 θ_L	上 θ_U	下 θ_L
1	4.481	0.334	9.491	0.257	19.496	0.211	39.498	0.179
2	2.426	0.467	3.761	0.376	5.630	0.318	8.262	0.277
3	1.954	0.544	2.722	0.449	3.669	0.387	4.849	0.342
4	1.742	0.595	2.293	0.500	2.928	0.437	3.670	0.391
5	1.618	0.632	2.055	0.539	2.538	0.476	3.080	0.429
6	1.537	0.661	1.904	0.570	2.296	0.507	2.725	0.459
7	1.479	0.684	1.797	0.595	2.131	0.532	2.487	0.485
8	1.435	0.703	1.718	0.616	2.010	0.554	2.316	0.508
9	1.400	0.719	1.657	0.634	1.917	0.573	2.187	0.527
10	1.372	0.733	1.607	0.649	1.843	0.590	2.085	0.544
11	1.349	0.744	1.567	0.663	1.783	0.604	2.003	0.559
12	1.329	0.755	1.533	0.675	1.733	0.617	1.935	0.572
13	1.312	0.764	1.504	0.686	1.691	0.629	1.878	0.585
14	1.297	0.772	1.478	0.696	1.654	0.640	1.829	0.596
15	1.284	0.780	1.456	0.704	1.622	0.649	1.787	0.606
16	1.272	0.787	1.437	0.713	1.594	0.658	1.750	0.616
17	1.262	0.793	1.419	0.720	1.569	0.667	1.717	0.625
18	1.253	0.799	1.404	0.727	1.547	0.674	1.687	0.633
19	1.244	0.804	1.390	0.734	1.527	0.682	1.661	0.640
20	1.237	0.809	1.377	0.740	1.509	0.688	1.637	0.647
21	1.230	0.813	1.365	0.745	1.492	0.694	1.615	0.654
22	1.223	0.818	1.354	0.750	1.477	0.700	1.596	0.660
23	1.217	0.822	1.344	0.755	1.463	0.706	1.578	0.666
24	1.211	0.825	1.335	0.760	1.450	0.711	1.561	0.672
25	1.206	0.829	1.327	0.764	1.438	0.716	1.545	0.677
26	1.201	0.832	1.319	0.768	1.427	0.721	1.531	0.682
27	1.197	0.835	1.311	0.772	1.417	0.725	1.517	0.687
28	1.193	0.838	1.304	0.776	1.407	0.729	1.505	0.692

| 故障数 r | 双侧60% | | 双侧80% | | 双侧90% | | 双侧95% | |
| | 单侧80% | | 单侧90% | | 单侧95% | | 单侧97.5% | |
	上 θ_U	下 θ_L	上 θ_U	下 θ_L	上 θ_U	下 θ_L	上 θ_U	下 θ_L
29	1.189	0.841	1.298	0.780	1.393	0.733	1.493	0.696
30	1.185	0.844	1.291	0.783	1.389	0.737	1.482	0.700
40	1.156	0.865	1.245	0.810	1.325	0.768	1.400	0.734
50	1.137	0.879	1.214	0.829	1.283	0.790	1.347	0.759
60	1.124	0.889	1.193	0.843	1.254	0.807	1.310	0.777
70	1.113	0.898	1.176	0.854	1.232	0.820	1.283	0.791
80	1.105	0.904	1.153	0.863	1.214	0.830	1.261	0.803
90	1.098	0.910	1.153	0.870	1.200	0.839	1.244	0.814
100	1.093	0.915	1.144	0.877	1.189	0.847	1.229	0.822

若设备的 MTBF 达到最低可接收值 θ_{LQ}，使用方风险为 β，那么如何通过定时截尾试验鉴定设备的 MTBF 达到最低可接收值 θ_{LQ} 呢？具体分以下几个步骤进行：

（1）计算设备的总累积试验时间 T 及试验中出现的总故障数 r。

（2）计算的估计值 $\hat{\theta} = T/r$。

（3）计算置信水平 $\gamma = 1 - \beta$，查表6.3得 $\theta_L = \theta_L(\gamma, r)$，计算出 θ 的单侧置信下限 $\hat{\theta}_L = \theta_L(\gamma, r)\hat{\theta}$。

（4）将 $\hat{\theta}_L$ 与规定的 θ_{LQ} 比较，如 $\hat{\theta}_L \geq \theta_{LQ}$，认为达到最低可接收值，通过鉴定；如果 $\hat{\theta}_L < \theta_{LQ}$，则根据当前试验数据还不能认为已经以使用方风险 β 达到最低可接收值，即鉴定试验不通过。

【举例】某种电子设备规定鉴定试验于总试验时间到 920 台时截止，$\beta = 10\%$，$\theta_{LQ} = 70h$。仅在试验中共出现了 7 个故障，问能否通过鉴定试验。

解：已知 $r = 7$，$T = 920$ 台时，则 $\hat{\theta} = T/r = 920/7 = 131.43h$。

置信水平 $\gamma = 1 - \beta = 90\%$，查表6.3得 $\theta_L(\gamma, r) = \theta_L(0.90, 7) = 0.595$，计算出 θ 的单侧置信下限 $\hat{\theta}_L = \theta_L(\gamma, r)\hat{\theta} = 0.595 \times 131.43 = 78.2h$。

显然 $\hat{\theta}_L = 78.2 > \theta_{LQ} = 70$，故认为已达到 MTBF 的最低可接收值，因此通过鉴定试验。

2. 定数截尾可靠性鉴定试验

设 r 是定数截尾试验预先规定的故障，当试验进行到出现第 r 个故障时截止试验，此时总的累积试验时间为 T，则平均故障间隔时间 MTBF 的估计值为 $\hat{\theta} = T/r$，故障率的估计值为 $\hat{\lambda} = r/T$。

如果试验中故障数 r 很少，所得估计误差较大，那么应选 r 较大一些。

给定置信水平 γ，则 θ 的单侧置信下限为

$$\hat{\theta}_L = \frac{2r}{\chi^2_\gamma(2r)}\hat{\theta} = \frac{2T}{\chi^2_\gamma(2r)}$$

故障率 λ 的单侧置信上限 $\hat{\lambda}_U = 1/\hat{\theta}_L$，令 $\theta'_L(\psi, r) = 2r/\chi^2_\psi(2r)$，则单侧置信下限为

$$\hat{\theta}_L = \theta'_L(\gamma, r)\hat{\theta}$$

系数 $\theta'_L(\psi,r)$ 可查表 6.4(GJB899 的表 A8)。

表 6.4 定数截尾的 $\theta'_L(\psi,r)$ 和 $\theta'_U(\psi,r)$ 表

故障数 r	双侧 60% 单侧 80%		双侧 80% 单侧 90%		双侧 90% 单侧 95%		双侧 95% 单侧 97.5%	
	上 θ_U	下 θ_L	上 θ_U	下 θ_L	上 θ_U	下 θ_L	上 θ_U	下 θ_L
1	4.481	0.621	9.491	0.434	19.496	0.334	39.498	0.271
2	2.426	0.668	3.761	0.514	5.630	0.422	8.262	0.359
3	1.954	0.701	2.722	0.564	3.669	0.477	4.849	0.415
4	1.742	0.725	2.293	0.599	2.928	0.516	3.670	0.455
5	1.618	0.744	2.055	0.626	2.538	0.546	3.080	0.488
6	1.537	0.759	1.904	0.647	2.296	0.571	2.725	0.514
7	1.479	0.771	1.797	0.665	2.131	0.591	2.487	0.536
8	1.435	0.782	1.718	0.680	2.010	0.608	2.316	0.555
9	1.400	0.791	1.657	0.693	1.917	0.623	2.187	0.571
10	1.372	0.799	1.607	0.704	1.843	0.637	2.085	0.585
11	1.349	0.806	1.567	0.714	1.783	0.649	2.003	0.598
12	1.329	0.812	1.533	0.723	1.733	0.659	1.935	0.610
13	1.312	0.818	1.504	0.731	1.691	0.669	1.878	0.620
14	1.297	0.823	1.478	0.738	1.654	0.677	1.829	0.680
15	1.284	0.828	1.456	0.745	1.622	0.685	1.787	0.630
16	1.272	0.832	1.437	0.751	1.594	0.693	1.750	0.647
17	1.262	0.836	1.419	0.757	1.569	0.700	1.717	0.654
18	1.253	0.840	1.404	0.763	1.547	0.706	1.687	0.661
19	1.244	0.843	1.390	0.767	1.527	0.712	1.661	0.666
20	1.237	0.846	1.377	0.772	1.509	0.717	1.637	0.674
21	1.230	0.849	1.365	0.776	1.492	0.723	1.615	0.680
22	1.223	0.852	1.354	0.781	1.477	0.728	1.596	0.685
23	1.217	0.855	1.344	0.784	1.463	0.732	1.578	0.691
24	1.211	0.857	1.335	0.788	1.450	0.737	1.561	0.695
25	1.206	0.860	1.327	0.792	1.438	0.741	1.545	0..700
26	1.201	0.862	1.319	0.795	1.427	0.745	1.531	0.705
27	1.197	0.864	1.311	0.798	1.417	0.748	1.517	0.709
28	1.193	0.866	1.304	0.801	1.407	0.752	1.505	0.713
29	1.189	0.868	1.298	0.804	1.393	0.755	1.493	0.717

| 故障数 r | 双侧 60% | | 双侧 80% | | 双侧 90% | | 双侧 95% | |
| | 单侧 80% | | 单侧 90% | | 单侧 95% | | 单侧 97.5% | |
	上 θ_U	下 θ_L	上 θ_U	下 θ_L	上 θ_U	下 θ_L	上 θ_U	下 θ_L
30	1.185	0.870	1.291	0.806	1.389	0.759	1.482	0.720
40	1.156	0.885	1.245	0.828	1.325	0.785	1.400	0.750
50	1.137	0.896	1.214	0.844	1.283	0.804	1.347	0.772
60	1.124	0.904	1.193	0.856	1.254	0.819	1.310	0.788
70	1.113	0.910	1.176	0.865	1.232	0.830	1.283	0.802
80	1.105	0.915	1.153	0.873	1.214	0.840	1.261	0.813
90	1.098	0.920	1.153	0.879	1.200	0.848	1.244	0.822
100	1.093	0.923	1.144	0.885	1.189	0.855	1.229	0.830

若设备的 MTBF 达到最低可接收值为 θ_{LQ}，使用方风险为 β，那么通过定数截尾试验，鉴定指数寿命分布的设备的 MTBF 达到最低可接收值 θ_{LQ} 的具体步骤如下：

（1）计算设备的总累积试验时间 T 及试验中出现的总故障数 r。

（2）计算 θ 的估计值。

（3）计算置信水平 $\gamma = 1 - \beta$，查表 6.4 得 $\theta'_L(\psi, r)$，计算出 θ 的单侧置信下限 $\hat{\theta}_L = \theta'_L(\gamma, r)\hat{\theta}$；将 $\hat{\theta}_L$ 与规定的 θ_{LQ} 比较，如果 $\hat{\theta}_L \geq \theta_{LQ}$，则认为达到最低可接收值，通过鉴定；如果 $\hat{\theta}_L < \theta_{LQ}$，则根据当前试验数据还不能认为已经以使用方风险 β 达到最低可接收值，即鉴定试验不通过。

6.3.5 指数寿命分布失效率和平均故障间隔时间的抽样检验方案

1. 失效率的一次计数抽样检验方案

与前述的判别产品合格率的抽样检验方法类似，同样可以用产品失效率作为指标制定一次计数抽样方案，其框图如图 6.8 所示。

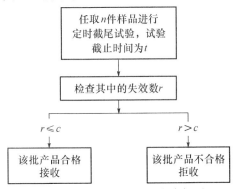

图 6.8　失效率抽样检查方案框图

1）接收概率和抽样特性曲线

设所抽取的 n 个样品进行定时截尾试验，试验的截止时间为 t，则到 t 时有 r 个产品失效的概率为 $C_n^r p^r (1-p)^{n-r}$。由于产品的寿命服从指数分布，不可靠度为 $p = 1 - e^{-\lambda t}$，可靠度为 $q = e^{-\lambda t}$，因此失效率抽样方案的接收概率为

$$L(\lambda) = \sum_{r=0}^{c} C_n^r (1 - e^{-\lambda t})^r (e^{-\lambda t})^{n-r}$$

111

对于低失效率产品来说, λt 不太大, 此时 $e^{-\lambda t} \approx 1 - \lambda t, 1 - e^{-\lambda t} \approx \lambda t$。于是 $L(\lambda) = \sum\limits_{r=0}^{c} C_n^r$ $(\lambda t)^r (1 - \lambda t)^{n-r}$, 若 $n\lambda t < 5, \lambda t < 0.1$ 用泊松分布代替二项分布, 接收概率为

$$L(\lambda) = \sum_{r=0}^{c} \frac{(n\lambda t)^r e^{-n\lambda t}}{r!}$$

以失效率 λ 为横坐标, 接收概率 $L(\lambda)$ 为纵坐标, 便得到抽样方案的 OC 曲线, 如图 6.9 所示, 它表示接收概率与产品真实失效率之间的关系。

图 6.9 中, λ_0 称为合格失效率或可接受失效率 (Acceptable Failure Rate, AFR)。当产品的真实失效率 $\lambda \leqslant \lambda_0$ 时, 应认为该批产品合格; 当 $\lambda = \lambda_0$ 时, 该批产品被误判为不合格而拒收的概率为 α, α 称为生长方风险。λ_1 称为批失效率容限 (Low Tolerance Failure Rate, LTFR), 当 $\lambda > \lambda_1$ 时, 被误判为合格而接收的概率为 β, β 称为使用方风险, 一般取 β 为 0.05 或 0.1。根据厂家的生长能力及用户的质量要求等各方面因素协商确定, 鉴别比 $D = \lambda_1 / \lambda_0$ 一般取 1.5 ~ 5。

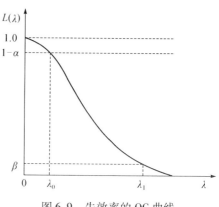

图 6.9　失效率的 OC 曲线

2) 失效率的抽样检验方案的确定

令 $T \approx nt$, 则

$$L(\lambda) = \sum_{r=0}^{c} \frac{(nT)^r e^{-\lambda T}}{r!}$$

代入下式

$$\begin{cases} L(\lambda_0) = 1 - \alpha \\ L(\lambda) = \beta \end{cases}$$

得

$$\begin{cases} \sum\limits_{r=0}^{c} \dfrac{(\lambda_0 T)^r e^{-\lambda_0 T}}{r!} = 1 - \alpha \\ \sum\limits_{r=0}^{c} \dfrac{(\lambda_1 T)^r e^{-\lambda_1 T}}{r!} = \beta \end{cases}$$

失效率抽样检验方案就是根据失效确定的 α、β、λ_0、λ_1 值来确定试验的总时间 T 及允许失效个数 c(合格判定数)。

2. 平均故障间隔时间(MTBF)的一次技术抽样方案

指数寿命分布的 MTBF(记为 θ) 与失效率 λ 互为倒数, 即 $\theta = \dfrac{1}{\lambda}$, 因此, 由失效率的抽样方案可得 MTBF 的抽样方案。

只需取 $\lambda = \dfrac{1}{\theta}$, 则

$$L\left(\frac{T}{\theta}\right) = \sum_{r=0}^{c} \frac{\left(\dfrac{T}{\theta}\right)^r e^{-(T/\theta)}}{r!}$$

设使用方要求的设备 MTBF 的极限质量为 θ_1 ,相应的使用方风险为 β ;生产方可接受质量为 θ_0 ,相应的生产方风险为 α ,于是 MTBF 的 OC 曲线如图 6.10 所示。

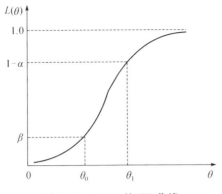

图 6.10　MTBF 的 OC 曲线

由 α 、β 、θ_0 、θ_1 以及下式

$$\begin{cases} \sum_{r=0}^{c} \dfrac{\left(\dfrac{T}{\theta_0}\right)^r e^{-\frac{T}{\theta_0}}}{r!} = 1 - \alpha \\ \sum_{r=0}^{c} \dfrac{\left(\dfrac{T}{\theta_1}\right)^r e^{-\frac{T}{\theta_1}}}{r!} = \beta \end{cases}$$

用尝试法可求得 MTBF 抽样方案中的累积试验时间和接收数。

国家军用标准 GJB899 - 90 提出了标准型的定时试验方案以及短时间高风险定时试验方案。标准型试验方案采用正常的 α 、β 在 10% ~ 20% 之间。短时高风险试验方案采用的 α 、β 为 30% ,MTBF 的可接收质量水平 θ_0 与最低可接收值 θ_1 之间即鉴别比 $d = \theta_0/\theta_1$ 取 1.5,2.0, 3.0。由于在方案中的接收数($A_c = c$)和拒收数($R_c = c + 1$)都是整数,因此接收概率只能尽量分别接近原定的 α 与 β 。原定的 α 、β 值为名义值,α 、β 的实际值 α' 、β' 如表 6.5 和表 6.6 所列。

表 6.5　标准型定时试验方案表

方案号	决策风险/%				鉴别比 $d = \theta_0/\theta_1$	试验时间 (θ_1 的倍数)/h	判决故障数	
	名义值		实际值				拒收数($\geq$)R_c	接收数($\leq$)A_c
	α	β	α'	β'				
9	10	10	12.0	9.9	1.5	45.0	37	36
10	10	20	10.9	21.4	1.5	29.9	26	25
11	20	20	19.7	19.6	1.5	21.5	18	17
12	10	10	9.6	10.6	2.0	18.8	14	13
13	10	20	9.8	20.9	2.0	12.4	10	9
14	20	20	19.9	21.0	2.0	7.8	6	5
15	10	10	9.4	9.9	3.0	9.3	6	5
16	10	20	10.9	21.3	3.0	5.4	4	3
17	20	20	17.5	19.7	3.0	4.3	3	2

表 6.6 短时高风险定时试验方案表

方案号	决策风险/%				鉴别比 $d = \theta_0/\theta_1$	试验时间 (θ_1 的倍数)/h	判决故障数	
	名义值		实际值				拒收数 $(\geqslant)R_c$	接收数 $(\leqslant)A_c$
	α	β	α'	β'				
19	30	30	29.8	30.1	1.5	8.1	7	6
20	30	30	28.3	28.5	2.0	3.7	3	2
21	30	30	30.7	33.3	3.0	1.1	1	0

用 GJB899 进行定时截尾的可靠性鉴定使用的步骤如下：

（1）生产方根据自己产品的可靠性质量和使用方希望的极限质量进行磋商，双方提出 α、β、d、θ_1 值。

（2）为使生产方与使用方具有相同的风险，一般取 $\alpha = \beta$，但为了保证有较高的置信度，$\alpha = \beta$ 不宜取得太高；为了缩短试验时间，可采用高风险试验方案，即取 $\alpha = \beta = 30\%$。

（3）根据 α、β、d、θ_1 值，查表 6.5 和表 6.6 相应得截尾试验总时间 T（θ_1 倍数）、A_c 及 R_c 值。

（4）按试验方案进行试验，直到累积试验时间为 T 为止，如试验出现的总故障数 $r \leqslant A_c$，判定受试产品的可靠性满足规定要求；如试验出现的总故障数 $r \geqslant A_c$，则判定受试产品可靠性不满足规定要求。

（5）根据使用方规定的 MTBF 的置信度 γ（建议 $\gamma = 1 - 2\beta$），由试验的累积工作时间和试验出现的总故障数，对 MTBF 进行点估计或置信区间估计。

【举例】在 $\alpha = \beta = 10\%$，$\theta_1 = 5000\text{h}$，$d = 3$ 的条件下，制定某设备的 MTBF 验证试验方案。

解：由题意可得 $\theta_0 = d\theta_1 = 15000\text{h}$。查表 6.5，选用方案 15，相应的总试验时间为 θ_1 的 9.3 倍，即总试验时间需要 $T = 9.3\theta_1 = 46500\text{h}$。当试验停止时，设备的失效数 $r \leqslant 5$ 时，可接收该批设备；若 $r \geqslant 6$ 时，则拒收该批设备。

验证试验一般用序贯方案，因为序贯方案的期望样本量比固有样本量的方案少一些，可节省费用。

6.3.6 指数寿命分布序贯试验方案（PRST 方案）

1. 序贯试验抽样方案的检验规则

序贯试验抽样方案的检验规则：从一批产品中任取 n 个样本进行寿命试验，观察第 r（$r = 1, 2, \cdots, n$）次故障发生的时间，并计算第 r 次故障发生时，n 个样本的总试验时间 T，其判断规则为将 T 与两个界限值 $T(A)$、$T(B)$ 进行比较，若 $T \geqslant T(A)$，则认为该批产品符合要求，应予接收；若 $T \leqslant T(B)$，则认为这批产品不符合要求，应当拒收；如 $T(B) < T < T(A)$，则不能做出决定，必须继续进行试验到第 $r + 1$ 次故障发生时，再做类似判断，直到做出最后的接收或拒收的判断为止。

可见，序贯试验抽样方案是发生一次故障，就做一次判断，决定是接收或拒收，还是继续做试验，它充分利用了试验所提供的信息，可以减少抽样量或试验时间。当然，做这种试验，操作、管理起来要麻烦一些。

2. 序贯试验抽样方案的制定原理

在给定 MTBF 可接收的 θ_0 和极限 θ_1 以及两类风险 α、β 后，要求得到设备的序贯试验方案,关键要确定两个界限 $T(A)$、$T(B)$。下面就有替换的情况,讨论 $T(A)$、$T(B)$ 的求法。假定设备的寿命服从指数分布,进行有替换的定时截尾寿命试验,则在试验时间 T 内恰好出现 r 次故障的概率为

$$P(\theta) = \left(\frac{T}{\theta}\right)^r \frac{\exp(-T/\theta)}{r!} \quad (r = 1, 2, \cdots)$$

如果 $\theta = \theta_0$,则恰好出现 r 次故障的概率为

$$P(\theta_0) = \left(\frac{T}{\theta_0}\right)^r \frac{\exp(-T/\theta_0)}{r!}$$

如果 $\theta = \theta_1$,则恰好出现 r 次故障的概率为

$$P(\theta_1) = \left(\frac{T}{\theta_1}\right)^r \frac{\exp(-T/\theta_1)}{r!}$$

其概率比为

$$\frac{P(\theta_1)}{P(\theta_0)} = \left(\frac{\theta_0}{\theta_1}\right)^r \exp\left[-\left(\frac{1}{\theta_1} - \frac{1}{\theta_0}\right)T\right]$$

根据序贯检验的思想,选一个 A、$B(A > B)$,如果 $\frac{P(\theta_1)}{P(\theta_0)} \leqslant B$,认为 $\theta = \theta_0$,接收;如果 $\frac{P(\theta_1)}{P(\theta_0)}$ $\geqslant A$,认为 $\theta = \theta_1$,拒收;如果 $B < \frac{P(\theta_1)}{P(\theta_0)} < A$,继续试验。

据 Wald(瓦尔特)建议 $A \approx \frac{1-\beta}{\alpha}, B \approx \frac{\beta}{1-\alpha}$,于是继续试验的条件为

$$B < \left(\frac{\theta_0}{\theta_1}\right)^r \exp\left[-\left(\frac{1}{\theta_1} - \frac{1}{\theta_0}\right)T\right] < A$$

两端取自然对数,得

$$\ln B < r\ln\frac{\theta_0}{\theta_1} - \left(\frac{1}{\theta_1} - \frac{1}{\theta_0}\right)T < \ln A$$

即

$$\frac{-\ln A + r\ln\frac{\theta_0}{\theta_1}}{\frac{1}{\theta_1} - \frac{1}{\theta_0}} < T < \frac{-\ln B + r\ln\frac{\theta_0}{\theta_1}}{\frac{1}{\theta_1} - \frac{1}{\theta_0}}$$

令

$$h_1 = \frac{\ln A}{\frac{1}{\theta_1} - \frac{1}{\theta_0}}, h_0 = \frac{-\ln B}{\frac{1}{\theta_1} - \frac{1}{\theta_0}}, s = \frac{\ln\frac{\theta_0}{\theta_1}}{\frac{1}{\theta_1} - \frac{1}{\theta_0}}$$

则得继续试验的条件为

$$-h_1 + sr < T < h_0 + sr$$

注意到 $A > 1, B < 1$,故 $\ln A > 0, \ln B < 0$,从而 h_0, h_1 皆为正。显然所求得两个界限为

$$\begin{cases} T(A) = sr + h_0 \\ T(B) = sr - h_1 \end{cases}$$

如果把累积故障数 r 作为纵坐标,总试验时间 T 为横坐标,那么上式表示两条斜率均为 s 的平行直线。它们在 T 轴上的截距分别为 h_0、$-h$,如图 6.11 所示。在直线 $T(A) = sr + h_0$ 以下为接收区,所以称它为接收线;在直线 $T(B) = sr - h_1$ 以上是拒收区,所以称它为拒收线。而在两条平行线间的区域则是继续试验区。

从设备进行寿命试验开始,如发生第一个故障,试验时间为 T_1,将点 $(T_1, 1)$ 放在上述坐标平面上,如它落入接收区或拒收区,即可做出接收或拒收的判断,试验也可以停止;如落入继续试验区,则换台同样设备或修复故障后继续试验。若第二次发生故障,计算两个故障时间的和 T_2,将点 $(T_2, 2)$ 放在坐标平面上,看它落在哪个区域,再做出接收或拒收的判断,还是继续试验。如此下去,直到可以做出判断为止。

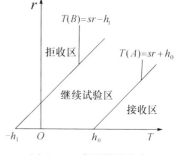

图 6.11　序贯抽样方案

由于接收线和拒收线可以无限延长,因而按照上述方法,对于质量不是很好或不太好的产品,要做出判断的试验时间可能会很长,甚至点 (T, r) 有可能一直停留在继续区内,使得我们难以做出判断,为此,采用下述的强迫停止试验的截尾方法。

截尾序贯试验的基本方法是:取适当截尾数 r_0 和截尾时间 T_0,在坐标系内再作两条直线 $r = r_0$ 和 $T = T_0$,它们与 $T(A)$、$T(B)$ 构成一个封闭的继续试验区,以防试验时间过长,如图 6.12 所示。

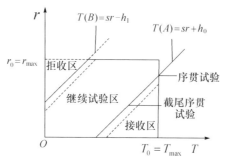

图 6.12　截尾序贯抽样方案

截尾数 r_0 和截尾时间 T_0 通常有定数截尾寿命试验方案中所允许的最大截尾失效数 r_{max} 和最长截止时间 T_{max} 来确定,有的取 $T_{max} = sr_{max}$。若失效数达到 r_{max},而总试验时间不到 T_{max},则判定该批产品不合格;若总试验时间达到 T_{max},而失效数小于 r_{max},则判定该批产品合格。

用这种截尾方案来限制试验时间的抽样方法叫做截尾序贯抽样试验方法。

由于增加了直线 $r = r_0$ 和 $T = T_0$,截尾后的接收区、拒收区较未截尾的有所改变,因而影响了两类风险的数值,为了保证两类风险与原有规定的标称值 α、β 更为接近,必须对未截尾的接收线 $T(A) = sr + h_0$ 和拒收线 $T(B) = sr - h_1$ 做适当的修改。一般情况下,截尾后使接收区缩小,拒收区增大,判别加严而斜率不变,如图 6.12 所示。

序贯试验可以通过作图法进行判定,但统计工作者已制定了多种方案列成表格,从而使查表的方法比作图法更为简单。GJB899(即 MIL - STD781)提供了标准型序贯试验方案 1 ~ 6,短时高风险方案7~8。各方案的决策风险和鉴别比如表6.7所列。

表6.7　序贯试验方案简表

方案号	决策风险				鉴别比 $d = \theta_0/\theta_1$	判别标准
	标称值		实际值			
	α	β	α'	β'		
1	10%	10%	11.1%	12.0%	1.5	
2	20%	20%	22.7%	23.2%	1.5	
3	10%	10%	12.8%	12.8%	2.0	
4	20%	20%	22.3%	22.5%	2.0	
5	10%	10%	11.1%	10.9%	3.0	
6	20%	20%	18.2%	19.2%	3.0	
7	30%	30%	31.9%	32.2%	1.5	
8	30%	30%	29.3%	29.9%	2.0	
注:名义值又称为标称值,用来称呼各方案的决策风险						

　　表6.8~表6.15给出了表中八种试验方案对应于不同故障数的最大拒收累积试验时间和最小接收累积试验时间。

表6.8　方案1的接收—拒收累积试验时间表

故障数	累积总试验时间(θ_1 的倍数)/h		故障数	累积总试验时间(θ_1 的倍数)/h	
	拒收($\leqslant$)$T(B)$	接收($\geqslant$)$T(A)$		拒收($\leqslant$)$T(B)$	接收($\geqslant$)$T(A)$
0	不适用	6.95	21	18.50	32.49
1	不适用	8.17	22	19.80	33.70
2	不适用	9.38	23	21.02	34.92
3	不适用	10.60	24	22.23	36.13
4	不适用	11.80	25	23.45	37.35
5	不适用	13.03	26	24.66	38.57
6	0.34	14.25	27	25.88	39.78
7	1.56	15.46	28	27.07	41.00
8	2.78	16.69	29	28.13	42.22
9	3.99	17.90	30	29.53	43.43
10	5.20	19.11	31	30.74	44.65
11	6.42	20.33	32	31.96	45.86
12	7.64	21.54	33	33.18	47.08
13	8.86	22.76	34	34.39	48.30
14	10.07	23.98	35	35.61	49.50
15	11.29	25.19	36	36.82	49.50
16	12.50	26.41	37	38.04	49.50
17	13.72	27.62	38	39.26	49.50
18	14.94	28.64	39	40.47	49.50
19	16.15	30.06	40	41.69	49.50
20	17.37	31.27	41	49.50	不适用

表 6.9　方案 2 的接收—拒收表

故障数	累积总试验时间(θ_1 的倍数)/h		故障数	累积总试验时间(θ_1 的倍数)/h	
	拒收($\leqslant$)$T(B)$	接收($\geqslant$)$T(A)$		拒收($\leqslant$)$T(B)$	接收($\geqslant$)$T(A)$
0	不适用	4.19	10	8.76	16.35
1	不适用	5.40	11	9.98	17.57
2	不适用	6.62	12	11.19	18.73
3	0.24	7.83	13	12.41	19.99
4	1.46	9.05	14	13.62	21.21
5	2.67	10.26	15	14.84	21.90
6	3.90	11.49	16	16.05	21.90
7	5.12	12.71	17	17.28	21.90
8	6.33	13.92	18	18.50	21.90
9	7.55	15.14	19	21.90	不适用

表 6.10　方案 3 的接收—拒收表

故障数	累积总试验时间(θ_1 的倍数)/h		故障数	累积总试验时间(θ_1 的倍数)/h	
	拒收($\leqslant$)$T(B)$	接收($\geqslant$)$T(A)$		拒收($\leqslant$)$T(B)$	接收($\geqslant$)$T(A)$
0	不适用	4.40	9	9.02	16.88
1	不适用	5.79	10	10.40	18.26
2	不适用	7.18	11	11.79	19.65
3	0.70	8.56	12	13.18	20.60
4	2.08	9.94	13	14.56	20.60
5	3.48	11.34	14	15.94	20.60
6	4.86	12.72	15	17.34	20.60
7	6.24	14.10	16	20.60	不适用
8	7.63	15.49			

表 6.11　方案 4 的接收—拒收表

故障数	累积总试验时间(θ_1 的倍数)/h		故障数	累积总试验时间(θ_1 的倍数)/h	
	拒收($\leqslant$)$T(B)$	接收($\geqslant$)$T(A)$		拒收($\leqslant$)$T(B)$	接收($\geqslant$)$T(A)$
0	不适用	2.80	5	4.86	9.74
1	不适用	4.18	6	6.24	9.74
2	0.70	5.58	7	7.62	9.74
3	2.08	6.96	8	9.74	不适用
4	3.46	8.34			

表 6.12　方案 5 的接收—拒收表

故障数	累积总试验时间(θ_1 的倍数)/h		故障数	累积总试验时间(θ_1 的倍数)/h	
	拒收($\leqslant$)$T(B)$	接收($\geqslant$)$T(A)$		拒收($\leqslant$)$T(B)$	接收($\geqslant$)$T(A)$
0	不适用	3.75	4	3.87	10.35
1	不适用	5.40	5	5.52	10.35
2	0.57	7.05	6	7.17	10.35
3	2.22	8.70	7	10.35	不适用

表 6.13　方案 6 的接收—拒收表

故障数	累积总试验时间(θ_1 的倍数)/h		故障数	累积总试验时间(θ_1 的倍数)/h	
	拒收($\leq$)$T(B)$	接收($\geq$)$T(A)$		拒收($\leq$)$T(B)$	接收($\geq$)$T(A)$
0	不适用	2.67	2	0.36	4.50
1	不适用	4.32	3	4.50	不适用

表 6.14　方案 7 的接收—拒收表

故障数	累积总试验时间(θ_1 的倍数)/h		故障数	累积总试验时间(θ_1 的倍数)/h	
	拒收($\leq$)$T(B)$	接收($\geq$)$T(A)$		拒收($\leq$)$T(B)$	接收($\geq$)$T(A)$
0	不适用	3.15	4	2.43	6.80
1	不适用	4.37	5	3.65	6.80
2	不适用	5.58	6	6.80	不适用
3	1.22	6.80			

表 6.15　方案 8 的接收—拒收表

故障数	累积总试验时间(θ_1 的倍数)/h		故障数	累积总试验时间(θ_1 的倍数)/h	
	拒收($\leq$)$T(B)$	接收($\geq$)$T(A)$		拒收($\leq$)$T(B)$	接收($\geq$)$T(A)$
0	不适用	1.72	2	不适用	4.50
1	不适用	3.10	3	4.50	不适用

3. 序贯试验抽样方案的程序如下：

（1）使用方及生产方协商确定：θ_0、θ_1、α、β，鉴别比 $d = \theta_0/\theta_1$ 取数中之一，α、β 取 10%、20%（短时高风险试验方案取 30%）。

（2）查出相应的方案号及相应的序贯试验判决表。判决表中的时间以 θ_1 为单位，使用时应将判决表中的时间乘以 θ_1 得到实际的判决时间 $T(A)$、$T(B)$。

（3）进行序贯可靠性试验。如为可靠性验收试验，每批产品至少应有 2 台接受试验。样本量建议为该批产品的 10%，但最多不超过 20 台。进行试验时，将受试产品的实际总试验时间 T（台时）及故障数 r 逐次和相应的判决值 $T(A)$、$T(B)$ 进行比较；如果 $T \geq T(A)$，判决接收，停止试验；如果 $T \leq T(B)$，判决拒绝，停止试验；如果 $T(B) < T < T(A)$，继续试验到下一个判决值时再做比较，直到可以做出判决，停止试验时为止。

【举例】使用方及生产方对飞机上用的黑盒子的可靠性验收试验协定为：$\theta_1 = 50\text{h}$，$\theta_0 = 100\text{h}$（$d = \theta_0/\theta_1 = 100/50 = 2.0$ 符合 GJB899 的鉴别比值要求），$\alpha = \beta = 20\%$，试拟定它的序贯寿命试验方案。

解：由给定的 θ_0、θ_1、α、β 值，查表 6.7 得应用方案 4，实际的 $\alpha = 22.3\%$，$\beta = 22.5\%$，与名义值 $\alpha = \beta = 20\%$ 略有不同，相应得序贯判决表如下，用 $\theta_1 = 50\text{h}$ 转化为实际得判决时间如表 6.16 所列。

表 6.16　序贯判决表

故障数	累积总试验时间(θ_1 的倍数)/h		故障数	累积总试验时间(θ_1 的倍数)/h	
	拒收($\leq$)$T(B)$	接收($\geq$)$T(A)$		拒收($\leq$)$T(B)$	接收($\geq$)$T(A)$
0	不适用	140	5	243	487
1	不适用	209	6	314	487

故障数	累积总试验时间(θ_1 的倍数)/h		故障数	累积总试验时间(θ_1 的倍数)/h	
	拒收($\leqslant$)$T(B)$	接收($\geqslant$)$T(A)$		拒收($\leqslant$)$T(B)$	接收($\geqslant$)$T(A)$
2	35	279	7	381	487
3	104	348	8	487	不适用
4	173	417			

进行序贯可靠性试验,样品台数至少 2 台,具体数由双方协定,定为至少试验 3 台。

【举例】在上例的黑盒子试验中,到累积总试验 487 台时,共出现五个故障,出故障时的总累积试验时间为(单位 h):50,90,120,150,390,问如何判决。

解:根据上例的接收及拒收表得

第一个故障相应的累积总试验时间 $T_1 = 50, T_1 < 209$;

第二个故障相应的累积总试验时间 $T_2 = 90, 35 < T_2 < 279$;

第三个故障相应的累积总试验时间 $T_3 = 120, 104 < T_3 < 348$;

第四个故障相应的累积总试验时间 $T_4 = 250, 173 < T_4 < 417$;

第五个故障相应的累积总试验时间 $T_5 = 390, 243 < T_5 < 487$。

都在继续试验区内,继续试下去到累积总试验时间 487h 仍只有五个故障,故予以接收。

设备的固有可靠性是产品内在的固有特性。但是,设备的使用环境对设备的可靠性有很大的影响。同样的设备在不同严酷程度的环境条件下使用,可能会出现不同的可靠性值;而且有些大、中型设备要进行可靠性试验,需占用较大的空间、场地,因此,要综合验证设备的可靠性必须在设备使用的真实环境中或模拟的真实环境条件下验证,才能获得准确的可靠性数据,从而对设备的可靠性水平做出正确的评价。

6.4 可靠性增长试验

6.4.1 可靠性增长的定义及效用

可靠性增长是指在一段期间内通过对产品设计与制造工艺的更改使产品的固有可靠性得到确实提高的过程。

国内外的工程实践表明:在工程研制阶段,可靠性增长可使产品更有把握地达到预期的可靠性目标;在使用阶段,可靠性增长可使产品的可靠性有一定程度的提高,改善产品原有的战备完好性。可靠性增长已发展成为可靠性工程中的重要工作项目。但要注意:

(1)可靠性增长是针对产品的可靠性,或者针对产品的故障而言的。在研制阶段,针对产品性能和功能进行的设计改进,虽然也可改正产品设计和制造中的缺陷,有时也会使产品可靠性有所提高,但是,这不能称为可靠性增长。

(2)产品可靠性通过可靠性增长后所得到的提高,必须由相应手段进行验证确认,验证的手段可以是产品的试运行、外场使用,也可以是各种试验,尤其是各种可靠性试验。通常,验证的手段与故障发现时的使用条件是一致的。

因此,如果承制方根据某项试验中发现的故障,在故障分析后对产品设计和制造中的缺陷进行了改正,但是没有实施相应的验证确认或只对该产品的局部组成部分进行了简单的验证,那么该承制方的可靠性增长工作是不完善的。

可靠性增长的效用在于使产品的可靠性得到确实的提高,尤其是列为工作项目的、有计划有目标的可靠性增长,可以使新研制的复杂产品从较低的可靠性水平逐步提高到预期的目标值。

增长过程的透明度也起到了保证可靠性增长效用的作用。对于有计划、有目标的可靠性增长,通常有着严格的管理方式,其中既有增长计划与跟踪过程,又有故障记录与纠正过程记录,使增长过程具有高透明度。因此,采购方可实施监督和审查。

有一种误解,认为既然通过可靠性增长可以使产品低下的可靠性提高到预期目标,那么有了可靠性增长工作项目后,将会鼓励承制方忽视可靠性设计,提供可靠性低劣的产品设计,然后利用可靠性增长工作项目经费使产品可靠性提高到预期目标。可靠性增长的计划性可以消除这种疑虑。因为可靠性增长计划要经承制方审定批准,产品进入可靠性增长时的可靠性水平须经评审,低劣的设计是通不过的,并且承制方在跟踪过程中要保证产品可靠性增长过程与计划基本一致。所以,承制方要在计划的可靠性增长下达到预期的增长目标,通常比较谨慎。

6.4.2　可靠性增长过程

可靠性增长过程是一个反馈过程,它表明可靠性增长是不断反复设计的过程。当产品设计(包括可靠性设计)完成后,应借助各种运行或试验,诱发产品故障,并通过故障分析找出故障的原因,这项工作称为故障机理检测。故障机理检测后,将信息反馈给设计,再将设计工作集中在这些故障上,即通过改进产品管理、设计和排除制作中的缺陷,或者消除故障机理使故障彻底被消除,或者削弱导致故障的内外因素的作用而使故障明显下降。再设计后的故障检测,除检测新故障机理外,还用作验证再设计的有效性。可靠性增长的速度取决于三个要素(通过分析和试验发现故障源;发现问题的反馈;根据发现的问题,采取有效的改正措施)实现的完善程度。在大多数情况下,故障源是通过试验发现的。因此,可靠性增长过程就成为众所周知的试验—分析—改进过程。这一过程可分为下述 5 个步骤:

(1) 发现故障源。

(2) 将确定的问题进行反馈。

(3) 根据确定的问题进行再设计。

(4) 对经更改的设计进行制造。

(5) 验证再设计的设备所提高的可靠性。

试验可靠性增长的关键是在研制、生产和使用过程中"强迫暴露"设计和制造中的缺陷并迅速纠正这些缺陷,以消除故障或减少故障的再次发生。值得指出的是,应保证良好的可靠性设计工作,不应只依靠可靠性增长工作来改进不良的设计,否则将事倍功半,造成资金和劳力的浪费,拖延研制进度。

图 6.13 直观地表示一个理想的可靠性增长过程。样机原有的可靠性处于某一水平(如初始的 MTBF 值),这个水平可认为是产品研制试验开始时所具有的可靠性水平,也就是现有设计水平下产品所具有的可靠性值。在整个研制过程中,通过可靠性研制与增长试验以及其他试验,不断暴露故障,采取纠正措施,进行再设计,一直到试生产开始,可靠性一直在增长。试生产一开始(如图 6.13 中 A 点)便开始出现负增长(可靠性下降到 B 点),主要是由于产品投入试生产后,生产上的各种问题可能使产品的可靠性下降,在试生产过程中由于继续采取纠正措施,将使可靠性恢复,达到 C 点。在大批生产开始时,由于大批生产的影响,各种工艺缺陷、装配缺陷以及质量控制问题,将使已达到的可靠性水平下降至 D 点。随着问题的不断解决、各种缺陷得到纠正,可靠性会继续增长。当产品刚投入外场使用时,由于使用不当、操作不熟练,可靠性会下降,但随着熟练程度的提高,增长可能恢复并达到规定的水平,或在理想条件

下达到固有的水平(规定的可靠性值)。

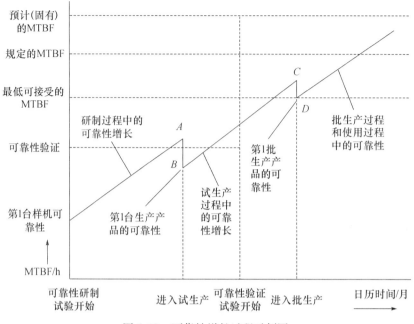

图 6.13 可靠性增长过程示例图

6.4.3 可靠性增长试验

可靠性增长试验(Reliability Growth Test)是在真实的或模拟的环境条件下对产品进行的正规试验,以便暴露和确定潜在的故障模式和机理,并通过采取纠正措施来防止这些故障模式和机理的再次出现,从而使产品的可靠性得到增长,它是一个试验、分析和改进的过程。正式的可靠性增长试验一般在成功地完成环境鉴定试验之后,在可靠性鉴定试验之前进行,而成功的可靠性增长试验可代替可靠性鉴定试验,但应取得订购方的许可。

可靠性增长试验是使系统或设备实现可靠性增长的一种有效手段,是可靠性增长过程的关键环节,也是可靠性增长大纲的重要组成部分。可靠性增长贯穿于系统整个寿命周期各阶段,它可以通过 FMECA、性能试验、环境试验、鉴定试验、研制试验、使用试验、可靠性试验以及外场使用中发现故障及采取纠正措施等手段来实现增长,使系统达到最终的目标值;可靠性增长试验是在系统研制阶段的中后期,在实际或模拟的环境下,通过专门的试验、分析及改进来实现可靠性增长,使系统或设备达到或超过研制阶段制定的门限值,顺利通过可靠性鉴定试验。可靠性增长试验与可靠性增长的比较如表 6.17 所列。

表 6.17 可靠性增长试验与可靠性增长比较表

比较项目	可靠性增长	可靠性增长试验
目的	以最佳效费比实现系统的可靠性增长,达到系统目标值	有效地实现研制阶段的可靠性增长,达到系统或设备阶段门限值
适用时机	寿命周期各阶段	研制阶段中后期,可靠性鉴定试验之前
适用方法	分析、试验、外场使用	正式的增长试验
环境条件	随方法而异	真实的或模拟的使用环境

从表 6.17 的比较中可以看出,可靠性增长试验的任务是通过可靠性增长,保证产品进入批生产前的可靠性达到预期的目标。为了有效地完成规定任务,可靠性增长试验通常安排在工程研制基本完成之后和可靠性鉴定试验之前。这样安排是兼顾了故障积累检测时故障信息的时间性与准确性。在这个时机,产品的性能与功能已基本上达到设计要求,产品的结构与布局已接近批生产时的结构与布局,所以故障信息的确实性较高。由于产品尚未进入批生产阶段,故障信息的时间性尚可,因此在故障纠正时,尚来得及对产品设计和制造作必要的较重大的变更。

(1)可靠性增长试验的适用范围。可靠性增长试验耗费的资源和时间相当巨大。试验总时间通常为产品预期 MTBF 目标值的 5~25 倍,所以并不是任何一个产品都适宜于安排可靠性增长试验。新研制的复杂产品,尤其是那些引入较多当代高新技术的产品,才宜于安排可靠性增长试验。如果该产品又是关键产品,那么更应当安排可靠性增长试验。这类产品应当安排严格的可靠性设计与相应的管理,只有严格的可靠性设计,对潜在故障有较深刻的认识与分析,才能保证有效地实施可靠性增长试验。

一般的新研制产品或沿用的产品,可采用一般性的可靠性增长措施,以提高它们的可靠性。

(2)可靠性增长试验对受试产品的要求与处置。可靠性增长试验要求对受试产品具有"最新"的结构与布局,即要求在此之前所有规定要实施的产品设计与制造的更改都已实施;要求受试设备具备技术要求的性能和功能,并通过了环境试验;如果产品中选用的材料与元器件还有早期故障,那么在进行可靠性增长试验之前应实施早期故障筛选予以排除。

经过可靠性增长试验的受试产品,原则上不能再用于别的试验,如可靠性鉴定试验等,更不能作为生产产品交付订购方。因为在可靠性增长试验中产品的结构有可能变更较大,试验时间又较长,受试产品很可能已带有较大的残余应力和耗损。顺便指出,可靠性增长试验达到预期目标后,应把可靠性增长试验过程中实施的设计和制造更改纳入产品的设计与技术要求中。

(3)可靠性增长试验与可靠性鉴定试验的关系。可靠性鉴定试验是统计试验工作项目,虽然它不能直接提高产品的可靠性,但作为对产品在工程研制阶段的全部可靠性工作成果的考核,可用来判定产品可靠性是否达到预期目标。所以,即使在产品可靠性大纲中规定有可靠性增长试验,然而通常仍将可靠性鉴定试验作为一个重要工作项目列入可靠性大纲。

但是,当产品可靠性大纲中有可靠性增长试验时,由于可靠性增长试验是工程类工作项目,它确实能使产品可靠性得到提高,并能用数理统计方法进行评估。因此,当可靠性增长试验成功后,并经订购方同意,可用可靠性增长试验代替可靠性鉴定试验。

判定可靠性增长试验获得成功至少应满足下列条件:

(1)可靠性增长试验具有可靠性鉴定试验所规定的环境工作条件。

(2)对可靠性增长试验过程的跟踪应是严格的,而且故障记录完整。

(3)完善的故障报告闭环系统,并对故障纠正过程有详尽可追溯的记录。

(4)可靠性增长试验的最终结果的评估是可信的,即评估用数学方法恰当,置信水平选取符合要求,评估结果产品可靠性高于或等于计划的可靠性增长目标。

6.4.4 可靠性增长试验的基本方法

1. 试验、分析与纠正试验

试验、分析与纠正试验(Test,Analyses,And Fix Test,TAAF 试验)是工程研制中普遍采用的有效方法。可靠性增长试验吸收了 TAAF 试验,并构成了可靠性增长试验基本方法的核心部分。

在可靠性增长试验中,TAAF 试验以纠正故障为目标,工作步骤如下:

(1) 借助模拟实际使用条件的试验诱发故障,充分暴露产品的问题和缺陷(在一般性可靠性增长中,这步工作也可利用产品的各种运行来完成,在可靠性增长管理中,还可利用各种非可靠性试验)。

(2) 对故障定位,进行故障分析及找出故障记录。

(3) 根据故障分析结果,设计并制定改正产品设计和制造过程中缺陷的纠正措施。

(4) 制造新设计的有关硬件。

(5) 对新硬件继续试验,一方面暴露产品的新问题和缺陷,另一方面验证纠正措施的有效性。

TAAF 试验就是这样一种反复试验、分析和纠正故障的过程,并达到逐步提高产品可靠性。一般性可靠性增长实际就是这样的 TAAF 试验,而可靠性增长试验要在限定资源下,使产品可靠性达到预期目标,在 TAAF 试验上还必须配以有关技术与管理方法。

2. 计划、跟踪与控制

可靠性增长试验需要耗费大量资源,包括资金、器材设备和时间。资源总是有限的,所以,在可靠性增长试验开始之前,应对为了使产品可靠性达到预期目标所需资源做出估计。此外,对 TAAF 试验中故障纠正的效果应有总体性要求。如果每一次故障纠正效果都不加约束,可靠性能增长多少就增长多少,那么就可能当给定资源消耗完后,可靠性增长目标仍未达到。

在可靠性增长试验开始之前,对预期的增长目标、增长规律与所需资源做出明确的规定与估算,这是可靠性增长试验所必需的。这些工作构成可靠性增长计划,并有一套与此相关的技术与方法。在可靠性增长试验实施过程中,为使增长过程按规定的增长规律进行,必须对增长过程进行控制。控制的依据是对可靠性增长试验过程进行跟踪的结果。跟踪过程是把 TAAF 试验中每一次故障与故障纠正所反映的产品可靠性水平量化地表达出来。这也有一套与此相关的技术与方法。

跟踪过程使产品可靠性增长过程具有透明度,有利于订购方的监督与审查。

3. 故障分类

TAAF 试验中诱发的关联故障(即由产品自身缺陷引起的故障),由于受到各种技术与经济条件的限制,不可能都加以纠正。此外,可靠性增长试验有预期目标,并不要求纠正所有诱发出来的关联故障。因此,在全部诱发出来的关联故障中,哪些宜纠正、哪些不宜纠正,有个选择问题。为此有必要从可靠性增长的角度,对关联故障进行分类。

按照系统性与偶然性划分,可分为:

(1) 系统性故障:系统性故障是关联故障的两大组成部分之一,它是指由某一固有因素造成的,以特定形式出现的故障。该故障只能通过改正产品设计和制造中缺陷来消除或减少其故障率。无改进措施的修复性维修不能消除系统性故障。系统性故障如不予纠正,则在产品使用过程中会重复发生,还可以通过模拟故障原因而使其再现。

(2) 残余性故障也称偶然性故障:残余性故障是指关联故障中系统性故障之外的所有故障,它是由一些偶然因素而随机出现的故障。

按照是否采取纠正措施划分,可分为:

(1) A 类故障——不予纠正故障:不予纠正故障是指可靠性增长试验中不予纠正的故障。不予纠正是因为受当前国内外技术水平的限制,无法纠正;或者,该故障的故障率在容许水平之下,而纠正措施的费用很高,经权衡后,不予纠正;或者,早期故障,原则上应采用应力筛选法消除,不予纠正。

（2）B 类故障——予以纠正故障:予以纠正故障是故障率超过了容许水平,从纠正措施的费效比权衡后,应予以纠正的故障。

在可靠性增长试验中把关联故障最终分解为 A、B 两类故障是很必要的。但随着研制过程的深入发展,对产品故障的认识也逐步深化,某项故障属于 A 类还是 B 类也可能会转变。

4. 增长模型

增长模型描述了产品在可靠性增长试验过程中可靠性增长的规律,它是制定可靠性计划增长曲线的依据。增长模型可以是生产方可靠性增长试验的经验总结,也可以是合用的某个理论模型。它能依据可靠性增长试验过程中提供的故障次数或故障时间序列,在跟踪过程中评估产品当前可靠性水平,在试验结束后评估产品最终达到的可靠性水平,而不必在产品每一次改进设计、可靠性水平发生改变后,单独安排可靠性鉴定试验来验证其变动后的实际水平。目前已有近十种可靠性增长模型,但较为成熟且应用广泛的模型之一是杜安(Duane)模型,它适用于许多电子和机电产品的可靠性增长。在一些特定的应用中有些模型可能更好些。

美国的 Duane 经过大量试验研究发现产品的平均故障间隔时间 MTBF 的变化与试验时间具有如下的规律,即 Duane 模型:

$$M_R = M_I \left(\frac{T}{T_I} \right)^m$$

式中　M_R——产品应达到的 MTBF(h);

　　　M_I——产品试制后初步具有的 MTBF(h);

　　　T_I——增长试验前预处理时间(h);

　　　T——产品由 M_I 增长 M_R 到所需的时间;

　　　m——增长率,其值小于 1。

对上式两边取对数可得到 $\ln M_R = \ln M_I + m(\ln T - \ln T_I)$,采用双对数坐标纸作图,以 MTBF 为纵坐标,累计试验时间 T 为横坐标,则此式为一直线,如图 6.14 所示。

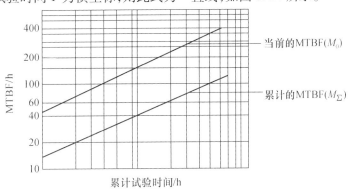

图 6.14　Duane 模型

图 6.14 中当前的 MTBF(用 M_0 表示)与累计的 MTBF(用 M_Σ 表示)的关系为

$$M_0 = \frac{M_\Sigma}{1 - m}$$

这表明在可靠性增长试验中任一时刻产品的瞬时 MTBF(M_0)是累计 MTBF(M_Σ)的

$1/(1-m)$ 倍。由于累计 MTBF 在可靠性增长试验时是很容易计算出来的,利用式 $M_0 = \dfrac{M_\Sigma}{1-m}$,就可求得产品在增长过程中的瞬时 MTBF,这使得 Duane 模型应用非常方便。

在进行可靠性增长试验之前,必须制订一个计划的增长曲线作为监控试验数据的依据。按 Duane 模型制订计划增长曲线,首先必须选择 M_1、T_1、m 等参数。而后即可根据规定的可靠性要求 M_R,确定增长试验时间 T。

(1)产品初始 MTBF(M_1)可根据类似产品研制经验或已做过的一些试验(如功能、环境试验)的信息确定。一般为产品 MTBF 预计值(M_P)的 10% ~ 30%。

(2)增长试验前预处理时间 T_1 是根据受试产品已有的累计试验时间确定。一般情况下,当 $M_P \leqslant 200h$ 时,T_1 取 100h;当 $M_P > 200h$ 时,T_1 取 50% 的 M_P。

(3)增长率 m 是根据是否采取有力的改进措施以及消除故障的速度和效果确定,一般取 0.3 ~ 0.7。当 $m = 0.1$ 时,说明增长过程中基本没有采取改进措施;当 $m = 0.6 ~ 0.7$ 时,说明在增长过程中采取了强有力的故障分析和改进措施,得到预期的最大增长效果。

5. 故障报告闭环系统

高透明度的可靠性增长试验,要求故障分析与纠正过程有可追溯性。故障报告闭环系统既保证了故障纠正过程有严格的关联,又提供了这种追溯要求。所有可靠性增长试验应与一个完善的故障报告闭环系统作为一个整体来运行。

6.4.5 寿命周期各阶段的可靠性增长

在系统寿命周期的各阶段中通过获得各种有关的故障信息,进行再设计,便可有效地使系统开始实现可靠性增长。由于可利用的故障源信息很多,而且在不同的寿命周期阶段,这些信息的差别很大,从理论上讲,在系统寿命周期的各个阶段都可以实现可靠性增长,但是它们实现可靠性增长的及时性、有效性和经济性各不相同。可用于可靠性增长的信息有外部经验信息、分析信息、试验信息、生产经验信息和使用经验信息。根据可用于实现可靠性增长的信息的种类、可靠性增长的类型,可大致划分为寿命周期早期阶段的可靠性增长和后期阶段的可靠性增长。

1. 早期阶段的可靠性增长

寿命周期的早期阶段包括方案论证及设计研制等阶段,在此阶段实现可靠性增长的主要优点是费用低,因为在早期阶段进行设计更改容易、及时、省钱。然而,早期可靠性增长的不足之处是,早期进行设计更改所依据的信息往往包含着许多未知因素,如工作条件及器件间的相互影响等。早期阶段的可靠性增长主要由以下途径来实现。

1)利用试验实现可靠性增长

寿命周期早期阶段可使用的试验信息的种类很多、范围很广。第一,试验类型多,包括原理样机试验、研制试验、性能试验、环境试验以及可靠性研制、增长和鉴定试验等;第二,受试产品的成熟程度不同;第三,受试产品的层次不同,包括元器件、部件、组件、设备及系统;第四,试验环境条件变化很大,包括室内环境、高空环境、高低温、高湿度以及加速应力等各种环境条件。

试验是实现可靠性增长最通用的信息源,是系统研制阶段实现可靠性增长的手段。利用试验信息实现可靠性增长的主要优点是具有很高的确实性。试验信息的经济性主要取决于产品的特性,对于复杂的高可靠性的产品,通过试验实现可靠性增长的费用很高;对于可靠性较低的产品,而且组成该产品的零部件或元器件的故障易于进行分析,则通过试验可靠性增长的费用较低,效益高。尽管试验费用是影响利用试验信息实现可靠性增长的主要障碍,然而在实现可靠性增长的过程中,最有效的方法仍是合理安排各种可靠性试验。

在研制阶段实现可靠性增长最经济有效的方法是可靠性研制和增长试验,它是一种在模拟真实的使用环境的条件下,通过试验来系统地发现和消除设计薄弱环节过程,通常称为试验—分析—改进(TAAF)过程。它与可靠性验证试验相比,便于研制早期确定故障模式,设计更容易,试验费用和风险更低,具有更好的及时性和经济性;与环境试验及性能试验相比,它能更系统、全面和深入地发现故障,具有好的确实性,增长的费用效益更高。可靠性研制和增长试验是目前国内外实现可靠性增长最广泛采用的方法。

2)利用分析信息实现可靠性增长

分析信息指的是对新研制系统进行各种分析、研究及评审所获得的信息,如可行性研究、权衡分析、可靠性预计、故障模式及影响分析(FMEA)、故障树分析、热分析、潜在通路分析以及设计评审等所获得的信息。利用分析信息实现可靠性增长的主要优点是及时性和经济性好,特别是对于高可靠性的设备及系统,通过各种分析取得信息特别有价值,它可以减少或避免某些费用昂贵和费时的试验,尽早实现可靠性增长。然而,为了保证分析信息的准确性,首先必须对新研制系统进行深入地了解;其次必须具有可供使用的分析及设计技术或根据新研制系统的需要开发专用的分析工具;必须建立一个完善的数据库,保证为各种分析提供有效的输入信息。

2. 后期阶段的可靠性增长

在生产和使用阶段实现可靠性增长具有很好的确实性,因为在此阶段的硬件设计日趋成熟,未知信息越来越少,进行设计更改更好控制。在寿命周期后期阶段实现可靠性增长的主要途径是充分利用生产经验和使用经验以及部分试验获得的信息。

利用外场信息实现可靠性增长,根据采取纠正措施的方式、内容和时机等因素,有不同的方法,所获得的效果也不同。目前,广泛使用的外场使用可靠性增长大致可分为如下两类:

1)自然增长

这种增长利用外场使用获得的数据,提出工程更改建议,然后制订改进计划送到承制厂进行改进或改装。这一过程随着故障的不断出现,反复进行,不断地实现可靠性增长。这种方法是一种被动的、无计划的自然增长,其增长周期大、效果差而且风险大。

2)可靠性改进计划或改进改型

依据武器系统在外场使用和使用试验中发现的可靠性问题,专门制订可靠性改进计划(设计或工艺),或者针对某些关键分系统进行重新设计。

6.4.6 可靠性增长试验的步骤

以上介绍了可靠性增长试验基本方法中的几个重要方法,下面我们以可靠性增长试验的步骤为纲把基本方法作一小结。在各步骤中除了说明要用到哪些重要方法外,还将补充一些必要的工作内容与方法。

(1)制订计划:可靠性增长试验的第一步工作是制订试验计划,其中包括计划增长曲线。计划增长曲线是可靠性增长试验的基准,是随后对增长过程进行控制的依据。制订计划增长曲线必须先选择合适的增长模型。在选择过程中要注意到增长的潜力。

(2)试验前的准备:在制订增长试验计划后实施TAAF试验前,要进行诸多准备工作,其中主要的有:试验设备的调试与检测;受试产品的安装、调试与检测;电子类受试产品最新的可靠性预计;产品通过性能试验与环境试验;受试产品应经过环境应力筛选;受试产品初始可靠性的评审或测定;故障报告闭环系统能配合运转。

（3）试验、跟踪、控制与决策:TAAF 试验是可靠性增长试验中的关键步骤。在 TAAF 试验全过程中要实施紧密的跟踪,根据跟踪结构采取必要措施对增长过程控制。当实际增长过程远优于或远劣于计划增长过程时,则采取重大决策。在这一步骤中要不断运用 TAAF 试验技术、增长模型提供的评估方法、故障报告闭环系统以及故障分类方法。

（4）中间评审:为保证可靠性增长试验成功,对于总试验时间较长而又缺少可靠性增长试验实践经验的研制项目,在制订增长试验计划时可安排一次或几次中间评审。

（5）产品可靠性最终评估:TAAF 试验结束后要对产品最终达到的可靠性水平做出评估,这个评估直接关系到可靠性增长试验成功与否。

（6）结束工作:结束工作中除了需要对受试产品的性能进行测试外,主要是可靠性增长试验资料、数据的清理归档,以及可靠性增长试验的总结,尤其是实际增长规律的总结。

6.4.7　可靠性增长试验方案

可靠性增长试验方案主要是制订可靠性增长规划,可靠性增长规划的制订必须建立在设计方案和其他可靠性项目规划的基础上,并在系统的总规划中进行技术、进度、资源等各方面的协调和分配,以求得整个系统工程的最佳效果。下面介绍两种增长曲线。

1. 理想增长曲线

理想增长曲线是描述可靠性增长过程的总轮廓线,计划曲线的绘制、计划曲线中各阶段目标值的建立,都是以理想增长曲线为基准的。

由 Duane 模型,MTBF 为 $\theta(t) = \dfrac{t^m}{a(1-m)}$,出现 r 次故障的累积 MTBF 为

$$\theta_r = \frac{1}{\lambda_\Sigma} = \frac{t^m}{a}$$

记可靠性增长的起始时刻为 t_1,即系统第一次进行故障纠正的时刻,在 $(0, t_1)$ 范围内由于未引入修正,故系统的可靠性不增长,这一阶段为系统的预试验阶段。设第一试验段的 MTBF 为 θ_1,试验时间为 t_1,则由上式得 $a = \dfrac{t_1^m}{\theta_1}$,由 $\theta(t) = \dfrac{1}{\lambda(t)} = \dfrac{1}{1-m}\dfrac{t^m}{a}$ 和 $\theta_r = \dfrac{1}{\lambda_\Sigma} = \dfrac{t^m}{a}$ 得

$$\theta_r(t) = \theta_1 \left(\frac{t}{t_1} \right)^m$$

$$\theta(t) = \theta_1 \left(\frac{t}{t_1} \right)^m \frac{1}{1-m}$$

代入 Duane 模型,有

$$\theta(t) = \begin{cases} \theta_1, & 0 < t < t_1 \\ \theta_1 \left(\dfrac{t}{t_1} \right)^m \dfrac{1}{1-m}, & t \geqslant t_1 \end{cases}$$

以上即为绘制理想增长曲线的公式。

2. 理想曲线的参数确定

设 θ_F 为增长目标,t_F 为累计试验时间(总试验时间),可靠性增长的初始水平为 θ_1,第一试

验段的试验时间为 t_I，可靠性增长率为 m，则理想曲线涉及 θ_F、t_F、θ_I、t_I、m 五个参数。将坐标点 (t_F, θ_F) 代入上式，得到参数之间的关系如下：

$$\theta_F = \theta_I \left(\frac{t_F}{t_I} \right)^m \frac{1}{1-m}$$

可见，五个参数中确定了其中四个就确定了唯一的可靠性增长计划的理想曲线。选用哪四个参数，具体数值取多少，通常都要根据工程要求与现实可能性进行权衡，下面详细介绍各个参数值的确定方法。

1）增长目标的确定

通常增长目标 θ_F 是研制合同规定的。由于可靠性反映的是产品成熟期的固有可靠性，而可靠性增长试验结束离产品成熟期有相当长一段时间，在成熟期间产品的可靠性还有所增长，因此产品的可靠性增长目标必须低于最新可靠性预计值。

因为经费、技术和时间的约束，系统的故障率通常分为两部分，即 A 类故障的故障率和 B 类故障的故障率。A 类故障为当故障发生时不采取设计纠正措施的故障，B 类故障为故障发生后进行设计改正的故障。

可靠性增长潜力是指在特定的增长策略下系统可靠性能达到的最高水平。因此可得大系统进行可靠性增长试验时的故障率 λ_I、可靠性增长潜力 λ_{GP} 和 θ_{GP} 分别为

$$\lambda_I = \lambda_A + \lambda_B$$
$$\lambda_{GP} = \lambda_A + (1-d)\lambda_B = (1-dk)\lambda_I$$
$$\theta_{GP} = \frac{\theta_I}{1-dk}$$

其中，$k = \lambda_B / \lambda_A$ 称为纠正率，反映纠正的故障模式占总故障模式的百分比；d 为纠正有效性系数，是指所有 B 类故障经故障纠正后，故障率减少的量占原有故障率的比例，经故障纠正后全部 B 类故障残留的故障率是 $(1-d)\lambda_B$。应该有 $\theta_F \leq \theta_{GP}$，$k$ 的范围通常为 0.85 ~ 0.95，d 为 0.55 ~ 0.85。

2）可靠性增长率 m 的确定

增长率即为增长曲线的斜率，在 Duane 模型中为 m，对于新研制的复杂设备，增长率为 0.3 ~ 0.6。影响增长率的主要有故障纠正效果，产品设计成熟度。故障分析准确，纠正措施得当，则可收到较高的增长率。产品设计成熟度越高，它所具有的故障都是些故障率很低的故障，所以增长率将会低些。下面是确定可靠性增长率一般采用的几个法则：

（1）电子产品的增长率一般高于系统的增长率。

（2）设备的增长率一般高于系统的增长率。

（3）新研制系统的增长率比成熟系统的增长率高。

（4）增长率与投入到可靠性增长管理中的资源成比例。

（5）纠正措施越有效，增长率越高。

3）可靠性增长初始条件 θ_I 的确定

可靠性增长的初始条件 θ_I 是指实施可靠性增长前系统的 MTBF 值。起始 MTBF 是一个非常主要的参数，对总试验时间的影响非常大。增长率一定时，初始水平 θ_I 越低，总试验时间越长。增长试验前对系统的组件等的筛选试验、环境试验、性能试验的结果将影响 θ_I 的值，该值通常落在固有可靠性或预计可靠性的 0.1 ~ 0.4 内，也可参考总结上代产品或同类产品的增

长规律来定。

4）可靠性增长的起始时间 t_I 的确定

t_I 指系统可靠性增长的起始点,即系统首次故障修正的时间,只有在观察到系统 B 类故障后,才能进行修正。

我国军标(GTP1407 – 92)提供了一个粗略确定 t_I 的方法,假定 θ_{pre} 为 MTBF 的预计值,则

当 $\theta_{pre} \geqslant 200h$ 时,$t_I = 0.5\theta_{pre}$;

当 $\theta_{pre} < 200h$ 时,$t_I = 100h$。

还可通过可靠性增长潜力倒推起始时间 t_I。令区间 $(0, t_I)$ 内至少发生一次 B 类故障的概率 p 很高,假定 B 类故障的发生服从泊松过程,则

$$p = 1 - e^{-\lambda_B t_I}$$

由此得

$$t_I = \lambda_B^{-1} \cdot \ln \frac{1}{1 - p}$$

而

$$\lambda_B = k\lambda_I = k / \left[(1 - dk)\theta_{GP} \right]$$

故

$$t_I = \left(\frac{1 - dk}{d} \cdot \ln \frac{1}{1 - p} \right) \cdot \theta_{GP}$$

当 $p = 0.90, d = 0.70, k = 0.95$,则有 $t = 0.8120\theta_{GP}$。

5）总试验时间 θ_F 的确定

可靠性增长试验既有诱发产品的故障,又要验证故障纠正措施的有效性,所以要有足够的总试验时间才能达到预期目的,但总试验时间直接关系到可靠性增长试验所需消耗的资源,人们总希望试验成本越小越好,这是一个矛盾。经验表明,总试验时间为增长潜力的 5 ~ 25 倍。对于高可靠性产品,因经费的限制,可取低值。另外,确定总试验时间必须考虑系统的验收评审时间,可靠性增长管理必须在系统的验收评审之前完成。

3. 理想曲线制定的步骤

可靠性理想增长曲线的绘制需经过以下几个步骤:

（1）确定 θ_F、t_F、θ_I、t_I、m 五个参数中任意四个参数,并通过前面介绍的有关参数之间的关系确定另一个参数。

（2）将 (t_I, λ_I) 和 (t_F, λ_F) 标绘在双对数坐标纸上,根据 Duane 模型,用一条直线连接,即得到理想的可靠性增长曲线。

4. 计划增长曲线

计划增长曲线是根据理想增长曲线的总体轮廓绘制的。计划曲线中各阶段目标值以理想曲线上的对应值为基础,根据工程试验作必要修改而得到。

下面是有关计划曲线制定的步骤:

（1）试验段的安排。按研制进度,在理想曲线上将各试验逐一排列(纳入可靠性增长管理的非可靠性试验项目)。中间可安排 n 次验证试验。

（2）纠正方式的确定。电子产品通常为及时纠正;

机电类通常为延缓纠正。

（3）含有延缓改进的试验—纠正—再试验的规划方式,对试验中出现的需要纠正的故障,

一部分采用即时纠正的方式,另一部分采用延缓纠正方式。

产品的计划增长曲线也可以是三种不同纠正方式的各种组合。

系统的可靠性增长通常包括几个阶段,每个阶段的可靠性增长目标在规划中必须确定,例如将系统的可靠性增长分为三个阶段,结束时间分为200、285、375,绘制计划的可靠性增长曲线如图6.15中三段直线所示。

通常情况下,理想曲线是绘制计划曲线的依据,而在工程实践中,也可以根据产品研制的各项要求,列出纳入可靠性增长管理的非可靠性试验

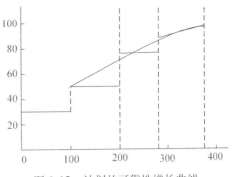

图 6.15 计划的可靠性增长曲线

项目清单,配置必要的可靠性试验,计算各项试验的总试验时间,给出各阶段及各试验段的可靠性目标,然后拟合为一条理想增长计划,通过可靠性增长过程的跟踪与控制完成可靠性增长任务。

6.4.8 可靠性增长管理

可靠性增长管理指的是在系统寿命周期各阶段,为达到预期的可靠性指标,对可用的资源(费用、时间、人力和器材)进行系统的安排,并根据对估计值与计划值的比较,通过重新分配资源实现所要求的增长率。可靠性增长管理包括对系统的可靠性增长计划、进行评定和实施控制。可靠性增长管理是型号项目管理的一个重要组成部分,实施有效的可靠性增长管理可缩短研制周期、节省寿命期费用。实施可靠性增长管理包括下述四项主要活动。

1. 制订可靠性增长规划,确定增长总目标

可靠性增长规划是可靠性增长管理的依据,也是系统研制计划的组成部分。在确定系统的可靠性指标时,必须同时进行可靠性增长规划。增长规划的制订必须考虑现役相似系统可靠性增长的信息,以及进行试验、分析及改进所需的时间,对进度、资源和可靠性要求进行权衡。

2. 制订可靠性增长计划,细化增长要求

可靠性增长计划是在可靠性增长规划的基础上制订的,通过考虑产品研制的具体要求和工程进展,对可靠性增长要求进一步细化,其主要任务是绘制计划的可靠性增长曲线。在系统研制的早期阶段,一般是在获得确定的可靠性数据之前,由项目经理与承制方共同绘制计划的增长曲线,以便详细表明在系统研制阶段如何利用所分配的资源,使系统可靠性增长到规定的门限值。

一般说来,一个系统应绘制一个计划的增长曲线,而且每个有可靠性要求的分系统或设备也要绘制一个计划的增长曲线。计划的增长曲线应能反映每一个阶段应达到的可靠性水平,以保证项目经理在管理决策中有可比较的标准。最终保证系统在生产及投入外场使用之后能达到成熟期的目标值。

3. 做可靠性增长试验,进行增长评估

可靠性增长试验的主要任务是对试验、分析、改进过程进行有效控制,以便充分暴露产品的薄弱环节,准确检测产品的故障状况,正确确定产品的故障源,采取设计更改措施并验证该措施的有效性。可靠性增长试验的实施应根据CJB1407的规定,确定合适的试验方案,选择合

适的试验设备和分析手段,完善故障报告、分析和纠正措施系统,对试验、分析和改进各环节进行严格的监督和控制,同时应对试验、分析、设计和管理人进行必要的培训,提高他们的素质。

通过可靠性增长试验,可以获得产品出现的各种系统性故障信息,按照统计学原理(如采用 AMSAA 模型或 Duane 模型等),对其增长进行评估,并按照不同的纠正方式绘制可靠性增长的跟踪曲线,它是将产品在不同时刻测得的故障数据连接起来的一条曲线。

在可靠性增长试验的基础上,可根据所获得的试验数据、工程经验和其他有关信息推测在将来某一时刻可能达到的可靠性值,以便估计预定的目标值能否达到,及时做出管理决策。可靠性增长的推测通常是利用所选择的模型(Duane 或 AMSAA 模型)将产品可靠性的当前值与未来某一时刻的推测值(外推值)绘制增长推测曲线(用虚线绘制的曲线)。

4. 跟踪增长信息,促进可靠性增长

在型号研制中,从第一项试验开始时,承制方就应跟踪各分系统可靠性的实际增长,有效地使故障报告、分析及纠正措施系统运转,并在整个研制期间,跟踪从所有的信息源取得的试验数据。项目管理人员通过绘制理想增长曲线、计划增长曲线、跟踪增长曲线和推测增长曲线,并与合同要求的可靠性目标值及门限值进行比较,检查可靠性增长进展情况,及时发现潜在问题,估计为达到型号的可靠性目标值而重新分配资源的要求,促进可靠性增长。实施可靠性跟踪管理的主要活动包括:

(1)运行故障报告、分析及纠正措施系统,收集各种试验数据。

(2)分析试验结果,确定是否需要增加试验项目、加大试验应力或延长试验时间。

(3)评价测试检测手段,确定是否更新检测分析仪器和加强故障分析能力。

(4)探讨更有效的纠正措施,改善纠正措施的有效性。

(5)分析增长潜力,调动所需资源增加增长的可能性与现实性。

6.5 维修性、维修和可用性

大多数设计的系统都是要维修的,即在系统出现故障时对它们进行修理,以及对它们进行作业使之得以继续运行。实施这种维修工作和其他维修工作的简便程序决定了一个系统的维修性。

被维修的系统可采用修复性维修和预防性维修(CM 和 PM)。修复性维修包括把一个系统从失效状态恢复到运行或者可用状态的全部活动。因此,修复性维修的工作量是由可靠性决定的。修复性维修活动通常无法予以计划,虽然有时修理工作可以被推迟,但在发生失效时我们必须进行修理。

修复性维修可以用平均修复时间(MTTR)予以量化,但该修复时间含有若干项活动,通常被分为三组:

(1)准备时间:找到维修工作人员、旅途时间、准备工具和测试设备等。

(2)有效维修时间:实际地进行维修工作。

(3)延误时间(后勤时间):工作一旦开始后等待备件的时间。

有效维修时间包括:在实际修复开始前研究图纸等花费的时间,以及验证修理是否合乎要求所花费的时间。它还可能包括在使设备成为可用之前用于编写修理后文件(当必须完成此文件时)的时间,如对于飞机上的设备就是这样。也可将修复性维修规定为平均有效修复性维修时间(MACMT),因为它仅是设计师可以影响的有效时间(不包括文件编写)。

预防性维修是试图通过防止失效发生,使系统维持在运行的或可用的状态。可以通过保洁,如清洁与润滑,或者通过检验去发现并纠正初期的失效,如裂纹的检测或校准。预防性维修对可靠性有直接的影响。当打算进行预防性维修时,就要有计划地去完成。预防性维修是以完成规定的维修任务所花费的时间和规定的频度予以度量的。

维修性直接影响可用性。修理失效之处和进行日常预防性维修的期间都使系统处于不可用状态。因此可靠性和维修性之间有着密切的联系,它们之间相互影响,二者都影响可用性和费用。在稳定的状态下,即在瞬时状态稳定下来后,并假定维修活动以一恒定的频率进行:

$$可用性 = \frac{MTBF}{MTBF + MTTR} \times \frac{PM\ 周期}{PM\ 周期 + PM\ 总时间(总时间)}$$

其中,PM 周期 = 完成全部 PM 任务的时间。

很清楚,系统的维修性是由设计来决定的,设计确定了各种特征,如可达性、便于测试、诊断和修理以及校准、润滑和其他预防性维修活动等的要求。

本节叙述如何通过设计来优化维修性,并如何对它进行预计和度量,还说明如何根据可靠性优化预防性维修计划,使不能工作时间和费用最小。

6.5.1 维修时间分布

维修时间趋向于对数正态分布(图 6.16)。通过数据分布已经表明了这一点。这种分布也符合我们的经验和直觉,即对一项作业或一组作业来说,当工作完成得相当快时是有可能的。但是在比通常情况短得多的时间里,要完成这样的工作相对是不大可能的,反之,发生导致比通常情况长得多的时间里完成工作的问题则是相对可能的。

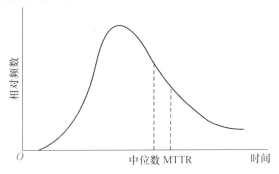

图 6.16 维修时间的对数正态分布

除了不同作业之间的变异性一般会导致修理时间的对数正态分布外,还有由于学习引起的变异性。根据数据的采集方式,这种变异性可以包括在作业之间的变异性之中,例如具有不同经验的技术人员同时进行工作的情况。然而,平均时间和变异应当随着经验和训练的增加而减小。

6.5.2 预防性维修策略

通过研究所维修的零件的失效前时间分布和系统失效率趋势,可以使预防性维修的效能和经济性最大化。

一般来讲,如果零件的瞬时故障率是递降的,任何更换都会增加失效概率;如果瞬时故障率是恒定的,更换将不改变失效概率;如果零件的瞬时故障率是递增的,那么在理论上,以任何时间定期地进行更换会增加系统的可靠性。但是,如果零件具有某一无失效寿命(威布尔 $\gamma >$ 0),那么在此时间之前进行更换将保证不发生失效。这些情况显示在图 6.17 上。

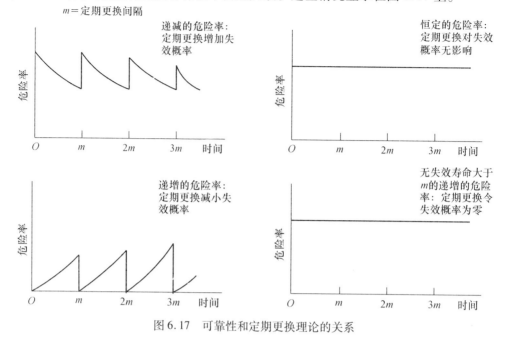

图 6.17　可靠性和定期更换理论的关系

这些都是理论上的考虑,其中假设了更换活动不会引起其他的缺陷,而且失效前时间的分布是确切被界定了的。这些假设必然会被提出问题,但在制定预防性维修策略时,考虑零件的失效前时间分布明显是最重要的。

除了考虑到被更换零件的失效前时间分布,从理论上决定更换对可靠性的影响外,还必须考虑维修活动对可靠性的影响。例如,根据水龙带泄漏情况,数据显示出高压水龙带在无失效寿命后呈递增的瞬时故障率。因此,明智的维修策略可以是(比方说)在达到 80% 的无失效寿命后即更换该水龙带。但是,如果更换行动增加了从水龙带端接头泄漏水的概率,那么在失效时再更换水龙带也许更为经济。

还必须从对系统的影响和不能工作时间与修理费用两个方面考虑失效的影响。例如,在水龙带的例子中,如果水大量地流失,水龙带泄漏就很严重,但一般接头的泄漏只是轻微的,不会影响工效或安全。从费用的观点看,优化更换策略的好例子是更换白炽灯和荧光灯。对于像办公室和路灯那样大量安装的单元,在预计的比例失效之前按预定时间更换所有的单元是更为便宜的,而不是在每一个单元失效时再更换。但是,在家里我们只能在失效时再更换。

为了优化预防性更换,需要了解下面的每一部分:

(1)主要失效模式的失效前时间的分布参数。

(2)所有失效模式的影响。

(3)失效的费用。

(4)定期更换的费用。

(5)维修对可靠性的可能影响。

迄今我们已经考虑了失效突然发生而没有给出任何告警的零件。如果刚出现的失效可被检测到,即通过检查、非破坏性试验等方法检测出来,我们还必须考虑:

(1)缺陷蔓延试验引起的失效的速率。

（2）检查或测试的费用。

注意，由第（2）点可知，失效模式、影响与危害性分析（PMECA）是制订维修计划的不可或缺的输入。

考虑了可靠性的各方面情况，这种系统性的制订维修计划方法称为以可靠性为中心的维修（RCM）。图6.18示出了这种方法的基本逻辑。以可靠性为中心的维修得到了广泛的应用，例如用于飞机、工厂的各类系统等。

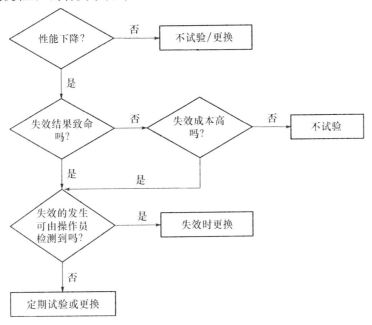

图6.18　RCM逻辑图

1. 例题

【举例】机器人装配线上的柔性电缆的失效前时间分布是威布尔分布，其 $\gamma > 150h$，$\beta = 1.7$，$\eta = 300h$。如果在使用中发生失效，装配线停工和更换电缆的费用是5000元。在定期维修期中更换的费用是500元。如果装配线一年运行5000h，而每周（100h）进行定期维修，以一周或两周为间隔，每年预期的更换费用是多少？

无定期更换时，t 小时里发生失效的概率为

$$1 - \exp\left[-\left(\frac{t-150}{300}\right)^{1.7}\right]$$

在 m 小时后定期更换时，5000h 的定期维修费用为

$$\frac{5000}{m} \times 500 = \frac{2.5 \times 10^6}{m}$$

而在每个定期更换间隔里预期失效费用为（假设在更换间隔里失效数不大于1）

$$5000\left\{1 - \exp\left[1 - \left(\frac{m-150}{300}\right)^{1.7}\right]\right\}$$

那么，每年的总费用为

$$C = \frac{2.5 \times 10^6}{m} + \frac{5000 \times 5000}{m}\left\{1 - \exp\left[-\left(\frac{m-150}{300}\right)^{1.7}\right]\right\}$$

135

结果如下：

m	定期更换数	预期失效数	C
100	50	0	25000 元
200	25	1.2	18304 元
400	12	6.5	38735 元

因此最优策略是在交替的定期维修的间隔里更换电缆,但要冒微小的失效风险(注意,本例中假设在任意一个定期维修间隔里发生的失效数不大于1,如果 m 只比 γ 大一点,那么该假设是合理的)。

利用蒙特卡罗仿真,可以进行更完全的分析。这样我们可以考虑更详细的维修策略,如可能确定如果在定期维修期前不久由于失效已更换了电缆,那么这时就不更换了。

2. 实际的相关问题

系统中零部件的失效前时间的模型主要支配了优化的维修策略。一般地,因为电子元器件没有耗损,所以定期测试和更换不会增进可靠性。确实,它们是比较容易引起失效的(事实和报告)。电子设备应当只在参数漂移或其他失效可能引起设备工作在规定值之外,而用户浑然不知的时候进行测试和校准。机内测试和自动校准可以减小或免除对定期测试的需求。

当机械设备受到磨损、腐蚀或疲劳等时,应当考虑进行预防性维修。

6.5.3 制订维修计划过程中的 FMECA 和 FTA

失效模式、影响与危害性分析(FMECA)是进行有效的维修计划制订和维修性分析的重要先决条件。正如6.5.2节所述,在确定定期维修的要求时,必须考虑失效模式的影响(费用、安全性、可检测性)。因为应用 FMECA 的结果可以追溯失效征兆的可能原因,所以 FMECA 对诊断程序和检查清单的准备也是一个很有用的输入。当故障树分析(FTA)完成时,也可将之用于达到这个目的。

6.5.4 维修时间表

在认定需要进行定期维修活动时,我们还必须确定完成定期维修活动的最合适的时间间隔。维修时间表应当以最适当的时间或其他因素为依据。包括:

(1)公路和铁路车辆:行程距离。

(2)飞机:飞行小时,起飞、着陆周期。

(3)电子设备:运行小时,开、关周期。

(4)固定系统(雷达、铁路基础设施等):日历时间。

最为恰当的依据是能从性能下降原因(磨损、疲劳、参数变化等)的角度,最好地说明设备的利用情况并且是可以度量的。例如,我们测量汽车行驶的距离,而其最大部分的性能下降都与之相关。另外,除非是保存有关于其应用情况的自动或人工的记录,否则对一测量仪表以其工作时间作为确立校准时间表的依据是没有意义的。

6.5.5 相关的技术问题

1. 机械的

使用监测方法可定期地或连续地指示机械零部件和系统的状态。包括:

（1）探测疲劳裂纹的非破坏性测试（NDT）。

（2）对轴承、齿轮、引擎等的温度和震动监测器。

（3）油料分析，检测在润滑和液压系统里磨损和破裂的标志。

2. 电子和电气的

电子元器件和组件只要得到保护而不受环境（如腐蚀）的影响，在使用中一般不会退化，即电子元器件和连接不会有磨损或疲劳，所以很少有显著的"耗损"阶段（其间更易发生或频繁发生失效）。因此，除了对像测量仪那样的产品进行校准外，定期测试很少适用。

3. 未发现故障

所报告的许多电子系统的大部分失效在后续的测试中都没有得到证实，这些情况的出现称为未发现故障（NFF）或重测合格（RTOK）故障。其中的一些原因有：

（1）间歇性失效。如元器件在一定的条件下（温度等）失效，导体印制线或焊接点等间歇开路。

（2）容差的影响。在一个系统或环境里可以使某单元正确地工作，但在另一个系统或环境里却不能。

（3）连接器故障。更换一个单元后，看起来可以将失效排除，但事实上却是因更换时搞乱了连接器造成的。

（4）机内测试（BIT）系统错误地指示了实际上没有发生的失效。

（5）没有正确诊断和予以修理的失效，导致征兆重现。

（6）在使用中的测试与其他地方如修理基地诊断时的测试标准不一致。

（7）人为错误或缺乏经验。

（8）在有些系统里，关于哪个产品（插件板、组件）已失效的诊断可能是模棱两可的，所以即使只有一个产品失效，但被更换的却不止一个。有时对技术人员来说，更换多件产品要更快些和更容易些，而不是去力图找到哪件产品失效了。在这种情况下，成倍的单元被送去诊断和修理，导致很多产品被归为未发现故障（NPF）（从经济角度上说有时返回成倍的单元是有理由的。例如，为了尽可能快地让系统重新投入使用，花费最少的时间去诊断系统出问题的原因是合适的，如飞机或石油钻井）。

以这些方式引起的失效报告数量可以很高，经常超过50%，而有时高达80%。这关系到会在保修、备件、保障、测试设备等方面支出高的费用。未发现故障率可以通过对关系到使用中测试的设计和对诊断与修理工作的有效管理降至最小程度。修理过的产品的应力筛选也可以减少错误诊断和修理造成的失效比例。

4. 软件

如前面讨论的，软件不会以硬件失效的方式失效，所以不存在"维修"。如果发现因任何原因（改变系统要求、纠正软件错误）需要更改程序的话，实际上就要重新设计该程序，而不是修理。只要对使用中的所有拷贝进行更改，则它们将全部完全一样地工作，并继续这样。

5. 机内测试（BIT）

像实验室仪表、航空电子和过程控制系统那样的复杂电子系统，现在常常包含有机内测试（BIT）设备。BIT由附加的硬件（经常还有软件）组成，用来对系统进行功能测试。机内测试可以设计成由操作人员启动，或可以连续地或按设定的间隔对系统进行监测。

机内测试在增加系统的可用性和用户对系统的信任方面是非常有效的。但是机内测试不可避免地也增加了复杂性和费用，因此可能会增加失效概率。还可能需要附加的传感器以及机内测试电路和显示器。在微处理器控制的系统里,机内测试可以大部分地以软件实现。

机内测试也可以由于错误地指示系统处于失效状态而不利地影响外在可靠性。这可能是由于机内测试内部失效引起的,如传感器、线路或其他元器件的失效。因此,应保持机内测试简单,并将之限制在对必不可少的(而且用别的方法也不易监测的)功能进行监测。

从可靠性、可用性和费用方面优化机内测试的设计是重要的。机内测试的性能有时已被规定了(如"必须检测出 90% 的失效,并由机内测试正确地诊断")。失效模式、影响与危害性分析(FMECA)对于对照机内测试的要求进行设计检查很有用,因为对于机内测试的检测能力可以对照所有已被确认的重要失效模式进行评定。

6.5.6 校准

校准是通过与标准源做比较的方法对测量物理参数的设备进行的例行检查或测试。将校准应用于基本的测量工具,如千分尺、量规、砝码、转矩扳手,以及测量如流动速率、电位、电流与电阻、频率等参数的变换器和仪表。因此校准可包括简单的比较(重量、计时等)或较复杂的测试(射频、发动机转矩等)。

产品是否需要校准,主要取决于它的应用,还取决于在正常使用时误差是否明显。对于制造过程中使用的任何仪表应当予以校准,以保证进行正确的测量。校准经常是法定的要求,如食品或医药生产及包装、零售、安全性至关重要的过程等的测量系统。

6.5.7 维修性预计

维修性预计是维修工作量的估计,是受计划和非计划维修影响的。用于预计工作的标准方法有美国的 MIL – HDBK –472 标准,它包含四种预计系统的平均修复时间(MTTR)的方法。方法 Ⅱ 是最常用的,它简单地以产品单个失效模式的预计修理时间总和为基础,并除以单个失效率的总和,即

$$MTTR = \frac{\sum (\lambda t_r)}{\sum \lambda}$$

同样的方法也用来预计平均预防性维修时间,其中 λ 由预防性维修活动的发生频数代替。

MIL – HDBK –472 叙述了用于预计单个作业时间的方法,它是以诸如可达性、要求的技能水平等设计上的考虑为依据的。它还叙述了进行计算和编写分析文件的程序以及进行维修任务选择的程序,这是以抽样作为依据的(方法 Ⅲ),而没有考虑所有的维修活动,因为对于复杂的系统这是不可行的。

6.5.8 维修性演示验证

维修性演示验证的标准方法见 MIL – HDBK –470。除了单个作业时间是测量的而不是根据设计估计的以外,该技术与使用 MIL – HDBK –472 中的方法 Ⅲ 的维修性预计相同。待验证的作业时间可以通过协议选择,或从维修活动的清单中随机选择。

6.5.9 维修性的设计

显然,要维修的系统应被设计成可使维修任务容易地完成,而且要考虑到可能的维修人员和用户的经验及受训情况。进行诊断、修理和定期维修所需的技能水平不要太高。像容易接

近和搬运、使用标准工具和设备而不是专用的,以及无须棘手的调整和校准等特征都是希望维修系统所具备的。只要可行,就应排除对计划维修的需求。虽然设计人员不能对维修人员的工效进行控制,但能直接影响系统的固有维修性。

根据有关系统的经验,设计规则和检查清单等应包括指南,以帮助维修性的设计并对设计评审组进行指导。

维修性的设计与易于生产的设计紧密相关,如果产品易于进行组装和测试,那么维修起来通常就会容易些。在这方面电子电路测试性的设计特别重要,因为电路的测试性对失效诊断的简易性和准确性影响很大,从而也影响到维修和后勤费用。

互换性是可修复系统易于维修的设计的另一个重要方面,可更换的零部件和组件必须设计成更换后不需要调整或再校准。界面的容差必须被规定得能保证更换的单元是可互换的。

6.5.10 综合后勤保障

综合后勤保障(ILS)是由军方提出的一个概念,按照这个概念,设计、保障和制订维修计划的所有方面要成为一体,以保证设计和保障系统得以优化。使用效能、可用性以及部署与保障的总费用都应予以考虑。在美国的 MIL – HDBKl388 中叙述了这种方法。

综合后勤保障和相关的后勤保障分析(LSA),都需要可靠性和维修性数据与预测,以及费用、重量、专用工具和测试设备、训练要求等数据的输入。MIL – HDBK – 1388 要求所有的分析都计算机化,并制定了标准的输入和输出格式。为了这项任务已经开发出了几种商用计算机程序。

ILS/LSA 的输出对输入的准确性显然是非常敏感的,因此可靠性预测的不确定性可能很高。因此,这种分析和基于 ILS/LSA 所做出的决策应当充分考虑这些不确定性。

第7章 无损检验技术

7.1 无损检验技术概论

7.1.1 无损检验技术简述

无损检测诊断技术是一门新兴的综合性应用学科。它是在不损伤被检测对象的条件下，利用材料内部结构异常或缺陷存在所引起的对热、声、光、电、磁等反应的变化，来探测各种工程材料、零部件、结构件等内部和表面缺陷，并对缺陷的类型、性质、数量、形状、位置、尺寸、分布及其变化做出判断和评价。无损检测诊断的目的在于定量掌握缺陷与强度的关系，评价构件的允许负荷、寿命或剩余寿命；检测设备（构件）在制造和使用过程中产生的结构不完整性及缺陷情况，以便改进制造工艺，提高产品质量，及时发现故障，保证设备安全、高效可靠地运行。

无损检测一般有三种含义，即无损检测（Nondestructive testing，NDT）、无损检查（Nondestructive Inspection，NDI）和无损评价（Nondestructive Evaluation，NDE）。目前，所说的无损检测大多指 NDT。但是，近年已逐步从 NDT 和 NDI 向 NDE 过渡，也即用无损评价来代替无损检测和无损检查。一方面是 NDE 包含了 NDI 和 NDT；另一方面 NDE 还具有更广泛的内容，它要求无损检测工作者有更宽广的知识面、更扎实的基础和更强的综合分析能力。一般地说，NDT 仅仅是检测出缺陷；NDI 则以 NDT 检测结果为判定基础，对检测对象的使用可能性进行判定，含有检查的意思；而 NDE 则是指掌握对象的负载条件、环境条件（如断裂力学中预测材料的安全性及寿命等）下，对构件的完整性、可靠性及使用性能等进行综合评价。

无损检测诊断（Nondestructive Testing Diagnostic，NDTD）不但要检测设备（构件）有无缺陷，而且要判断缺陷的性质、部位、分布及危害程度，还要对其寿命、使用性能、缺陷的发展趋势等进行预测、监控和评价，它为保证材料构件和设备的高质量、高性能和高可靠性提供了一种重要监视手段。近年来，无损检测诊断技术得到工业界的普遍重视，特别是在航空航天、石油化工、核发电站、铁道、舰艇、建筑、冶金等领域得到广泛应用，并取得了显著的经济效益和社会效益。

随着微电子学和计算机等现代科学技术的飞速发展，无损检测诊断技术得到了迅速的发展。它涉及的领域不仅局限于无损检测和试验，还涉及材料的物理性质、制造工艺、产品设计、断裂力学、数据处理、模式识别等多种学科和专业技术领域。各种无损检测诊断方法的基本原理几乎涉及现代物理学的各个分支。据统计，已经应用于工业现场的各种无损检测诊断方法已达 70 余种，特别是激光、红外、微波、超声、声发射、工业 CT、工业内窥镜等无损检测诊断方法越来越被人们重视。

20 世纪 60 年代和 70 年代是无损检测诊断技术发展的兴旺时期，各种无损检测诊断的新方法和新技术不断出现。20 世纪 80 年代和 90 年代，在无损检测诊断仪器的研制和改进方面得到了迅速发展和提高，并迅速走向工业现场和向实用化发展。

目前,无损检测诊断技术正向快速化、标准化、数字化、程序化和规范化的方向发展。其中包括高灵敏度、高可靠性、高效率的无损检测诊断仪器和无损检测诊断方法,无损检测诊断和验收标准的制定,无损检测诊断操作步骤的程序化、实施方法的规范化、缺陷判伤和评价的标准化等。另外,还要进行全国统一的人员资格培训、鉴定和考核。可以预见,无损检测诊断技术在工业生产中实现质量控制、过程监控、改进工艺和提高劳动生产率等方面都将发挥重要作用。

7.1.2 无损检测诊断技术的特点

1. 无损检测诊断技术的特点

(1)无损检测诊断技术不会对构件造成任何损伤。无损检测诊断技术是一种在不破坏构件的条件下,利用材料物理性质因有缺陷而发生变化的现象,来判断构件内部和表面是否存在缺陷,而不会对材料、工件和设备造成任何损伤。

(2)无损检测诊断技术为查找缺陷提供了一种有效方法。任何结构、部件或设备在加工和使用过程中,由于其内外部各种因素的影响和条件变化,不可避免地会产生缺陷。操作使用人员不但要知道其是否有缺陷,还要查找缺陷的位置、大小及其危害程度,并要对缺陷的发展进行预测和预报。无损检测诊断技术为此提供了一种有效方法。

(3)无损检测诊断技术能够对产品质量实现监控。产品在加工和成形过程中,如何保证产品质量及其可靠性是提高效率的关键。无损检测诊断技术能够在铸造、锻造、冲压、焊接、切削加工等每道工序中,检查该工件是否符合要求,可避免徒劳无益的加工,从而降低了产品成本,提高了产品质量和可靠性,实现了对产品质量的监控。

(4)无损检测诊断技术能够防止因产品失效引起的灾难性后果。机械零部件、装置或系统,在制造或服役过程中丧失其规定功能而不能工作,或不能继续可靠地完成其预定功能称为失效。失效是一种不可接受的故障。1986年美国"挑战者"号航天飞机升空后70s发生爆炸,宇航员全部遇难,直接经济损失12亿美元,究其原因是由于固体火箭助推器尾部连接处的O形密封圈失效使燃料泄漏所致。如果用无损检测诊断技术提前或及时检测出失效部位和原因,并采取有效措施,就可以避免灾难性事故的发生。

(5)无损检测诊断技术具有广阔的应用范围。无损检测诊断技术可适用于各种设备、压力容器、机械零件等缺陷的检测诊断。例如,金属材料(磁性和非磁性,放射性和非放射性)、非金属材料(水泥、塑料、炸药)、锻件、铸件、焊件、板材、棒材、管材以及多种产品内部和表面缺陷的检测。因此,无损检测诊断技术受到工业界的普遍重视。

2. 使用时应注意的问题

(1)关于检测诊断结果的可靠性。一般说来,不管采用哪一种检测诊断方法,要完全检测出结构的异常部分是比较困难的。因为缺陷与表征缺陷的物理量之间并非是一一对应关系。因此,需要根据不同情况选用不同的物理量,有时甚至同时使用两种或多种无损检测诊断方法,才能对结构异常做出可靠判断。特别是大型复杂设备或结构,则更应如此。例如,运行中的核反应堆就同时采用了磁粉、涡流、射线、超声、声发射和光纤内窥镜等多种检测诊断方法。

(2)关于检测诊断结果的评价。无损检测诊断结果必须与一定数量的破坏性检测诊断结果相比较,才能建立可靠的基础和得到合理的评价,而且这种评价只能作为材料或构件质量和寿命评定的依据之一,而不应仅仅据此做出片面结论。

(3)关于无损检测诊断的实施时间。无损检测诊断应该在对材料或工件质量有影响的每道工序之后进行。例如,焊缝检测,在热处理前是对原材料和焊接工艺进行检查,在热处理后则是对热处理工艺进行检查。有时还要考虑时效变化对焊缝的影响。

7.1.3 无损检测诊断方法及其选择

目前,用于无损检测诊断的方法很多。除了5种常规(射线、超声、磁粉、渗透和涡流)方法外,还有红外、激光、声发射、工业CT等,下面对无损检测诊断常用方法及其选择作以简要介绍。

1. 无损检测诊断方法简介

1)超声检测诊断

设备:超声探伤仪、探头、耦合剂及标准试块等。

用途:检测锻件的裂纹、分层、夹杂、焊缝的裂纹、气孔、夹渣、未熔合、未焊透,型材的裂纹、分层、夹杂、折叠,铸件中的缩孔、气泡、热裂、冷裂、疏松、夹渣等缺陷及厚度测定。

优点:对平面型缺陷十分敏感,一经探伤便知结果;易于携带;穿透力强。

局限性:为耦合传感器,要求被检表面光滑;难于探测出细小裂纹;要有参考标准,为解释信号,要求检验人员有较高的素质;不适用于形状复杂或表面粗糙的工作。

2)声发射检测诊断

设备:声发射传感器、放大电路、信号处理电路及声发射信号分析系统。

用途:检测构件的动态裂纹、裂纹萌生及裂纹生长率等。

优点:实时并连续监控探测,可以遥控,装置较轻便。

局限性:传感器与试件耦合应良好,试件必须处于应力状态,延性材料产生低幅值声发射,噪声不得进入探测系统,设备贵,人员素质要求高。

3)噪声检测诊断

设备:声级计、频率分析仪、噪声级分析仪。

用途:检测设备内部结构的磨损、撞击、疲劳等缺陷,寻找噪声源(故障源)。

优点:仪器轻便,检测分析速度快,可靠性高。

局限性:仪器较贵,对人员素质要求较高。

4)激光检测诊断

设备:激光全息摄影机。

用途:检测微小变形、夹板蜂窝结构的胶接质量、充气轮胎缺陷、材料裂纹、高速物理过程中等离子体诊断和高速碰撞。

5)微波检测诊断

设备:微波计算机断层成像机(微波CT机)。

用途:检测复合材料、非金属制品、火箭壳体、航空部件、轮胎等;还可测量厚度、密度、湿度等物理参数。

优点:非接触测量,检测速度快,可实现自动化。

局限性:不能用来检测金属导体内部缺陷,一般不适用于检测小于1mm的缺陷,空间分辨率比较低。

6)光纤检测诊断

设备:光纤内窥镜、光纤裂纹检测仪。

用途:检测锅炉、泵体、铸件、炮筒、压力容器、火箭壳体、管道内表面的缺陷及焊缝质量和疲劳裂纹等。

优点:灵敏度高,绝缘好,抗腐蚀,不受电磁干扰。

局限性:价格较贵,不能检测结构内部缺陷。

7）涡流检测诊断

设备:涡流探伤仪和标准试块。

用途:检测导电材料表面和近表面的裂纹、夹杂、折叠、凹坑、疏松等缺陷,并能确定缺陷位置和相对尺寸。

优点:经济、简便,可自动对准工件探伤,不需耦合,探头不接触试件。

局限性:仅限于导体材料,穿透浅,要有参考标准,难以判断缺陷种类,不适用于非导电材料。

8）X射线检测诊断

设备:X射线源(机)和电源,要有和使用γ射线源相同的设备。

用途:检测焊缝未焊透、气孔、夹渣,铸件中的缩孔、气孔、疏松、热裂等,并能确定缺陷的位置、大小及种类。

优点:功率可调,照相质量比γ射线高,可永久记录。

局限性:X射线设备一次投资大,不易携带,有放射危险,要有素质高的操作和评片人员,较难发现焊缝裂纹和未熔合缺陷,不适用于锻件和型材。

9）γ射线检测诊断

设备:γ射线探伤仪、底片夹、胶片、射线铅屏蔽、胶片处理设备、底片观察光源、曝光设备以及辐射监控设备等。

用途:检测焊接不连续性(包括裂纹、气孔、未熔合、未焊透及夹渣)以及腐蚀和装配缺陷。最宜检查厚壁体积型缺陷。

优点:获得永久记录,可供日后再次检查,γ源可以定位在诸如钢管和压力容器之类的物体内。

局限性:不安全,要保护被照射的设备,要控制检验源的曝光能级和剂量,对易损耗的辐射源必须定期更换,γ源输出能量(波长)不能调节,成本高,要有素质高的操作和评片人员。

10）磁粉检测诊断

设备:磁头、轭铁、线圈、电源及磁粉。某些应用中要有专用设备和紫外光源。

用途:检测铁磁性材料和工作表面或近表面的裂纹、折叠、夹层、夹渣等,并能确定缺陷的位置、大小和形状。

优点:简单、操作方便、速度快、灵敏度高。

局限性:限于铁磁性材料,探伤前必须进行清洁工作,涂层太厚会引起假显示,某些应用要求探伤后给工件退磁,难以确定缺陷深度,不适用于非铁磁性材料。

11）渗透检测诊断

设备:荧光或着色渗透液,显像液,清洗剂(溶剂、乳化剂)及清洁装置。如果用荧光着色,则需紫外光源。

用途:能检测金属和非金属材料的裂纹、折叠、疏松、针孔等缺陷,并能确定缺陷的位置、大小和形状。

优点:对所有的材料都适用;设备轻便,投资相对较少;探伤简便,结构易解释。

局限性:涂料、污垢及涂覆金属等表面层会掩盖缺陷,孔隙表面的漏洞也能引起假显示;探伤前后必须进行清洁工作;难以确定缺陷的深度;不适用于疏松的多孔性材料。

12）目视检测诊断

设备:放大镜、彩色增强器、直尺、千分卡尺、光学比较仪及光源等。

用途:检测表面缺陷、焊接外观和尺寸。

优点:经济、方便、设备少,检验员只需稍加培训。

局限性:只能检查外部(表面)损伤,要求检验员视力好。

13）工业 CT 检测诊断

设备:工业 CT 机。

用途:缺陷检测、尺寸测量、装配结构分析、密度分布表征。

优点:能给出检测试件断层扫描图像和空间位置、尺寸、形状、成像直观;分辨率高;不受试件几何结构限制。

局限性:设备成本高。

2. 无损检测诊断方法的选择

由于被检测对象十分复杂,无损检测诊断的方法也是多种多样。面对一项具体的无损检测工程或需要进行无损检测的对象,诸如零件、部件、组件、装置、设备或大型工程项目(如核电工程或化工工程),究竟应该选择哪种或哪几种检测诊断方法?设计什么样的检测诊断方案,才能达到安全、可靠的检测目的? 也就是说,确定方案是无损检测诊断工作中的重要一环。只有选择了正确的方法,才能进行有效的无损检测诊断。所以一个成熟的无损检测诊断人员,必须掌握各种无损检测诊断方法的特点,明确各种不同方法的适用范围和它们之间的相互关系,并在综合分析与评价的基础上,面对具体的无损检测诊断工程或对象,才能选择恰当的无损检测诊断方法和确定正确的无损检测诊断方案。

无损检测诊断涉及很多科学技术领域。许多无损检测诊断方法原理上虽千差万别,在探测介质、探测器、记录和显示装置,以及对信息的解释方面更是多种多样。但是,所有无损检测诊断方法的目的,都是为了检测材料构件中的缺陷或结构异常。由于被检测对象的多样性和各种无损检测诊断方法的局限性,欲达到选择正确的方法和确定合适的检测诊断方案,并不是一件容易的事情。

一般来讲,选择无损检测诊断方法必须首先搞清楚究竟想检测什么,并对被检测工件的材质,成型方法,加工过程,使用经历,缺陷的可能类型、部位、大小、方向、形状等作认真分析,然后确定选择哪种检测方法才能达到预定目的。根据缺陷类型,缺陷在工件中的位置,被测工件的形状、大小和材质,就可以选择相应的无损检测诊断方法。不同缺陷、不同材质、不同厚度工件可采用不同的无损检测诊断方法。

总之,正确地选择无损检测诊断方法,除掌握各种方法的特点以外,还需与材料或构件的加工生产工艺、使用条件和状况、检测技术文件和有关标准的要求相结合,才能正确地确定无损检测诊断方案,达到有效地检测目的。

7.1.4　无损检测诊断技术的评价

无损检测诊断技术的评价是依据相关标准,借助于无损检测诊断手段,对被检对象的固有属性、功能、状态、潜力及其发展趋势进行分析、验证和预测,并对其能否满足用户需要做出综合性评价和结论。

无损检测诊断技术的评价是一门综合性技术,它必须从不同视角对被测对象的属性、状态等做出完整、准确的综合评价。它又是一项社会责任心大、主体性极强的技术工作,所提供的数据和结果对于决策和行为有着强烈的导向性。客观、公正、可靠的评价结果,必然会带来可观的社会经济效益;反之,将导致错误的决策和行为,其危害性也是非常大的。很多实例说明,缺陷的正确评定可以弥补质量控制方法的不足,创造出很高的经济效益。

1. 无损检测诊断技术的评价对象

(1)批量性产品质量事件的评价。这类质量事件产品数量损失大,造成经济损失严重,用户急于要求进行评价。要求无损评价者能迅速寻找原因,并分清责任。如属于外因,即原材料、坯料、外购件引起的,还要求对方赔偿损失。

(2)重要设备中的零部件失效分析评价。在失效分析中运用无损检测诊断手段,能使失效分析数据更充足、分析更透彻、评价更中肯,这对备品、备件的制造和性能改进及技术进步,有明显的推动作用。

(3)重要零部件安全性预测评价。零件是否符合要求或是否可组装使用,这就需要对零部件进行安全性预测评价。这类评价首先要对评价对象过去所产生的质量事件进行追问、翻阅,然后进行模拟无损检测诊断,取得感性知识和理性知识后,方能进行无损预测评价。

(4)新产品、新工艺、新技术在产品试制和试用中的评价。这类评价主要是为采用新工艺、新技术后产品质量的保证和提高提供数据。通过无损检测诊断数据的统计、整理,如发现有不合乎标准要求的情况,可提出自己的评价,并反馈给主管工程技术人员。

(5)在役零部件定期无损检测诊断标准的制定。由于无损检测诊断人员长期从事零部件的在役定期检测,对零部件在使用中疲劳裂纹的产生、发展,甚至断裂失效的全过程看得透、摸得准,故技术安全部门要求无损检测诊断人员从长期检测实践角度,结合断裂力学进行评价,并制定出零部件无损检测诊断标准。这种以动态检测诊断结果与理论分析相结合制定的标准,符合实际,切实可行,既可防止断裂事故的发生,又会延长零部件的使用寿命。

2. 无损检测诊断技术的评价过程

无损检测诊断技术的评价过程可按以下几步进行:

(1)明确评价要求,了解评价对象的背景材料。

(2)确定评价方法,选择参照体系,建立评价模型。

(3)对评价对象进行应力分析和缺陷检测,获取对象的状态数据信息。

(4)根据数据信息进行综合分析,得出评价结论,书写评价报告。

7.2 超声检测诊断技术

7.2.1 概述

超声波是超声振动在介质中的传播,其实质是以波动形式在弹性介质中传播的机械振动。超声检测诊断技术是利用材料本身或内部缺陷对超声波传播的影响,来判断结构内部及表面缺陷的大小、形状和分布情况。

超声用于无损检测诊断,主要因为:

(1)超声波在介质中传播时,遇到界面会发生反射。

(2)超声波具有良好的指向性,频率愈高,指向性愈好。

(3)超声波传播能量大,对各种材料的穿透力较强。

超声波的声速、衰减、阻抗和散射等特性,为超声波的应用提供了丰富的信息,并且成为超声波广泛应用的条件。

超声检测适应性强、检测灵敏度高、对人体无害、使用灵活、设备轻巧、成本低廉、可及时得到探伤结果,适合在车间、野外和水下等各种环境下工作,并能对正在运行装置和设备进行检测和诊断。

超声检测诊断技术是无损检测中应用最为广泛的方法之一。就无损探伤而言,超声法适用于各种尺寸的锻件、轧制件、焊缝和某些铸件,无论是钢铁有色金属和非金属,都可以采用超声法进行检测,包括各种机械零件、结构件、电站设备、船体、锅炉、压力和化工容器、非金属材料等。就物理性能检测而言,用超声法可以无损检测厚度、材料硬度、淬硬层深度、晶粒度、液位和流量、残余应力和胶接强度等。

随着微电子技术的发展和计算机的普遍应用,超声检测仪器和检测方法得到了迅速发展,使超声检测的应用更为普及。目前,微计算机在超声检测中能够完成数据采集、信息处理、过程控制和记录存储等多种功能。许多超声检测仪器都把微处理器作为一个部件而组装在一起,执行处理数据和图像任务。智能超声探伤仪,可在屏幕上同时显示回波曲线和检测数据、存储仪器调整状态、缺陷波形和各种操作功能。

7.2.2 超声检测诊断方法

1. 超声波的基本特征

超声波是一种人耳不能听到的高频声波。人耳能听到的声波频率为 20 ~ 2000Hz 时,当频率超过 2000Hz 时,人耳就听不见了。通常人们把频率在 $20 \times 10^2 \sim 20 \times 10^6$ Hz 范围内的声波称为超声波。超声波主要有以下基本特征。

(1)超声波在均匀介质中的传播。当介质中某点发生超声振动时,由于相邻介质质点间的弹性作用,振动质点将引起邻近质点振动。这些质点的超声振动就会由近而远地在介质中传播,其波长为

$$\lambda = c/f = cT$$

式中　λ——超声波在介质中传播的波长(mm);

　　　　c——超声波在介质中传播的速度(mm);

　　　　f——超声波在介质中传播的频率(Hz);

　　　　T——超声波在介质中传播的周期(s)。

在这里,f 由超声声源决定,c 主要取决于介质的性质。

(2)超声波在界面的反射和折射。超声波与光波一样,在界面具有反射和折射性质,其反射律和折射律完全与光波类似。

由于超声波频率高、波长短,在均匀介质中能定向传播且能量衰减很少,因而可传播很远的距离。

但在它传播的路径上如果遇到一个细小的缺陷,如气孔、裂纹等,在金属与空气相接触的界面上就会发生反射,且能量被明显地衰减。基于超声波的这一特性,就可以检测金属内部的缺陷。

在探伤中所用的超声波波型主要有纵波、横波和表面波。

(1)纵波。振源施加于质点上的作用力,使质点波动传播的方向与质点振动方向一致时的振动称为纵波,如图 7.1(a)所示。目前,使用中的探头(超声波辐射器)所产生的波型一般

是纵波形式。纵波在被检零件中的传播情况如图7.1(b)所示。

利用纵波,可以检验几何形状简单的物体的内部缺陷。

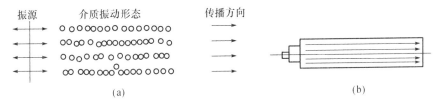

图 7.1　纵波及其传播
(a) 纵波振动形式;(b) 纵波在被检零件中传播情况。

（2）横波。质点振动方向与波的传播方向相互垂直时的振动波称为横波,被检零件中的传播情况如图7.2(a)所示。横波在被检零件中的传播情况如图7.2(b)所示。

横波通常是由纵波通过波型转换器转化而来。利用横波可以探测管件、杆件和其他几何外形复杂零件的缺陷。在同样工作频率下,横波探伤的分辨率要比纵波几乎高1倍。

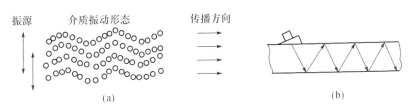

图 7.2　横波及其传播
(a) 横波传播形式;(b) 横波在被检零件中传播的情况。

（3）表面波。表面波是沿着零件表面传播。产生表面波的方法类似于波的产生,也是通过波型转换器转化而得到。

由于表面波是沿着零件表面进行传播,因此可用来检测零件表面的裂纹和缺陷。

2. 超声波的产生和接收

超声检测是将超声波从探头送入被测材料。当材料内部有缺陷时,输入超声波的一部分在缺陷处就会发生反射,根据接收的反射波,就可以知道缺陷的位置及大小。

产生超声波的方法很多,如热学法、力学法、静电法、电磁法、电动法、激光法、压电法等。目前,在超声波探伤中应用最普遍的是压电法。压电法是利用压电材料施加交变电压,它将发生交替的压缩或拉伸,由此而产生振动。振动的频率与交变电压的频率相同。若施加在压电晶体上的交变电压的频率在超声波频率范围内,则所产生的振动就是超声频振动。如果把这种振动耦合到弹性介质中去,那么在弹性介质中传播的波就是超声波。

从超声波的产生和接收可以看出,超声波发射是把电能转变为超声能的过程,它是利用压电材料的逆压电效应,超声波的接收是把超声能转变为电能的过程,它是利用压电材料的压电效应。由于压电材料同时具有压电效应和逆压电效应特性,因此超声检测中所用的单个探头,一方面用于发射超声波,另一方面可用于接收从界面、缺陷返回的超声波。为了特殊的需要,可将发射与接收超声波的压电材料组合为一体,构成所谓的组合探头。如果有双探头检测系统,也可用一个探头发射超声波,而用另一个探头接收超声波。图7.3为超声波检测系统方框图。

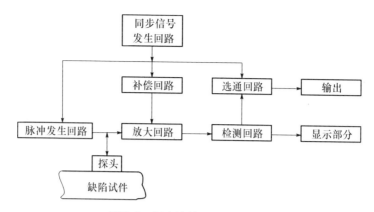

图 7.3 超声波检测系统方框图

该系统在工作过程中由同步信号发生回路来控制脉冲发生回路,并与振幅补偿回路和选通回路这种控制方式同属于机内同步控制,另外,也可用外部的同步信号来进行控制。

脉冲发生回路是利用电容器的充放电来进行的。由于模铸式试品对声波传输衰减较大,因此,通常用高压脉冲发生回路。放大回路有狭频带和宽频带两部分,可以转换选择,其放大能力为 100dB 以上。振幅补偿回路的作用是补偿从探头发送出来的超声波束传至试品内部时所产生的衰减,它是通过改变放大回路的放大倍数来实现,补偿的变化范围约为 0～30dB。选通回路有固定选通、移动选通和多道选通三种,可按需要进行选择;显示部分用于对被检测信号进行显示,以便测其波形变化。

3. 超声检测诊断方法

目前,超声技术用于现场检测诊断主要是检测设备构件内部及表面缺陷,或用于压力容器或管道壁厚的测量等。检测时,把探头放在试品表面,探头或测试部位应涂水、油或甘油等,以使两者紧密接触。然后,通过探头向试件发射纵波(垂直探伤)或横波(斜向探伤),并接收从缺陷处传回的反射波,由此对其缺陷进行判断。根据超声波的波形、发射和接收的方式,超声探伤的方法有很多种。

1) 共振法

各种物体都有其固有振动频率。当发射到物体内的超声波的频率等于物体的固有频率时,就会产生共振现象。利用共振现象来检测物体缺陷的方法称为共振法。共振法主要用于检测工件的厚度。

检测时,通过调整超声波的发射频率,以改变发射到工件中超声波的波长,并使工件的厚度为超声波半波长的整数倍时,入射波和反射波相互叠加便产生共振。根据共振时谐波的阶数(即共振次数)及超声波的波长,就可测出工件厚度。其关系式为

$$\delta = n\lambda/2 = nc(2f)$$

式中 δ——工件厚度(mm);

n——共振次数;

λ——超声波波长(mm);

c——超声波在工件中的传播速度(mm/s);

f——超声波频率(Hz)。

实际测量中,如果已知相邻两个共振频率之差 $\Delta f = f_1 - f_2$,也可按下式计算工件厚度:

$$\Delta = c/(2\Delta f)$$

共振法具有设备简单、测量准确等优点,因此常用于工作壁厚的测量(管材、压力容器等)。另外,当工件厚度在使用过程中发生变化时,将会导致共振现象的消失或共振点偏移,根据此特性可以探测复合材料的胶合质量、板材的点焊质量、板材内部夹层等缺陷。

2)穿透法

穿透法又叫透射法,它是根据超声波穿透工件后的能量变化来判断工件内部有无缺陷。使用时将两个探头分别置于被测试件相对的两个侧面,一个探头用于发射超声波,另一个探头用于接收透射到另一个侧面的超声波,并根据所接收超声波的强弱来判断工件内部是否有缺陷。若工件内无缺陷,超声波穿透工件后衰减较小,接收到的超声波较强;若超声波传播的路径中存在缺陷时,超声波在缺陷处就会发生反射或折射,并部分或完全阻止超声波到达接收探头。这样,根据接收到超声波能量的大小就可以判断缺陷位置及大小。

穿透法的优点是适于探测较薄工件的缺陷和衰减系数较大的匀质材料工件;设备简单、操作容易,检测速度快;对形状简单、批量较大的工件容易实现连续自动检测。

穿透法的缺点是不能探测缺陷的深度;探伤灵敏度较低;对发射探头和接收探头的位置要求较高。

3)脉冲反射法

脉冲反射法是目前应用最广泛的一种超声波检测法。它的探伤原理是将具有一定持续时间和一定频率间隔的超声脉冲发射到被测工件,当超声波在工件内部遇到缺陷时,就会产生反射,根据反射信号的时差变化及在显示器上的位置就可以判断缺陷的大小及深度。

根据入射脉冲的波形不同,脉冲反射法可以分为纵波、横波、表面波及板波探伤4种。

该方法的突出优点是通过改变入射角的方法,可以发现不同方位的缺陷;利用表面波可以检测复杂形状的表面缺陷;利用板波可以对薄板缺陷进行探伤。

4)直接接触法

直接接触法是利用探头与工件表面直接接触而对缺陷进行检测的一种方法。它是通过在探头与工件表面之间的一层很薄的耦合剂来实现。如果探头与工件表面之间有空气层,则空气层会使声能几乎完全被反射。为了获得良好的声耦合,工件探测表面的粗糙度应小于6.3μm。这是因为6.3μm时表面不平度约为0.084mm,对探伤灵敏度影响不大。此外,工件表面曲率对探伤灵敏度也有影响,表面曲率大时,因接触面积减小会使灵敏度下降,因此对大曲率工件检测时,应采用小直径探头。

经常使用的耦合剂是油类。一般情况采用中等黏度的机油,平滑表面可以用低黏度油类,粗糙表面可用高黏度油类。甘油的声阻抗最高且易溶于水,也是一种常采用的耦合剂。

5)液浸法

直接接触法虽具有灵活、方便、耦合层薄、声能损失少等优点,但由于耦合层厚度难以控制、探头磨损大、测速慢等缺点,因此也可采用液浸法。

液浸法是在探头与工件表面之间充以液体,或将探头与工件全部浸入液体进行探伤的方法。液体一般用水。它是把探头发射的超声波经过液体耦合层后,再入射到工件中去。因为探头与工件不直接接触,所以超声波的发射和接收都比较稳定。

液浸法探测时,发射的超声波在液体与工件界面产生界面波,同时大部分声能传入工件。若工件中存在缺陷,则在缺陷处产生反射,而另一部分则传入底面产生反射,其波形如图7.4所示。

图7.4中,S为发射波,B为界面波,F为缺陷波,D为底波。波形S到B、B到F及B到D

之间的距离,各相当于超声波在液体中、工件表面至缺陷处及在工件中往返一次所需的时间。如果探头与工件之间的液体厚度改变时,则信号 S 到 B 的距离也随之改变,但 B 到 D、B 到 F、F 到 D 的距离不变。

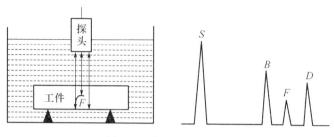

图 7.4　液浸法探伤波形

液浸法探伤时的灵敏度比直接接触法提高约 10dB。在使用中,浸液应保持清洁,不应有冷热对流。

4. 超声检测诊断的图像显示

超声检测诊断的图像显示是指超声入射到工件中,在接收反射波束或穿透波束时能用图像来显示缺陷的位置、宽度、分布等情况。图像显示方式有 A 型显示、B 型显示和 C 型显示。

A 型显示可以在显示器上以脉冲形式来显示缺陷大小,根据脉冲位置来判断缺陷深度和部位。其优点是设备简单、方便,可用纵波、横波探伤;缺点是以波形高低位置为依据,不直观。

B 型显示可以在显示器上显示缺陷的断面像,即缺陷在某截面上的范围、深度、大小。为了有利于检测自动化和不使探头磨损,常采用液浸法方式。

C 型可以显示出工件内部缺陷的平面像,以便了解缺陷在平面上的宽度及分布情况。

目前,利用超声波对设备缺陷进行检测主要有两个方面,其一是超声波探伤,其二为超声波测厚。

探伤主要用于大型锻件、铸件、焊缝、钢管、棒材、板材、复合材料等;测厚主要用于受腐蚀的缸、塔、压力容器、管壁厚度等的测量。

5. 超声检测诊断条件的选择

在进行超声检测之前,应了解被检工件的材料特性、外形结构和检测技术要求;熟悉工件在加工的各个过程中可能产生的缺陷和部位,以作为分析缺陷性质的依据;根据检测目的和技术条件选择合适的仪器和探头,并进行仪器性能的测试;选择检测方法和耦合剂及探测条件,如适当的频率等。

对同种材料而言,频率愈高、超声衰减愈大。对同一频率而言,晶粒愈粗,衰减愈大。对细晶粒材料,选用较高频率可提高检测灵敏度。因为频率高,波长短,检测小缺陷的能力强,同时频率愈高,指向性愈好,可提高分辨率,并能提高缺陷的定位精度。但是提高频率会降低穿透能力和增大衰减,因此对粗晶和疏松及厚度大的工件,应选用较低的探测频率。

仪器和探头组合系统的灵敏度调节,通常有两种方法:一种是等灵敏度法,即参考试块法;另一种是基准灵敏度法,即底面基准法。

7.2.3　缺陷位置的确定方法

超声仪荧光屏上通常有两根扫描线,其中一根为距离标志波。在纵波探伤中,发射波、缺陷波和底波的距离,可由标志波直接读出。另一种方法是图像比较法。若工件长为 L,缺陷波

和底波距发射波分别为 X_F 和 X_B,如图 7.5 所示,则缺陷距探测面距离 h 为

$$h = (X_F / X_B) \cdot L$$

在横波探伤中,缺陷定位要求出缺陷距探头中心的水平距离 L 和距探测面的垂直距离 h,如图 7.6 所示。若探头中心至缺陷的声程为 s,探头折射角为 β,则

$$h = s \cdot \cos\beta$$
$$L = s \cdot \sin\beta$$

在荧光屏上读出声程时,要先校正零位。斜探头的零位校正可使用 ⅡW 试块、平板试块或横通孔试块等。将发射波移出零位,若缺陷波在第 n 格出现,则 s 等于每格代表的横波传播距离与 n 的乘积。

横波定位也可用直角三角形试块比较法,试块的一个角度等于探头折射角 β,如图 7.7 所示。调节微调旋钮,使缺陷波出现在荧光屏第 n 格上,然后将探头放在与被检件相同材料的三角试块斜边上,移动探头使反射波出现在第 n 格上,此时在试块上量出 L 和 h 值,即为缺陷的水平距离和深度。板材和管材探伤都有类似的缺陷定位方法。焊缝探伤还有专用的定位图法和定位尺法等。

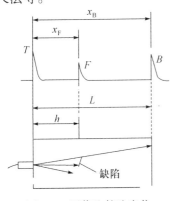

图 7.5 图像比较法定位

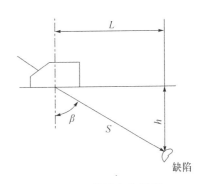

图 7.6 横波定位原理

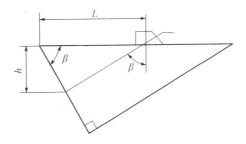

图 7.7 三角试块定位法

7.3 射线检测诊断技术

7.3.1 概述

射线成像检测技术在工业上被广泛应用于产品制造、过程控制、设备在役检测和维修等方面,成为当今无损检测诊断技术的重要组成部分。

射线检测诊断使用的主要射线是 X 射线、γ 射线和其他射线。射线检测诊断成像主要有实时成像技术、背散射成像技术、CT 技术等。该技术的主要优点有：

（1）几乎适用于所有材料，而且对试件形状及其表面粗糙度均无特别要求，对厚度为 0.5mm 的钢板和薄如纸片的树叶、邮票、油画及纸币等，均可检查其内部质量。

（2）能直观地显示缺陷影像，便于对缺陷进行定性、定量与定位分析。

（3）射线底片能长期存档备查，便于分析事故原因。

（4）对被测物体无破坏，无污染。

射线无损检测诊断技术的局限性在于：

（1）射线在穿透物质的过程中被吸收和散射而衰减，使得用它检查的厚度受到限制。

（2）难于发现垂直射线方向的薄层缺陷。

（3）检测费用比较高。

（4）射线对人体有害，需作特殊防护。

7.3.2 射线源及其特性

射线，又称为辐射，一般分为非电离辐射与电离辐射两类。前者是指能量很低，且不足以引起物质发生电离的射线（如微波辐射、红外线等）；而后者指那些能够直接或间接引起物质电离的射线。

直接电离辐射通常是那些带电粒子，如阴极射线、β 射线、α 射线和质子射线等。因为它们带有电荷，所以在与物质发生作用时，要受原子的库仑场的作用发生偏转。同时，会以物质中原子激发、电离或本身产生韧致辐射的方式损失能量，故其穿透本领较差。

间接电离辐射是不带电的粒子，如 X 射线、γ 射线及中子射线等。由于它们属于电中性，不会受到库仑场的影响而发生偏转，其贯穿物质的本领较强，因此广泛地被用作无损检测的射线源。

1. 射线的本质

射线是一种电磁波，它与无线电波、红外线、可见光、紫外线等本质相同，具有相同的传播速度，但频率与波长则不同。射线的波长短、频率高，因此它有许多与可见光不同的性质。

（1）不可见，以直线传播，并遵守反平方法则。

（2）不带电荷，因此不受电场和磁场影响。

（3）能够透过可见光不能透过的物质。

（4）与可见光一样有反射、干涉、绕射、折射等现象，但这些现象又与可见光有区别。

（5）能使物质产生光电子、反跳电子以及引起散射现象。

（6）能被物质吸收产生热量。

（7）能使气体电离。

（8）能使某些物质起光化学作用，使照相胶片感光，又能使某些物质产生荧光。

（9）能产生生物效应，对生物机体既有辐射损伤又有治疗作用。

2. 射线的种类

1）X 射线与 γ 射线

射线检测中最常用的两种射线，X 射线是由人为的高速电子流撞击金属靶产生的；γ 射线则是某些放射性物质自发产生的，如钴、铀、镭等，两者产生的机理不同，但都是电磁波。

2）α 射线与 β 射线

与 X 射线和 γ 射线不同，α 射线和 β 射线不是电磁波，而是离子辐射。由于放射性同位素

能产生 α 衰变和 β 衰变,从而发射出 α、β 射线。α 射线的穿透能力很弱,但有很强的电离作用;β 射线虽然穿透能力强,但能量很小。因此,一般并不直接用 α 射线和 β 射线进行检测,它们只适用于某些特殊场合。

3)中子射线

中子是一种呈电中性的微粒子流,它不是电磁波,这种粒子流具有巨大的速度和贯穿能力。它与 X 射线和 γ 射线相比主要区别在于:它在被穿透材料中的衰减主要取决于材料中对中子的俘获能力。例如对铅来说,X 射线和 γ 射线穿透时能量衰减很大,但俘获中子的能力很小。而对氢来说正好相反。一个很厚的铅罐中装有石蜡时,采用中子射线照相时所得的石蜡图像清晰,而用 X 射线照像时什么也看不到。因此,中子照相常用于检测火药、塑料和宇航零件等。

3. X 射线的产生及其性质

1)X 射线的产生

在工业应用方面,X 射线是一种特制的 X 射线管产生的,X 射线管的原理示意图如图 7.8 所示,它是由阴极、阳极和高真空的玻璃管及陶瓷外壳组成。阴极是一加热灯丝,用于发射电子。阳极靶是由耐高温的钨制成。工作时在两极之间加有高电压,从阴极灯丝发射的高速电子撞击到阳极靶上,其动能消耗于阳极材料原子的电离和激发,然后转变为热能,部分电子在原子场中受到急剧阻止,产生所谓的韧致 X 射线,即连续 X 射线。

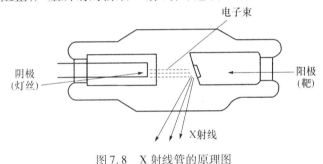

图 7.8　X 射线管的原理图

为减少电子在飞往阳极过程中与气体离子相碰撞损失动能,X 射线管需被抽成 $10^{-5} \sim 10^{-4}$ Pa 的真空。

电子流所带动能的绝大部分(97% 以上)都转化为热能传给阳极,因此阳极材料一般应选用耐高温的材料并通以冷却介质加以冷却。动能中仅一小部分(3% 左右)转变为 X 射线。

电子从阴极发射出来,其数量取决于灯丝电压。X 射线管所产生 X 射线量的大小主要取决于从阴极飞往阳极的电子流(即为管电流)。至于 X 射线质的高低,或其穿透力的强弱则主要取决于电子从阴极飞往阳极的运动速度,从而取决于 X 射线管的管电压。

改变 X 射线管的管电流或管电压时对 X 射线量与质的影响分别如图 7.9(a)、图 7.9(b) 所示。从图 7.9 中可以看出,当增大管电流时,X 射线原各波长强度相应增大,但当只增大管电压时,X 射线除各波长强度有相应增强,还出现了新的更短波长。

普通 X 射线和 γ 射线检测,由于其能量低、穿透能力差,检测能力受到限制。例如,超过 100mm 厚的钢板不能用一般 X 射线检测,超过 300mm 厚的钢板很难用 γ 射线进行检测。此时可采用加速器产生的高能 X 射线检测,所谓高能 X 射线是指能量超过 1000kV 的射线。例如,对厚度达 300～500mm 的钢板,采用高能 X 射线检测可以获得满意的结果。

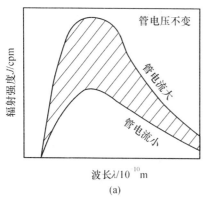 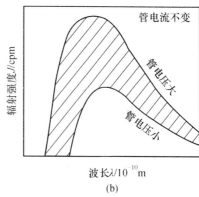

(a)   (b)

图 7.9   X 射线管管电压与管电流对 X 射线质和量的影响

高能 X 射线的产生和上述基本相似,所不同的是高能 X 射线的电子发射源不是热灯丝,而是电子枪,电子运动的加速也不是管电压,而是加速器。射线检测中应用的加速器都是电子加速器,能量在数兆电子伏到数十兆电子伏范围内。

2)X 射线的波谱

一般情况下,有 X 射线管发出的 X 射线,其波长是由一系列波长不同的 X 射线和一个或几个特定波长的 X 射线谱组成。把前者所组成的 X 射线谱称为连续 X 射线或白色 X 射线;把后者称为标识 X 射线或特征 X 射线。

(1)连续 X 射线。

对用一定材料作成靶的 X 射线管,在一定电压下都有一个与电压对应的连续 X 射线谱。如果只改变管电压而其他条件保持不变,就会得到不同电压下的连续谱线。这是因为飞向阳极的电子能量不足以使原子中的电子激发或溢出核外时,打靶电子消耗于阳极原子的各种过程的能量各不相同,这样就产生了连续波谱。例如,在 20kV 以下使用具有钼(Mo)靶的 X 射线管时,得到的 X 射线谱如图 7.10 所示。

从图 7.10 中可以看到:在一定的管电压下,这些连续 X 射线都具有一个波长最短的点,比这个最短的波长点更短的 X 射线波长是不存在的,这个点波长称为 X 射线的极限波长。

一方面随着管电压升高,极限波长的值将向左移动,而且曲线的定点(即最大强度)所对应的波长也朝波长短的方向移;另一方面图 7.10 中所示的管电压高度曲线所包围的面积(即是构成 X 射线在此电压下的总强度)变大,其大小与管电压平方成正比。

连续 X 射线的强度在各个方向是不相同的,当管电压较低时,X 射线的强度在垂直于电子流运动

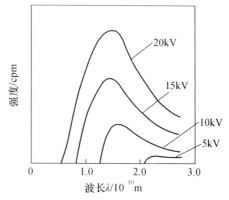

图 7.10   钼靶的 X 射线谱

的方向上强度比较大,而在电子流前进的方向和相反的方向上,X 射线强度为零;在管电压很高时电子流前进的方向及其相反方向也有不同 X 射线辐射,它的强度比垂直于电子流方向要弱,X 射线管所辐射的 X 射线强度最大的方向是与电子流大约成 60°~70°角的方向。由于这个原因,在设计 X 射线管时阳极靶板倾斜度应满足其要求。在不同管电压下连续 X 射线的强度在不同方向上的分布状态不同。

在管电压不同的情况下,X 射线管所辐射的连续 X 射线,其强度集中程度不一样。管电

压越高,短波长成分越多,X 射线强度越集中,对物体的穿透能力就越强;反之就越弱。因此,在 X 射线检测过程中工件越厚,所用的管电压就越高。

一般 X 射线探伤所产生 X 射线的效率很低。按经验公式其效率为

$$\eta = \alpha Z V$$

式中　α——比例系数,约为$(1.1 \sim 1.4) \times 10^6$;

　　　Z——阳极靶材的原子序数;

　　　V——管电压(kV)。

由上式可知,当靶材原子序数越大、管电压越高时,产生连续 X 射线的效率也越高。以钨靶为例,当管电压为 200kV 时,所产生的 X 射线效率可高达 2%,其余 98% 左右的能量最终都转变为热能。因此,在选择 X 射线管阳极靶材时应选用原子序数大、熔点高的材料(如钨、钼等)。

(2) 标识 X 射线。

当 X 射线管管电压提高到某临界值后,在 X 射线谱中,除了波长连续分布的连续 X 射线外,还会出现几个特别的波长,其强度非常大。这个特殊波长只取决于靶的材料,而与管电压的量值无关,这个谱线非常狭窄的波长叫做靶材料的特征谱线。由于它表示靶材料的特征,习惯上把这种波长 X 射线称为标识 X 射线(即特征 X 射线)。为了产生特征波谱而需要的最低管电压称为激发电压。例如,钼的激发电压为 20.01kV,故钼靶 X 射线管在管电压低于 20kV 时不会产生特征 X 射线。钼靶 X 射线管管电压为 35kV 时所产生的两种标识 X 射线,如图 7.11 所示。从图 7.11 中可以看到有两条波长分别为 63pm 和 71pm 的 K 系列标识 X 射线叫做 K_α 和 K_β。

(3) X 射线谱。

光学光谱中,不同波长的光具有不同的颜色。而在 X 射线谱中,不同波长的射线具有不同的穿透力,波长越短,射线越硬,穿透力越强。

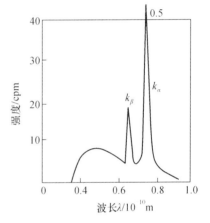

图 7.11　管电压为 35kV 时钼的标识
X 射线与连续 X 射线的分布

X 射线谱可以用图示表示,横轴表示波长 λ,纵轴表示所产生的强度 I 对波长比,即 $dI/d\lambda$,此量称为强度的密度。在实际应用中,纵轴通常直接写作强度 I,这是不够严格的。X 射线谱与

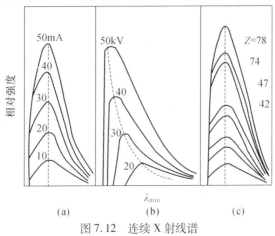

图 7.12　连续 X 射线谱

155

光谱一样有不同的类型。图7.12是连续X射线谱;图7.13是标识X射线谱,有不连续的线状谱存在,但是标识谱总是伴随着连续谱存在。在实际应用中,可以通过滤波的方式,减弱连续谱的强度,保留标识谱。在射线探伤时,所用的射线实际上是连续谱和标识谱同时存在。

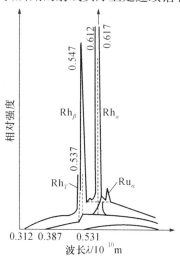

图7.13　铑制阳极靶的标识X射线谱

4. 射线的产生及其性质

γ射线和X射线从本质和性质上并没有区别,只是其产生方式有所不同。γ射线是由放射性同位素产生的,放射性同位素是一种不稳定的同位素,处于激发态,其原子核的能基高于基级,它必然要向基级转变,同时释放出γ射线,γ射线的能量等于两个能级间的能量差。射线检测中所用的γ射线通常是由核反应制成的人工放射源,应用较广的γ射线源有钴60、铱192、铯137、铥170等,而铯137因其放射性比活度低,又易造成环境污染,且能量单一,不宜检测厚度不均匀工件等原因而日趋淘汰。

例如,钴60就是将其稳定的同位素钴59置于核反应堆中,俘获中子而发生如下核反应制成:

$$^{59}_{27}Co + ^1_0n \rightarrow ^{60}_{27}Co + 能量\ E$$

$^{60}_{27}Co$就是人工放射性同位素,它继续进行核衰变而辐射出β与γ射线,同时,该原子本身变成另一种元素的稳定同位素原子。

$$^{60}_{27}Co \rightarrow \beta + \gamma_1(1.17MeV) + \gamma_2(1.33MeV) + ^{60}_{28}Ni$$

放射性同位素的原子核在自发地放射出γ射线后能量逐渐减弱,这种衰变对不同的放射性同位素速度都不同,但对一定的放射性同位素,其衰变速度是恒定的,且不受外界环境如温度、湿度、压力、电磁场等物理、化学条件的影响,它是由原子核本身性质所决定的。

$$N = N_0 e^{-\lambda t}$$

式中　N——物质在第t时尚未衰变的原子数;

　　　N_0——原有的物质原子数;

　　　λ——物质的衰变系数,即单位时间衰变核的数量与尚未衰变核的数量之比。

单位质量的放射性物质在单位时间内发生衰变的原子核数量称为该物质的放射性比活度Ci/g。迄今为止,尚无法改变各种放射性同位素的核衰变进程或其放射性比活度。

衰变系数越小的物质,半衰期越长,衰变速率越慢,使用的时间也越长。根据射线检测的

特性,γ射线源应满足如下要求:

（1）放射出的射线应有一定的能量,以满足检测厚度的要求。

（2）要有较长的半衰期,以满足使用期的要求。

（3）射线源的尺寸尽可能小,以满足检测灵敏度的要求。

（4）放射源应使用安全,便于处理。

工业上常用的几种γ射线源的某些特性如表7.1所列。

表 7.1　常见的几种 γ 射线源的某些特性

γ 射线源名称		^{50}Co	^{226}Ra	^{137}Cs	^{192}Ir	^{170}Tm
γ 射线源能量/MeV		1.25	1.22	0.66	0.35	0.072
相当于 X 射线能量/MeV		2～3	1～2	0.6～1.5	0.15～0.8	0.03～0.15
对钢的吸收系数/cm^{-1}		0.22	0.26	0.1	2.1	20
密度/(g/cm^3)		8.9	5	3.5	22.4	4
半衰期		5.3a	1622a	33a	75d	130d
半价层厚度/cm	Ae	4.6	5.5	3.6	2.4	1.2
	Fe	1.6	1.9	1.2	0.85	0.1
	Pb	1.1	1.2	0.6	0.1	0.03
适用范围/cm	Ae			3～12	2.5～10	0.5～5
	Fe	3～15	3～20	1.5～7	1～5	0.1～1.0

5. 射线的衰减特性

X 射线和 γ 射线与物质相互作用时,主要表现为离子性,即光量子和光子的性质,下文中为方便用光子一词将 X 射线和 γ 射线归在一起。

7.3.3　射线检测诊断原理和方法

1. 射线检测诊断的基本原理

射线检测的基本原理是:当射线透过被检物体时,有缺陷部位(如气孔、非金属夹杂物等)与无缺陷部位对射线吸收能力不同(如金属物体中,缺陷部位所含空气和非金属夹杂物对射线的吸收能力大大低于金属对射线的吸收能力),通过有缺陷部位的射线强度高于无缺陷部位的射线强度,因而可通过检测透过工件后的射线强度差异来判断工件中是否存在缺陷。

目前,应用最广泛、灵敏度比较高的方法是射线照相法。它是采用感光胶片来检测射线强度,在射线感光胶片上对应的有缺陷部位因接受较多的射线,从而形成黑度较大的缺陷影响,射线检测原理图如图7.14所示。

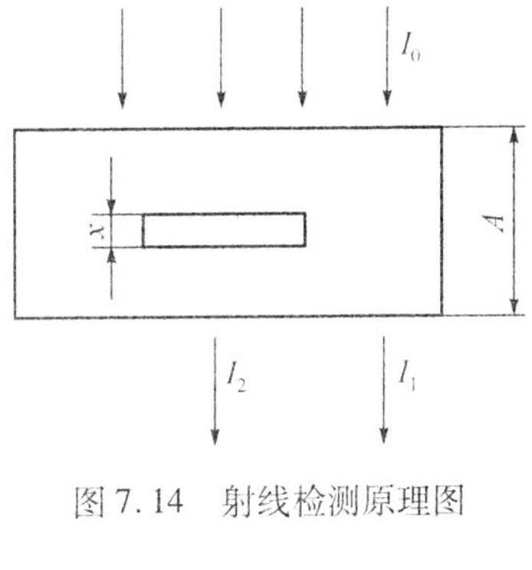

当缺陷沿射线透照方向长度越大或被透照物吸收系数 U 越大时,则透过有缺陷部位和无缺陷部位的射线强度差越大,感光片上缺陷与本体部位的黑度差越大,底片的对比度也就越大,缺陷就越容易被发现。

图 7.14　射线检测原理图

157

2. X 射线检测诊断方法

在应用 X 射线无损检测诊断方法进行检测探伤时,需注意射线检测灵敏度、影响灵敏度的有关因素、缺陷的可检出性三方面问题。

1) 射线检测灵敏度

射线检测灵敏度是指在射线透着的底片上所能发现的工件中沿射线穿透方向最小缺陷的尺寸,称为绝对灵敏度。由于射线照相时,不同厚度的工件所能发现缺陷的最小尺寸不同,比较薄的工件只能发现细小缺陷,比较厚的工件则只发现尺寸稍大一些的缺陷。因此,采用绝对灵敏度往往不能反映不同厚度工件透照质量。用所能发现的最小缺陷尺寸占被透照厚度的百分比表示,则更能反映不同厚度工件的透照质量,这称为相对灵敏度(或百分比灵敏度)。

相对灵敏度 = (放在工件之上可识别的最薄片的厚度/工件厚度) × 100%

即 $K = (\Delta A / A) \times 100\%$

式中 ΔA——最小可识别单元的厚度;

A——工件厚度。

目前,一般所说的射线照相灵敏度都是指相对灵敏度,它是综合评定射线照相质量的指标。按标注我国 X 射线照相质量分为三级:

A 级:成像质量一般,适用于承载负荷较小的产品与部件;

AB 级:成像质量较高,适用于锅炉和压力容器产品与部件;

B 级:成像质量最高,适用于航天飞机和设备等极为重要的产品与部件。

(1) 像质计。

在射线照相前,被透照工件中所能发现的最小缺陷尺寸是无法知道的,一般采用带有人工缺陷的像质计(Image Quality Indicator, IQI)来确定透照灵敏度。像质计的材质应与被透照工件相同;对射线检测技术的变化灵敏;判断影像的方法尽可能简单、准确;易于应用。像质计必须按标准规定使用,使用方法不当则不能正确反映透照混合灵敏度,除了必须选用种类正确、规格符合要求外,还要求像质计摆放位置正确、数量足够。

目前,最广泛使用的像质计主要有三种类型:丝型像质计、阶梯孔型像质计和平板孔像质计。此外,还有槽式像质计等。

① 丝型像质计:一组直径按一定规律变化的直金属丝以一定间距平行排列,封装在低射线吸收系数的材料中,并附加必要的标识标志和符号。常用的丝型像质计的金属丝直径采用等比级数系列,长度一般为 30 ~ 50mm,多为 50mm,一般封装在薄塑料膜中。金属丝型像质计的规格如表 7.2 所列,丝型像质计的形式如图 7.15 所示。

表 7.2　金属丝型像质计的规格

型号	标志	甲级厚度	乙级厚度	金属丝编号及直径								C	D
I	GB/T3323 – 87 1FG7	40 ~ 120	35 ~ 110	编号	1	2	3	4	5	6	7	25 或 50	3 ~ 5
				直径	3.2	2.5	2.0	1.6	1.25	1.0	0.8		
II	GB/T3323 – 87 6F12	20 ~ 50	15 ~ 35	编号	6	7	8	9	10	11	12	50	5
				直径	1.0	11	12	13	14	15	16		
III	GB/T3323 – 87 10F16	<20	<15	编号	10	11	12	13	14	15	16	50	5
				直径	0.4	0.32	0.25	0.20	0.16	0.125	0.10		

金属丝直径	范围	0.10~0.125	0.16~0.50	0.63~1.6	2.0~3.2
	公差	±0.005	±0.01	±0.02	±0.03

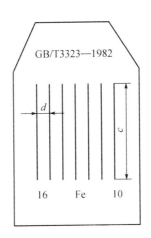

图 7.15　丝型像质计的形式

② 阶梯孔型像质计:在阶梯块上钻上直径等于阶梯厚度的通孔,阶梯的形状可以变化,常用的是矩形和正六边形。对于厚度很小的阶梯常常钻上两个通孔,以克服小孔识别的不确定性。阶梯孔型像质计的尺寸如表 7.3 所列。阶梯的典型面积是边长为 12mm 的正方形,阶梯的典型厚度同于丝型像质计的直径系列,基本结构如图 7.16 所示。

表 7.3　阶梯孔型像质计的尺寸

阶梯编号	孔径和阶梯厚度[①]	阶梯编号	孔径和阶梯厚度[①]
1	0.125	11	1.00
2	0.160	12	1.25
3	0.200	12	1.60
4	0.250	13	2.00
5	0.320	14	2.50
6	0.400	15	3.20
7	0.500	16	4.00
8	0.630	17	5.00
9	0.800	18	6.30
[①] 尺寸公差为 ±5%			

图 7.16　阶梯孔型像质计基本结构

③ 平板孔型像质计:此类像质计是在美国广泛使用的 IQI,一般称其为透度计。它是在厚度均匀的矩形板上做三个通孔,孔应垂直于板的表面,若计板厚为 t,则三个孔的直径分别为

159

$1t$、$2t$、$4t$,$1t$ 孔位于其余两孔中间,板厚 t 只取透照厚度的 1%、2% 及 4% 那些值,结构如图 7.17 所示。

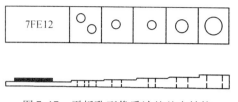

图 7.17　平板孔型像质计的基本结构

（2）缺陷灵敏度。

射线照相的影像质量主要由对比度、清晰度和颗粒度三个因素决定。一般说,一个良好的射线照相影像应具有较高的对比度、较好的清晰度和较细的颗粒。

① 对比度:在射线探伤中,对比度的定义为射线照相影像两个区域的黑度差,常计为 C。射线照相影像的对比度与透照物体的性质、不同部分的厚度差相关,还与采用的透照技术、选用的胶片类型、暗室处理及射线照片的黑度相关。射线照相的对比度如图 7.18 所示。

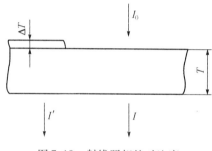

图 7.18　射线照相的对比度

② 清晰度:如图 7.19 所示,当透照一个垂直边界时,理想的情况应得出阶跃形式的黑度分布,但实际上存在一个缓变区 U,U 的大小即为射线照相的清晰度。图中 I 为射线强度,D 为密度。

在射线照相中,不清晰度主要来源于几何不清晰度、胶片固有不清晰度,此外还有屏不清晰度以及移动不清晰度等。

几何不清晰度产生于实际的射线源不是一个几何点,而是具有一定的尺寸,当透照一定的厚度时,按照几何成像原理,要形成一定的半影区,这就是几何不清晰度。不同射线源的几何不清晰度如图 7.20 所示,图 7.20(a)为面射线源,图 7.20(b)为点射线源。图 7.20(a)中 d 为射线源直径,U_g 为半影宽度(即几何不清晰度)。

胶片的固有不清晰度产生于电子在胶片乳剂中的散射,它的大小与散射的能量有关。由于使用荧光增感屏时,荧光物质晶粒对光线散射,还会造成屏的不清晰度,这将严重损害射线照相的影像质量。

因此,目前较好的透照技术都规定不允许采用荧光增感屏。表 7.4 和表 7.5 列出了部分胶片固有不清晰度和屏不清晰度的值。

表 7.4　胶片的固有不清晰度 U_i

管电压/kV	U_i/mm
100	0.05

表 7.5　荧光增感屏的不清晰度 U_s

管电压/kV	屏型	U_s/mm
100	高速钨酸盐屏	0.30

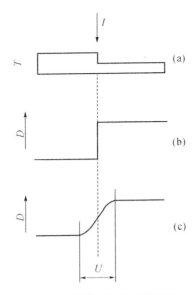

图 7.19　射线照相的不清晰度

（a）工件；（b）理想情况下的黑度分布；（c）黑度分布的缓变区 U（清晰度）。

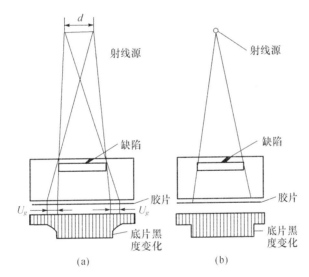

图 7.20　几何不清晰度对缺陷成像的影响

（a）面射线源；（b）点射线源。

200	0.09
300	0.12
400	0.15

100	慢速钨酸盐屏	0.15
140	高速钨酸盐屏	0.30
200	慢速钨酸盐屏	0.26
360	慢速钨酸盐屏	0.26

③ 颗粒度：颗粒度是决定影像质量的另一个因素，它定义为射线照相影像黑度不均匀性的视觉印象。它除了与胶片本身的性质有关外，主要还与射线的能量和曝光量有关。

2）影响灵敏度的有关因素

（1）射线源尺寸与焦距的大小。

影响射线透照灵敏度的因素很多，其中之一就是几何不清晰度。它通常用半影宽度 U_g 来度量，由前所知：

$$U_g = dT/(f - T)$$

式中　d——射线源有效焦点尺寸；

　　　f——射线源与胶片间的距离，称为焦距；

　　　T——透照厚度。

工程应用中，常用射线源至工件表面的距离为焦距。从上式可知，欲减小半影宽度，当被检件厚度一定时，主要决定因素是射线源和透照时采用焦距的大小。射线源越小、焦距越大时，半影宽度 U_g 就越小。但焦距越大、照射面上的射线强度越低，要达到某一强度的曝光时间越长，曝光时间的增长既降低了检测效率又增加了散射线。因此，选择焦距大小时，不但考虑几何不清晰度的要求，也要考虑曝光时间不能太长。为满足几何不清晰度和曝光时间之间的折中要求，ISO 国际标准对最小焦距做出具体规定：

对 A 级检测：$f = 7.5db^{2/3}$

对 B 级检测：$f = 15db^{2/3}$

因此，ISO 国际标准允许的几何不清晰度表达式为（在 $f \geq T$ 时）：

对 A 级检测：$U_g = b^{1/3}/7.5$

对 B 级检测：$U_g = b^{1/3}/15$

从上式可见，ISO 国际标准规定的几何不清晰度值不是常数，它是随被检工件的厚度而变化的。

几何不清晰度允许值也可用曲线来表示。由于焦距不能过大，这就是在射线照相中为什么希望尽量采用小焦点 X 射线机的道理。

（2）射线能量。

X 射线能量的大小取决于 X 射线管电压的高低。管电压越高，X 射线能量越大，探伤时穿透能力越强，射线检测工件的首要条件是要使射线能够透过工件并使胶片感光，这就要求透照时必须有足够的射线硬度。但并不是管电压越高越好，因为透照电压直接决定材料的吸收系数和胶片的固有不清晰度，并影响积累因子的大小，所以对射线照相灵敏度有重要的影响。这样，在能穿透工件的情况下，尽量采用较低管电压，减少射线能量。这样，衰减系数 u 就变小了，有缺陷部位与无缺陷部位的射线强度差变大，从而在底片上有缺陷部位与无缺陷部位黑白对比度增大，提高了底片的灵敏度。

（3）散射线和无用射线的影响。

射线检测过程中不可避免地要产生散射线，在散射线作用下胶片也会感光，从而降低了底片的对比度和清晰度。散射线严重时，会因散射的作用而减少像质计影像中清晰可见的数量，降低灵敏度。对于散射线必须采取如下的防范措施：

① 屏蔽措施。将能够产生散射线的部位，用对射线有强烈吸收作用的材料屏蔽起来。

② 限束措施。为避免射线在空气中的漫射和使射线沿着孔径光栏成一平行射束进行投射，利用铅制的限束器或孔径光栏加以限制。

③ 背衬措施。为避免暗匣、暗袋背面产生散射线，可利用较厚的铅板为衬盖材料，透照时垫在暗袋背面。

④ 过滤措施。在射线检测中,一个重要的问题是工件的边界或边缘部分在胶片面积之内,并且要求直到边界都得到良好的缺陷灵敏度。这种情况,可采用边界遮蔽的办法,同时也可采用过滤技术使之得到明显改善。

如果过滤器放在靠近 X 射线管处,它可以吸收 X 射线管发射的很软的射线,这部分射线最容易被胶片吸收,且具有最大的照相效应。在没有过滤器时,这部分射线只能到达胶片没有工件的部分或者穿过工件的最薄部分,并在这个区域产生强烈的胶片黑度,使影像边界和细节发生模糊。在 X 射线管上使用过滤器在管电压 150~400kV 间的 X 射线具有最大价值。

⑤ 采用金属增感屏。到达胶片的射线是一次射线束的较高能量部分与在工件中产生的散射线,由于康普顿散射,大量的这种散射线是较低能量的,为防止其影响,可采取厚的前增感屏将其过滤掉。如厚工件的边界在胶片面积之内,甚至用过滤技术也难以清除影像的"咬边",必须采取遮蔽边界,以防止无用射线到达胶片。此外,还可以采用对复杂形状的工件进行补偿或减少散射线的作用时间等措施。

(4) 被检工件的外形。

外形复杂或厚薄相差悬殊的工件进行射线检测时,如果按厚的部位选择曝光事件,则薄的部位曝光就会过量、底片全黑;如果按薄的部位选择曝光条件,则厚的部位曝光不足,得不到最佳对比度。

对这样的工件进行射线检测必须采取专门措施,例如分两次曝光或采取补偿的方法,使用补偿泥或补偿液,使黑度彼此接近。

(5) 缺陷本身形状及其所处位置。

射线检测发现缺陷的能力有限,对气孔、夹渣、没焊透等体积型缺陷比较容易发现,而对裂纹、细微未熔合等缺陷,在透照方向不合适时就不易发现。

在射线检测底片上缺陷的影像并不一定与工件内部实际缺陷一样,如射线源的位置不同(焦距不同),缺陷的影像就有变化。一般而言,焦距大时,缺陷影像放大就小;缺陷与胶片间的距离越远,则其影像越被放大。

对于细微裂纹,特别是裂纹平面不平行于射线方向时,在底片上就很难发现,所以有时在工件里有很长的裂纹,而在底片上只发现一段。对于长条状缺陷,如条状夹渣、未焊透、未熔合等,由于这缺陷本身在焊缝中状态不一样,同一条状夹渣不同部位可能夹渣程度不同。同样未焊透和未熔合程度也会不同。夹渣较轻、未焊透较轻、未熔合较轻的部位在底片上都有可能观察不到。因此,实际上是一条程度不同的连续缺陷,而在底片上就可能显示出断续缺陷的影像。

由于缺陷在焊缝中的取向可能是各种方向的,而射线检测底片上的影像是在各平面上的投影,不可能表示出缺陷的立体形状,因此要确定出缺陷的大小,还需要用几个透照方向来确定出不同方位的缺陷大小(立体形状)。

对角焊缝(T 形焊缝或 L 形焊缝)或对接焊缝进行斜透射时,缺陷影像可能变形,底片上的缺陷影像位置与缺陷在焊缝中的实际位置也会有所错动。

由此可见,缺陷的形状、方向性和在工件中所处的位置对底片影像均有不同程度的影响,既影响其清晰度也影响灵敏度,应用时应予以注意。

(6) 暗室处理。

胶片的暗室处理过程包括显影、定影、水洗和烘干。通过这几个步骤,才能将曝光后具有潜像的胶片变为可见影像的底片,以观察其是否存在缺陷影像,并且将其长期保存。暗室处理是射线检测的一个重要的过程,如果处理不当就会前功尽弃。诸如显影过度、显影不足或显影液失效,有杂物混入等均影响底片的质量。从某种意义上来说,暗室处理质量是保证底片质量的重要环节,必须引起重视,操作时应养成持角、棱操作的习惯,以防止底片上粘上污物、指纹等,同时还应注意防止划伤、破损等。

3)缺陷的可检出性

(1)三类缺陷可检出的最小尺寸。

射线照相主要用于检验铸造缺陷和焊接缺陷,而由于这些缺陷几何形状的特点、体积的大小、分布的规律及内在性质的差异,使它们在射线照相中具有不同的可检出性,即在使用同样的射线照相技术的情况下,三类缺陷可检出的最小尺寸不同。对于这些缺陷,按照射线照相的特点,可以把它们简单地分为三类。

① 体积类缺陷的可检出性。主要指气孔、缩孔、夹杂等缺陷,这些缺陷从总体上看多具有较大的体积,在空间上没有特殊的延伸方向,且与基体材料具有明显不同的射线吸收性质。因此,其可检出性主要由射线照相的对比度决定,射线照相的不清晰度对其可检出性无明显影响。

② 分散的细小缺陷的可检出性。主要是指小气孔和点状夹渣,这类缺陷的基本形状可视为球形,随缺陷性质的变化,对射线的吸收也将改变。

③ 面状缺陷的可检出性。裂纹、未熔合及未焊透和冷隔等都可视为面状缺陷,这类缺陷在断面上都有极大的深度/宽度比,延伸方向规则或不规则。

(2)不同位置缺陷的可检出性。

一般说来,由于被检物体上存在的线吸收系数、射线照相总的不清晰度,以及积累因子值的变化,使得不同位置缺陷的最小可检出尺寸也不同,因而同一种缺陷在位于不同位置时将有不同的可检出性。

3. γ 射线检测诊断方法

由于放射性同位素具有轻便、经济、穿透能力强以及射线源可伸入窄小部位透照等特点,γ 射线很早就被用于探伤,而且目前应用十分广泛。γ 射线检测方法具体有如下独特的优点:

(1)因为它不用电能,在野外和施工现场作业很方便,特别是当采用贫化铀作射线防护材料后,γ 射线检测装置可以做得更为小巧、轻便。

(2)γ 射线源可以用传输管深入到工件狭窄部位(如直径 25mm 小孔中)照相,还可以在高温、高电压和磁场的环境下探伤,这对 X 射线设备来说是不大可能的。

(3)X 射线机目前最高管电压只能做到 450kV,最大穿透钢板厚度小于 100mm。采用加速器探伤则体积大、费用高,而 γ 射线则可以用比较小的装置检测厚度达 300mm 的钢板。但是,γ 射线检测存在的主要缺点为:

(1)半衰期短的 γ 射线源更换频繁。

(2)要求严格的射线防护。

(3)发现缺陷的灵敏度略低于 X 射线检测。

随着核反应堆技术的发展,已经能生产出体积小而强度高、具有不同射线能量的放射性同位素,这也是 γ 射线检测得以推广的一个重要条件。

目前,国内外常用的放射源大多是钴 60 和铱 192,前者主要用于检测厚工件,后者则主要用于检测薄工件。此外,钇 169 得到越来越多的应用,它的照相灵敏度和照相衬度相当于经过高度滤波的 250 ~ 350kV 的 X 射线(取决于工件厚度)。对于小口径、壁厚小于 8 ~ 10mm 的钢管件,采用钇169的结果比常用的放射源铱192灵敏度高而且曝光时间短。使用钇169的另一个优点是可以采用非常小巧的储源器,而且其防护距离也较铱192或X射线小。几种常用放射源的特性如表7.6所列。

表7.6 常用放射源的特性

同位素源	半衰期	主要能量/kV	相当X射线/MeV	对钢的穿透能力/mm	源直径/mm	特征强度 RHM
钴60	5.3a	1330,1170	3	50~200	$1 \times \phi 1$ $4 \times \phi 1$	1.35
铱192	74d	310,470,600	1	13~75	$0.5 \times \phi 0.5$ $1 \times \phi 1$	0.55
铥170	130d	52,84	0.12	2.5~13	D0.6 D3.0	0.01
铯137	30a	660	—	75	$\phi 10$	0.34
钇169	32d	60,120,190,300	0.3	2.5~15	D0.6 D1.0	

γ射线机按其结构形式分为携带式、移动式和爬行式三种,携带式γ射线机大多采用铱192作射线源;移动式γ射线机大多采用钴60作射线源;爬行式γ射线机用于野外焊接管线的检测,如德国GAMMAMAT公司生产的M10型γ射线探伤机可在管径为150~450mm的焊接管线中爬行,准确定位拍照。

γ射线机一般由射线源、屏蔽体、驱动缆、连接器和支承装置等组成。为了减少散射线,铱192和钴60产品附有各种钨合金光栏,可装在放射源容器上或装在放射源导管末端。按工作需要发射出定向、周向或球形射线场。源导管标准长度为3m,可根据需要延长。

几种典型γ射线机的主要性能如表7.7所列。

表7.7 几种典型γ射线机的主要性能

类型	型号	γ源	焦点尺寸 ($\phi/mm \times L/mm$)	容量/Ci	重量/kg	屏蔽体
携带式	TS-1 (中国)	Ir192	3×3	60~70	26	贫化铀
	TI-FF (德国)	Ir192	1×1	200	18	贫化铀
	PI-104H (日本)	Ir192	2×2	10	21	钨合金
移动式	TK-100 (德国)	Co60	4×4	100	145	贫化铀
	PC-501 (日本)	Co60	4.2×5.5	50	585	铅

为了保证γ射线照相的底片质量,我国标准中对γ射线机的选择规定了它的适用厚度,如

165

表 7.8 所列。由于它的射线能量很高,而且不能像普通 X 射线机可以调节,需特别注意它的下限值。

表 7.8　不同 γ 射线机的适用检测厚度

射线源	工件厚度/mm		
	A 级	AB 级	B 级
Ir192	20 ~ 100	30 ~ 95	40 ~ 90
Co60	40 ~ 200	50 ~ 175	60 ~ 150

与 X 射线探伤仪相比,γ 射线装置的投资要低得多。以铱 192γ 射线装置为例,它仅为 150kV X 射线探伤机投资的 1/10;是 250kV X 射线探伤机的 1/15;其所需工时为 X 射线机的 1/20;其能源消耗仅为 X 射线探伤机的 1/20;其维修元件费约为 X 射线探伤机的 1/4;其维修工时费约为 X 射线探伤机的 1/10 ~ 1/3。γ 射线照相的透照灵敏度当钢材厚度小于 25mm 时,依 192 的灵敏度与 400kV 的 X 射线探伤机接近。铱 192 是多能谱能量低的射线,波长较长,容易被工件吸收;工件厚度大于 70mm 后,黑度梯度缓慢下降,所以放射性同位素铱 191 的最佳灵敏度所对应的透照厚度是 20 ~ 70mm。对放射性同位素钴 60 来说,它的最佳灵敏度所对应的透照厚度是 50 ~ 200mm。

除最常用的 γ 射线照相法外也可采用其他仪器来代替胶片获取透过工件后 γ 射线信息,如 γ 射线投射计、背散射计、中子计和 X 射线发射计等。

4. 诊断方法

高能 X 射线照相法的基本原理与一般 X 射线照相法相同,它的主要优点如下:

(1) 能量高的光子具有更强的穿透力。

(2) 采用较大的距离/厚度比可以降低畸变。

(3) 可以缩短曝光时间。

(4) 可检测活动范围宽的工件,对比度好,减少到达造成的大角度散射总量,因此所获得的照相底片质量比较高。

(5) 可采用大焦距和大的覆盖面积。

按加速粒子的种类,可将加速器分为电子加速器、质子加速器、重离子加速器和全离子加速器等。

射线检测中采取的加速器都是电子加速器,能量在几到几十兆电子伏范围内,一般都在 45MeV 以下,因此都用低能电子加速器产生。适合工业无损检测的主要有电子感应加速器、电子直线加速器和电子回旋加速器。

与一般 X 射线相比,高能 X 射线更要注意安全,有些高能 X 射线在几秒钟内会放出对人体致命的辐射剂量。包括 X 射线准直器,在高能辐射场中也会变成一个产生中子的辐射源,这些中子不但对工作人员有危险,而且有损胶片质量。因此,通常在建造高能 X 射线源的屏蔽室时,首先考虑工作人员的安全防护,其次是设备的使用要求,成本放在第三位。

对铸件或焊接件来说,采用高能 X 射线的底片质量大大优于一般 X 射线照相,提高了曝光范围,减少了宽角散射。高能 X 射线照相的缺点是对比度较差,细纹容易漏检。以检测阀体为例,高能 X 射线能穿透两个外壁,且提供必要的灵敏度,以显示阀体内部零件的缺陷。特别是在关键的阀座区域,将胶片放在阀体后面进行曝光,射线束以最佳角度射入工件,使阀体内部的关键部分投影在胶片上,效果好。高能 X 射线照相的缺点是对比度较差,细纹容易漏检。

5. 背散射射线检测诊断方法

射线检测通常都采用穿透法,射线源与检测器分别放置在工件的两侧,根据通过工件后的射线强度的衰减情况来判断材料和工件中是否存在缺陷。在一般射线检测的光子能量情况下,射线通过工件时的衰减主要取决于康普顿散射,而且这种散射线的存在还会影响底片的质量,因此,在射线检测时要尽可能采取措施,设法消除这种散射线的影响。

实际上散射线本身也可以用于检测,这是因为康普顿散射的总强度与被检用料的电子数成比例,通过测量康普顿散射可获得被检物体中的电子密度信息,该密度基本上与被检物体的物理密度成比例。由于散射量子的空间分布几乎是围绕散射中心各向同性,即在前后方向上散射量子数几乎相同,这就有可能把辐射与检测器同时位于工件的一侧,利用射线的背散射来进行检测。这就给检测工作带来很大方便,它可以获得工件中表面部分缺陷的信息。此外,以往射线检测存在的某些难处理的问题,采用背散射射线法就有可能获得解决。例如,大型铸件在加工前为了保证强度必须检测表面层时,除了涡流法有可能外,射线照相由于工件厚度太大已不适用。其他如形状复杂工件用一般照相检测法很困难,这因为缺陷和工件形状的照射结果显示叠加造成的。再如低密度材料工件射线照相时存在大气吸收射线超过工件对射线的吸收等。射线背散射检测技术具有以下特点:

(1)只需靠近物体的一面,可用于检测用穿透法不能检测的大型工件。

(2)对物体密度的细微变化极为灵敏,检测灵敏度优于穿透法,特别对原子序数低的材料更为明显,如铝、塑料和复合材料等。

(3)可直接呈现具有三维图像的深度信息,无须进行图像重建。

(4)可知缺陷在工件中的深度,能有效地用于分层检测(如复合结构检测)。

(5)由于背散射的辐射强度随被检工件离表面的深度增加而减弱,因此背散射检测技术用于被检工件的近表面。

7.4 涡流检测诊断技术

7.4.1 概述

涡流无损检测诊断是以电磁感应为基础的无损检测技术,只适用于导电材料,因此主要应用于金属材料和少数非金属材料(如石墨、碳纤维复合材料等)的无损检测。

该技术从1897年休斯(Hughes)利用感生电流的方法对不同金属和合金进行的判断实验,揭示了应用涡流对导电材料进行检测的可能性,到1950年福斯特(Forster)研制出了以阻抗分析法来补偿干扰因素的仪器,开创了现代涡流无损检测诊断方法和设备的研制工作已经历了100多年的历史。特别是20世纪70年代以来,由于电子技术,尤其是计算机技术和信息理论的飞速发展,给涡流无损检测技术带来了无限生机,以较快的速度逐步发展成为当今无损检测技术中的一个重要组成部分。

涡流无损检测诊断的主要特点如下:

(1)特别适用于薄、细导电材料,而对粗厚材料只适用于表面和近表面的检测。

(2)不需要耦合剂,可以非接触进行检测。不过随着探头到试件表面距离的增大,涡流检测灵敏度会降低。

(3)速度极快,易于实现自动化。因为不需要耦合剂,涡流检测时并不要求探头与工件接触,所以为实现自动化检测提供了条件。尤其是在有色金属工厂,如铜、铝、锆管的自动化生产线上,可直接应用于在线检测控制产品质量。

（4）可用于高温检测。由于高温下的导电试件仍有导电的性质,尤其重要的是加热到居里温度以上的钢材,检测时不再受磁导率的影响,可以像非磁性金属那样用涡流法进行探伤、材质检验以及棒材直径、管材的壁厚、板材厚度等测量。

（5）可用于异形材和小零件的检测。涡流检测线圈可绕制成各种形状,因而可对截面形状为三角形、椭圆形等的异形材料进行检测。对于小零件的检测,则轴、螺母等工件检验,涡流法也有其独到之处。

（6）不仅适用于导电材料的缺陷检测,而且对导电材料的其他特性提供检测的可能性。只要试件的其他各种因素对涡流有影响,就可能应用涡流检测来检测试件的各种性能,这是它的优点。但反过来,又由于它受各种其他因素的影响,要从涡流的变化中单独得到某个因素的变化,就比较困难。

另外,涡流无损检测诊断技术具有设备简单、操作方便、速度快、成本低、易于实现自动化,以及能在装配状态下对机械装置进行检测等优点,因此在许多工业部门中得到了十分广泛的应用。特别是在有色金属工程,比如铝管、铜管、锆管的自动化生产线上,直接用该技术在线检测控制产品质量。根据检测因素的不同,涡流无损检测诊断技术可检测的项目分为探伤、材质试验和尺寸检查三大类,表7.9中列举了三种分类的一些典型应用。

（1）能测量材料的电导率、磁导率、检测晶粒度、热处理状况、材料的硬度和尺寸等。

（2）检测出材料和构件中的缺陷,如裂纹、折叠、气孔和夹杂等。

（3）金属材料或零件的混料分选。通过检查其成分、组织和物理性能的差异而达到分选的目的。

（4）测量金属材料上的非金属涂层、铁磁性材料上的非铁磁性材料涂层和镀层厚度等。

（5）在无法进行直接测量的情况下,可用来测量金属箔、板材和管材的厚度,测量管材和棒材的直径等。

表 7.9 涡流检测的分类

目的	检测因素	典型应用
探伤	金属试件材料的不连续性	1. 管、棒、线、板材等的探伤; 2. 机制件的探伤; 3. 飞机维护、管道系统维护检查; 4. 疲劳裂纹的监视
材质试验	电导率 σ 磁导率 μ	1. 测量金属试件的电磁参数; 2. 技术热处理状态的分选; 3. 金属材料的分选; 4. 金属材料成分含量、杂质含量的鉴别
尺寸以及状态等的检查	提离效应、厚度效应、充填效应等	1. 金属试件上涂、镀等膜层测量; 2. 板材测量; 3. 位移、振动测量; 4. 液面位置、压力等的监控; 5. 零件计数、转速测量

7.4.2 涡流检测诊断原理

1. 基本原理

涡流检测是涡流效应的一项重要应用。当载有交变电流的检测线圈靠近导电试件时,由于线圈磁场的作用,试件会感生出涡流。涡流的大小、相位及流动性是受到试件导电性能等的影响,而涡流的反作用又使检测线圈的阻抗发生变化。因此,通过测定检测线圈阻抗的变化(或线圈上感应电压的变化),就可以得到被检材料有无缺陷的结论。

因为线圈交变电流激励的磁场是交变的,所以涡流也是交变的,同样,线圈中的磁场就是一次电流和涡流共同感生的合成磁场。假定一次电流的振幅不变,线圈和金属工件之间的距离也保持不变,那么涡流和涡流磁场的强度和分布就由金属工件的材质所决定。也就是说,合成磁场中包含了金属工件的电导率、磁导率、裂纹缺陷等信息。因此,只要从线圈中检测出有关信息,例如从电导率的差别就能得到纯金属的杂质含量、时效铝合金的热处理状态等信息,这是利用涡流方法检测金属或合金材质的基本原理。

当线圈中通以交变电流时,在试样中感应的涡流存在着集肤效应,它使得涡流集中到最靠近线圈的工作表面。集肤效应随着测试频率f、工件的电导率σ、磁导率μ的增长而增加,也就是说试样中的涡流密度随着离开测试线圈距离的增加而减少,这种减少通常按指数规律下降;而涡流的相位差随着深度的增加成比例地增加。

在平面电磁波进入半无穷大金属导体的情况下,涡流的衰减公式如下:

$$J_x = J_0 e^{-x\sqrt{\pi f \mu \sigma}}$$

式中　J_0——工件表面的涡流密度;

μ——磁导率(H/m),对于非磁性材料,$\mu = \mu_0$,μ_0为真空磁导率,对于铁磁性材料,$\mu = \mu_0 \mu_r$,μ_r称为相对磁导率;

x——离开金属表面的距离(m);

J_x——离开表面x深度处工件中的涡流密度;

f——测试线圈的频率(Hz);

σ——材料的导电率。

通常把涡流密度减少到离开表面$1/e$处的深度叫做标准渗透深度,它大约是涡流密度减少到36.8%处的深度,用δ表示。

$$J_\delta / J_0 = \exp(-\sigma\sqrt{\pi f \mu \sigma}) = 1/e \quad \sigma = 1/\sqrt{\pi f \mu \sigma}$$

涡流渗透深度是一个重要的参量。在涡流探伤时,渗透深度太小,只能检测浅表面缺陷;在涡流测厚时,渗透深度太小,只能测量很薄试样的厚度。平面电磁波产生的涡流相位角θ,随着在工件内的深度的增加按下式变化:

$$\theta = y/\delta$$

式中　δ——标准渗透深度(m);

y——工件的深度值(m)。

2. 线圈的阻抗和阻抗归一化

涡流检测中,要用许多阻抗平面图来描述缺陷、电导率、磁导率和尺寸变化与线圈阻抗的关系。因此,首先需要了解相距很近而又有互感的情况,如图7.21所示。

金属导线绕成的线圈,除了具有电感外,导线还有电阻,各匝线圈之间还会有电容。因此,一个线圈不会是一个纯电感,而是用电阻、电感和电容组合成的等效电路表示。一般当忽略线圈匝间分布的电容时,线圈自身的复阻抗可表示为

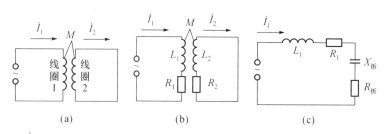

图 7.21　耦合线圈的互感电路

（a）耦合线圈电路；（b）互感作用电路；（c）耦合线圈等效电路。

$$Z = R + j\omega L$$

当两个线圈耦合时，如果给一次线圈通以交变电流，由于互感的作用，会在闭合的二次线圈中产生电流。同时，这个电流又通过互感的作用影响一次线圈中电流与电压的关系，这种影响可以用二次线圈中的阻抗通过互感折合到一次线圈电路的折合阻抗来体现。图 7.22 为交流电路中电压和阻抗平面图。

折合阻抗与一次线圈本身的阻抗之和称为视在阻抗。

$$R_{视} = R_{折} + R_1$$
$$X_{视} = X_{折} + X_1$$

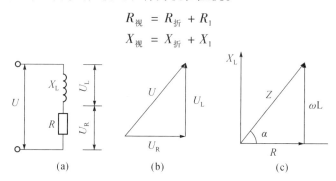

图 7.22　交流电路中电压和阻抗平面图

（a）线圈等效电路；（b）电压向量图；（c）阻抗向量图。

应用视在阻抗的概念，就可以认为一次侧电路中电流和电压的变化是由于电路中视在阻抗的变化所引起的。这样一来，只要根据一次侧电路中的这种阻抗变化就可以知道二次线圈对一次线圈的效应，从而推出二次线圈中阻抗的变化。当线圈 2 不计负载时，即 $I_2 = 0$，相当于探测线圈未放置于金属工件上。线圈 1 的等效阻抗为线圈 1 原有的阻抗：Z_1（$Z_1 : Z_1 = R_1 + j\omega L_1$）。而当线圈 2 负载短路时，即 $R_2 = 0$，线圈 1 的等效阻抗为 $R_1 + j\omega L_1(1 - k^2)$，即比线圈 1 的原有阻抗减少了 $j\omega L_1 k^2$（其中，k 为涡流耦合系数）。如将线圈 1 的阻抗做一复数阻抗平面，即以电阻 R 为横轴，以感抗 X 为纵轴并以负载 R_r 为参变数作出的轨道曲线，如图 7.23（a）所示。它是一个近似半圆（在右边），这个半圆的

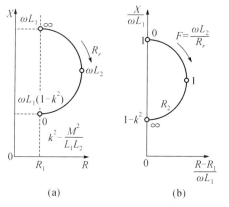

图 7.23　阻抗平面图

（a）线圈阻抗平面；（b）归一化阻抗曲线。

直径为$\omega L_1 k^2$，线圈 1 的感抗减少到$(1-k^2)\omega L_1$，而电阻 R 由 R_1 增加到$(R_1+\omega L_1 k^2/2)$最大值之后再减小回到 R_1。

用这样的阻抗平面来了解线圈阻抗变化要比用公式直观得多,容易理解。但是由于不同的线圈阻抗和不同的电流频率有不同的半圆直径和位置,而且有时线圈阻抗的轨迹曲线不是半圆,因此要进行相互比较有困难。为了解决这个问题,通常是采用阻抗归一化处理的方法。如图 7.23(b)所示,归一化阻抗图是以$(R-R_1)/\omega L_1$为横坐标轴、以$X/\omega L_1$为纵坐标轴得到的,其中 R_0 为线圈空载时的电阻,L_0 为空载时的电感。

这样半圆上端坐标为$(0,1)$,下端坐标为$(0,-1)$,其直径为 K^2。于是这个半圆的存在取决于耦合剂 K,曲线上点的位置依然取决于参变量 R_r。设归一化的频率 $F=\omega L_2/R_r$,则半圆上端 F 等于 0,中间 F 等于 1,下端 F 为无穷大。

归一化阻抗图的特点:

(1)它消除了一次线圈电阻和电感的影响,具有通用性。

(2)阻抗图的曲线簇以一系列影响阻抗的因素(如电导率、磁导率等)作参量。

(3)阻抗图形象地、定量地表示出各影响阻抗因素的效应大小和方向,为涡流检测时选择检验的方法和条件,为减小各种效应的干扰提供了参考依据。

(4)对各种类型的工件检测线圈,又有各自对应的阻抗图。

在涡流检测时,若通以交变电流的线圈中没有试样,则可以得到空载的阻抗 $Z_0=R_0+\mathrm{j}\omega L_0$;若在线圈中放入试样,则线圈的阻抗将变为 $Z_1=R_1+\mathrm{j}\omega L_1$。随着材料工件性质的不同,对检测线圈的影响也不一样,因而工件性质的变化可以用检测线圈阻抗特性的变化来描述。

3. 有效磁导率和特征频率

1)有效磁导率

引起检测线圈阻抗发生变化的直接原因是线圈中磁场的变化。在进行涡流检测时,需要分析和计算工件被放入检测线圈后磁场的变化,然后得出检测线圈阻抗的变化(或线圈上感应电压的变化),才能对工件的各种影响因素进行分析。这样做比较复杂,德国福斯特(Forster)提出了有效磁导率的概念,使涡流检测中的阻抗分析问题大大简化。

由于导电圆柱体内磁场强度 H_0 分布的规律是沿着半径向中心作逐渐减弱的变化分布,据此,福斯特在分析线圈视在阻抗的变化时,提出了一个假想的模型:圆柱体的整个截面上有一个恒定不变的磁场 D_a,而磁导率却在截面上作沿径向的变化,它所产生的磁通量等于圆柱体内真实的物理场所产生的磁通量。这样,就可以将事实上变化着的磁场强度和恒定不变的磁导率由一个虚构的恒定的磁场强度和变化着的磁导率所取代,如图 7.24 所示。这个变化着的磁导率便称为有效磁导率 u_{eff},u_{eff} 是复数,对于非铁磁性材料,其模小于 l。按照这个假想的物理模型,可以写出下面的关系:

$$\phi = BA = \mu_0\mu_r H_0 \pi d^2/4$$

式中　d——圆柱体直径(m);

　　　μ_r——相对磁导率;

　　　H_0——圆柱体表面磁场强度,即线圈空载磁场强度(A/m)。

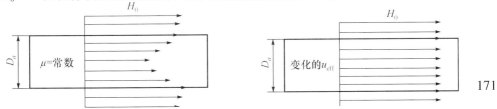

171

有效磁导率是一个含有实部和虚部的复数。表 7.10 为不同的频率比 f/f_g 时的有效磁导率 u_{eff}。f 为涡流检测的激励频率，也称为工作频率，f_g 为特征频率。f/f_g 为频率比，它是涡流检测中的一个重要参数。

表 7.10 不同频率比 f/f_g 时的有效磁导率 u_{eff} 的值

f/f_g	u_{eff}		f/f_g	u_{eff}	
	实数部分	虚数部分		实数部分	虚数部分
0.00	1.0000	0.0000	10	0.4678	0.3494
0.25	0.9989	0.0311	12	0.4202	0.3284
0.50	0.9948	0.06202	15	0.3701	0.3004
1	0.9798	0.1213	20	0.3180	0.2657
2	0.9264	0.2234	50	0.2007	0.1795
3	0.8525	0.2983	100	0.1416	0.1313
4	0.7738	0.3449	150	0.1156	0.1087
5	0.6992	0.3689	200	0.1001	0.09497
6	0.6360	0.3770	4000	0.07073	0.06822
7	0.5807	0.3757	1000	0.04472	0.04372
8	0.5361	0.3692	10000	0.01414	0.01404
9	0.4990	0.3599			

2）特征频率

特征频率是一个固有特性，它取决于工件的电磁特性和几何尺寸。

（1）圆棒。

磁性材料的特征频率：

$$f_g = 5066/(\mu_r \gamma d^2) \times 10^6$$

式中　d——圆棒直径（cm）；

γ——电导率；

μ_r——相对磁导率。

对于非磁性材料上式可简化为

$$f_g = 5066/(\gamma d^2) \times 10^6$$

（2）薄壁管。

① 外通式线圈：对于磁性材料

$$f_g = 5066/(\mu_r \gamma d_i \delta) \times 10^6$$

式中　d_i——管体的内径；

δ——管体的壁厚。

对于非磁性材料，上式可简化为

$$f_g = 5066/(\gamma d_i \delta) \times 10^6$$

② 内通式线圈：对磁性材料

$$f_g = 5066/(\mu_r \gamma d_i^2) \times 10^6$$

式中　d_i——管体内径。

172

对于非磁性材料,上式可简化为

$$f_g = 5066/(\gamma d_i^{\ 2}) \times 10^6$$

4. 涡流检测相似定律

涡流检测中要选择的重要参数为 f/f_g,因为 $f/f_g = 2\pi f\mu_r\gamma d^2 = \omega^2 \mu_r\gamma d^2$,由此式可以得知,频率比与试件电导率、磁导率、圆棒直径和试验频率 f 成正比。经过分析可知,导体内部涡流分布、磁场分布是随 f/f_g 而变化的。但在一定频率比 f/f_g 时,被检验的圆柱体试样不论直径多大,其涡流密度和场强的几何分布均相似,也就是说两个大小不同的被检物体,如果频率比相同,则有效磁导率及圆柱体内的涡流场强和涡流密度的几何分布也相同。这就是涡流试验的相似定律。显而易见,这个相似条件当

$$f_1\mu_{r1}\gamma_1 d_1^2 = f_2\mu_{r2}\gamma_2 d_2^2$$

时,就能得到满足。式中 f_1、f_2 为对试件 1 和试件 2 进行试验时所用的试验频率。

举例来说,相似定律指出,一根 $d = 10\text{cm}$,$\gamma = 35\text{S}/\mu\text{m}$ 的铝棒($f_g = 1.45\text{Hz}$),在 $f = 145\text{Hz}$ 的试验频率下所显示的有效磁导率、场强分布及涡流密度分布,与一根直径 $d = 0.01\text{cm}$,而 $\gamma = 10\text{S}/\mu\text{m}$ 的铁丝($f_g = 50660\text{Hz}$),在 $f = 5.07\text{MHz}$ 的试验频率下所显示的结果完全相同,因为两者的频率比均为 100。

相似定律为进行模拟试验的合理性提供了理论依据。对于在涡流检测中那些不能用数学计算提供理论分析结果,也不能精确地直接用实物加以实测的问题,可以根据涡流检测相似定律通过模型试验来推断检测结果。根据相似定律,只要频率比相同,几何相似的不连续性缺陷(如以圆柱体直径的百分率表示的一定深度和宽度的裂纹)将引起相同的涡流效应和相同的有效磁导率变化。可以通过带有人工缺陷的模拟试验测量出有效磁导率的变化值与缺陷深度、宽度以及位置的依从关系,再利用带有人工缺陷的模型试验来获得裂纹引起线圈参数变化的试验数据,作为实际进行涡流检测时评定缺陷影响的参考依据。

5. 导电圆柱体穿过线圈的阻抗分析

在涡流检测中,工件待测性能的信息是通过检测线圈的阻抗变化和电压效应来提供的。根据法拉第电磁感应定律,通过数学运算,可以推导出二次线圈的感应电压。在实际检测中进行涡流探伤时,直径为 d 的圆柱体工件不可能完全充满直径为 D_0 的二次线圈。这时因为线圈和工件之间应留有空隙,以保证工件的快速通过。因此,计算时二次线圈的电压应考虑由两部分组成,一部分是环形空间中磁场感应的电压;另一部分是工件中磁场感应的电压。其充填系数 μ 为

$$\mu = (d/D_0)^2$$

通过计算可知,当工件没有充满线圈时,二次线圈的感应电压为

$$E = E_0(1 + \eta + \mu\mu_{\text{eff}})$$

因此归一化电压为

$$E/E_0 = 1 + \eta + \mu\mu_{\text{eff}}$$

由于有效磁导率是复数,得到的感应电压也有虚部和实部两个分量。因此,归一化电压也有虚实两部分之分,它们分别是由实部有效磁导率数和虚部有效磁导率数所决定,即

$$E_{虚}/E_0 = \omega L/(\omega L_0) = 1 - \eta + \mu\mu_{\text{eff实}}$$

$$E_{实}/E_0 = (R - R_0)/\omega L = \eta\mu\mu_{\text{eff虚}}$$

由于有效磁导率是频率比的函数,因此只要充填系数和频率比确定,根据上式就可以求出归一化复数电压(或复数阻抗)的虚部和实部。以上的讨论都局限于非磁性导电圆柱体工件,

173

如果工作是磁性材料,其频率可应用相对磁导率进行修正。

因此,当检测线圈接近铁磁性材料时,线圈阻抗的感抗部分将大大增加;而在非铁磁性材料中线圈阻抗的感抗部分将减少。

由于涡流是由一个可变的磁场感生出来的,被检材料的磁导率将强烈地影响着涡流的响应。因此,用涡流法检测磁性材料工件时,应与检测非磁性材料工件有所不同。特别是某些因素(如成分、硬度、剩余应力和缺陷等)既会影响导电率,又会影响磁导率,情况就会变得比较复杂。在低频情况下,问题更加突出,这是因为低频时,磁导率的改变对涡流响应的影响通常要比电导率变化的影响大得多。

为了消除铁磁性材料磁导率对涡流检测的影响,可以对工件被检测部位上施加强磁化场,使材料被磁化到饱和区,此时的相对磁导率约等于1。一般可采用直流磁化场,但所需直流电源的成本比较高。为了降低配套设备的制造费用,只要将材料磁化到使其增益磁导率处于常数的区间即可,此时铁磁性材料检查区磁导率的变化实际上已不再产生影响,就可当作非磁性材料进行检测。

由于不同材料的电导率对线圈阻抗会产生影响,使阻抗值在频率比曲线上的位置发生变化。因此,当其他条件不变时,可以利用涡流检测中不同导电材料间电导率的差异所引起的检测线圈阻抗发生的变化,对材料进行分选。同时,材料的某些特性(特别是温度、成分、热处理及所得的纤维组织、晶粒大小、硬度、强度和残余应力等)也与电导率有着对应关系,也可以通过测定工件电导率的变化来推断材料的某些工艺性能以及来监控各种冶金成分。例如,由于硬度对电导率有显著的影响,可利用电导率的测量来监控时效硬化铝合金的处理情况,如图7.25所示。

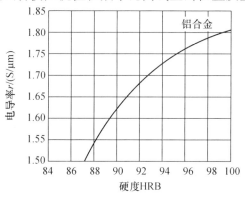

图7.25 时效硬化铝合金硬度与电导率的关系

上述四个因素都可通过涡流检测原理来进行解释,它们的影响程度也能计算出来。

7.4.3 涡流检测诊断方法

在涡流诊断中,检测线圈的合理选用、频率的正确选择、获取的复杂信号的分析处理以及对比试样的制作都直接关系到检测方法的效能。下面对这四个方面加以讨论。

1. 检测线圈的分类与使用方法

在金属材料的涡流检测中,为了满足不同工件形状和大小的检测要求,设计了许多种形式的检测探头,即检测线圈。

1)检测线圈的分类

按检测时线圈和试样的相互位置关系,检测线圈可分为三大类。

(1)穿过式线圈。这种线圈是将工件插入并通过线圈内部进行检测(图7.26(a))。可用于检测管材、棒材、线材等可以从线圈内部通过的导电试件。穿过式线圈,易于实现涡流探伤的批产量、高速、自动检测。因此,它广泛地应用于管材、棒材、线材试件的表面质量检测。

(2)内通过式线圈。这种线圈是将线圈本身插入工件内部进行检测,称为内通过式线圈

(图7.26(b)),也可叫做内壁穿过式线圈。它适用于凝汽器的在役检测。

（3）放置式线圈。这种线圈又称点式线圈和探头,如图7.26(c)所示。在探伤时,把线圈放置于被检查工件表面进行检验。由于线圈体积小、线圈内部一般带有磁性,因而具有磁场聚焦的性质,灵敏度高。它适用于各种板材、带材、棒材的表面检测,还能对形状复杂的工件的某一区域进行局部检测。

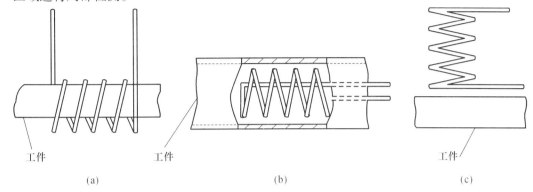

工件　　　　　　　　工件　　　　　　　　工件

(a)　　　　　　　　(b)　　　　　　　　(c)

图7.26　检测时线圈和试样的相互位置关系

（a）穿过式线圈;（b）内通过式线圈;（c）放置式线圈。

2）检测线圈的使用方式

进行涡流无损检测诊断时,必须在被检测工件上及其周围建立一个交变磁场,因此需要有个激励线圈。同时,为了测量检测中对工件性能影响的涡流磁场,还要有一个测量线圈。它们可以是两个线圈,也可以用一个线圈同时承担激励和检测两项任务。一般不需区分线圈功能的时候,可把激励线圈和测量线圈通称为检测线圈。

只有一个测量线圈工作的方式称为绝对式,使用两个线圈进行反接的方式称为差动式。差动式按工件的位置放置形式不同又可分为标准比较式和自比较式两种。

图7.27(a)为直接测量线圈阻抗的变化。在检测时可以先把标准试件放入线圈,调整仪器,使信号输出为零,再将被测工件放入线圈,这时若无输出,表示试件和标准试件间的有关参数相同;若有输出,则依据检测目的的不同,分别判断引起线圈阻抗变化的原因是裂纹还是其他因素。这种工作方式可以用于材质的分析和测厚,还可以进行探伤,是许多涡流仪广泛采用的一种工作方式。

图7.27(b)为标准的比较式。典型差动式涡流检测,采用两个检测线圈反向连接成为差动形式。一个线圈中放置一个与被测试件有相同材质、形状、尺寸的质量好的(标准的)试件,而另一个线圈中放置被检测工件。由于这两个线圈接成差动形式,当被检测工件质量不同于标准试件(如存在裂纹)时,检测线圈就有信号输出,以实现检测目的。

图7.27(c)为自比较式,是标准比较式的特例。因采用同一被检试件的不同部分作为比较标准,故称为自比较式。如图7.27(c)所示,两个相邻安置的线圈,同时对同一试样的相邻部位进行检测时,该检测部位的物理性能及几何参数变化通常是比较小的,对线圈阻抗影响也就比较微弱。如果将两线圈差动连接,这种微小变化的影响便几乎被消掉,而裂纹的存在会使经过裂纹处线圈感应输出急剧变化的信号。

涡流检测线圈也可以接成各种电桥形式。现代通用的涡流检测已使用频率可变的激励电源和一交流电源相连,测量因缺陷产生的微小阻抗变化,电桥式仪器一般采用带有两个线圈的探头。两个线圈设置在电桥相邻桥臂上,如图7.28(a)所示。如果探头仅有一个检测线圈和一个参考线圈,那它就是绝对式探头(图7.28(b))。如果探头的两个线圈同时对所有探伤的材料进行检测,则属于差动式探头(图7.28(c))。

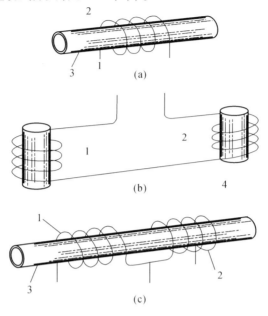

图 7.27 检测线圈的连接方式

(a) 绝对式;(b) 标准的比较式;(c) 自比较式。

1—参考线圈;2—检测线圈;3—管材;4—棒材。

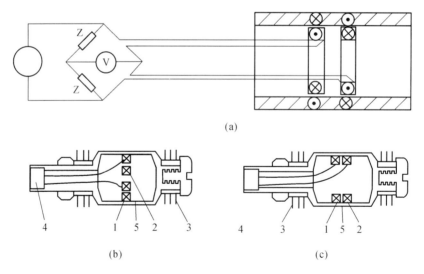

图 7.28 用于管子检测的探头线圈在交流桥路中的位置

(a) 电桥;(b) 绝对式探头;(c) 差动式探头。

1—线圈;2—线圈;3—软定心导板;4—接插件;5—外壳。

绝对式探头对影响涡流检测的各种变化(如电阻率、磁导率以及对检测材料的几何形状和缺陷等)均能做出反应,而差动式探头给出的是材料相邻部分的比较信号。当相邻线圈的涡流发生变化时,差动探头仅能产生一个不平衡的缺陷信号。因此,表面检测一般都采用绝对式探头,而对管材和棒材的检测,绝对式探头和差动式探头都可采用。表 7.11 概述了绝对探头和差动探头的优缺点。

表 7.11　绝对式探头和差动式探头的比较

	优点	缺点
绝对式探头	(1) 对材料性能或形状的突变或缓慢变化均能做出反应; (2) 混合信号较易区分出来; (3) 能显示缺陷的整个长度	(1) 温度不稳定时易发生漂移; (2) 对探头的颤动比差动式敏感
差动式探头	(1) 不会因温度不稳定而引起漂移; (2) 对探头颤动的敏感度比绝对式低	(1) 对平缓变化不敏感,即长而平缓的缺陷可能漏检; (2) 只能检出长缺陷的终点和始点; (3) 可能产生难以解释的信号

2. 涡流检测的频率选择

涡流检测所用的频率范围从 200 Hz ~ 6 MHz 或更大。大多数非磁性材料的检查采用的频率是数千赫兹,检测磁性材料则采用较低频率。在任何具体的涡流检测中,实际所用的频率由被检工件的厚度、所希望的透入深度、要求达到的灵敏度或分辨率以及不同的检测目的等所决定。

对透入深度来说,频率愈低透入深度愈大。但是降低频率的同时检测灵敏度也随之下降,检测速度也可能降低。因此,在正常情况下,检测频率要选择得尽能高,只要在此频率下仍能有必需的透入深度即可。若只是需要检测工件表面裂纹,则可采用高到几兆赫兹的频率。若需检测相当深度处的缺陷,则必须牺牲灵敏度采用非常低的频率,这时候它不可能检测出细小的缺陷。

对非铁磁性圆柱形棒料的检测来说,工作频率的选择可采用图表法估算,如图 7.29 所示。图上三个主要变量为电导率、工件直径和工作频率。第四个变量即在此单一阻抗曲线上的工作点,也在这图上作了考虑。通常对于圆柱形棒料,所要求的工作点对应于 $k_r = r\sqrt{\omega\mu\sigma}$,这个值近似为 4,但可在 2 ~ 7 范围内变动。图 7.29 的使用方法如下。

(1) 在 A 线上取棒料电导率 σ(IACS 为国际退火铜标准)。

(2) 在 B 线上取棒料直径 d。

(3) 将这两点间的连线延长使之与 C 线相交。

(4) C 线上的点垂直向上画直线,所需的 k_r 值所对应的水平线相交,得到一点。

(5) 根据交点在频率图(斜线)中的位置,即可读出数学所需的工作频率。

当检测速度在每秒几米以上时,必须考虑速度对检测频率的影响,这是因为当检测速度高时,缺陷通过检测线圈的时间较短,缺陷信号的波数相应减少了。当信号波数在几个以下时,检出的概率就要降低,这时必须提高检测频率,以免漏检。

3. 涡流检测信号分析

通常采用的信号处理方法有相位分析法、频率分析法和振幅分析法等,其中相位分析法用得最广泛,而频率分析法和振幅分析法主要是用于各种自动探伤设备。下面对相位分析法加以说明。

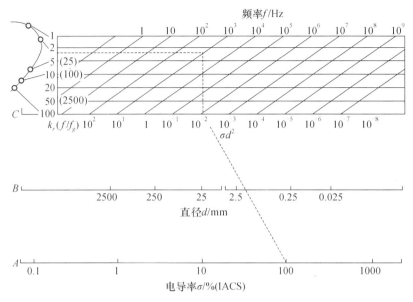

图 7.29 用于非铁磁性圆柱形棒料的检测频率选择图表

由检测线圈复阻抗平面图可以知道，裂纹效应的方向和其他因素效应的方向是不同的（即相位不同）。利用这种相位上的差异，采用选择相位来抑制干扰因素影响的方法称为相位分析法。常用的有同步检波法和不平衡电桥法两种。

1）同步检波法

如图 7.30(a)所示，以 OA 表示待检测的缺陷信号，OB 表示干扰信号，如果不对干扰加以抑制，那么输出的将是两个信号叠加的结果。若加进一个控制信号，让它们一同输入到同步检波器中，使信号的输出分别是 $OA\cos\theta_1$ 和 $OB\cos\theta_2$（θ_1 和 θ_2 分别是信号 OA、OB 与信号 OT 的夹角）。只要适当调节控制信号 OT 的相位，使 $\theta_2 = 90°$，那么干扰信号的输出为零，而总的信号输出 $OC = OA\cos\theta_1$ 仅与缺陷信号有关，消除了干扰的影响。

2）不平衡电桥法

当探伤仪采用了电桥电路，也可以利用电场的不平衡状态来抑制干扰，这种方法称为不平衡电桥法。同步检波法适用于抑制直线状干扰电压的杂波（如棒材直径变化的干扰）；而不平衡电桥法却适用于抑制呈圆弧状电压轨迹变化的杂波（如提离效应干扰），如图 7.30(b)所示，以圆弧 $\overparen{AB}$ 代表干扰杂波的轨迹，AC 表示缺陷信号变化的轨迹。若取杂波圆弧 $\overparen{AB}$ 的中心 O 点作电桥的不平衡偏移点，那么以它们的电压差为输出信号时，很显然，输出信号只随缺陷的轨迹 AC 发生变化，从而抑制了干扰杂波 AB 的影响。

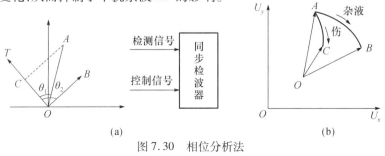

图 7.30　相位分析法

（a）同步检波原理；（b）不平衡电桥法工作原理。

178

4. 涡流检测的对比试样

对比试样主要用于检测和鉴定涡流检测仪的性能,如灵敏度、分辨率、端部不可检测长度等。利用对比试样选择检测条件、调整检测仪器以及在检测中利用对比试样定期检查仪器的工作正常与否。还可以利用对比试样的人工缺陷作为调整仪器的标准当量,以此来判断被检工件是否合格。

应特别强调的是,当有一个自然缺陷在仪器上的反应和验收标准上的反应一样时,决不能认为该自然伤的几何尺寸和验收对比试样的人工缺陷的几何尺寸相同,也就是说验收标准伤只是作为一个调整仪器的标准当量,而绝不是一个实用的缺陷尺寸的度量标准。而且对比试块上的人工缺陷的大小并不表示探伤仪可能检出的最小缺陷,探伤仪器检测到的最小缺陷的能力取决于它的综合灵敏度。

采用对比试样调整仪器时,首先将探头放在对比试样的无缺陷处,用补偿和调零旋钮调好仪器零点,然后将探头放在不同深度的人工缺陷处调节灵敏度,如槽深 2mm 时指示为 2 ± 0.2 格,4mm 时指示为 4 ± 0.5 格等。在试样上调节结束后,将探头移至工件并调好零点,则可开始测量。涡流探伤时,材质会影响点飘移,所以应经常修正零位。

涡流检测用的对比试样,一般都采用与被检工件同样牌号和状态的材料,同样的加工方法制作。在用于检测的试样上还加工有一定规格的人工缺陷,有时也可以直接从工件中选取具有典型缺陷的工件作对比试样。由于对比试样随着检测目的及被检工件的材质、形状、大小等有所不同,因此种类繁多。涡流线圈的选择与人工缺陷形状也有一定关系,检测线圈的结构应选得使试件中产生的涡流垂直于人工缺陷。其中,人工缺陷的种类和形状如图 7.31 所示,具体尺寸按各种标准中的规定。人工缺陷选择的原则有下列几点。

(1)它们必须符合技术要求。

(2)应容易制造。

(3)应可以复制。

(4)均能按精确标度的尺寸制造。

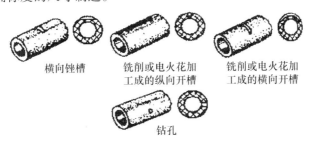

横向锉槽　铣削或电火花加　铣削或电火花加
　　　　　工成的纵向开槽　工成的横向开槽

钻孔

图 7.31　在涡流检测中用作参考标准的人工缺陷的种类和形状

7.5　表层缺陷检测诊断技术

表层缺陷无损检测,也称表面检验或表面探伤,是无损检测技术中非常重要的一个方面,其目的在于检出和测量位于材料和构件表面的缺陷或近表面下的隐匿缺陷。常规的检验方法有磁粉检验、渗透检验、涡流检验和电流检验等,作为新技术的检验方法有红外检验、磁场检验、液晶检验和应用光电系统的目视检验等。这些检验方法各具特点,已经广泛应用于工业生产部门和使用维修部门,为材料和构件质量的检验、产品和设备的安全使用提供了技术诊断方法。本节只重点介绍表层缺陷无损检测中应用得最为普遍的两种方法:磁粉检测法和液体渗透检测法。

磁粉检测是一种应用得比较早的无损检测方法。它具有设备简单、操作方便、速度快、观察缺陷直观和有较高的检测灵敏度等优点,在工业生产中应用极为普遍。这种方法利用导磁金属在磁场中(或将其通以电流以产生磁场)被磁化,并通过显示介质来检测缺陷特性。因此,磁粉检测法只适用于检测铁磁性材料及其合金,如铁、钴、镍和它们的合金等。

液体渗透检测法的优点是方法简单,成本低,适用于有色金属、黑色金属和非金属等各种材料和各种形状复杂的零部件检验,因此与磁粉检测一样,这种方法也是表面缺陷无损检测诊断中应用得最为普遍的两种方法之一。渗透检测法不适用于多孔性材料的检验。涡流法只适用于导体的表面和近表面缺陷检验,其特点是探伤时探头可不与工件接触,不需要耦合介质,易于实现自动化检测。对管材、棒材、平板等各种型材可以使用不同类型的探头进行检测。

7.5.1 磁粉检测技术

利用磁粉的聚集显示铁磁性材料及其工件表面与近表面缺陷的无损检测方法称为磁粉检测法。该方法既可用于板材、型材、管材及锻造毛坯等原材料及半成品或成品表面与近表面的检测,也可以用于重要机械设备、压力容器及石油化工设备的定期检查,其优点主要有以下几点:

(1)可以直观地显示出缺陷的形状、位置与大小,并能大致确定缺陷的性质。

(2)检测灵敏度高,可检出宽度为 $0.1\mu m$ 的表面裂纹。

(3)应用范围广,几乎不受被检工件大小及几何形状的限制。

(4)工艺简单,检测速度快,费用低廉。

该方法仅局限于检测能被显著磁化的铁磁性材料(Fe、Co、Ni 及其合金)及由其制作的工件表面与近表面缺陷;不能用于抗磁性材料(如 Cu)及顺磁性材料(如 Al、Cr、Mn)这些工程上统称为非磁性材料的检测。

1. 磁粉检测的基本原理

1)金属的铁磁性

在外磁场作用下,铁磁性材料会被强烈磁化。反映外加磁场强度 H 与铁磁性材料内部磁感应强度 B 之间联系的闭合曲线称为磁滞回线。根据磁滞回线形状的不同,可以把铁磁性材料划分为软磁性和硬磁性材料两类。软磁性材料的磁滞特性不显著,矫顽磁力很小,剩磁非常容易消除;硬磁性材料的磁滞特性则非常显著,矫顽磁力和剩磁都很大,适于制造永久磁铁。铁磁性材料的晶格结构不同,其磁性会有显著改变。在常温下,面心立方晶格的铁是非磁性材料,体心立方晶格的铁则是铁磁性材料。除此以外,材料的合金化、冷加工及热处理状态都会影响材料的磁特性。例如:

(1)随着含碳量的增加,碳钢的矫顽力几乎呈线性增大,而最大相对磁导率却随之下降。

(2)合金化将增大钢材的矫顽力,使其磁性硬化。例如,正火状态的 40 钢和 40Cr 钢的矫顽力分别为 584A/m 和 1256A/m。

(3)退火和正火状态钢材磁特性的差别不大,而淬火则可以提高钢材的矫顽。

(4)晶粒愈粗,钢材的磁导率愈大,矫顽力愈小,逆之则反。

(5)钢材的矫顽力和剩磁将随压缩变形率的增加而增加。

2)退磁场与漏磁场

(1)退磁场。

将截面积相同、长度不同的圆钢棒料放在相同的外磁场 H_0 中磁化,则各棒料中部表面的磁场强度 H 是各不同的。这是因为在被磁化的同时,棒料两端也分别感应出了 N、S 极,形成了方向与外磁场相反的磁场增量 ΔH。因为 ΔH 减弱了外磁场对材料的磁化作用,所以称其为退磁场。

退磁场 ΔH 与物体的磁极化强度成正比:

$$\Delta H = NJ/\mu_0$$

式中　J——磁极化强度(T);

μ_0——真空磁导率($\mu_0 = 4\pi \times 10^{-7}$H/m);

N——退磁因子。

N 的大小主要取决于被磁化物体的形状。完整的环形闭合体的 $N = 0$;球体的 $N = 0.3333$;长、短轴比值为 2 的椭圆体的 $N = 0.73$。对于棒料,N 与其长度与直径的比值 L/D 成反比,L/D 愈小,N 愈大。

(2)漏磁场。

所谓漏磁场是指被磁化物体内部的磁力线在缺陷或磁路截面发生突变的部位离开或进入物体表面所形成的磁场。漏磁场的成因在于磁导率的突变。设想一被磁化的工件上存在缺陷,由于缺陷内含的物质一般有远低于铁磁性材料的磁导率,因而造成了缺陷附近磁力线的弯曲和压缩。如果该缺陷位于工件的表面或近表面,则部分磁力线就会在缺陷处逸出工件表面进入空气,绕过缺陷后再折回工件,由此形成了缺陷的漏磁场。

(3)漏磁场与磁粉的相互作用。

磁粉检测的基础是缺陷的漏磁场与外加磁粉的磁相互作用,即通过磁粉的聚集来显示被检工件表面上出现的漏磁场,再根据磁粉聚集形成的磁痕的形状和位置分析漏磁场的成因并评价缺陷。

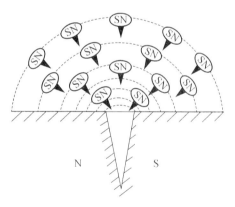

设在被检工件表面上有漏磁场存在,如果在漏磁场处撒上磁导率很高的磁粉,因为磁力线穿过磁粉比穿过空气更容易,所以磁粉会被该漏磁场吸附,吸附过程如图 7.32 所示。

由图 7.32 可见,被磁化的磁粉沿缺陷漏磁场的磁力线排列。在漏磁场力的作用下,磁粉向磁力线最密集处移动,最终被吸附在缺陷上。由于缺陷的

图 7.32　缺陷的漏磁场与磁粉的吸附过程

漏磁场有比实际缺陷本身大数倍乃至数十倍的宽度,故而磁粉被吸附后形成的磁痕能够放大缺陷。通过分析磁痕评价缺陷,即是磁粉检测的基本原理。

3)影响漏磁场强度的主要因素

磁粉检测灵敏度的高低取决漏磁场强度的大小。在实际检测过程中,真实缺陷漏磁场的强度受到多种因素的影响,其中主要有以下几个方面。

(1)外加磁场强度缺陷漏磁场强度的大小与工件被磁化的程度有关。一般说来,如果外加磁场能使被检材料的磁感应强度达到其饱和值的 80% 以上,缺陷漏磁场的强度就会显著增加。

(2)缺陷的位置与形状就同一缺陷而言,随着埋藏深度的增加,其漏磁场的强度将迅速衰减至近似于零。另外,缺陷与磁力线的角度越接近正交(90°),其漏磁场强度越大,反之亦然。

事实上,磁粉检测很难检出与被检表面所夹角度小于20°的夹层。此外,在同样条件下,表面缺陷的漏磁场强度随着其深、宽比的增加而增加。

（3）被检表面的覆盖层　被检表面上有覆盖层(如涂料)会降低缺陷漏磁场的强度。

（4）材料状态　钢材的合金成分、含碳量、加工及热处理状态的改变均会影响材料的磁特性,进而会影响缺陷的漏磁场。

2. 磁粉检测技术

1）表面预处理

被检工件的表面状态对磁粉检测的灵敏度有很大的影响,如光滑的表面有助于磁粉的迁移,而锈蚀或油污的表面则相反。为能获得满意的检测灵敏度,检测前应对被检表面作如下预处理:

（1）被检表面应充分干燥。

（2）用化学或机械方法彻底清除被检表面上可能存在的油污、铁锈、氧化皮、毛刺、焊渣及焊接飞溅等表面附着物。

（3）必须采用直接通电法检测带有非导电涂层的工件时,应预先彻底清除掉导电部位的局部涂料,以避免因触点接触不良而产生电弧,烧伤被检表面。

2）施加磁粉的方法

（1）干法。用干燥磁粉(粒度范围以 $10 \sim 60 \mu m$ 为宜)进行磁粉检测的方法称为干法。干法常与电磁扼或电极触头配合,广泛用于大型铸、锻件毛坯及大型结构件焊缝的局部磁粉检测。用干法检测时,磁粉与被检工件表面先要充分干燥,然后用喷粉器或其他工具将呈雾状的干燥磁粉施于被检工件表面,形成薄而均匀的磁粉覆盖层,同时用干燥的压缩空气吹去局部堆积的多余磁粉。此时应注意控制好风压、风量及风口距离,不能干扰真正的缺陷磁痕。观察磁痕应与喷粉和去除多余磁粉的操作同时进行,观察完磁痕后再撤除外磁场。

（2）湿法。磁粉(粒度范围以 $1 \sim 10 \mu m$ 为宜)悬浮在油、水或其他载体中进行磁粉检测的方法称为湿法。与干法相比较,湿法具有更高的检测灵敏度,特别适合于检测如疲劳裂纹一类的细微缺陷。湿法检测时,要用浇、浸或喷的方法将磁悬浮液施加到被检表面上。浇磁悬浮液的液流要微弱;浸磁悬浮液要掌握适当的浸没时间。二者比较,浸法的检测灵敏度较高。

使用水磁悬液时,若施加在被检工件表面上的磁悬液薄膜能保持连续并覆盖上全部被检表面,这表明水中已含有足够的润湿剂。反之,需要在水中加入更多的润湿剂,但注意不能让磁悬液的 pH 值超过10.5。

3）检测方法

（1）连续法。在有外加磁场作用的同时向被检表面施加磁粉或磁悬液的检测方法称为连续法。使用连续法检测时,既可在外加磁场的作用下,也可在撤去外加磁场以后观察磁痕。

低碳钢及所有退火状态或经过热变形的钢材均应采用连续法,一些结构复杂的大型构件也宜采用连续法检测。连续法检测的操作程序是:

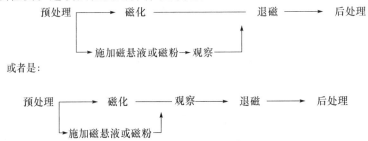

① 湿粉连续磁化:在磁化的同时施加磁悬液,每次磁化的通电时间为 0.5~2s,磁化间歇时间不应超过 1s,至少在停止施加磁悬液 1s 以后才可停止磁化。

② 干粉连续磁化:干粉连续磁化的原则是先磁化后喷粉,待吹去多余的磁粉以后才可以停止磁化。

连续法检测的灵敏度高,但检测效率较低,而且易出现干扰缺陷评定的杂乱显示。此外,复合磁化方法只能在连续法检测中使用。

(2) 剩磁法。利用磁化过后被检工件上的剩磁进行磁粉检测的方法称为剩磁法。在经过热处理的高碳钢或合金钢中,凡剩余磁感应强度在 0.8T 以上,矫顽力在 800A/m 以上的材料均可用剩磁法检测。

剩磁法的检测程序是:预处理→磁化→施加磁悬液→观察→退磁→后处理。

剩磁的大小主要取决于磁化电流的峰值,而通电时间原则上控制在 1/4~1s 的范围内即可。用交流励磁时,为保证得到稳定的剩磁,应配备断电相位控制装置。

剩磁法的检测效率高,其磁痕易于辨别,并有足够的检测灵敏度。但复合磁化方法不能在剩磁法检测中使用。一般情况下,剩磁法检测也不使用干粉。

4) 磁痕分析与记录

(1) 磁痕观察。

磁粉在被检表面上聚集形成的图像称为磁痕。观察磁痕应使用 2~10 倍的放大镜。观察非荧光磁粉(用黑色的 Fe_3O_4 或褐色的 Fe_2O_3 及工业纯铁粉为原料直接制成的磁粉,有浅灰、黑、红、紫或黄几种颜色)的磁痕时,要求被检表面上的白光照度达到 1500lx 以上;观察荧光磁粉(在磁性氧化铁粉(Fe_3O_4、Fe_2O_3)或工业纯铁粉外面再涂覆上一层荧光染料制成的磁粉)的磁痕时,要求被检表面上的紫外线(黑光)照度不低于 970lx,同时白光照度不大于 10lx。

(2) 磁痕分析。

在实际的磁粉检测中,磁痕的成因是多种多样的。例如,被检表面上残留的氧化皮与锈蚀或涂料斑点的边缘、焊缝熔合线上的咬边、粗糙的机加工表面等部位都可能会滞留磁粉,形成磁痕。这类磁痕的成因与缺陷的漏磁场无关,是假磁痕,在干粉检测中较为多见。此外,被检表面上如存在金相组织不均匀、异种材料的界面、加工硬化与非加工硬化的界面、非金属夹杂物偏析、残余应力或应力应变集中区等磁导率发生变化或几何形状发生突变的部位,则磁化后这些部位的漏磁场也能不同程度地吸附磁粉形成磁痕,出现所谓无关显示。观察磁痕时,应特别注意区别假磁痕显示、无关显示和相关显示(即缺陷磁痕)。在有些情况下,正确识别磁痕需要丰富的实践经验,同时还要了解被检工件的制造工艺。如不能判断出现的磁痕是否为相关显示时,应进行复验。

磁粉检测中常见的相关磁痕主要有:

① 发纹。发纹是一种原材料缺陷,钢中的非金属夹杂物和气孔在轧制成发纹。发纹的磁痕特征为:

a. 磁痕呈细而直的线状,有时微弯曲,端部呈尖形,沿金属纤维方向分布。

b. 磁痕均匀而不浓密。擦去磁痕后,用肉眼一般看不见发纹。

c. 发纹长度多在 20mm 以下,有的呈连续,也有的呈断续分布。

② 非金属夹杂物。非金属夹杂物的磁痕显示不太清晰,一般呈分散的点状或短线状分布。

③ 分层。分层是板材中常见的缺陷。钢板切割下料的端面上若有分层,经磁粉探伤后就

会出现呈长条状或断续分布的,浓而清晰的磁痕。

④ 材料裂纹。材料裂纹的磁痕一般呈直线或一根接一根的短线状。磁粉聚集较浓且显示清晰。

⑤ 锻造裂纹。锻造裂纹的磁痕浓密、清晰,呈直的或弯曲的线状。

⑥ 折叠。折叠是一种锻造缺陷,其磁痕特征为:

a. 磁痕多与工件表面成一定角度,常出现在工件尺寸突变处或易过热部位。

b. 磁痕有的类似淬火裂纹,有的呈较宽的沟状,有的呈鳞片状。

c. 磁粉聚集的多少随折叠的深浅而异。

⑦ 焊接裂纹。焊接裂纹产生在焊缝金属或热影响区内。其长度可为几毫米至数百毫米;深度较浅的为几毫米,较深的可穿透整个焊缝或母材。焊接裂纹的磁痕浓密清晰,有的呈直线状,有的弯曲,也有的呈树枝状。

⑧ 气孔。气孔的磁痕呈圆形或椭圆形。磁痕显示不太清晰,其浓度与气孔的深度有关。埋藏气孔一般要使用直流磁化才能检测出来。

⑨ 淬火裂纹。淬火裂纹的磁痕浓密清晰,其特征是:

a. 一般呈细直的线状,尾端尖细,棱角较多。

b. 渗碳淬火裂纹的边缘呈锯齿形。

c. 工件锐角处的淬火裂纹呈弧形。

⑩ 疲劳裂纹。疲劳裂纹磁痕中部聚集的磁粉较多,两端磁粉逐渐减少,显示清晰。

磁粉探伤中发现的相关磁痕有时要作为永久性记录保存。常用的记录磁痕的方法有照相、用透明胶带贴印、涂层剥离或画出磁痕草图几种。

5)退磁

在大多数情况下,被检工件上带有剩磁是有害的,故需退磁。所谓退磁就是将被检工件内的剩磁减少到不妨碍使用的程度。退磁原理如图 7.33 所示。

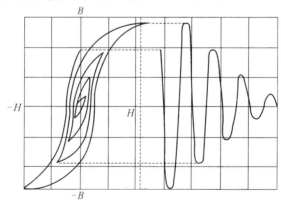

图 7.33　退磁原理

(1)交流退磁。常用的交流退磁法是将被检工件从一个通有交流电的线圈中沿轴向逐步撤出至距离线圈 1.5m 以外,然后断电。将被检工件放在线圈中不动,逐渐将电流幅值降为零也可以收到同样的退磁效果。用交流电磁轭退磁时,先把电磁轭放在被检表面上,然后在励磁的同时将电磁轭缓慢移开,直至被检工件表面完全脱离开电磁轭磁场的有效范围。用触头法检测后,可再将触头放回原处,然后让励磁的交变电流逐渐衰减为零即可实现退磁。

(2)直流退磁。在需要退磁的被检工件上通以低频换向,幅值逐渐递减为零的直流电可以更为有效地去除工件内部的剩磁。

用磁强计可以测定退磁的效果。退磁指标视产品性能要求而定,例如航空导航系统零件的剩磁要求小于0.1mT;内燃机的曲轴、凸轮和连杆的剩磁要求小于0.2mT;压力容器退磁以后的剩磁不能超过0.3mT。

6)后处理

磁粉检测以后,应清理掉被检表面上残留的磁粉或磁悬液。油磁悬液可用汽油等溶剂清除;水磁悬液应先用水进行清洗,然后干燥。如有必要,可在被检表面上涂覆防护油。干粉可以直接用压缩空气清除。

7.5.2 渗透检测

渗透检测是一种检测材料(或零件)表面和近表面开口缺陷的无损检测技术。它几乎不受被检部件的形状、大小、组织结构、化学成分和缺陷方位的限制,可广泛适用于锻件、铸件、焊接件等各种加工工艺的质量的检验,以及金属、陶瓷、玻璃、塑料、粉末冶金等各种材料制造的零件的质量检测。渗透检测不需要特别复杂的设备,操作简单,缺陷显示直观,检测灵敏度高,检测费用低,对复杂零件可一次检测出各个方向的缺陷。

但是,渗透检测受被检物体表面粗糙度的影响较大,不适用于多孔材料及其制品的检测。同时,该技术也是受检测人员技术水平的影响较大的无损检测技术之一。而且,渗透检测技术只能检测表面开口缺陷,对内部缺陷无能为力。

1. 渗透检测的基本原理

液体渗透检测的基本原理是由于渗透液的润湿作用和毛细现象而进入表面开口的缺陷,随后被吸附和显像。渗透作用的深度和速度与渗透液的表面张力、粘附力、内聚力、渗透时间、材料的表面状况、缺陷的大小及类型等因素有关。

1)表面张力

液体的表面张力是两个共存相之间出现的一种界面现象,是液体表面层收缩趋势的表现。表面张力可以用液面对单位长度边界线的作用力来表示,即用表面张力系数来表示,其单位为N/m。液体表面层中的分子一方面受到液体内部的吸引力,称为内聚力;另一方面受到其相邻气体分子的吸引力。由于后一种力比内聚力小,因而液体表面层中的分子有被拉进液体内部的趋势。一般来说,容易挥发的液体(如丙酮、酒精等)的表面张力系数比不易挥发的液体(如水银等)的表面张力系数小,同一种液体在高温时比在低温时的表面张力系数小,含有杂质的液体比纯净的液体的表面张力系数要小。

2)液体的润湿作用

液体与固体交界处有两种现象:第一种现象是液体之间的相互作用力大于液体分子与固体分子之间的作用力,称为固体不被液体润湿,如水银在玻璃板上收缩成水银珠、水滴在有油脂的玻璃板上形成水珠那样。第二种现象是液体各个分液体润湿,如水滴在洁净的玻璃板上,水滴会慢慢散开那样。

固体被液体润湿的程度可以用液体对固体表面的接触角来表示。接触角 θ 是液面在接触点的切线与包括该液体的固体表面之间的夹角。一种液体对某种固体的接触角小于90°,称该液体对这种固体表面是润湿的。接触角愈小,说明液体对固体表面的润湿能力愈好。当接触角大于90°时,称液体对该固体表面是不润湿的。同一种液体对不同的固体来说,可能是润湿的,也可能是不润湿的,水能润湿无油脂的玻璃,但不能润湿石蜡;水银不能润湿玻璃,但能

185

润湿干净的锌板。

润湿作用与液体的表面张力有关系。内聚力大的液体,其表面张力系数也大,对固体的接触角也大。

3）液体的毛细现象

将一根很细的管子插入盛有液体的容器中,如果液体能润湿管子,那么液体会在管子内上升,使管内的液面高于容器里的液面。如果液体不能润湿管子,管内的液面就会低于容器的液面,如图7.34所示。通常将这种润湿管壁的液体在细管中上升,而不润湿管壁的液体在细管中下降的现象称为毛细现象。

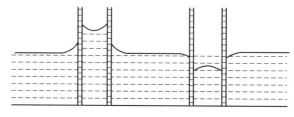

图7.34　毛细现象

液体在毛细管中上升或下降的高度可用下式计算:

$$h = 2\sigma\cos\theta/r\rho g$$

式中　h——液体在毛细管中上升或下降的高度;

　　　σ——液体的表面张力系数;

　　　θ——液体对固体表面的接触角;

　　　ρ——液体的密度;

　　　r——毛细管的内半径;

　　　g——重力加速度。

由式可知,液体在毛细管中上升的高度与表面张力系数和接触角余弦的乘积成正比,与毛细管的内径、液体的密度和重力加速度成反比。

4）液体渗透检测的基本原理

可将零件表面的开口缺陷看作是毛细管或毛细缝隙。由于所采用的渗透液都是能润湿零件的,因此渗透液在毛细作用下能渗入表面缺陷中去(图7.35)。此时在不进行显像的情况下可直接进行观察,如果使用显像剂进行显像,灵敏度会大大提高。

显像过程也是利用渗透的作用原理,显像剂是一种细微粉末,显像剂微粉之间可形成很多半径很小的毛细管,这种粉末又能被渗透液所润湿,所以当清洗完零件表面多余的渗透液后,给零件的表面敷散一层显像剂,根据上述的毛细现象,缺陷中的渗透液就容易被吸出,形成一个放大的缺陷显示,如图7.36所示。

渗透剂是渗透检测中最为关键的材料,直接影响检测的精度。渗透剂应具有以下性能:

(1) 渗透性能好,容易渗入缺陷中去。

(2) 易被清洗,容易从零件表面清洗干净。

(3) 对于荧光渗透液,要求其荧光辉度高;对于着色渗透剂,则要求其色彩艳丽。

(4) 其酸碱度应呈中性,这样可对被检部件无腐蚀,毒性小,对人无伤害,对环境污染也小。

(5) 闪点高,不易着火。

186

（6）制造原料来源方便,价格低廉。

图 7.35　留在裂纹中的渗透液逸出表面

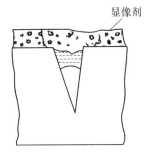

图 7.36　粉末显像剂的作用原理

渗透剂按其显示方式可分为荧光渗透剂和着色渗透剂两种。按其清洗方法可分为水洗型渗透剂、后乳化型渗透剂和溶剂去除型渗透剂三种。

水洗型即在渗透剂中加入了乳化剂,可直接用水来清洗。乳化剂含量高时,渗透剂容易清洗(在清洗时容易将宽而浅的缺陷中的渗透剂清洗出来,造成漏检),但检测灵敏度低。乳化剂含量低时,难于清洗,但检测灵敏度较高。

后乳化型渗透剂不含有乳化剂,只是在渗透完成后,再给零件的表面渗透剂上加乳化剂。所以使用后乳化型渗透剂进行着色检测时,渗透液保留在缺陷中而不被清洗出来的能力强。

溶剂去除型渗透剂不用乳化剂,而是利用有机溶剂(如汽油、酒精、丙酮等)来清洗零件表面多余的渗透剂,进而达到清洗的目的。

2. 乳化作用

把油和水一起倒进容器中,静置后会出现分层现象,形成明显的界面。如果加以搅拌,使油分散在水中,形成乳浊液,由于体系的表面积增加,虽能暂时混合,但稍加静置,又会分成明显的两层。如果在容器中加入少量的表面活性剂,如加入肥皂或洗涤剂,再经搅拌混合后,可形成稳定的乳浊液。表面活性剂的分子具有亲水基(亲水憎油)和亲油基(亲油憎水)的两个基团。这两个基团不仅具有防止油和水两相互相排斥的功能,而且还具有把油和水两相连接起来不使其分离的特殊功能。因此,在使用了表面活性剂后,表面活性剂吸附在油水的边界上,以其两个基团把细微的油粒子和水粒子连接起来,使油以微小的粒子稳定地分散在水中。这种使不相容的液体混合成稳定乳化液的表面活性剂叫做乳化剂。

液体渗透检测中,使用的乳化剂将零件表面的后乳化型渗透剂与水形成乳化液,以便能用水洗去。要求乳化剂具有良好的洗涤作用,高闪点和低的蒸发速率,无毒、无腐蚀作用、抗污染能力强。一般乳化剂都是渗透剂生产厂家根据渗透剂的特点配套生产的,可根据渗透剂的类型合理选用。

3. 渗透检测的基本步骤

渗透检测一般分为六个基本步骤:预清洗、渗透、清洗、干燥、显像和检验。

1）预清洗

零件在使用渗透液之前必须进行预清洗,用来去除零件表面的油脂、铁屑、铁锈,以及各种涂料、氧化皮等,防止这些污物堵塞缺陷,阻塞渗透液的渗入,也防止油污污染渗透液,同时还可防止渗透液存留在这些污物上产生虚假显示。通过预清洗将这些污物去除,以便使渗透液容易渗入缺陷中去。

由于被检零件的材质、表面状态以及污染物的种类不同,去除方法各不相同。去除方法可

分为:

(1) 机械方法,包括吹沙、抛光、钢刷及超声波清洗等。

(2) 化学方法,包括酸洗和碱洗等。

(3) 溶剂去除法,利用三氯乙烯等化学溶剂来进行蒸汽去油或利用酒精、丙酮等进行液体清洗。但预清洗后的零件必须进行充分的干燥。

2) 渗透

渗透是将渗透液覆盖被测零件的表面,覆盖的方法有喷涂、刷涂、流涂、静电喷涂或浸涂等多种方法。实际工作中,应根据零件的数量、大小、形状以及渗透液的种类来选择具体的覆盖方法。一般情况下,渗透剂的使用温度为 15～40℃。根据零件的不同、要求发现的缺陷种类不同、表面状态的不同和渗透剂的种类不同选择不同的渗透时间,一般渗透时间为 5～20min。渗透时间包括浸涂的时间和滴落的时间。

对于有些零件在渗透的同时可给零件加载荷,使细小的裂缝张开,有利于渗透剂的渗入,以便可检测到细微的裂纹。

3) 清洗多余的渗透剂

在涂覆渗透剂并经适当的时间保持之后,则应从零件表面去除多余的渗透剂,但又不能将已渗入缺陷中的渗透剂清洗出来,以保证取得最高的检验灵敏度。

水洗型渗透剂可用水直接去除,水洗的方法有搅拌水浸洗、喷枪水冲洗和多喷头集中喷洗几种,应注意控制水洗的温度、时间和水洗的压力大小。后乳化型渗透剂在乳化后,用水去除,要注意乳化的时间要适当,时间太长,细小缺陷内部的渗透剂易被乳化而清洗掉;时间太短,零件表面的渗透剂乳化不良,表面清洗不干净,乳化时间应根据乳化剂和渗透剂的性能以及零件的表面粗糙度来决定。溶剂去除型渗透剂用溶剂予以擦除。

4) 干燥

干燥的目的是去除零件表面的水分。溶剂型渗透剂的去除不必进行专门的干燥过程。用水洗的零件,若采用干粉显示或非水湿型显像工艺,在显像前必须进行干燥,若采用含水湿型显像剂,水洗后可直接显像,然后进行干燥处理。

干燥的方法分别有:干净的布擦干、压缩空气吹干、热风吹干、热空气循环烘干等方法。干燥的温度不能太高,以防止将缺陷中的渗透剂也同时烘干,致使在显像时渗透剂不能被吸附到零件表面上来,并且应尽量缩短干燥时间。在干燥过程中,如果操作者手上有油污,或零件筐和吊具上有残存的渗透剂等,会对零件表面造成污染,而产生虚假的缺陷显示。凡此等等实际操作过程中都应予以避免。

5) 显像

显像就是用显像剂将零件表面缺陷内的渗透剂吸附至零件表面,形成清晰可见的缺陷图像。

根据显像剂的不同,显像方式可分为:干式、水型和非水型,也有不加显像剂的自显法。零件表面涂敷的显像剂要施加均匀,且一次涂覆完毕,一个部位不允许反复涂覆。

6) 检验

在着色检验时,显像后的零件可在自然光或白光下观察,不需要特别的观察装置。在荧光检验时,则应将显像后的零件放在暗室内,在紫外线的照射下进行观察。对于某些虚假显示,可用干净的布或棉球沾少许酒精擦拭显示部位,擦拭后显示部位仍能显示的为真实缺陷显示,不能再现的为虚假显示。检验时可根据缺陷中渗出渗透刑的多少来粗略估计缺陷的深度。

观察完成后,应及时将零件表面的残留渗透剂和显像剂清洗干净。

4. 常见缺陷的显像特征

在渗透检测中,检出的缺陷种类繁多,造成的原因也是多方面的。目前,对于缺陷的分类方法尚待统一。在此仅将常见缺陷给予简单的罗列。常见的缺陷有缩裂、热裂、冷裂、锻造裂纹、焊接裂纹、热影响区裂纹、弧坑裂纹、磨削裂纹、淬火裂纹、应力腐蚀裂纹、疲劳裂纹、冷隔、折叠、分层、气孔、夹杂、氧化夹杂、疏松等。

1)气孔

气孔是零件浇铸时,钢液中(或铁液、铝液等)进入了气体,在铸件凝固时,气泡没能排出来,而在零件内部形成呈球形的缺陷。这种气孔在机加工后露出表面时,利用渗透检验可以予以发现。至于那些在铸件表面上经常发现的气孔,这是因为在透气性不好的砂型中浇铸时,由于砂型里所含的水力高温时形成了蒸汽,且被迫进入金属液中,在金属表面便形成了梨形的表面气孔。在焊件的表面,也会因基体金属或焊料潮湿等原因,当清洗不干净时,在焊缝处形成气孔。

2)疏松

疏松是铸件在凝固结晶过程中,补缩不足而形成的不连续、形状不规则的孔洞,这些孔洞多存在于零件的内部,经抛光或机加工后便露出零件表面。渗透检测时,零件表面的疏松能轻易地被显示出来。疏松又可进一步细分为:点状显微疏松、条状显微疏松和聚集块状显微疏松几种形式。条状和聚集块状疏松是由无数个靠得很近的小点状疏松孔洞连成一片而形成的,因而荧光显示比较明亮。在聚集的疏松孔洞之中,通常存有较大的疏松孔洞,擦去荧光显示后,有的在白光下目视检查便可以发现。

3)非金属夹杂

(1)钢键或铸件中的非金属夹杂。

在浇铸钢镀或铸件时,要在熔炉浇包或锭模中加进易氧化的金属(如铝、镁硅等)作氧化剂,这些材料的氧化物或硫化物一般都比熔液轻,大部分可浮到钢液的顶部或铸件的冒口处。但也有少量氧化物存留在钢液(或铸件)中,形成了材料中的夹杂。分散的夹杂通常不会对零件产生危害,但有时这些夹杂在零件中聚集成大块,大块夹杂对零件是有害的。铸件中的夹杂在机加工后露出表面时,才能通过渗透检验发现。材料中的分层、发纹等缺陷就是由钢锭中聚集的夹杂形成的。

(2)铸件表面夹渣。

铸造时,由于模子原因,常常在铸件的表面产生夹灰、夹沙或模料等外来物夹渣,这些外来物在对铸件进行吹沙、腐蚀或其他机加工的过程中,可以全部或部分地清除掉,但往往在零件表面留下不规则的孔洞,并在孔洞中可发现或多或少的残留夹杂物。

(3)铸件表面的氧化皮夹杂。

当在非真空条件下浇铸零件时,由于金属液表面与空气接触而氧化,这样便产生了金属氧化皮。如果金属氧化皮被卷进金属液中,且在零件凝固后保留在铸件中或裸露在铸件的表面,露出表面的夹杂往往呈条状或絮丝状。由于它们在显像时多呈疤块状,因此又称其为氧化斑疤。氧化斑疤与铸件颜色相同,一般较难通过目测观察出来,但渗透检测则能够很容易地发现这种缺陷。

4)铸件裂纹

铸件裂纹是当金属熔液接近凝固温度时,如果相邻区域由于冷却速度不同而产生了内应力,在凝固收缩过程中,由于内应力的作用,便可在铸件中产生裂纹。按产生裂纹的温度不同,铸造裂纹分为热裂纹和冷裂纹。热裂纹是在高温下形成的,出现在热应力集中区,且一般比较浅。冷裂纹是在低温时产生的,通常产生在厚薄截面的交界处。渗透检测时,裂纹显示具有呈锯齿状和端部尖细的特点,较容易识别。对于较深的裂纹由于吸出的渗透剂较多,有时呈圆形显示。

5）铸件的冷隔

冷隔是一种线性铸造缺陷。在浇铸时,若两股金属液流到一起而没有真正融合时,当这种冷隔能延伸至铸件的表面时,则会呈现出紧密、断续或连续的线状表面缺陷。冷隔常出现在远离浇口的薄截面处,如果浇铸模内壁上某处在金属液流到该处之前,已经沾上了飞溅的金属,金属液流到此处时,遇到已经冷却的飞溅金属时,它们也不能融合在一起,而出现冷隔。

在进行荧光检测时,冷隔表现为光滑的线状。

6）折叠

折叠在铸造和轧制零件的过程中,由于模具太大,材料在模子中放置位置不正确,坯料太大等原因,而产生的一些金属重叠在零件表面上的缺陷。折叠通常与零件表面结合紧密,渗透剂渗入比较困难,但由于缺陷显露于表面,采用高灵敏度的渗透剂和较长的渗透时间,是可以发现的。

7）缝隙

在辊轧、拉制棒材时,若棒材的表面上出现一种纵向且很直的表面缺陷,犹如棒材上有一条裂缝一样,则称之为缝隙型缺陷。坯料上的裂纹是产生缝隙型缺陷的原因之一,但大部分缝隙型缺陷是由辊轧和拉制工艺造成的。图7.37为辊轧工艺造成缝隙型缺陷的示意图。上图表示当辊轧金属表面上存在金属凸耳时,辊轧后在棒材上产生折叠,这种折叠沿棒材纵向呈现为一条长而直的缺陷外形。下图表示当辊轧的金属不能充满轧模时,在以后的辊轧过程中,将挤出金属而形成缝隙,这种缝隙往往贯穿整根棒材。在拉制棒材或丝材时,由于模子上的缺陷,可能在棒材或丝材布满贯穿性拉痕,这也是一种缝隙型缺陷。

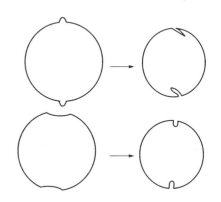

图7.37　辊轧工艺造成缝隙型缺陷的示意图

8）焊接缺陷

焊缝上最常见的缺陷为根部未焊透(或根部未溶合)和裂纹,这两种缺陷对焊接结构的使用影响很大。未焊透是指,焊缝背面由于未达到溶化温度而残留有未焊合的基体金属缝隙。焊缝上的裂纹是指,由于焊缝处的金属在凝固过程中,受组织应力和热应力的共同作用而速成了金属的开裂。未焊透和裂纹均可以用渗透检测法进行检测。

9）磨削裂纹

零件在磨削加工过程中,由于砂轮的粒度不当或砂轮太钝、磨削进刀量过大、冷却条件不好或零件上碳化物偏析等原因,可能引起表面局部过热。在热应力和加工应力的共同影响下,将产生磨削裂纹。磨削裂纹一般比较浅且非常细微,其方向基本与磨削方向相垂直,并沿晶界分布或呈网状。

10）疲劳裂纹

零件在使用过程中,若长期受交变应力的作用,可能在应力集中区域产生疲劳裂纹。疲劳裂纹往往从零件表面的划伤、刻槽、截面突变的拐角处及表面缺陷处开始,一般都开口于零件表面,且都能用渗透检测予以检测。

5. 缺陷显像的判别

1)真实缺陷的显示

零件表面的真实缺陷大致可分为四类:

连续线状缺陷:包括裂纹、冷隔、铸造折叠等缺陷。

断续线状缺陷:这类缺陷的显像可能是排列在一条直线或曲线上,或是由相近的单个曲线组成。当零件进行磨消、喷丸、吹沙、锻造或机加工时,零件表面的线状缺陷有可能被部分地堵住,渗透检验缺陷的显像表现为断续的线状。

圆形显像:通常为铸件表面的气孔、针孔、铁豆或疏松等缺陷形成,较深的表面裂纹显像时,由于能吸出较多的渗透剂,也可能显示出圆形的影像。

小点状显像:是由针孔、纤维疏松等产生的影像。

2)虚假的显像

在零件的表面由于渗透剂污染和清洗不干净而产生的显像称为虚假显像。产生虚假显像的愿意有:操作者手上的渗透剂对被检部件的污染;检验工作台上的渗透剂对被检部件的污染;显像剂受到渗透剂的污染;清洗时,渗透剂飞溅到干净的零件表面上;擦布或棉纱纤维上的渗透剂污染;零件筐、吊具上残存的渗透剂与清洗剂与清洗干净的零件接触而造成的污染;已清洗干净的零件上又有渗透剂渗出,污染了相邻的零件表面。

虚假显像从显像特征分析也很容易辨别:用蘸有酒精的棉球擦拭,虚假的显像容易被擦掉,且不再重新显像。在进行渗透检测时,应尽量避免产生虚假的显像。为此,首先操作者自己要保持干净(无渗透剂和其他污染物),零件筐、吊具和工作台要始终保持干净,要使用无绒的布擦洗零件。

7.6 噪声检测诊断技术

随着现代工业的高速发展,机械设备正在向高速化、大型化、自动化方向发展。特别是一些重型、大功率设备,在工作过程中如果某些部件发生故障或出现缺陷,就会产生剧烈振动并发出强烈噪声。这种振动和噪声一方面反映了设备内部的状态变化,另一方面也严重污染环境。因此通过检测噪声,可以找出产生噪声的原因和部位,以便采取措施抑制故障,并对噪声进行有效控制。

7.6.1 噪声及其度量

从物理意义上讲,噪声是紊乱、断续或统计上随机的声振荡。噪声能污染环境,但噪声没有污染物。噪声不会积累,噪声能量的消失会转化为空气的热能。噪声传播距离一般不太远。噪声的再利用问题目前还没有很好地解决。

噪声常有多个不同位置的声源产生,经过反射形成无方向性。在某一环境中所有这些组合成的总噪声称为环境噪声。

按噪声作用的时间,把在观测时间内声级起伏小到可以忽略不计的噪声称为稳定噪声。声级有显著变化的噪声称为非稳定噪声。在每个小于1s时间间隔内有一个或几个猝发声所组成的噪声称为脉冲噪声。所谓猝发声是指一系列间断的正弦波组成的脉冲声。

噪声的种类很多,机械设备的噪声主要有以下两种:

（1）空气动力噪声。它是由气体的流动或物体在气体中运动引起空气振动所产生的噪声。

（2）机械噪声。它是由机械的撞击、摩擦、交变机械应力或磁性应力等作用而产生的噪声。

国际电工委员会(IEC)规定噪声单位为分贝(dB)。分贝本来是表示两个量之比大小的单位,例如以某一功率 W_0 作为基准,与另一功率之比为 $10 \cdot \lg(W/W_0)$ dB。所以,当 $W = W_0$ 时为0dB,当 $W > W_0$ 时为正分贝,当 $W < W_0$ 时为负分贝。声波在空气中传播,会在大气压上产生一个叠加的微小(微巴级)交变压力,这种压力变化部分的有效值称为声压,用分贝(dB)表示。声压大小的程度则为声压级(Sound Pressure Level)。

方(Phon)是表示主观感觉的大小即响度级单位,它并一定随频率变化。对于1000Hz的声音,响度级等于其声压级的数值;对于其他频率的声音,只要听起来和1000Hz的声音一样响,它就等于该1000Hz声音的声压级值。Phon是能够听见声音的最小临界值(阈值)。120Phon以上的声音听起来会有疼痛感觉。

声功率是指声源在单位时间内辐射出来的总声能量,基本单位是瓦(特),用 W 表示($1W = 10^7 erg/s$)。

声功率级指声源声功率与基准声功率之比并以10为底对数的10倍,即

$$L_w = 10 \cdot \lg(W/W_0)$$

其中,W_0 根据国际规定取为 $10^{-12}W$。

作为噪声计量标准多采用声压级,但声压级的大小与测量条件(如距离)等有关,不大可能得到统一规定。因此,国际标准化组织(ISO)推出声功率级作为噪声评价标准。

7.6.2 噪声测量与评价

1. 噪声测量方法

噪声测量的目的在于:

（1）检验噪声是否符合有关标准。

（2）比较同类型或不同类型设备噪声的大小。

（3）利用噪声对设备进行故障诊断和故障预测。

噪声测量方法一般根据噪声特性、声源特性,以及描述噪声问题所要求的严密程度来确定。对于机械噪声测量,一般要确定噪声源及声源所辐射的噪声特性。其测量方法主要取决于声源、环境类型和噪声特性等。

声压级测量一般采用近声场测量法。测量时,要将声级计的计权网络旋钮对自准"线性"位置,这时测得的声压级是一个客观量,它对任何频率均无衰减。若计权网络旋钮分别对准"A""B""C"位置,则可进行不同的声级测量;若计权网络旋钮对准"滤波器"位置,则可进行倍频程的频谱测量。

测量距离可根据机器轮廓尺寸而定。当机器轮廓尺寸大于1m时,测量距离为1m;当机器轮廓尺寸小于1m时,测量距离为0.5m。如果机器不是均匀地向各个方向辐射噪声,测量点应绕机器均匀布置5个以上。点数多少取决于机器的大小,如图7.38所示。同时,找出声级最大的一点作为评价机器噪声的主要依据,其余作为评价的参考。

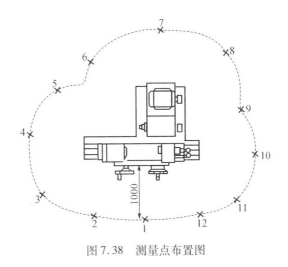

图 7.38　测量点布置图

测量前机器应经一定时间的空运转,达到稳定工作状态后,再按主轴正、反运动方向及各级转速逐级进行测量。

测量时应避免本底噪声的影响。本底噪声是指被测定的噪声源停止发声时,周围环境发出的噪声。

当被测噪声源的声级以及各频带的声压级分别高于本底噪声的声级和各频带的声压级10dB时,则可忽略本底噪声的影响。如果测得机器运转时的噪声与本底噪声相差 3 ~ 10dB时,应按表7.12修正。

表 7.12　本底噪声的修正值

$L_1 \sim L_2$	3	4 ~ 6	7 ~ 9
ΔL	3	2	1

表中　L_1——机器运转时的噪声声压级(dB);

　　　L_2——本底噪声声压级(dB);

　　　ΔL——修正值(dB)。

修正后机器噪声的声压级为 $L_1 \Delta L$。

若本底噪声接近被测机器的噪声(相差小于3dB)时,本底噪声对机器噪声测量影响过大,不可能精确地进行测量,其测量结果无效,这时应降低环境噪声。

测量时应当注意避免反向声波的影响。传声器应离开墙壁等反射面 2 ~ 3m。同时,声级计本身及测量者所引起的反射也不可忽略。为此宜用三脚架加长传声器和声级计之间的距离。为避免电缆对传声器电压灵敏度的影响和电噪声的增加,在加长距离时,应将前置放大器与传声器紧放在一起。

空气的流动,即所谓风噪声对噪声测量的影响很大,风噪声的大小与风速成正比。要减小风噪声的影响,可在传感器之前安置防风罩或防风锥等附件。在风速超过约 20km/h 的大风情况下,不应使用声级计。

较合理的考核机器噪声指标的方法是测量机器的声功率(级)。在一定的工作条件下,机器辐射的声功率是一个恒量,能较为客观地反映机器噪声源特性。但声功率不能直接测量,只能在一定条件下由测量的声级通过换算而得到。声功率的测量方法很多,一般较常用的方法为概测法。它是一种现场声功率测试方法,可在车间现场或户外进行,要求房间总的吸声面积大于测量面积的 2 倍,本底噪声低于被测噪声源 3dB。

测试前先要选择参考盒和测量表面。对于尺寸较小的机器,可依机器外轮廓尺寸作为参考盒;对于大尺寸或形状不规则的机器,可根据主要噪声发射部位来确定参考盒的尺寸。测量表面可选为半球面、长方体面及长方体与圆弧的合成体面,一般长方形体面应用较多。测点可分布在距参考盒一定距离的测量表面上。测量表面与参考盒之间的距离可取 0.25m、0.5m、1m、2m、4m 和 8m,一般取 1m 较为合适。对于小声源(宽度小于 1m),4 个侧面的中心点及顶底面中心点(共 6 个)可作为主要测量点。

对于宽度大于 1m 的小声源,再在圆角选 4 个辅助测点。若声源更大(水平尺寸超过5m),则应取以上所有测点都作为主要测量点。

2. 噪声评价指标

1)A 声级 L_A

这是模拟 40Phon 等响曲线设计的计权网络声压级。其特点是考虑了人耳对自低频噪声敏感性差的频谱特性,对低频有较大的修正量,能够较好地反映人耳对各种噪声的主观评价,且易于测量,故广泛用于噪声计量中。由于 A 声级是个宽频带的度量,不同频谱的噪声对人产生的危害可能不同,但可以具有相同的 A 声级,因此 A 声级不能全面准确地反映噪声的危害程度,它主要适用于宽频带稳态噪声的一般测量。

2)等效连续 A 声级 L_{eq}

这是用能量平均的方法将起伏波动的噪声等效于一个连续稳定的噪声。

$$L_{eq} = 10\lg \frac{1}{T} \int_0^T \left| \frac{P_A(t)}{P_0} \right|^2 dt$$

$$L_{eq} = 10\lg \frac{1}{T} \int_0^T 10^{\frac{L_A(t)}{10}} dt$$

在实际测量时,通常是采用间隔读数。间隔读数时

$$L_{eq} = 10 \left| \lg \frac{1}{\sum T_i} \sum T_i 10^{\frac{L_A(t)}{10}} \right|$$

由 L_{eq} 的定义可知,等效连续 A 声级是在考虑了噪声与频率之间关系的 A 声级的基础上,进一步考虑了噪声持续时间产生的影响。因此,等效连续 A 声级可用于测量持续时间不同的起伏波动噪声。但对于个别持续时间极短,脉冲噪声峰值较高的声压级,虽然其危害性很大,但在等效连续 A 声级中未必能很好地反映,即危害程度不同的噪声仍可能有相同的等效连续A 声级。等效连续 A 声级主要用于起伏噪声的测量。

3)NR 等级数

噪声评价 NR 等级数是将所测噪声的倍频带声压级与标准 NR 曲线比较,以所测噪声最高的 NR 值表示该噪声源的噪声等级。显然,噪声评价 NR 等级数是在考虑了频率因素的基础上,进一步考虑了峰值因素,而对峰值持续时间以及起伏特性不能很好地反映。因此,NR数较适用于相对稳态的背景噪声的测量与评价,也可作为确定背景噪声的设计目标。

4)累计分布声级

这是一种统计百分数声级,即记录随时间变化的 A 声级并统计其累积概率分布。用 L_N 表示测量时间内百分之 N 的起伏噪声所超过的声级,L_{10} 相当于峰值声级,L_{50} 相当于平均声级,

L_{90} 相当于背景声级。由累计分布声级的定义可知，L_{10}、L_{50}、L_{90} 对噪声暴露给出了简单、可靠的描述，故可以用来测量、评价城市环境噪声或起伏的交通噪声。

5）语言干扰级

为测量、评价背景噪声对语言听闻的干扰程度，引入语言干扰级。这是在考虑了语言声能的频率多数低于 500Hz 的情况下，同时考虑了 800Hz 以上声能对语言清晰度有较大影响，并从测量、评价的方便考虑，选取中心频率为 50Hz、1000Hz、2000Hz 3 个倍频带声压级的算术平均值作为评价背景噪声的语言干扰级。

3. 噪声评价方法

噪声评价就是用什么物理量才能恰当地描述噪声的物理性质，并对其大小做出评定。噪声评价方法有客观评价和主观评价两种。客观评价就是利用人们规定的、用来确定噪声大小及其性质的一些物理量（如声压级、声功率级等）来对噪声做出评价。主观评价就是把噪声的某些物理特性与对人的主观效应联系起来，建立主观效应与主观量的关系，并用主观量对噪声做出的评价。用来描述噪声对人体影响的主观量有响度级、感觉噪声级等。表7.13 列出了各种情况下声压（强）级、声压、声强的对照关系。

表 7.13　各种情况下的声压（强）级、声压、声强

噪声源	声压（强）级/dB	声压/（N/m²）	声强/（W/m²）
铆钉机	95	1.12	2.2×10^{-3}
重型汽车	90	0.93	10^{-3}
一般机床	85	0.36	3.2×10^{-4}
公共汽车	80	0.20	10^{-4}
普通说话	60	0.020	10^{-6}
细语	30	0.00063	10^{-9}
夜静	10		10^{-11}

前面主要介绍了常规的无损检验技术，如超声检测诊断技术、射线检测诊断技术、涡流检测诊断技术、表层缺陷检测诊断技术、噪声检测诊断技术。随着科学技术的发展，越来越多的新技术应用在装备质量检验上，如声发射检测技术、红外无损检测技术、微波与工业内窥镜检测诊断技术、激光全息无损检测技术、正电子湮灭检测诊断技术、液晶检测诊断技术、磁记忆效应检测诊断技术等，由于篇幅有限，在此不一一简述了。

第8章 材料检验技术

8.1 概　述

8.1.1 引言

材料是现代文明的三大支柱之一,新材料是新技术革命的基础和先导。随着航空航天、电子、通信等高新技术以及机械、化工、交通、能源等工业的发展,对材料的性能提出越来越高、越来越多的要求,传统的单一的材料已不能满足要求,特别是在机械大工业和制造业中,机器零件和工程结构已不再是只使用金属材料制造了,各种材料的制造和应用已经发展到了一个崭新的阶段,在国家的大工业化生产中获得了广泛的应用。当今世界各主要工业国都把材料科学技术列为 21 世纪优先发展的关键领域之一。

材料从以金属材料为主发展到现在无机非金属材料(硅酸盐等)、高分子聚合物、精细陶瓷以及它们之间的复合材料等多样化、专用化的丰富多彩的品种。所具备的各种物理、化学、力学性能,能满足日益增长的工业、农业、科技及人们生活的需要。材料物理检验由于新材料的飞速发展遇到极大的挑战和机遇。目前,检验技术落后于材料的发展,不能满足需要,必须改进和创新。

例如材料检验的一个重要对象是结构材料,过去以金属材料为主,已有一套很成熟的行之有效的检验技术。20 世纪五六十年代由于火箭及航天技术的需要出现了超高强度钢,传统的力学检验遇到了致命的失败,出现了一系列灾难性的事故。于是发展了断裂韧性测试技术,引入了新的材料性能指标,把强度、塑性和韧性结合起来考虑。目前,新的问题又出现了,陶瓷材料、复合材料因其具备的优良特性已在设备结构设计中获得越来越广泛的应用,它们的检验方法与金属材料明显不同,需要制定一系列的标准。

材料是制造导弹武器系统装备的基础,在其生产过程中涉及了各种各样的材料,从不同种类的金属材料到各类非金属材料如高分子材料、硅酸盐防热材料等,从火工品炸药、固体推进剂药柱到战斗部核材料等,范围非常之广。根据材料在装备的实际应用,采用不同检验方法进行相关的内容项目检验。如对于作为装备结构的材料,不仅检验其成分、微观结构及形貌,更重要的是其力学性能指标的检验;而火工品、固体推进剂、核材料则要求对其均匀性、密度、化学成分等性能要求重点检验。并且随着新材料的发展,在新一代导弹武器系统必将采用更多种类的材料,这就势必要求材料检验工作不断地改进,针对不同材料采用新的检验方法与技术,保证装备的质量。

8.1.2 材料发展趋势

1. 陶瓷材料

陶瓷作为新的结构材料已崭露头角,由于它们的相对密度小、高温稳定、耐腐蚀,用于航空航天技术大有前途。对其致命的缺点,即脆性问题,虽然已有一些方法可局部克服,但与金属相比仍是远不能及的,套用金属的检测方法显然有许多潜在的危险,因此急需制定一些应急的标准。

最近美国橡树岭国家实验室做了一系列工作,制定了一些针对性的标准。美国材料试验学会(ASTM)组织了一个 C-28 委员会,专门制定先进陶瓷作为结构材料的可靠性标准。目的是把力学性能试验和裂纹产生、发展的观察紧密结合起来,制定一个使用寿命预测的方法。

目前,主要针对内燃机零件(如氮化硅陶瓷)。首先要测量其力学行为随温度、时间和工艺条件的变化规律,与此同时,用光学显微镜或扫描电镜观察其显微组织变化和裂纹产生和发展过程。特别注意:①决定极限强度的缺陷或裂纹形式;②边角、表面和体积的尺寸效应;③疲劳机制随温度的变化;④裂纹缓慢生长的本质;⑤残余应力在这些过程中的作用。最后要建立一个寿命预测的数学模型,与实际失效寿命相比较。这些测试结果不但对生产和使用者有用,对零件设计者也很有用。

适用于超高强度钢的断裂韧性测试方法目前仍套用于结构陶瓷,未来应作许多改进甚至修改,而且要和塑性测试结合起来,研究两者的区别和联系。总之,为了迎接大量使用先进结构陶瓷时代的到来,必须对原来的一套检验方法作根本的改进,任务是很艰巨的。

2. 复合材料

未来的新材料应是广义的复合材料,任何单一材料均不能满足未来的高新技术需要。复合材料中的界面、成分梯度、元素扩散均带来新的问题,特别影响到材料的稳定性和使用寿命,而这些新问题用老方法是不能解决的。

以界面为例,它是接近二维的一个薄层,其原子排列和成分受界面两边材料的影响,很难测量,而且不稳定。界面的性能更难测定,它不能从材料体内分离出来,总是和界面两边的材料混淆在一起。目前的办法是测量整个复合材料的整体性能,但这种性能并不能恰当地标识这种复合材料。

假定这种复合材料由一个高强度材料和一个低强度材料组成,则最终强度应由低强度材料决定,而不是由平均强度决定。更复杂的是实际的力学行为还取决于这两种材料的互相制约,制约的结果可能使整体性能超过其中任何一个组元,而这种制约又与试验时的加载条件有关。例如,在拉伸和扭转条件下可能有很大差异,而且制约的过程和结果都有所不同。

目前,有一些经验公式可能根据各组元的性能推测整个复合材料的性能,但这只适用于某些特殊的材料,既无普遍性,又无坚实的理论基础。因此,必须对复合材料的新的力学性能行为、物理化学行为作系统深入的规律性研究,不但要作静态研究,还要作动态分析(因为这种材料是不稳定的,各组分的化学成分,尺寸形状都随温度和时间变化),才能制定出科学的检验标准。对于力学性能而言,这里的中心问题是应力集中,复合材料的工艺缺陷比单一材料的多,在各种界面上存在应力集中,加上先天的缺陷,裂纹很容易发生。而在某些情况下,虽有大量微裂纹存在,但扩展的阻力大,不易长大,材料仍具有较好的最终性能,所以观察显微组织,跟踪裂纹产生和发展规律,将是十分重要的。对于平面复合板材料,有些新测试方法已经成功而且有一定的普适性。例如,在复合面端部开一个预缺口,用三点弯曲方法使板材弯曲,测量其断裂韧性,再利用有限元方法进行应力应变分析。变动复合板材的各组分厚度可得到一系列规律性结果。对纤维复合材料和颗粒复合材料也都有一些成功的例子。

3. 纳米材料

当前,材料的性质和使用性能愈来愈多地取决于材料的纳米结构,介于宏观尺度和微观尺度之间纳米尺度的研究已成为材料科学与工程新的重点,它是了解材料磁性、电子学性质和光学性质的枢纽,成为新材料开发的基础。纳米材料科学技术将成为21世纪初最活跃的领域,2000年1月美国提出的"国家纳米技术计划"认为,纳米技术可导致下一代工业革命,因为这一技术涉及材料、能源、信息、医学、航空航天以及国家安全的各个方面,除纳米材料外,还有纳米电子学、光电子学和磁学、纳米医学,目前纳米材料及纳米技术已成为全世界科学技术的热点。与此同时,关于纳米材料研究、分析和检测评价的现代分析方法和技术的发展也成为材料科学研究工作者和理化检验工作者不容忽视的重点。

4. 薄膜、涂层材料

薄膜和涂层材料发展很快,虽然这种材料过去主要用作功能材料,注重其物理性能(电、磁、热、电子性能),现在它们的力学行为也越来越重要了。例如,耐磨表面层、硬质膜等用途也逐渐扩展,成为新的薄膜和涂层材料。

薄膜和涂层材料总有一个基体,基体对薄膜和涂层的力学行为有不可忽视的作用。以最简单的硬度测量为例,在这里也成为一个难题。用不同的负荷测出的薄膜硬度有很大的差异,人们制定了一些标准,使硬度测量头的压下量保持在薄膜厚度的几分之一。另外,又发明了所谓的纳米压入仪,使压入量很小;或者用一系列负荷得到的结果进行外推得到零负荷的硬度作为真正的薄膜硬度。这些方法已经逐渐被人们共识,但不能令人完全满意。至于其他的力学性能,则更难处理了。有些成功的例子可能是将来发展的方向。例如,有人对加上基底的陶瓷涂层的力学行为进行了综合测试和研究,总结了一些主要的影响因素,得到了一些适用于多层系统的本构方程,具有一定的普遍意义。航天技术上使用的绝热陶瓷涂层使薄膜的热性能成为一个热门课题。民用内燃机为提高热效率也向高温发展,有些零件不需要整体陶瓷,仅需要接触高温的部分涂覆一层绝热陶瓷。这里要求绝热性好,还要求低膨胀系数。美国第一架航天飞机返回大气层时外层的绝热陶瓷瓦脱离的事故,陶瓷和金属基体的热膨胀系数不同,温度剧烈变动时会导致结合部的开裂,造成涂层脱落。一般而言,陶瓷的热膨胀系数远远低于金属,所以这个问题是很严重的。而且由于陶瓷的脆性对其内部应力很敏感,希望它本身的热膨胀系数越小越好,凡此种种,都要求对涂层进行准确的热性能测量,包括冷热机械疲劳的测试,后者对于内燃机零件更为重要。热应力和机械应力的综合作用比较复杂,至今尚无标准的测试方法,这也是今后要解决的问题。另外,导热系数的准确测量不复杂,但较难,因为热损失不可避免,而且无法完全测准。这就需要采用脉冲加热、快速测量的技术,这尚在发展中。

8.1.3 材料检验内容

面对新技术新材料的飞速发展,过去所谓的常规检验概念遇到极大的挑战,一方面检验技术不断更新;另一方面为适应新材料发展要不断修改检验标准。新标准的建立又需要一定的研究工作作为基础和后盾。未来的发展是使常规检验和深入研究之间的界限逐渐模糊起来。从事常规检验的人需要不断提高水平,开拓视野,不能仅局限于很窄的知识范围,而且要参加一定的高水平研究工作。

材料的检测评价技术既涉及了金相、物理、力学性能、失效分析、化学分析、仪器分析和高速分析技术领域的理化检验技术,又结合现代物理学、化学、材料科学、微电子学、等离子科学等学科的发展,对传统理化检验技术和方法进行拓展和延伸,构成了现代材料分析方法。

材料现代分析方法是关于材料成分、结构、微观形貌与缺陷等的现代分析、测试技术及其有关理论基础的实验科学。材料现代分析、测试技术的发展,使得材料分析不仅包括材料(整体的)成分、结构分析,也包括材料表面与界面分析、微区分析、形貌分析等诸多内容。

材料现代分析方法主要是通过对表征材料的物理性质或物理化学性质参数及其变化(称为测量信号或特征信息)的检测实现的,换言之,材料分析的基本原理(或称技术基础)是指测量信号与材料成分、结构等的特征关系,采用各种不同的测量信号(相应地具有与材料的不同特征关系)形成了各种不同的材料分析方法。特别是基于电磁辐射及运动粒子束与物质相互作用的各种性质建立的各种分析方法已成为材料现代分析方法的重要组成部分,大体可分为光谱分析、电子能谱分析、衍射分析与电子显微分析等四大类方法。此外,基于其他物理性质或电化学性质与材料的特征关系建立的色谱分析、质谱分析、电化学分析及热分析等方法也是材料现代分析的重要方法。

材料结构表征的任务及其分析仪器的发展基本上是围绕着成分分析、结构测定和形貌观察三个方面发展的。

1. 成分分析

材料的化学成分分析除了传统的化学分析技术外,还包括质谱、紫外、可见光、红外光谱分析,气、液相色谱,核磁共振,电子自旋共振,X 射线荧光光谱,俄歇与 X 射线光电子谱、二次离子质谱,电子探针、原子探针(与场离子显微镜联用)、激光探针等。在这些成分分析方法中有一些已经有很长的历史,并且已经成为普及的常规的分析手段。

2. 结构测定

在材料的结构测定中,X 射线衍射分析仍是最主要的方法。这一技术包括德拜粉末照相分析,高温、常温、低温衍射仪,背反射和透射劳厄照相,测定单晶结构的四联衍射仪,结构的极图测定等。

在计算机及软件的帮助下,只要提供试样的尺寸及完整性满足一定要求,现代的 X 射线衍射仪就可以打印出测定晶体样品有关晶体结构的详尽资料。但 X 射线不能在电磁场作用下汇聚,所以要分析尺寸在微米量级的单晶晶体材料需要更强的 X 射线源,才能采集到可供分析的 X 射线衍射强度。

由于电子与物质的相互作用比 X 射线强四个数量级,而且电子束又可以汇聚得很小,因此电子衍射特别适用于测定微细晶体或材料的亚微米尺度结构。电子衍射分析多在透射电子显微镜上进行,与 X 射线衍射分析相比,选区电子衍射可实现晶体样品的形貌特征和微区晶体结构相对应,并且能进行样品内组成相的位向关系及晶体缺陷的分析。而以能量为 10 ~ 1000eV 的电子束照射样品表面的低能电子衍射,能给出样品表面 15 个原子层的结构信息,成为分析晶体表面结构的重要方法,已应用于表面吸附、腐蚀、催化、外延生长、表面处理等表面工程领域。

中子受物质中原子核散射,所以轻重原子对中子的散射能力差别比较小,中子衍射有利于测定轻原子的位置。如液氮温区的新型超导体的超导临界温度与晶体结构中氧原子空位有一定关系,目前 X 射线、电子衍射、高分辨像对氧原子空位的测定都无能为力,中子衍射则可以提供较多的信息。

在结构测定方法中,值得特别一提的是热分析技术。热分析技术虽然不属于衍射法的范畴,但它是研究材料结构特别是高分子材料结构的一种重要手段。热分析技术的基础是当物质的物理状态和化学状态发生变化时(如升华、氧化、聚合、固化、脱水、结晶、降解、熔融、晶格改变及发生化学反应),通常伴有相应的热力学性质(如热熔、比热容、导热系数等)或其他性质(如质量、力学性质、电阻等)的变化,因此可通过测定其热力学性质的变化来了解物质物理或化学变化过程。目前,热分析已经发展成为系统的分析方法,是高分子材料研究的一种极为有用的工具,它不但能获得结构方面的信息,而且还能测定一些物理性能。

3. 形貌观察

材料的组织形貌观察,主要是依靠显微镜技术,光学显微镜是在微米尺度上观察材料的普及方法,扫描电子显微镜与透射电子显微镜则把观察的尺度推进到亚微米和微米以下的层次。

由于近年来扫描电镜的分辨率的提高,因此可以直接观察部分结晶高聚物的球晶大小完善程度、共混物中分散相的大小、分布与连续相(母体)的混溶关系等。20世纪80年代末其分辨率提高到0.7nm,超晶格试样只要在叠层的侧面进行适当的磨光便可在扫描电镜下得到厚度仅为几个或十几个纳米的交替叠层的清晰图像。透射电镜的试样制备虽然比较复杂,但在研究晶体材料的缺陷及其相互作用,微小第二相质点的形貌与分布,利用高分辨点阵像直接显示材料中原子(或原子集团)的排列状况等方面,都是十分有用的。现代电子透镜的分辨率可以达到0.2nm甚至更高,完全可以在有利的取向下将晶体的投影原子柱之间的距离清楚分开,透射电镜提供晶体原子排列直观像的能力正得到越来越广泛的应用。场离子显微镜(FIM)利用半径为50nm的探针尖端表面原子层的轮廓边缘电场的不同,借助氦、氖等惰性气体产生的电离化,可以直接显示晶界或位错露头处原子排列及气体原子在表面的吸附行为,可达0.2~0.3nm的分辨率。20世纪80年代初期发展的扫描隧道显微镜(STM)和20世纪80年代中期发展的原子力显微镜(SFM),克服了透射电子显微镜景深小、样品制备复杂等缺点。与此技术有关的利用近程作用力而设计出来的原子力显微镜等也在发展,在探测表面深层次的微观结构上显示了无与伦比的优越性。

需要特别提及的是,近年来由于对材料的表面优化处理技术的发展,对确定表面层结构与成分的测试需求迫切。一种以X射线光电子能谱、俄歇电子能谱、低能离子散射谱仪为代表的分析系统的使用日益重要。

其中,X射线光电子能谱(XPS)也称为化学分析光电子能谱(ESCA),是用单色的软X射线轰击样品导致电子的逸出,通过测定逸出的光电子可以无标样直接确定元素及元素含量。目前X射线光电子能谱已成为从生物材料、高分子材料到金属材料的广阔范围内进行表面分析的不可缺少的工具之一。

俄歇电子能谱(AES)由于俄歇电子在样品浅层表面逸出过程中没有能量的损耗,因此从特征能量可以确定样品元素成分,同时能确定样品表面的化学性质,由于电子束的高分辨率,故可以进行三维区域的微观分析。

二次离子质谱(SIMS)是采用细离子束轰击固体样品,它们有足够能量使样品产生离子化的原子或原子团,二次离子被加速后在质谱仪中根据荷质比不同分类,从而提供包含样品表面各种官能团和各种化合物的离子质谱。

在无法利用上述手段进行材料表面成分表征的情况下,可以采用红外光谱的衰减全反射(ATR)技术进行测试。ATR技术的优点是不需要进行复杂的分离,不破坏材料的表面结构,而且制样方法简单易行,可以得到高质量的表面红外谱图,是一种对材料特别是高分子材料很实用的表面成分分析技术。

微拉曼谱方法作为测量材料内部应力应变不均匀性的新技术,适用于金属基、聚合物基及陶瓷基的复合材料。拉曼谱可测量原子振动的频率,它与原子间作用力成正比。应变时原子间距改变,原子间作用力随之改变,故拉曼谱对微应变很灵敏,用微光束射入可得到微米量级的分辨率。前面提到,未来的新材料大多具有成分、结构、组织的不均匀性,在内外作用下应力应变的不均匀分布是一个普遍性问题,而这是进行强度、断裂和失效分析所必需的基本数据。

可预期,还会有更多的新方法出现,以便适用于不同的材料和使用条件。

在实际工程材料检验中,无损检验也是检验材料的大有前途的领域。美国材料试验学会(SATM)的 E-7 委员会非常活跃,其动向是发展非接触的无损检验技术。这是由于高温环境下测试的需要,测试组件不耐高温,只能采取非接触方法。例如,有人用激光在材料内产生超声波,然后用光学干涉仪测量高温下材料内的声速,测量精度很高。声速与材料内的工艺缺陷和裂纹有关,是很重要的数据。还有人用遥控探头探查不可进入或危险地区的内部情况,进行动态在线层析监测。所用探测原理可分三大类,即电磁辐射、声学及电性能测量。电磁辐射包括可见光、X 射线、γ 射线、正电子、磁共振等探测技术。声学主要用超声技术和声发射。电性能测量则包括电容、电导率及电感的测量。各种方法都有优缺点,适用于不同场合,可选择性强。关于各种粘结连接点的无损探伤也有很大的发展,人们的需要会很迫切。目前的情况是,真正得到工业应用的是垂直入射的超声技术、低频振动方法以及射线探测。处于研究开发阶段的是超声谱、超声斜入射、超声界面波、声—超声及介电测量方法。处于研究向工业应用过渡的是全息技术、热像探测和磁共振方法。总之,超声探测技术还是最成熟和最成功的,其他方法尚在发展中,限制条件较多,但未来发展不可限量。

导弹武器系统装备生产制造过程中,由于不同材料所关注的性能指标不同和生产厂家检验手段、水平的限制,不同装备的材料检验项目也相差甚远。下面就装备监造中,通常应用的检验方法与技术,如力学性能、金相显微、微观结构与成分、表面分析、高分子聚合物分析等方面的检验,进行简要的介绍。

8.2　材料力学性能检验

8.2.1　拉伸检验

1. 拉伸试验的目的和特点

拉伸试验是材料力学性能试验中最普遍、最常用也是最重要的一种试验方法。一般说的拉伸试验是指在常温、静载和轴向加载下所表现的力学行为,这里提的常温、静载和轴向加载是说明拉伸时的三个条件,即温度、加载速率和加载点的位置(必须沿试样轴线)三个外在条件。

拉伸试验的目的概括起来有以下几点:

1)结构和零部件设计上的需要

在机械结构中,很多零部件是承受拉伸载荷的,在设计这些受拉零部件时,就必须知道材料的拉伸力学性能指标,即要知道材料的强度性能、刚度性能和变形性能,这样才能通过设计确定零部件的形式和尺寸。

2)材料研究和工艺选择上的需要

在同一个受拉零部件上可以选用的材料可能很多,如何选择一种最经济的材料,这就要进行材料应用的研究。对于一些特殊工况下(高温、腐蚀、粒子的辐射等)零部件所需的材料,必须进行新材料的研制,即进行成分和工艺上的筛选。无论是材料的应用研究和新材料研制,其最后决定取舍的是材料拉伸的性能指标如何。

3)出厂检验和进料验收

很多钢厂的质保书上都有材料的拉伸性能指标,而进料单位则需验收,因此拉伸试验是材料供需双方都要进行的一种试验。

4）由材料拉伸性能指标推断该材料的其他力学性能指标

拉伸试验反映了材料在单向应力状态下的强度、刚度和塑性性能,材料在其他试验(如弯曲、扭转、硬度和疲劳等)中表现的性能均与拉伸下的性能有某种程度的联系,因此,可用拉伸指标的大小来简洁推断其他性能的好坏。迄今为止,材料的拉伸性能已与材料的硬度、疲劳和断裂力学性能建立了经验关系式,这在实际应用中是很有参考价值。

拉伸试验的特点:

1）能够反映材料的基本属性

拉伸试验是造成一种单向的均匀的拉伸应力状态,在此条件下测得的强度指标(屈服点 σ_s 和抗拉强度 σ_b)、刚度指标(弹性模量 E)和塑性指标(伸长率 δ 和收缩率 ψ)代表了材料的基本力学性能,它们反映了材料在弹性变形、塑性变形和断裂三个阶段中的行为,因此掌握了材料的拉伸性能,对理解、研究、分析和推断材料的其他力学性能都是有益的。

2）具有简单、快速和可靠的特点

拉伸试验所要求的试验机和记录装置已发展得很完善,试验方法较简单,能快速得出结果。因为拉伸试验是测定材料在一定体积(试样直径乘标距长度)内的平均力学行为,所以数据较稳定、可靠。只要保证试验机及测量工具的精度,一般来说,材料的拉伸数据比其他性能(如冲击、疲劳和断裂性能)数据更为稳定、可靠。

2. 材料在拉伸载荷下的行为

在拉伸载荷 F 的作用下,可测得试样的伸长量为 ΔL,从加载开始直至试样断裂,记录下 $F-\Delta L$ 曲线(称为拉伸图),材料在拉伸载荷下的行为就可从拉伸图上看出来,如图 8.1 所示。

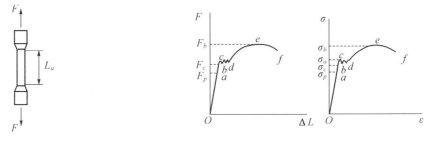

图 8.1　材料拉伸　　　　　　　　图 8.2　材料拉伸曲线示意图

一般来说,材料在拉伸下的全过程可分为三个阶段:弹性变形阶段、塑性变形阶段和断裂阶段。

1）弹性变形阶段(曲线上 Ob 段)

这个阶段中试样的变形是弹性的,其特点是在载荷 F(或应力 σ)一旦卸出,变形 ΔL(或应变 ε)就立即消失。在弹性阶段的 Oa 段,F 与 ΔL 成正比(也即 σ 与 ε 成正比),即力和变形符合胡克定律,可表达成:

$$\sigma = E\varepsilon$$

其中,E 称为材料的弹性模量,是材料刚度的度量。在 ab 一段内,变形仍是弹性的,但力的变形已不成正比关系。一般称 Oa 为线性弹性阶段,ab 称为非线性弹性阶段。

2）塑性变形阶段(曲线上 be 段)

又可细分为两个阶段。

（1）屈服阶段(曲线 cd 段)。

202

当载荷达到 F_s 时,变形从 c 点开始突然很快增长,一直延续到 d 点,此时 F 增加很小,或不增加,或有小的起伏,这种现象叫做屈服,是材料产生大量塑性变形(滑移)的结果。其实,bc 段已产生了塑性变形,只是变形量小不明显而已。

（2）均匀塑性变形阶段(曲线 de 段)。

变形到 d 点时,屈服结束,进一步的变形必须继续加载。这时在标距 L_0 长度内产生了均匀塑性变形,即在 L_0 内某一微段内只要继续产生塑性变形它就会强化,从而停止塑性变形,然后使其他微段塑性变形。这样由于材料具有形变强化能力,使 L 内各段都有产生塑性变形的机会,造成了 L 内均匀塑性变形。在这一阶段中材料的强度和硬度都提高了,因此形变强化又称形变硬化,它是材料在加工(冷轧、冲压)过程中的重要性能,因此又叫做加工硬化。

（3）断裂阶段(曲线 ef 段)。

加载到 e 点,形变强化(均匀塑性变形)结束,开始了材料的断裂阶段,其特点是试样在 L_0 内某一微段内产生了大量局部的塑性变形,随着微段的局部伸长,该截面也急聚地缩小,形成"缩颈"现象。其实,从 e 点开始,试样中心就形成了显微孔洞,它的聚集长大就成了裂纹源,随着"缩颈'的继续。裂纹不断扩大,至 f 点产生了最后断裂。因此,断裂是从 e 点开始,至 f 点结束的。

3. 材料在拉伸载荷下的各项性能指标

1）拉伸力学性能指标的定义和物理含义

（1）比例极限 σ_p,图8.2 中的 a 点,它是应力和应变成比例的极限应力,超过这一点,σ 和 ε 就不成正比了。这个指标对于仪表零件很重要,它要求零件严格工作在比例极限范围内,不护产生塑性变形,以保证零件的形状尺寸不变,达到运行的精度(炮弹的发射精度和仪表的运行精度)。

（2）弹性极限 δ,图8.2 中的 b 点,它是应力和应变成弹性关系的极限应力,超过这一点,就要产生塑性变形。对于弹性元件(如精密弹簧)很重要,它要求弹性元件吸收的弹性功能全都释放出来,这就要求材料在工作过程中不产生塑性变形。

（3）弹性模量 E,在 Oa 段内,应力与应变成正比,即胡克定律成立,$\sigma = E\varepsilon$,即 $E = \sigma/\varepsilon$。由此式可知,在一定的应力 σ 下,应变 ε 越小,E 越大;ε 越大则 E 越小,所以 E 是表示材料刚度大小的一个物理量。

塑性变形阶段:这一阶段又分为屈服阶段和形变硬化阶段,这两个阶段中的指标有:

（1）屈服点 σ_s:其定义为材料产生屈服时的应力值,或定义为材料抵抗起始(塑性变形)的抗力。由于材料的不同,其屈服现象和形式就不同,因此,上面的严格定义还得具体化,以便可进行测试和工程应用,关于 σ_s 的工程定义在下面介绍。这里需要指出的是,材料的 σ_s 是材料强度的一个重要指标,在设计和材料研究中有极为重要的作用。

（2）硬化指数 n,在形变硬化阶段,材料的真实应力和真实应变的关系符合如下的指数关系为

$$S = Ke^n$$

式中　S——材料的真实应力,它是用载荷 F 除以试样真实面积(不是原始面积 S_0)而得到的,S 与 σ(又称工程应力)的关系是 $S = \sigma(1 + \varepsilon)$;

　　e——真实应变,它是用瞬时伸长 ΔL 除以试样瞬时标距长度(不是原标距长 L_0)而得到的,e 与 ε(又称工程应变)的关系是 $e = \ln(1 + \varepsilon)$;

　　K——应变硬化系数;

n——应变硬化指数。

断裂阶段:从缩颈开始至断裂为止,这里有下列指标:

(1)抗拉强度 σ_b。试样拉断的最大应力叫做抗拉强度,记为 σ_b,它是材料对缩颈开始的抗力,也即应力—应变曲线上的最高应力点。σ_b 是材料强度的又一个重要指标,对于设计和选材有重要的作用。σ_b 和 σ_s 一起被称为是反映材料强度基本属性的指标。

(2)实际断裂强度 σ_f,它的定义是 $F-\Delta L$ 曲线上实际断裂点的载荷 F_f 除以断裂缩颈处的最小截面积,它表示材料的实际抗拉强度。σ_f 比 σ_b 大,它在研究材料的断裂抗力中有重要价值。

(3)材料伸长率 δ,其定义为 $\delta=(L_1-L_0)/L_0$,其中 L_1 为试样断裂后两标点间的长度;δ 是反映材料塑性变形能力大小的指标。

(4)断后收缩率 ψ,其定义为 $\psi=(S_1-S_0)/S_0$,其中 S_1 是试样拉断后缩颈处的最小面积;ψ 也是反映材料塑性变形能力的一个指标,与 δ 不同之处,ψ 是代表的是收缩变形,而 δ 表示伸长变形。

ψ 和 δ 一起是材料另一个基本属性——塑性的衡量指标。

2)材料拉伸力学性能指标的工程定义

上面定义的拉伸力学性能指标都是严格的,物理含义也是明确的,但在测试上和工程应用中却受到了限制。例如,比例极限和弹性极限,尽管定义是明确的,但如何准确测出应力—应变成比例的极限点(a 点)和成弹性关系的极限点(b 点)就与测试仪器的灵敏度大有关系;对有明显屈服点的又如何区别上、下屈服点,取哪一个更合适;对于无明显屈服点的材料,如何来定义其屈服抗力,这一系列问题,就必须给出上述指标相应的工程定义。

旧国标 GB228-76"金属拉伸试验法"中的工程定义:

(1)比例极限 σ_p 规定产生一定微量塑性变形时的应力,叫做工程比例极限。具体规定有两种:①斜率偏离法,它规定某点的斜率值比线性弹性部分的斜率降低50%时的应力,叫规定比例极限,记为 σ_{p50}。②残余伸长法,它规定 $\varepsilon_{残}=0.01\%$ 对应的应力,称为工程比例极限,记为 $\sigma_{0.01}$。

(2)弹性极限 σ_e 规定产生一定残余应变所对应的应力,叫做工程弹性极限,即规定 $\varepsilon_{残}=0.05\%$,测得对应的 $\sigma_{0.05}$,作为材料的弹性极限。

(3)屈服点 σ_s,屈服点的工程定义分三种具体情况来确定:①对有明显屈服平台的材料,其平台高度就是 σ_s;②对于有锯齿状屈服阶段的材料,规定取其下屈服点 σ_{SL} 作为材料的屈服点,而其上屈服点 σ_{SU},则因受加载速率的影响很大,故不取之;③对于没有上述明显屈服现象的材料,则规定 $\varepsilon_{残}=0.2\%$ 时的应力,作为屈服点,记为 $\sigma_{0.2}$,称为屈服强度。

除上述三个指标外,其他拉伸的力学性能指标其严格的定义和工程定义是一致的。

新国标 GB228-87"金属拉伸试验法"中的工程定义:

新国标在对 σ_p、σ_e 和 σ_s 三个指标的工程定义综合分析后认为,它们都是对微量(不同数值)塑性变形的抗力,完全可以把它们统一起来。其办法是提出两个新概念(新指标)来统一给 σ_p、σ_e 和 σ_s(不明显屈服的材料)下工程定义。

(1)规定非比例伸长应力 σ_{pn}。当应力超过 a 点后,材料产生了非比例伸长(由于塑性变形和滞弹性造成),规定非比例伸长就等于规定了非伸长应变。例如,规定 $\varepsilon=0.01\%$、0.05% 和 0.2% 时,此时的应力记为 $\sigma_{p0.01}$、$\sigma_{p0.05}$ 和 $\sigma_{p0.2}$,它们分别叫做工程比例极限、工程弹性极限和工程屈服点。

(2)规定残余伸长应力 $\sigma_{r\varepsilon}$。当应力超过 a 点后,材料就产生了残余变形,当规定了残余伸长达到原始标距某一百分比时(即 $\varepsilon_{残} = \Delta L_{残}/L_0$)其应力记为 $\sigma_{r\varepsilon}$,只要规定 $\varepsilon_{残} = 0.01\%$、0.05% 和 0.2% 时,测得的应力就是 $\sigma_{r0.01}$、$\sigma_{r0.05}$ 和 $\sigma_{r0.2}$,它们就是工程比例极限,工程弹性极限和工程屈服点。

8.2.2 压缩试验

1. 压缩试验的特点

(1)从理论上说,压缩可以看作反方向的拉伸,因此材料在拉伸时表现出来的性能(如比例极限、弹性极限、屈服点和抗拉强度等)在压缩试验中都存在。在拉伸中材料的各项指标的定义均适用于压缩试验,所不同的是材料在拉伸中的伸长和断面收缩,在压缩中则是缩短和断面膨胀。

(2)压缩时的力学分析方法与拉伸时相同。

(3)压缩试验中材料的破坏特性与拉伸时的不同,它具有自己的特殊规律。

2. 材料的压缩力学性能指标

材料的压缩力学性能指标基本上与材料的拉伸力学性能指标相同。国家标准 GB7314 – 86 金属压缩试验方法中规定测定的指标有:规定非比例压缩应力,规定总压缩应力、压缩屈服点和抗压强度。

3. 材料压缩破坏的特征

根据材料塑性的好坏,压缩破坏可分为下列三种典型形式(图 8.3):

(1)塑性很好的材料。每次压缩均在试样上下表面涂润滑剂,以减少摩擦。这样一次次地压缩,试样高度减小,断面不断增大成腰鼓形,继续压下去则试样成为圆饼,一般不会破坏或出现近似 45°的剪切破坏面,如黄铜、软钢等。

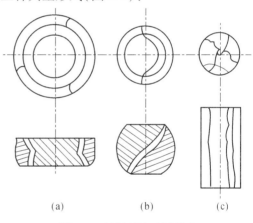

(2)塑性一般的材料。这种材料压缩破坏形式,呈整体剪切破坏,断裂面与底面交角近似为 55°,如熟铁等材料。

(3)脆性材料。这种材料有两种破坏形式:剪切或拉坏,剪切的断裂面与底面成近似 45°角,拉坏则是由于横向纤维的伸长率不足而破坏。

(a)   (b)   (c)

图 8.3 材料压缩破坏形式

8.2.3 弯曲检验

根据工程上的需要,弯曲可分为两类:抗弯试验和冷弯试验。

抗弯试验主要用于材料的抗弯强度的测定(包括抗弯弹性模量);冷弯试验是考核材料(板材)在弯曲时塑性好坏的一种工艺试验。

抗弯试验主要测定的材料力学性指标有:抗弯强度 σ_{bb}、中点挠度 f 和弹性模量 E。

8.2.4 剪切试验

机械零部件中很多是承受剪切载荷的,如铆钉和销子等,为了考核这些零部件的强度,必须进行剪切试验。

剪切试验种类如图8.4所示。

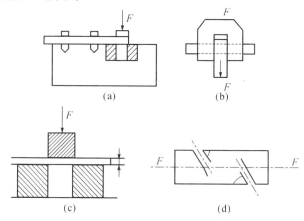

图 8.4　剪切试验种类

（a）单剪试验；（b）双剪试验；（c）冲孔剪切试验；（d）开缝剪切试验。

8.2.5　扭转试验

在试样的两端施加一对大小相等、方向相反的力矩，使之形成扭转。在工程实践中，轴和弹簧都是承受扭转的典型零件，为了测定材料在扭转时的强度和变形性能，必须进行扭转试验。

材料扭转的力学性能指标：通过扭转试验，主要测定材料的剪切屈服点 $\tau_{0.3}$、扭转强度 τ_b（也可称剪切强度）、剪切弹性模量 G 等指标。

材料扭转破坏特征：沿扭转试样相邻两横截面和两相邻的纵截面，可以截出一个受力的单元体。在单元体四个面上均受到剪应力 τ 的作用。如果把单元体旋转45°，则此时的单元体上，一对面上受着拉应力，另一对面上受着压应力。根据这一应力状态，材料扭转破坏的形式可分为三类。

（1）塑性很好的材料。这种材料扭转破坏的断口为与轴线垂直的平断口，呈纤维的撕裂，这是由横断面上的剪应力所剪坏的，如低碳钢等，如图8.5（a）所示。

（2）脆性材料。铸铁及其他脆性材料，由于它们的抗拉强度低于抗剪强度，因此它们是在与轴线45°交角的面上被拉坏的，如图8.5（b）所示。

（3）层间剪切性能差的材料，如木材等。由于层间剪切性能较差，因此，沿纵向截面的剪应力超过材料层间剪切强度时，便被剪坏（似被辟开状），如图8.5（c）所示。

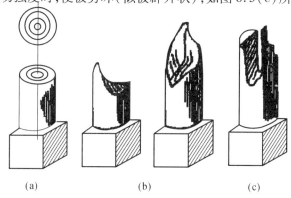

（a）　　　　　　（b）　　　　　　（c）

图 8.5　材料扭转破坏类型

8.2.6　硬度试验

硬度是材料的一种综合性的力学性能指标,它是材料硬软程度的度量。由于度量的方法不同,硬度的分类和具体定义也不相同。硬度可分为两大类:压入硬度和划痕硬度。在压入硬度中,根据载荷速度的不同,又可分为静载压入硬度(即通常所用的布氏、洛氏和维氏硬度)和动载压入硬度(如肖氏硬度和锤击式布氏硬度)两种。

硬度的一般定义是:材料抵抗局部变形(弹性变形和塑性变形),压痕或划痕能力的指标。对于具体的每一种硬度,其定义和物理含义又不一样。例如,划痕硬度主要是反映金属对切断破坏的抗力;肖氏硬度是表征金属弹性变形能力的大小;常用的布氏、洛氏和维氏硬度实际上是反映了压痕附近局部体积内金属的弹性变形、微量塑性变形、形变硬化以及大量塑性变形能力的指标。

硬度试验的目的:

(1) 原材料的质量检查和热处理质量的控制。由于硬度试验能敏感地反映出材料的化学成分、金相组织和结构的差异,因此被广泛地用来进行原材料的质量检查,并被用来检查材料或零件热处理质量的好坏。

(2) 金属的静强度可由硬度换算得到。对于压入硬度中的布氏、洛氏和维氏硬度来说,经长期的积累已与静强度指标(抗拉强度 σ_b)建立了经验换算关系,因此,只要通过硬度的测量便可间接推断其抗拉强度的大小。

(3) 用硬度来控制零件的加工工艺。金属的硬度与冷成型性、切削性、焊接性等工艺性能有密切的关系,因此,硬度也可以作为零件加工工艺质量评定的一个指标。

硬度试验的特点:一般来说,硬度试验具有设备简单、操作迅速方便、压痕小不破坏零件以及便于现场操作等特点。因此,在工业生产中得到广泛的应用。

8.2.7　冲击试验

众所周知,强度和塑性是金属材料的两个基本的力学性能。在零部件的实际工作中,除了对材料的强度和塑性提出要求外,还会对材料的韧性提出一定的要求。

韧性的定义是材料在变形和断裂过程中吸收能量(以外力做功来衡量)的一种性能。按照这一定义,韧性可分为:

(1) 静韧性。即在静载荷(拉伸、压缩、弯曲和扭转)下材料经历弹性变形、塑性变形和断裂时所吸收的能量就叫做材料的静韧性。

(2) 冲击韧性。即在冲击载荷下材料吸收的能量 A_K 除以试样缺口根部的面积所得的商,称为材料的冲击韧性,记为 a_k。

(3) 断裂韧性 K_{IC}。在试样上预制一条裂纹,然后在静载下(拉伸或弯曲)使其变形直至断裂,再按一定的公式计算出材料的断裂韧性。

材料的强度和变形(特别是塑性变形)能力越大,它的韧性也就越高。因此,韧性是材料强度和塑性两者结合的结果。

在常规冲击试验中又可分为两种类型:一种是简支梁式的三点弯曲试验,又称为夏比(Charpy)冲击试验;另一种是悬臂梁式冲击弯曲试验,又称为艾佐(Izad)冲击试验。由于低温、常温和高温下,夏比试样的安放均比艾佐试样来得简便,因此,在我国使用较普遍的仍是夏比冲击试验。反映材料抗冲击性能的指标有两个:

（1）冲击吸收功 A_K。具有一定形状和尺寸并带有一定缺口的试样，在冲断后所吸收的功。记为 A_K，单位是 J。

（2）冲击韧性 a_k。冲击吸收功 A_K 除以试样缺口底部横截面积 S（单位:cm^2）所得的商，即 $a_k = A_K/S$，单位是 J/cm^2。要指出的是，A_K 除以 S 并没有实际的物理含义。这部分功 A_K 并不是被缺口底部横截面所吸收，而是被缺口底部附近材料（体积）所吸收，由于缺口底部这部分体积的材料在冲断过程中，其变形程度也不一致，极不均匀，吸收的变形能力也不能用单位体积来衡量。因此，a_k 就定义为 A_K 除以 S 的商，而不去深究其含义，就目前来说，很多国家已不再使用 a_k 了。

8.2.8 疲劳试验

在机械零部件中，蒙受变动载荷（或应力）的情况是很普遍的，例如，连杆、曲轴、齿轮、弹簧等，零部件在变动载荷作用下，经过较长时间的工作发生断裂的现象叫做疲劳。疲劳断裂与静载荷下的断裂不同，无论是静载荷下显示脆性或韧性的材料，在疲劳断裂时都不产生明显塑性变形，且断裂是突然发生的。

科学的疲劳分类方法是按照零部件从受载开始直至破坏所经历的载荷循环次数 N_f 来进行分类，凡 $N_f > 10^4 \sim 10^5$ 次的疲劳称为高周疲劳，凡 $N_f < 10^4 \sim 10^5$ 次的疲劳就称为低周疲劳。

大量研究表明:高、低周疲劳反映了材料的两种不同的本质，其区别主要有下列几个方面。

（1）控制参量不同。对于高周疲劳来说，零件的设计、试验和寿命估算都是用应力作为参量来进行的；而低周疲劳则是用应变作为参量，因为承受低周疲劳的零件，其应力已接近或超过材料的屈服点，此时应力与应变已不是一一对应的关系，只能以应变为控制参量（即循环应变值）才能准确地进行设计、试验和寿命估算了。

（2）衡量材料的指标不同。对于高周疲劳来说，反映材料疲劳抗力的指标是疲劳极限（在某一固定循环数下，材料不产生疲劳破坏的最小应力值）和 $P-S-N$ 曲线（即存活率—应力—寿命曲线）；对于低周疲劳来说，材料的疲劳性能是由循环应力—应变曲线和应变寿命曲线（即 $\Delta\varepsilon_1/2 - 2N_f$ 曲线，其中 $\Delta\varepsilon_1/2$ 为循环应变的总应变幅）。

（3）反映材料的性能不同。高周疲劳主要是反映材料的强度性能，即疲劳极限主要取决于材料的强度（σ_s 和 σ_b）级别，而与材料的塑性（伸长率 δ 和收缩率 ψ）关系不大。相反，材料的低周疲劳性能好坏则主要取决于材料塑性（δ 和 ψ）的优劣，而与材料的强度关系不大。因此，两类疲劳反映了材料的不同性能。

疲劳载荷是一种变动载荷，即载荷（应力）的大小、方向和频率都随时间而变化的一种载荷，按照幅值随时间的变化，疲劳载荷可分为等幅载荷、程序载荷和随机载荷三类，如图8.6所示。对于前两种载荷又统称为循环载荷。

疲劳曲线:

在循环载荷的作用下，金属承受的循环应力和断裂循环周次之间的关系可以用疲劳曲线（即一般所称的 S-N 曲线）来描述，S-N 曲线是在实验室内通过标准试样或零部件的疲劳试验得到的。疲劳学科是一门实验的科学，其强度和寿命的变化规律都是从试验得到的。可以用成组试验法和升降试验法确定材料的疲劳极限和绘制 S-N 曲线，如图8.7所示。

疲劳断口形貌及其特征（图8.8）。

（1）疲劳源区。这是疲劳裂纹的萌生区，往往因材料的质量（冶金缺陷或热处理不当等）或是设计不合理造成应力集中，或是加工不合理造成表面粗糙或损伤等，均会使裂纹在零件的

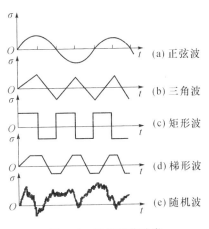

图 8.6　疲劳载荷种类

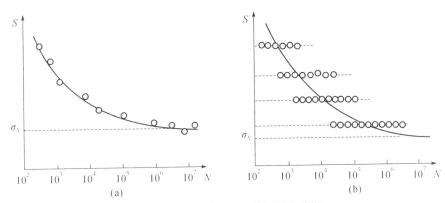

图 8.7　S—N 曲线及疲劳极限的确定

（a）升降试验法；（b）成组试验法。

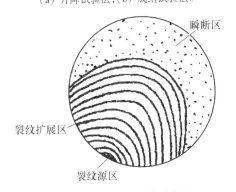

图 8.8　疲劳断口形貌示意图

某一部位萌生。疲劳源区的宏观断口形貌并不明显,它可由裂纹扩展区前沿线上若干点的垂直线的交点而找到裂纹源的位置;电子显微镜观察可以找到裂纹萌生的起因。

（2）疲劳扩展区。疲劳扩展区最主要的宏观形貌特征是疲劳条纹和疲劳台阶。疲劳条纹是在裂纹扩展(一张一合)过程中形成的一些近似平行的弧线,叫做裂纹扩展前沿线,这些弧线有点像贝壳花样,也有点像海滩状。疲劳台阶是在一个独立的疲劳区内,两个疲劳源向前扩展相遇而形成的。对于薄板材料,有时断口上并无明显的疲劳条纹,但却有明显的疲劳台阶。这个区的微观断口特征是有辉纹,辉纹间距的大小与裂纹扩展速率有一定的对应关系,可用来估算裂纹的扩展寿命。

（3）瞬时断裂区。由于裂纹的不断扩展，使零件或试样的剩余断面越来越小，当剩余断面上的应力达到和超过材料的静强度时，便发生了断裂；另一种情况是，当裂纹扩展到一定程度时，其应力强度因子 K_{I} 超过材料的断裂韧性 K_{IC} 时，便发生了断裂。瞬时断裂区的宏观、微观形貌与该材料静载荷下的断口是相同的。

疲劳裂纹扩展区和瞬断区所占面积的相对比例，随所受应力大小而变化，当循环应力较小而又无大的应力集中时，则疲劳扩展区较大，反之则瞬断区较大。

8.3　光学显微分析

光学显微分析是借助于光学显微镜根据有关标准和规定来评定产品质量的一种检验方法，如观察分析产品材料的组织结构、晶粒大小、杂质分布和缺陷情况等；还可用来判断零件生产工艺是否完善，从而找出产生缺陷的原因。

光学显微分析一般按以下步骤进行：取样、镶嵌、磨光、抛光、显示，最后利用光学显微镜对试样的组织进行分析和鉴定。但并非每个试样的分析都必须经过上述步骤，如果试样的形状和大小合适，便于握持磨制，则不必进行镶嵌；而一些非金属材料试样则不必进行磨光和抛光。

8.3.1　试样制备

1. 取样

选择合适的、有代表性的试样是显微分析中至关重要的第一步。选取试样的方法、部位、数量、磨面方向等都应严格按照相应标准的规定进行。

试样切取的方法应根据取样零件的大小、材料的性能、检验的项目以及现场实际条件不同而不同。主要有机械切割、气切割、电弧切割等方法。切割时，要求保证被切取的试样表面的显微组织不因切割而发生变化。试样形状一般为中 $\phi 12\mathrm{mm} \times 12\mathrm{mm}$ 的圆柱体或 $12\mathrm{mm} \times 12\mathrm{mm} \times 12\mathrm{mm}$ 的立方体。

2. 镶嵌

被检验的材料尺寸过小或形状不规则（如丝、带、片等），由于不便握持，可采用镶嵌的方法。即使外形规则的试样，为检验试样的表层组织，防止手工磨制的缺陷，也可采用镶嵌。一般镶嵌工序放在挫平或粗磨修平试样之后。常用的镶嵌方法有机械夹持法、塑料镶嵌法等。

1）机械夹持法

图 8.9 所示为常用的几种机械夹持器，适用于表层检验的试样，不易产生倒角。夹具材料可用低或中碳钢，硬度应略高于试样，以免磨制时产生倒角。夹持器与试样间的垫片多采用铜、铝等薄片（厚 0.5 ~ 0.8mm）。垫片的电极电位应高于试样，在浸蚀时不会被浸蚀。

2）塑料镶嵌法

常用的塑料镶嵌法有两种，一种是利用环氧树脂等物质在室温下进行镶嵌；另一种是在专用的镶嵌机上进行镶嵌。

（1）环氧树脂镶嵌。

主要材料为环氧树脂和固化剂等组成粘结剂。固化剂是胺类化合物，用量应适当，过多树脂会变脆；过少则难以充分固化。一般固化剂用量约占总量的 10%。常用以下两种配方：

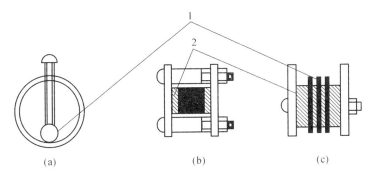

图 8.9　机械夹持器
（a）管状试样；（b）块状试样；（c）薄片试样。
1—试样；2—垫片。

① 环氧树脂（6101#）0.100kg；乙二胺（固化剂）0.008kg；氧化铝（耐磨填料150～300目）适量。

② 环氧树脂（6101#）0.100kg；磷酸二甲酸二丁酯（稀释剂）0.020kg；乙二胺（固化剂）0.008kg；氧化铝（耐磨填料150～130目）适量。加入耐磨填料是为了提高硬度。除氧化铝外，还可用碳化硅、铸铁屑、石英、水泥粉等。

镶嵌时首先将试样观察面磨平，置于光滑平板上，外部套以适当大小的套管，然后按配方顺序，准确称量黏结剂和适当的填料，搅拌均匀成糊状后浇注在套管空隙处，凝固即成。

（2）镶嵌机镶嵌。

镶嵌机主要由加热、加压和压模装置三部分组成。所用的塑料有热凝性和热塑性两大类。热凝性塑料如胶木粉（电木粉），它是一种酚醛树脂，不透明，有多种颜色，镶嵌试样多用黑色和棕色。这种塑料质地较硬，但抗酸碱浸蚀能力较差。镶嵌时在压模内加热至130～150℃，同时加压到17～21MPa，保温约10min，然后冷却至70℃左右脱模即成。

热塑料性塑料的种类较多，常用的有聚氯乙烯，其质地较软，但抗酸碱侵蚀性较强。镶嵌操作与热凝性塑料相同，但加热温度为149～170℃，压力为17～25MPa。

3. 磨光

试样经过镶嵌后，还需进行磨光、抛光等工序，才能获得表面平整光滑的磨面。图8.10所示为试样的粗糙表面经细磨、抛光后，磨痕消除，使观测表面尽可能光滑平整。磨光分粗磨和细磨。

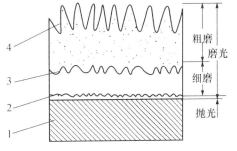

图 8.10　试样在磨抛时磨面的变化
1—试样；2—细磨痕；3—粗磨痕；4—切割痕。

1）粗磨

粗磨是将试样表面的粗痕大部分去掉。较软的金属如铝、铜等，用锉刀或在铣床、车床上修整。不能使用砂轮磨削，否则软金属容易堵塞砂轮孔隙，砂轮钝化导致磨削后试样表面变形层加厚。

硬的金属试样通常在磨床或砂轮机上进行粗磨。为防止产生大量磨削热烧伤试样表面，要求磨具锐利，磨削量小，并充分冷却。在砂轮机上用于工粗磨时，接触力要适当，以保证磨面质量。

粗磨后的试样应清洗干净，防止将砂粒或磨屑带到细磨中；然后将试样烘干，防止表面氧化。

2）细磨

细磨是消除粗磨留下的较深磨痕，为抛光工序作准备，可采用手工细磨或机械细磨。

手工细磨是在由粗到细的各号金相砂纸上进行。砂纸平铺在玻璃或金属等较平整的板上，使磨面轻压砂纸，向前平推，然后提起，拉回，不可来回磨削，否则磨面易成弧形，得不到平整的磨面。

机械细磨所采用的主要设备是预磨机，其特点是效率高。在磨光过程中用水不断冷却润滑，使热量和磨痒被带走，因此不易产生变形层，试样的质量容易控制。

4. 抛光

抛光是磨制试样的最后一道工序，目的是消除细磨试样后在磨面上留下的细微磨痕，得到微观平整的镜面。理想的抛光面应平整、光亮、无痕、无蚀坑、无扰乱层等。磨面抛光的质量取决于细磨后所留磨痕的粗细和均匀程度，因抛光仅能去掉表面的极薄一层。

按抛光方式可分为机械抛光、电解抛光、化学抛光、综合抛光等几种，这里仅介绍机械抛光。

机械抛光应用最广，有专用的金相试样抛光机。细磨后的试样经冲洗后，将磨面置于抛光机圆盘上抛光。常用的抛光微粉及其适用范围如表 8.1 所列。对较软的有色金属必须依次粗抛与精抛，对钢铁材料仅粗抛即可。

表 8.1 常见的抛光微粉及其适用范围

材料	莫氏硬度	特点	适用范围
氧化铝 AL_2O_3	9	白色，α 氧化铝微粒平均尺寸 $0.3\mu m$，外形呈多角形。 γ 氧化铝粒度 $0.1\mu m$，外形呈薄片状，压碎后更细小	通用抛光粉。适用于粗抛光和精抛光
氧化镁 MgO	5.5～6	白色，粒度极细而均匀，外形锐利呈八面体	适用于铝镁及其合金
氧化铬 Cr_2O_3	8	绿色，具有较高硬度，比氧化铝抛光能力差	适用于淬火后的合金钢、高速钢和钛合金抛光
氧化铁 Fe_2O_3	6	红色，颗粒圆细无尖角，引起的变形层厚	适用于抛光较软金属及合金
金刚石粉（膏）	10	颗粒尖锐，锋利，磨削作用极佳，寿命长，变形层小	适用于各种材料的粗、精抛光，是理想的磨料

5. 显微组织的显示

抛光后的试样必须采用适当的显示方法，才能观测到试样表面的微观组织状态。

组织的显示方法有化学显示和电解显示等。化学显示法具有显示全面、操作简便、迅速、经济、重现性好等优点。

化学显示法即化学浸蚀法，是将抛光好的试样磨面利用化学试剂的作用，显示出显微组织的方法。

1）化学浸蚀原理

化学浸蚀是一个电化学溶解过程。金属与合金中的晶粒与晶粒之间、晶粒与晶界之间，以

212

及各相之间的物理化学性质不同,具有不同的自由能,在电解质溶液中则具有不同的电极电位,可组成许多微电池,较低电位的部分是微电池的阳极,溶解较快,溶解处呈现凹陷或因有沉积反应物而着色,如图8.11所示。在显微镜下观察时,光线在晶界处被散射,不能进入物镜而显示出黑色晶界;在晶粒平面上的光线则散射较少,大部分反射进入物镜而呈现亮白色的晶粒。图8.11(b)是纯铁的显微组织,黑色为晶界,明亮色为晶粒。

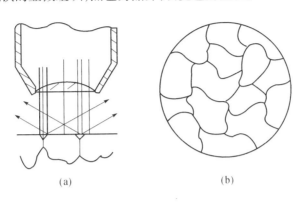

图8.11 纯铁组织显示原理

(a)晶界处光线的散射;(b)纯铁显微组织示意图。

2)纯金属及单相合金浸蚀

纯金属及单相合金的浸蚀如图8.12所示,图8.12(a)表示未经浸蚀的抛光面;图8.12(b)表示浸蚀。首先溶去金属扰乱层,再溶解晶界。因晶界处原子排列不规则,缺陷和杂质较多,具有较高的自由能,晶界上的电极电位负于晶粒内部,二者构成微电池,结果是晶界处被浸蚀凹陷。一般试样均浸蚀到此程度为宜,若继续浸蚀,则如图8.12(c)所示,晶粒内也开始溶解,而且溶解大多是沿原子密排面进行,结果使原子密排面裸露出来。因磨面上各晶粒的位向是不同的,因此各晶粒的浸蚀平面和原来平面倾斜角度不同,在显微镜垂直光照射下显现出明暗不一的晶粒。

3)多相合金的浸蚀

多相合金浸蚀比较复杂,不仅有选择性的化学腐蚀作用,同时还有电化学腐蚀作用。由于组织中不同相间的电极电位不同,磨面在浸蚀剂中发生电化学腐蚀作用,如图8.13所示。铁素体的电极电位为:$-0.5 \sim -0.4$V,渗碳体不低于$+0.37$V,在稀硝酸浸蚀剂中铁素体为阳极,渗碳体为阴极,其化学反应式为

$$Fe \rightarrow Fe^{2+} + 2e(阳极反应)$$
$$2H^+ + 2e \rightarrow H_2 \uparrow (阴极反应)$$

金属铁离子进入溶解,而过剩的电子则迁移至阴极,使溶液中的氢离子放电生成中性原子,进而结合成H,从阴极放出。当浸蚀时间适当时,铁素体被均匀地溶去一薄层,但在两相交界处(相界面),则被浸蚀较深,呈现凹陷,若在高倍显微镜下观察时,能看到在渗碳体周围有一圈黑线,显示两相边界。

其他多相合金的浸蚀,也是电化学腐蚀过程,相界也有晶界的性质,相界溶解较快,其结果在相与相界之间,相与相之间出现凹陷或生成反应物而着色,从而显示出相或组织。

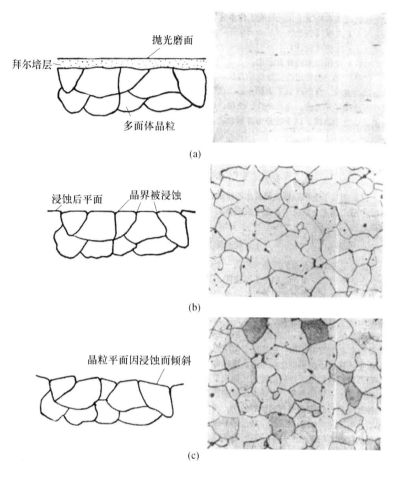

图 8.12　单相合金化学浸蚀示意图

（a）未浸蚀；（b）晶界浸蚀；（c）晶粒浸蚀。

图 8.13　多相合金的电机学浸蚀图

4）化学浸蚀剂

　　浸蚀剂是酸、碱、盐类的混合溶液,种类繁多,在金相浸蚀手册中均可查到,常用的金相浸蚀剂如表 8.2 所列。

表 8.2 常用的金相浸蚀剂

成分	工作条件	用途
硝酸 1～5mL,酒精 100mL	几秒～1min	碳钢、合金钢
苦味酸 0.004kg,酒精 100mL	几秒～几分	显示细微组织
盐酸 0.005kg,苦味酸 0.001kg,酒精 100mL	几秒～1min 显示回火组织 15min	(1)奥氏体晶粒; (2)回火马氏体
盐酸 15mL,酒精 100mL	1分～几分	氧化法显示晶粒度
硫酸铜 0.004kg,盐酸 20mL,水 20mL	浸入法	不锈钢、氮化层
苦味酸 0.002kg,氢氧化钠 0.025kg,水 100mL	煮沸 15min	渗碳体染色,铁素体不被染色
盐酸 3 份,硝酸 1 份(配好后静置 24h 使用)	浸入法	奥氏体与铬镍合金
水杨酸 0.010kg,酒精 100mL	浸入法	钢与铸铁
盐酸 10mL,硝酸 3mL,酒精 100mL	2～10min	高速钢
氢氟酸(48% HF)0.5mL,水 100mL	室温	铝及合金
苦味酸 0.003～0.005kg,酒精 100mL	浸入法 10～20min	铝合金
盐酸 10mL,硝酸 10mL	<70℃	铜合金
盐酸 2～5mL,酒精 10mL	几秒～几分	巴氏合金等
盐酸 2mL,水 100mL	室温	镁合金
硝酸 10mL,盐酸 25mL,水 200mL	1min 以上	铅与铅锡合金

5)浸蚀操作

化学浸蚀应在浸蚀台上进行,台面铺以瓷砖,并装有进出水管,连通水槽,且装有抽风橱等装置。一般浸蚀过程是:冲洗抛光试样→酒精擦洗→浸蚀→冲洗→酒精擦洗→吹干。

浸蚀方式有浸入法和揩擦法两种。浸入法是将试样抛光面向上,完全浸入蚀剂中,并轻轻移动试样,使浸蚀剂在磨面上缓慢流动,促使磨面上的气泡逸出,并观察磨面由镜面变成灰色时,立即停止浸蚀取出冲洗,吹干。揩擦法是用药棉蘸上浸蚀剂揩擦抛光面,直至磨面变为灰暗色,最后冲洗吹干即可。

8.3.2 金相显微镜

金相显微镜是研究金属显微组织最常用的仪器,一般由光学系统、照明系统、机械系统和摄影系统组成。国产 4x 型金相显微镜的机械结构如图 8.14 所示。

为了使显微镜能正常工作,使用前需进行必要的调整。

1. 光源位置的调整

显微镜的光源经会聚透镜后投射在孔径光阑上。要求光源灯丝像在光阑孔的中心,像小而且明亮。调整光源位置时,将一小片描图纸或毛玻璃放在孔径光阑位置,光阑开大,这时旋转调节螺丝,使灯座径向移动,直到灯丝像对准中心为止;再调节旋钮,使灯座做轴向移动,把灯丝像调到最小;然后边观察边做精确调整,使整个视场明亮、均匀,且无灯丝影像。

2. 目镜测微尺的标定

利用标准分划尺来检测目镜测微器的格值是标定目镜测微尺的一种简便方法。标准分划尺是在经过抛光后,具有光反射性能的金属表面中部,刻有分度值为 0.01mm 的 100 条等分刻

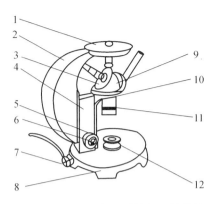

图 8.14　4x 型金相显微镜的机械结构

1—载物台;2—镜臂;3—物镜转换器;4—微动座;5—粗动调焦手轮;6—微动调焦手轮;7—照明装置;
8—底座;9—碗头组;10—平台托架;11—视场光阑;12—孔径光阑。

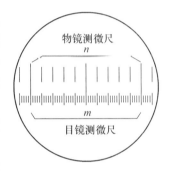

图 8.15　测微目镜刻度的校正

线。检测时,将标准分划尺的刻划面对准物镜安放在载物台上。从目镜中观察,使目镜测微器中测微尺的起始线对齐标准分划尺的一条刻线,观察两尺的另一对齐线,设标准分划尺上的 n 格与目镜测微尺的 m 格对齐,则目镜测微尺的每一小格的格值为 k(图 8.15),则 $k = (n/m) \times 0.01\mathrm{mm}$。

若读得 $n = 10, m = 50$,则目镜测微尺每一小格的实际长度大值为 $0.002\mathrm{mm}$。

标定出 k 值后,便可用以测定显微组织中组织相的大小和表面处理的层深等。

反之,若已知目镜测微尺的实际分划值,用同样的方法可以测出物镜的实际放大倍数。

3. 载物台的调整

将载物台的旋转中心和光学系统物镜主轴调成同轴,以保证试样的观察面始终在视场中。调整载物台时,首先装上测微目镜,载物台上放一只带"十字线"的刻度尺,通过物镜成像,然后转动载物台,观察刻度尺走的轨迹,若"十字线"的运动轨迹主要在第一象限,这时可调节载物台的对中螺钉,将假想的轨迹圆直径的一半移向测微目镜的十字中心。重复上述操作直到两个十字中心重合或调到误差很小的同心圆为止。

4. 显微镜的调焦

不论何种显微镜,物距必须与物镜焦距相对应,以保证获得清晰的像,这就是调焦的作用。

物镜的工作距离是指物镜前透镜或物镜框的边缘至试样表面的距离。低倍物镜工作距离长,高倍物镜工作距离短,更高倍率的物镜甚至需在油浸下工作。

调焦操作通常利用载物台或镜筒的升降来完成。一般大直径的手轮做粗调焦,小直径的手轮做微动调整。

使用消色差物镜,在调焦过程中会明显看到视场边缘和中心的清晰度不同,这是由于该类物镜像差校正不充分的缘故。即使像差校正良好的物镜,也是在视场中心部分的各种像差值最小,成像最清晰。故在使用显微镜时,应尽量将所需观察的金相组织移至视场中心。

低倍物镜的工作距离长、线视场大,容易调节寻找被研究的目标。一般先用低倍镜头做概略观察,然后改换高倍镜头进一步研究组织的细节。

8.4　透射电子显微分析

在电子光学微观分析仪器中,透射电镜历史久,发展快,应用范围也最广泛。早在20世纪30年代末期,投射电镜就已初步定型生产,并已达到分辨率优于2nm的水平。到40年代末,投射电镜的主体已基本定型。由电子枪和两个聚光镜组成照明系统,产生一束聚焦很细、亮度高、发散度小的电子束;由物镜、中间镜和投影镜三个透镜组成三级放大的成像系统;给出分辨率优于1nm放大几十万倍的电子像。投射电镜的发展带动了电子光学仪器和技术的发展。

8.4.1　投射电镜的结构及应用

1. 透射电镜的结构

透射电镜镜筒剖面示意图如图8.16所示。

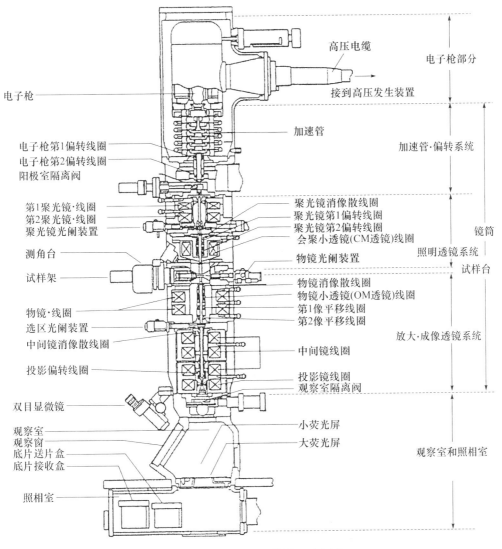

图8.16　透射电镜镜筒剖面示意图

1）电子光学部分

整个电子光学部分完全置于镜筒之内,自上而下顺序排列着电子枪、聚光镜、样品室、物镜、中间镜、投影镜、观察室、荧光屏、照相机构等装置。根据这些装置的功能不同又可将电子光学部分分为照明系统、样品室、成像系统及图像观察和记录系统。

（1）照明系统。

照明系统由电子枪、聚光镜和相应的平移对中及倾斜调节装置组成。它的作用是为成像系统提供一束亮度高、相干性好的照明光源。为满足暗场成像的需要照明电子束可在 $2° \sim 3°$ 范围内倾斜。

① 电子枪。电子枪通常采用发夹式热阴极三极电子枪,它由阴极、栅极和阳极构成。在真空中通电加热后使从阴极发射的电子获得较高的动能形成定向高速电子流。有的新型电镜还采用六硼化镧($1dB_6$)及场发射电子枪,它们的寿命、亮度、能量分散和机械性能稳定性均优于钨丝三极电子枪。

② 聚光镜。聚光镜的作用是会聚从电子枪发射出来的电子束,控制照明孔径角、电流密度和光斑尺寸。几乎所有的高性能电镜都采用双聚光镜,这两个透镜一般是整体的。其中,第一聚光镜为短焦距强激磁透镜,可将光斑缩小为 $\frac{1}{60} \sim \frac{1}{20}$,使照明束直径降为 $0.2 \sim 0.75 \mu m$;第二聚光镜是长焦距磁透镜,放大倍数一般是 2 倍,使照射在试样上的束径增为 $0.4 \sim 1.5 \mu m$ 左右。在第二聚光镜下面径向插入一个孔径 $200 \sim 400 \mu m$ 的多孔的活动光阑,用来限制和改变照明孔径角。为了使投射到样品上的光斑较圆,在第二聚光镜下方装有机械式或电磁式消像散器。

（2）样品室。

样品室中有样品杆、样品杆及样品台,透射电镜样品一般放在直径 3mm、厚 $50 \sim 100 \mu m$ 的载网上,载网放入样品杯中。样品台的作用是承载样品,并使样品能在物镜极靴孔内平移、倾斜、旋转以选择感兴趣的样品区域进行观察分析。样品台有顶插式和侧插式两种,一般高分辨型电镜采用顶插式样品台,分析型电镜采用侧插式样品台。最新式的电镜上还装有双倾斜、加热、冷却和拉伸等样品台以满足相变、形变等动态观察的需要。

（3）成像系统。

成像系统一般由物镜、中间镜和投影镜组成。物镜的分辨本领决定了电镜的分辨本领,因此为了获得最高分辨本领、最佳质量的图像,物镜采用了强激磁、短焦距透镜以减少像差,还借助于孔径不同的物镜光阑和消像散器及冷阱进一步降低球差,改变衬度,消除像散,防止污染以获得最佳的分辨本领。中间镜和投影镜的作用是将来自物镜的图像进一步放大。

（4）图像观察与记录系统。

该系统由荧光屏、照相机、数据显示等组成。

2）真空系统

真空系统由机械泵、油扩散泵、换向阀门、真空测量仪表及真空管道组成。它的作用是排除镜筒内气体,使镜筒真空度至少要在 $10^{-3} Pa$ 以上,目前,最好的真空度可以达到 $10^{-8} \sim 10^{-7} Pa$。如果真空度低的话,电子与气体分子之间的碰撞引起散射而影响衬度,还会使电子栅极与阳极间高压电离导致极间放电,残余的气体还会腐蚀灯丝,污染样品。

3）供电控制系统

加速电压和透镜磁电流不稳定将会产生严重的色差及降低电镜的分辨本领,所以加速电压和透镜电流的稳定度是衡量电镜性能好坏的一个重要标准。

透射电镜的电路主要由高压直流电源、透镜励磁电源、偏转器线圈电源、电子枪灯丝加热电源，以及真空系统控制电路、真空泵电源、照相驱动装置及自动曝光电路等部分组成。另外，许多高性能的电镜上还装备有扫描附件、能谱议、电子能量损失谱等仪器。

2. 透射电镜成像原理

阿贝光学显微镜衍射成像原理也适用于电子显微镜，而且更有重要的现实意义。因为被观察的物是晶体，不但可以在物镜的像平面上获得物的放大了的电子像，还可以在物镜的后焦面处得到晶体的电子衍射谱，图8.17为阿贝衍射像原理示意图。

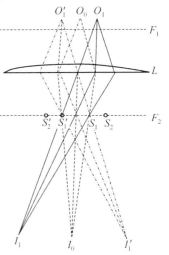

根据阿贝理论，在一平行光束照射到一光栅上时，除了透射束也就是0级衍射束外，还会产生各级衍射束，经过透镜的聚焦作用，在其后焦面上产生衍射振幅的极大值，即图8.17中的$\cdots$，S_1，S_0，S'_1，$\cdots$各级衍射谱。每一个振幅极大值都可以认为是一个次级振动中心，由这里发出的次级波在像平面上相干成像。例如图8.17中的像点I_1、I'_1，就是物点O_1、O'_1的像，换句话说，透镜的成像作用可以分为两个过程：第一个过程是平行电子束遭到物的散射作用而分裂成为各级衍射谱，即由物变换到衍射的过程；第二个过程是各级衍射谱经过干涉重新在像平面上汇聚成诸像点，即由衍射重新变换到物（像是放大了的物）的过程。这个原理完全适用于透射电镜的成像作用，晶体对于电子束就是一个三维光栅。

图 8.17 阿贝衍射成像原理示意图

在电子显微镜中，物镜产生的一次放大像还要经过中间镜和投影镜的放大作用而得到最终的三次放大像，如图8.18所示。中间镜的物平面与物镜的像平面重合，投影镜的物平面与中间镜的像平面重合。中间镜把物镜给出的放大像投射到投影镜的物平面上，再由投影镜把它投射到荧光屏上。显然，三次放大图像的总放大倍率 $M_总$ 为

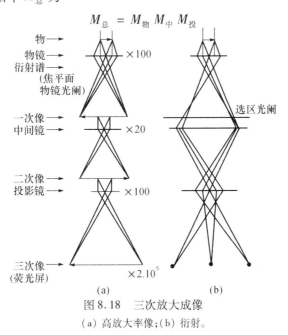

$$M_总 = M_物 M_中 M_投$$

物 →
物镜 →　　×100
衍射谱
（焦平面
物镜光阑）

一次像 →
中间镜 →　　×20

二次像 →
投影镜 →　　×100

三次像 →
（荧光屏）　　×2·10⁵

选区光阑

(a)　　　　　(b)

图 8.18 三次放大成像

（a）高放大率像；（b）衍射。

式中,$M_物$、$M_中$、$M_投$、分别为物镜、中间镜、投影镜的放大倍数。

既然根据阿贝成像理论在物镜的后焦面上有衍射谱,就可以通过减弱中间镜电流来增大其物距,使其物平面与物镜的后焦面相重,这样就可以把物镜产生的衍射谱投射到中间镜的像平面上,得到一次放大了的电子衍射谱,再经过投影镜的放大作用,最后在荧光屏上得到二次放大的电子衍射谱。

3. 透射电镜的复型技术

由于电子束穿透能力很低,因此要求所观察的样品很薄,对于透射电镜常用的 75~200kV 加速电压来说,样品厚度控制在 100~200nm 为宜。复型样品是一种间接试样,是用中间媒介物(碳、塑料薄膜)把样品表面浮雕复制下来,利用透射电子的质厚衬度效应,通过对浮雕的观察,间接地得到材料表面组织形貌。

1)塑料—碳二级复型技术

在各种复型制备中,塑料–碳二级复型是一种迄今为止最为稳定和应用最为广泛的一种。该方法在制备过程中不损坏试样表面,重复性好,供观察的第二级复型–碳膜导热导电好。具体制备方法如下:

(1)在样品表面滴一滴丙酮,然后贴上一片稍大于样品的 AC 纸(6% 醋酸纤维素丙酮溶液制成的薄膜)。注意不可留下气泡或皱折,待 AC 纸干透后小心揭下。AC 纸应反复贴几次以便使试样表面的腐蚀产物或灰尘等去除,将最后一片 AC 纸留下,这片 AC 纸就是需要的塑料一级复型。

(2)将得到样品浮雕的 AC 纸复型面朝上平整地贴在衬有纸片的胶带纸上。

(3)上述的复型放入真空镀膜机内进行投影重金属,最后在垂直方向上喷镀一层碳,从而得到醋酸纤维素—碳的复合复型。

(4)将复合复型剪成小于直径 3mm 小片投入丙酮溶液中,待醋酸纤维素溶解后,用铜网将碳膜捞起。

(5)将捞起的碳膜连同铜网一起放到滤纸上吸干水分,经干燥后即可放入电镜进行观察。整个制备过程如图 8.19 所示。

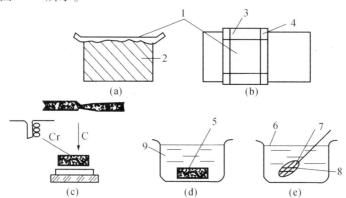

图 8.19 塑料–碳二级复型制备过程

1—级复型(AC 纸);2—金相样品;3—衬纸;4—胶带纸;5—复合复型;6—碳复型;7—镊子;8—铜网;9—丙酮。

2)萃取复型技术

萃取复型法是样品制备中最重要的进展之一,其目的在于如实地复制样品表面的形貌,同时又把细小的第二相颗粒(如金属间化合物、碳化物和非金属夹杂物等)从腐蚀的金属表面萃取出来,嵌在复型中,被萃取出的细小颗粒的分布与它们原来在样品中的分布完全相同,因而复型材料就提供了一个与基体结构一样的复制品。萃取出来的颗粒具有相当好的衬度,而且可在电镜下做电子衍射分析。

萃取复型方法也有很多种,常见的是碳萃取复型和火棉胶—碳二次萃取复型方法。

(1)碳萃取复型方法。

① 按一般金相试样的要求对试样磨削、抛光。

② 选择适当的浸蚀剂进行深腐蚀,这种浸蚀剂既能溶去基体而又不会腐蚀第二相颗粒。

③ 将试样认真清洗以除去腐蚀产物。

④ 将试样放入真空镀膜机中喷碳,喷碳时转动试样以使碳复型致密地包住析出物或夹杂物情况下不投影。

⑤ 选择适当的电解液进行电解脱膜,电解脱膜时电流密度要适当,电流过大形成大量气泡会使碳膜碎裂,电流过小则长时间脱不掉碳膜,适当的电流密度可通过实验来确定。

⑥ 将脱下的碳膜捞入新鲜电解液中停留10min左右以溶掉贴在碳膜上的腐蚀产物。

⑦ 将碳膜捞入酒精中清洗,最后用铜网捞起放到滤纸上干燥待观察。图8.20是碳萃取复型过程示意图。

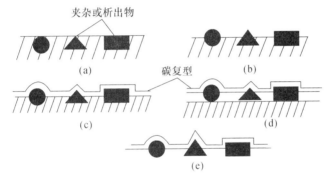

图8.20 碳萃取复型过程示意图

(2)火棉胶—碳二次萃取复型方法。

火棉胶—碳二次萃取复型方法的试样准备、深浸蚀与碳萃取复型方法相同,在此基础上进行如下操作:

① 将1%的火棉胶滴到试样上,待火棉胶干燥后用刀片轻划四周火棉胶,然后用胶带纸将其取下。

② 在真空镀膜机内喷碳后将其剪成大于中φ3mm的小片。

③ 用石油醚溶掉胶带纸得到火棉胶—碳二次萃聚复型,然后再用醋酸戊脂溶去火棉胶得到碳萃取复型。

④ 用铜网将大于直径3mm的碳膜捞到滤纸上干燥后待观察。

值得一提的是,复型制备技术是电镜观察中的一个十分关键环节。要想制备出合格的试样样品,不仅需要各种知识而且需要实际经验以及熟练的技能,这些都是在实践中锻炼和摸索出来的。

8.4.2 金属薄膜的透射电子显微分析

20世纪50代末60年代初以来,由于高性能电子显微镜、薄晶体样品制备方法及电子衍射理论的日臻完善,薄膜的透射电子显微技术取得了十分卓著的发展,成为研究微观组织结构不可缺少的基本手段。固然,复型技术曾为利用电子显微镜分析金相组织开辟了一条实际可行的途径,但由于它完全依赖于浸蚀浮雕的复制,与传统的光学显微镜相比,没有多少实质性的差别。尽管可以采用萃取复型方法萃取物作结构分析,但对基体组织仍然是表面形貌的复制。而由金属材料本身制成的金属薄膜样品则具有以下优点:

(1)可以最有效地发挥电镜的极限分辨能力。

(2)能够观察和研究金属与合金的内部结构和晶体缺陷,并能对同一微区进行衍衬成像及电子衍射的研究,把相变与晶体缺陷联系起来。

(3)能够进行动态观察,研究在变温情况下相变的生核长大过程,以及位错等晶体缺陷在应力下的运动与交互作用,从而更加深刻地揭示其微观组织和性能的内在关系。

目前,还没有任何其他的方法可以把微观形貌和特征如此有机地联系在一起。因而金属薄膜技术在研制新材料,开发新工艺乃至进一步深化材料科学基础理论等方面所发挥的作用都是十分重要的。

1. 金属薄膜样品的制备

用于透射电子显微分析的金属薄膜样品的制备技术是十分重要的,也就是说薄膜样品必须具备一些基本条件,才能保证在观察和分析中顺利地进行和得到正确的结果。

首先,薄膜应对电子束"透明"无疑是最基本的要求,用于透射电镜下观察的样品厚度一般要求在 50~200nm 之间。显然,金属薄膜的合适厚度与加速电压、金属材料密度有关。在一定加速电压下,材料的密度越大,金属薄膜必须越薄;对同种材料来说,加速电压高,薄膜可以相应地厚些。

另一个重要的是要求制得的薄膜应当保持与大块样品相同的组织结构,也就是说,在薄膜的制备过程中不允许材料的显微组织和性能发生变化。除了少数情况(如在光学或电子学器件中)直接使用薄膜以外,绝大多数工程材料都是以大块的形式被制造、加工、处理和应用的,如果用来观察分析的金属薄膜不能代表大块材料的固有性质,则其结果就没有多少实际意义了。因此,对于实际工程材料,在减薄的最后阶段只能采取化学的或电化学的无应力抛光方法,以尽量减少机械损伤或热损伤。即使是这样制得的薄膜,仍然不可能完全保持大块样品的固有性质,这是因为薄膜存在着极大的比表面,至少其中缺陷的密度和组态将发生变化,当用薄膜进行原位动态分析时,这时表面效应使薄膜的相变和形变规律不同于大块样品。有人认为,要使两者接近,膜厚至少应包含两三颗晶粒,从这个观点来看,采用高压(>150kV)和超高压(1000~3000kV)电子显微镜观察较厚的样品将有重要的意义,同时也使薄膜的制备变得容易一些。

其次,薄膜得到的图像应当便于分析,所以即使在高压电镜中也不宜采用太厚的样品,因为薄膜内不同深度处存在着太多的结构特征彼此重叠、干扰,使分析变得更加困难。而且较厚的样品还会引起较多的非弹性散电子,增加了色差,减低了像衬度,致使图像的分辨率下降。

最后,制备的薄膜应有较大的透明面积,以便选择最典型的视域进行分析,这就要求减薄过程做到尽可能的均匀。此外,制备薄膜时必须选用可靠的技术规范,使制备方法便于控制,并有足够的可靠性和重复性。

目前,较普遍地被采用的金属薄膜制备过程大体是:线切割→机械研磨(或化学抛光)→化学抛光→电解抛光,具体制备方法如下述:

(1)线切割。

用线切割机床从大块样品上切下 0.20~0.30mm 厚的薄片,一般多切几片备用。

(2)机械研磨预减薄。

机械研磨方法与金相试样磨光过程基本一样,其目的是将线切割留下的凹凸不平的表面磨光并预减薄至 $100\mu m$ 左右。机械研磨具有快速和易于控制厚度的优点,但难免产生应变损伤和样品升温,因此减薄厚度不应小于 $100\mu m$,否则其损伤层将贯穿薄片的全部深度。

(3)化学抛光预减薄。

化学抛光是无应力的快速减薄过程。抛光液一般包括三个基本成分,即硝酸或双氧水等强氧化剂用以氧化样品表面,又以另一种酸溶解产生的氧化物层,此外还应含有粘滞剂以作为溶解下来的原子进行扩散的介质。表 8.3 为某些材料预减薄用的化学抛光配方。

表 8.3　某些材料预减薄用的化学抛光配方

材料	溶液配方	备注
铝和铝合金	(1)40% HCl + 60% H_2O + 5g/LNiCl$_2$ (2)200g/L NaOH 水溶液 (3)60% H_3PO_4 + 18% HNO_3 + 18% H_2SO_4 (4)50% HCl + 50% H_2O + 数滴 H_2O_3	70℃ 80~90℃
铜	(1)80% HNO_3 + 20% H_2O (2)50% HNO_3 + 25% CH_3COOH + 25% H_3PO_4	
铜合金	40% HNO_3 + 10% HCl + 50% H_3PO_4	
铁和钢	(1)30% HNO_3 + 15% HCl + 10% HF + 45% H_2O (2)35% HNO_3 + 65% H_2O (3)60% H_3PO_4 + 40% H_2O_2 (4)33% H_3PO_4 + 40% H_2O_2 (5)34% HNO_3 + 32% H_2O_2 + 17% CH_3COOH + 17% H_2O (6)40% HNO_3 + 10% HF + 50% H_2O (7)5% H_2SO(以草酸饱和)+ 45% H_2O + 50% H_2O_2 (8)95% H_2O_2 + 5% HF	热溶液 60℃ H_2O_2 用时加入 H_2O_2 用时加入
各种金属	20% HNO_3 + 80% 酒精	
镁和镁合金	(1)HCl (2)HNO_3	浓度2%~15% 溶剂为水或酒精

为了达到均匀的减薄,在浸入抛光液之前应仔细去除经机械研磨预减薄的样品表面的油污。因为薄片的边缘在抛光液中溶解快,所以最好在薄片的四周涂以耐酸漆,以使最终得到的薄片面积不致过小。一般来说,当薄片能够自由地漂浮于溶液表面时,表明其厚度大约 $100\mu m$,即可取出并投入清水中冲洗。

(4)双喷电解抛光最终减薄。

经化学抛光预减薄的薄片可以冲成直径 $3\mu m$ 小试样,也可以剪成小块试样,然后将样品放入双喷电解抛光装置的喷嘴之间进行最终的减薄处理。最后得到的是中心带有穿透小孔的薄片样品,将样品清洗干燥即可直接在透射电镜下观察到小孔周围的透明区域。电解抛光的抛光液配方很多,最常用的是 10% 高氯酸酒精溶液。

要想得到大而平坦的电子束所能透射的区域样品并不是一件很容易的事,因为不同材料要求的电解抛光液也不同,抛光过程中电解液温度以及电压、电流等电解抛光条件,都直接影响样品的抛光效果。此外,电解抛光过程中的操作方法也是十分重要的。例如,在样品穿孔后应迅速地将样品夹具移入酒精中漂洗,并迅速地打开夹具取出样品放入酒精中多冲洗几次,这个操作要求在几秒钟内完成,否则因电解液不能及时去除而腐蚀薄膜使样品报废。对于不能及时上电镜观察的样品,应放在甘油、丙酮或无水乙醇中保存。

2. 薄晶体样品的衍衬成像原理

金属材料的许多性能是结构敏感的,所以,只有了解晶体缺陷或晶体学特征、组态之后才能为提高材料性能找到途径。电镜复型技术是依据"质量厚薄衬度"的原理成像的,也就是说,利用复型膜上不同区域厚度或平均原子序数的差别,使进入物镜光阑并聚焦于像平面的散射电子强度不同,从而产生了图像的反差,所以复型技术只能观察表面的组织形貌而不能观测晶体内部的微观缺陷。对于金属薄膜样品来说,样品厚度大致均匀,平均原子序数也没有差别,薄膜上不同部位对电子的散射或吸收作用将大致相同,所以,这种样品不可能利用质厚衬度来获得满意的图像反差。更重要的是,如果让散射电子与透射电子在像平面上复合构成像点的亮度,则图像除了能够显示样品的形貌特征以外,所有其他信息(特别是样品内与晶体学特征有关的信息)将全部丧失。为此,必须寻找一种用晶体薄膜作样品,利用电镜就不仅能在物镜后焦平面上获得衍射花样,而且能在像平面上获得组织形貌像的方法。这种方法就是利用透射电子"衍衬效应"而发展起来的衍衬技术,这种技术使人们能将某处的结构和形貌结合起来观测,成为观测晶体结构缺陷的有力工具。

8.5 扫描电子显微分析

早在 1935 年,德国的 Knoll 就提出了扫描电镜的工作原理。1938 年,Ardenne 开始进行实验研究,到 1942 年,Zworykin. Hill 制成了第一台实验室用的扫描电镜,但真正作为商品,那是 1965 年的事。20 世纪 70 年代开始,扫描电镜的性能突然提高很多,其分辨率优于 20nm 和放大倍数达 100000 倍者,已是普通商品信誉的指标,实验室中制成扫描透射电子显微镜已达到优于 0.5nm 分辨率的新水平。1963 年,A. V. Grewe 将研制的场发射电子源用于扫描电镜,该电子源的亮度比普通热钨丝大 $10^3 \sim 10^4$ 倍,而电子束径却较小,大大提高了分辨率。将这种电子源用以扫描透射电镜,分辨率达十分之几纳米,可观察到高分子中置换的重元素,引起人们极大的注意。此外,在这一时期还增加了许多图像观察,如吸收电子图像、电子荧光图像、扫描透射电子图像、电位对比图像、X 射线图像,还安装了 X 射线显微分析装置等。因而一跃而成为各种科学领域和工业部门广泛应用的有力工具。从地学、生物学、医学、冶金、机械加工、材料、半导体制造、微电路检查,到月球岩石样品的分析,甚至纺织纤维、玻璃丝和塑料制品、陶瓷产品的检验等均大量应用扫描电镜作为研究手段。

目前,扫描电镜在向追求高分辨率,高图像质量发展的同时,也在向复合型发展。这种把扫描、透射、微区分析结合为一体的复合电镜,使得同时进行显微组织观察、微区成分分析和晶体学分析成为可能,因此成为自 20 世纪 70 年代以来最有用途的科学研究仪器之一。

8.5.1 扫描电镜工作原理

图 8.21 是扫描电镜的原理示意图。由最上边电子枪发射出来的电子束,经栅极聚焦后,在加速电压作用下,经过两三个电磁透镜所组成的电子光学系统,电子束会聚成一个细的电子

束聚焦在样品表面。在末级透镜上边装有扫描线圈,在它的作用下使电子束在样品表面扫描。由于高能电子束与样品物质的交互作用,结果产生了各种信息:二次电子、背反射电子、吸收电子、X射线、俄歇电子、阴极发光和透射电子等。这些信号被相应的接收器接收,经放大后送到显像管的栅极上,调制显像管的亮度。由于经过扫描线圈上的电流是与显像管相应的亮度一一对应,也就是说,电子束打到样品上一点时,在显像管荧光屏上就出现一个亮点。扫描电镜就是这样采用逐点成像的方法,把样品表面不同的特征,按顺序,成比例地转换为视频信号,完成一帧图像,从而在荧光屏上观察到样品表面的各种特征图像。

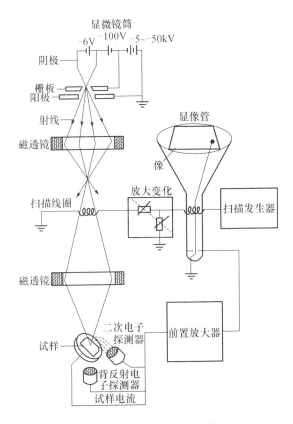

图 8.21　扫描电镜原理示意图

8.5.2　扫描电镜在材料研究中的应用

扫描电镜的像衬度主要是利用样品表面微区特征(如形貌、原子序数或化学成分、晶体结构或位向等)的差异,在电子束作用下产生不同强度的物理信号,导致阴极射线管荧光屏上不同的区域不同的亮度差异,从而获得具有一定衬度的图像。

1. 表面形貌衬度及其应用

表面形貌衬度是利用二次电子信号作为调制信号而得到的一种像衬度。由于二次电子信号主要来自样品表层 5～10mm 深度范围,它的强度与原子序数没有明确的关系,而仅对微区刻面相对于入射电子束的位向十分敏感,且二次电子像分辨率比较高,所以特别适用于显示形貌衬度。此外,由于检测器上加正偏压,使得低能二次电子可以走弯曲轨迹被检测器吸引,这就使得背向检测器的那些区域仍有一部分二次电子到达检测器,而不至于形成阴影。基于这些优点,使得二次电子像成为扫描电镜应用最广的一种方式,尤其在失效工件的断口检测,各种材料形貌特征观察上,成为目前最方便、最有效的手段。

1)断口分析

工程构件的断裂分析无论在理论上还是在应用上都是十分有用的。断裂分析包括宏观分析和微观分析,通过断口分析可以揭示断裂机理,判断裂纹性质及原因,裂纹源及走向;还可以观察到断口中的外来物质或夹杂物。由于扫描电镜的特点,使得它在现有的各种断裂分析方法中占有突出的地位。

材料断口的微观形貌往往与其化学成分、显微组织、制造工艺及服役条件存在密切联系,所以断口形貌的确定对分析断裂原因常常具有决定性作用。

金属材料断口按断裂性质可分为脆性断口、韧性断口、疲劳断口及环境因素断口;按断裂途径可分为穿晶断口、沿晶断口及混合断口。表8.4列出了它们的主要特点及相应的断口微观形貌。现分别简要介绍如下。

表8.4 金属材料断口的主要特点及相应的断口微观形貌

分类方法	断口类型	特点	断口微观形貌
按断裂性质分类	脆性断口	断裂前材料不产生明显的宏观塑性变形,断口宏观形貌为结晶状或放射状	解理断口、准解理断口或冰糖状沿晶断口
	韧性断口	断裂前材料有明显的塑性变形,断口宏观形貌为纤维状	韧窝断口
	疲劳断口	由周期性重复载荷引起的断裂	穿晶,有疲劳条纹或沿晶断口
	环境因素断口	由于应力腐蚀、氢脆、液态金属脆化、腐蚀疲劳或高温蠕变引起的断裂	沿晶断口 穿晶断口
按断裂途径分类	穿晶断口	脆性穿晶断口 韧性穿晶断口	解理断口或准解理断口,韧穿断口
	沿晶断口	脆性沿晶断口(回火脆及氢脆等断口) 韧性沿晶断口(过热组织断口)	冰糖状沿晶断口 断口晶界表面有密布的小韧窝
	混合断口		穿晶和沿晶两种断口混杂存在

(1)韧窝断口。

这是一种伴随有大量塑性形变的断裂方式,宏观断口为纤维状。在拉伸试验时,当应力超过屈服强度并开始塑性变形,这时材料内部的夹杂物、析出相、晶界、亚晶界或其他范性形变不连续的地方将发生位错塞积,产生应力集中,进而开始形成显微孔洞。随着应变增加,显微孔洞不断增大,相互吞并,直到材料发生颈缩和破断。结果在断口上形成许多微孔坑,称为韧窝,在韧窝中心往往残留有引起开裂的夹杂物。韧性较好的结构材料,在常温冲击试验条件下也常常形成韧窝断口。

韧窝的形状与材料断裂时的受力状态有关,单轴拉伸造成等轴韧窝;剪切和撕裂造成拉长或呈抛物线状的韧窝。韧窝的大小和深浅取决于断裂时微孔生核数量和材料本身的相对塑性,若微孔生核数量很多或材料的相对塑性较低,则韧窝的尺寸较小或较浅;反之,尺寸较大或较深。韧窝断口是大多数结构零件在室温条件下的正常断裂方式。图8.22为一典型韧窝断口微观形貌。

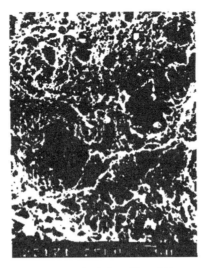

图 8.22　韧窝断口微观形貌

（2）解理断口及准解理断口。

解理断裂是金属在拉应力作用下，由于原子间结合键的破坏而造成的穿晶断裂。通常是沿着一定的、严格的结晶学平面发生开裂，例如，在体心立方点阵金属中，解理主要沿{100}面发生，有时也可能沿基体和形变孪晶的界面{121}面发生。在密排六方点阵的金属中，解理沿{001}面发生。在特殊情况下，例如应力腐蚀环境中，面心立方金属也会发生解理。解理是脆性断裂，但并不意味着所有的解理断裂都是脆性的，有时还伴有一定程度塑性变形如图8.23为一典型解理断口。

图 8.23　解理断口

典型的解理断口具有以下特点，解理断口的典型微观特征为河流花样。从理论上讲在单个晶体内解理断口应是一个平面，但是实际晶体难免存在缺陷，如位错、夹杂物、沉淀相等，所以实际的解理面是一簇相互平行的（具有相同晶面指数）、位于不同高度的晶面。这种不同高度解理面之间存在着的台阶称为解理台阶。在解理裂纹的扩展过程中，众多的台阶相互汇合便形成河流状花样，它由"上游"许多较小的台阶汇合在"下游"较大的台阶，"河流"的流向就是裂纹扩展的方向。可见，河流花样就是裂纹扩展中解理台阶在图像上的表现。裂纹源常常在晶界处，当解理裂纹穿过晶界时将发生"河流"的激增或突然停止，这取决于相邻晶体的位向和界面的性质。

当解理裂纹以很高速度向前扩展时塑性变形只能以机械孪晶的方式进行,这时裂纹沿着孪晶体界面进行扩展,在裂纹的前端形成"舌状花样"。这种特征在解理断裂中也经常看到。

此外,羽毛状花样、二次裂纹等,在解理断口也常发现。

准解理断裂也是一种脆性的穿晶断裂,断裂沿一定的结晶面扩展,也有河流花样,与解理断裂没有本质区别。但其河流一般是从小平面中心向四周发散的(断裂源起于晶粒内的碳化物),形状短而弯曲,支流少,并形成撕裂岭。准解理断口常出现于具有回火马氏体组织的碳钢及合金钢中,尤其是在低温冲击试验时。如图 8.24 为一典型准解理断口。

低温、高应变速率、应力集中及晶粒粗大均有利于解理的发生。解理裂纹一旦形成,就会迅速扩展,造成灾难性破断。

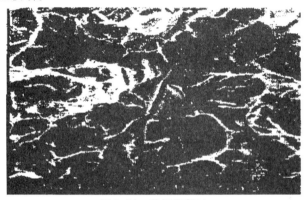

图 8.24　准解理断口

（3）沿晶断口。

沿晶断口又称晶界断裂,此时断裂沿晶界发生。这是因为晶界往往是析出相、夹杂物及元素偏析较集中的地方,因而其强度受到削弱。沿晶断裂多属脆性,微观上为冰糖状断口。如图 8.25 为一典型沿晶断口。但在某些情况下,例如由于过热而导致的沿原奥氏体晶界开裂的石状断口,在石状颗粒表面上有明显的塑性变形存在,呈韧窝特征,而且韧窝中常有夹杂物,这种断口称为延性沿晶断口。

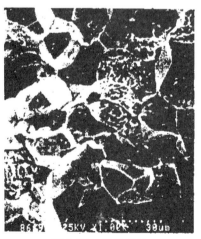

图 8.25　沿晶断口

（4）疲劳断口。

金属因周期性交变应力引起的断裂称为疲劳断裂。从宏观上看,疲劳断口分为三个区域,

228

即疲劳核心区、疲劳裂纹扩展区和瞬时断裂区。疲劳核心是疲劳裂纹最初形成的地方，一般起源于零件表面应力集中或表面缺陷的位置，如表面槽、孔、过渡小圆角、刀痕和材料内部缺陷（夹杂、白点、气孔等）。疲劳裂纹扩展区（简称疲劳区）裂纹扩展缓慢，断口较为平滑，其微观特征是具有略带弯曲但大致平行的疲劳条纹（与裂纹扩展方向垂直），条纹间距取决于应力循环的振幅。

一般地说，面心立方的金属，如铝及其合金、不锈钢的疲劳纹比较清晰、明显；体心立方金属及密排六方金属中疲劳纹不及前者明显；超高强度钢的疲劳纹短而不连续，轮廓不明显，甚至难以见到，而中、低强度钢则可见明显规则的条纹。形成疲劳纹的条件之一是至少有1000次以上的循环寿命。

疲劳又可分为韧性疲劳和脆性疲劳两类，后者的特征是在断口上还能观察到放射状的河流花样，疲劳纹被放射状台阶分割成短而平坦的小段。

（5）应力腐蚀开裂断口。

应力腐蚀开裂是在一定的介质条件和拉应力共同作用下引起的一种破坏形式。其过程大致是，首先在材料表面产生腐蚀斑点，然后在应力和介质的联合作用下逐渐连接而形成裂纹，并向材料内部浸蚀和扩展，直至断裂。因而其断口宏观形貌与疲劳断口颇为相似，也包括逐渐扩展区和瞬断区两部分，后者一般为延性破坏。

因材料性质和介质不同，应力腐蚀开裂可能是沿晶的，也可能是穿晶的。其断口的微观特征主要是腐蚀坑、腐蚀产物及泥状花样。

2）高倍金相组织观察与分析

扫描电镜不仅在材料断裂研究中有十分重要的价值，同时在观察显微组织、第二相的立体形态、元素的分布以及各种热处理缺陷（过烧、脱碳、微裂纹等）方面，也是一种十分有力的工具。

在多相结构材料中，特别是在某些共晶材料和复合材料的显微组织和分析方面，由于可以借助于扫描电镜景深大的特点，因此完全可以采用深浸蚀的方法，把基体相溶去一定的深度，使得欲观察和研究的相显露出来，这样就可以在扫描电镜下观察到该相的三维立体的形态，这是光学显微镜和透射电镜无法做到的。

3）断裂过程的动态研究

有的型号的扫描电镜带有较大拉力的拉伸台装置，这就为研究断裂过程的动态过程提供了很大的方便。在试样拉伸的同时既可以直接观察裂纹的萌生及扩展与材料显微组织之间的关系，又可以连续记录下来，为科学研究提供最直接的证据。

2. 原子序数衬度及其应用

原子序数衬度是利用对样品微区原子序数或化学成分变化敏感的物理信号作为调制信号得到的，表示微区化学成分差别的像衬度。背散射电子、吸收电子和特征X射线等信号对微区原子序数或化学成分的变化敏感，所以可用来显示原子序数或化学成分的差别。

背散射电子产额随样品中元素原子序数的增大而增加，因而样品上原子序数较高的区域，产生较强的信号，在背散射电子像上显示较高的衬度，这样就可以根据背散射电子像亮暗衬度来判断相应区域原子序数的相对高低，对金属及其合金进行显微组织分析。

背散射电子能量较高，离开样品表面后沿直线轨迹运动，故检测到的信号强度远低于二次电子，因而粗糙表面的原子序数衬度往往被形貌衬度所掩盖。为此，对于显示原子序数衬度的样品，应进行磨平和抛光，但不能浸蚀。样品表面平均原子序数大的微区，背散射电子信号强度较高，而吸收电子信号强度较低，因此，背散射电子像与吸收电子像的衬度正好相反。

8.5.3　电子探针分析方法及微区成分分析技术

在电子与物质的交互作用中,电子与 X 射线的关系是非常密切的。入射电子可以激发初级 X 射线,而后者又可以激发光电子,同时产生次级 X 射线(荧光)。但这个特点在仪器的早期发展中并没有被利用,而是电子与 X 射线的发展分道扬镳,分别制成透射电子显微镜和 X 射线荧光谱仪,两者毫无联系。这主要是用电子直接激发初级 X 射线,由于有连续谱而背景高,峰背比要比荧光光谱低一个量级,显著影响成分分析的灵敏度和精确度;其次,待测试样要放在高真空中,当时高真空技术还不很发达和普及,这就成为一个大的技术障碍。因此,X 射线荧光光谱仪先于初级 X 射线谱仪发展成为一个通用的成分分析仪器并得到广泛应用。

到了 20 世纪40 年代,电子显微镜及 X 射线荧光光谱仪都已发展到较高水平,高真空技术也已普及,因此把这两个仪器结合起来制成电子探针 X 射线显微分析仪的条件已经成熟了,第一台实验室型电子探针就是在一台电子显微镜上加上一个 X 射线谱仪和一台金相显微镜拼凑成的,在此基础上 1956 年制出了第一台商品电子探针。一般采用两个磁透镜聚焦,使入射电子束的直径缩小到 $1\mu m$ 以下。打到试样由光学显微镜预先选好的待测点上,使这里的各种元素激发产生相应的特征 X 射线谱,经晶体展谱后由探测系统接收,从特征 X 射线的波长及强度可以确定待测点的元素及含量。

这种电子束静止不动的电子探针为微区成分分析开辟了新的途径,很快就得到了广泛的应用。几乎同时,扫描电镜也取得显著的发展,1959 年第一台分辨率为 10mn 的扫描电镜问世。不久就有人把扫描电视技术和二次电子接收技术推广到探针上来,制成如图 8.26 所示的扫描式电子探针。这就是当前定型的比较成熟的电子探针 X 射线显微分析仪,它不但能定点地对微米范围的成分进行定量分析,并能用扫描线圈使电子束在试样表面上进行线或面扫描,把扫描各点的 X 射线强度在记录仪或显像管上显示出来。

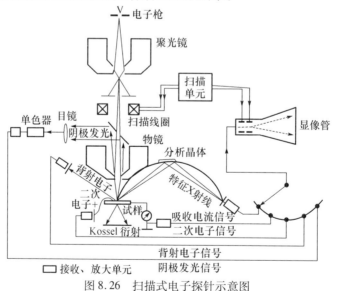

图 8.26　扫描式电子探针示意图

扫描式电子探针还可以利用二次电子、背射电子、吸收电流、阴极发光和其他电子信息等成像和进行成分分析。最初,卡斯坦(R. Castaing)把这种仪器称为"电子探针 X 射线显微分析仪"(Electron Probe X－ray Micmanalyzer,EPMA),尽管"电子探针"这个各称不太确切,但国内已普遍采用这一名称,其他国家的叫法也不尽相同,但 EPMA 的缩写是一致的。

1. 电子探针分析方法

电子探针 X 射线波谱及能谱分析有三种基本的工作方法,即定点分析、线分析和面分析检测,即可对样品进行定点全谱分析。

1) 定点分析

用于测定样品上某个指定点(成分未知的第二相,夹杂物或基体)的化学成分。方法是关闭扫描线圈,使电子束固定在所要分析的某一点上,连续和缓慢地改变谱仪长度(即改变晶体的衍射角 θ),就可能接收到此点内的不同元素的 X 射线,根据记录仪上出现衍射峰的波长,即可确定被分析点的化学组成。这就是电子探针波谱仪的分析方法,同样,也可以采用能谱仪进行分析。如果用标样做比较则可以进行定量分析,目前较先进的谱仪都采用先进的计算机定量分析计算的操作,可以很方便地进行定量分析。图 8.27 是某合金钢的基体组织的定点分析结果,横轴表示测试过程中根据波谱仪长度变化标定的衍射角 θ,从而确定每个衍射峰所对应的元素及其线系。纵轴表示对应每个波长的 X 射线强度。如果分析点还含有超轻元素(如 C、N、O 等)或重元素(如 Zr、Nb、Mo 等)时,由于其特征 X 射线的波长超出了 LiF 的检测范围,此时应进一步采用面间距不同的其他分光晶体进行检测,即可对样品进行定点全谱分析。

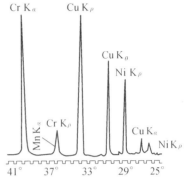

图 8.27 某合金钢的基体组织的定点分析结果

2) 线分析

用于测定某种元素沿给定直线的分布情况。该方法是 X 射线谱仪(包括波谱仪和能谱仪)设置在测量某一指定波长的位置(图 8.28),使电子束沿样品上某条给定直线从左向右移动,同时用记录仪或显像管记录该元素在这条直线上的 X 射线强度变化曲线,也就是该元素的浓度曲线。

3) 面分析

把 X 射线谱仪固定在某一波长的地方,利用仪器中的扫描装置使电子束在样品表面上扫描(图 8.29),同时,显像管的电子束受同一扫描电路的调制作同步扫描。显像管亮度由样品给出的信息(如 X 射线强度、二次电子强度)调制,这样可以得出样品的形貌像和某一元素的成分分布像,两者对比可以清楚地看到样品中各个部位的成分变化。

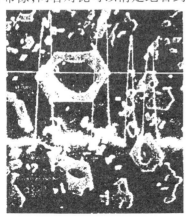

图 8.28 线扫描

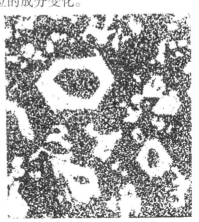

图 8.29 面扫描

2. 电子探针分析的最小区域

电子探针分析的最小区域和激发 X 射线的体积有关,激发初级 K 系 X 射线的深度及广度由电子的能量 $E > E_K$ 的范围决定。不同元素由于 E_K(即 K 层电子临界激发能)不同,这个范围也不同。不仅如此,对同一元素激发 K,L,M,… 系的 X 射线的范围也不同,随 $E_K, E_L, E_M, …$ 依次变小而变大。除初级 X 射线外,还要考虑连续辐射及次级 X 射线的激发范围。X 射线是一种电磁波,它在固体中能穿透的深度远大于电子,因此无论是特征辐射还是连续辐射都有可能在试样内穿透到较大的范围。例如,铜在能量为 30keV、直径为 $1\mu m$ 的电子束照射下,背射电子的广度约 $2\mu m$,特征 X 射线的广度为 $3\mu m$,这不但使 X 射线图像的分辨率下降,还会使 X 射线分析的最小区域变得大于入射电子束的照射面积。这一点应给以足够的注意,特别是在分析较小的第二相颗粒和在相界附近测量微区成分时,尽管电子束可以小于 $1\mu m$,还不能忽略基体的贡献,分析的结果不能认为是十分可靠的。

由此可见,微区分析的最小区域不仅与电子束有关,更与特征 X 射线的激发范围有关,后者往往大于 $1\mu m$,有时可达几个微米。在实际工作中有时希望把分析范围缩小到 $0.1\mu m$ 以下,如细小的沉淀相颗粒及晶界处成分的变化,除适当的缩小电子束直径外,还可以采取下面措施。

(1)在原子序数相差较大的简单二元系中,可以用背射电子或吸收电流信号进行微区成分分析。

(2)从基体中把微小的第二相颗粒萃取在碳或 SiO 复型上,这样可以消除基体对特征 X 射线的贡献,分析的最小范围取决于第二相的颗粒度,只要颗粒尺寸小,即使电子束直径大于颗粒尺寸,也能得到较为准确的结果。

(3)使用薄膜试样,如果膜的厚度显著小于电子完全扩散的深度,那么入射电子就会穿透试样而没有显著扩散,分析的最小区域基本上决定于电子束直径。

(4)密度对分析的最小区域影响很大,例如,生物试样($\rho = 1$)在 $E_0 = 20keV$ 时,分析体积可超过 $10\mu m^3$,对这种试样可选用低的加速电压和薄试样的操作方法。

应该指出,随着分析区域变小,X 射线强度剧烈下降,用波谱仪分光后进行测量变得越来越困难,此时采用能谱仪分析更为合适。

3. 电子探针的应用

X 射线显微分析对微区、微粒和微量的成分具有分析元素范围广、灵敏度高、准确快速和不损耗试样等优点。可以做定性、定量分析,这些优点是其他化学分析方法无可比拟的,因此电子探针在各个领域都得到了广泛的应用。

1)冶金学

金属的微观组织对性能起着重要的作用。在冶炼和热处理过程中,材料内出现的大量微观现象,如析出相、晶界偏析、夹杂物等,用电子探针可以对它们进行直接分析,而不必把被分析物从基体中取出来。另外,金属材料在电子束轰击下较稳定,非常适合用探针分析,因此,电子探针在冶金领域中应用非常广泛。

(1)测定合金中相成分。

合金中的析出相往往很小($0.1 \sim 10\mu m$),有时几种相同时存在,因而用一般的方法鉴别十分困难。例如,不锈钢在 900℃ 以上温度长期加热后,析出很脆的 σ 相和 χ 相,其外形相似,用金相法难以区别,但用电子探针测定 Cr 和 Mo 的成分,可以从 Cr/Mo 的比值来区分 σ 相(Cr/Mo 为 $2.63 \sim 4.34$)和 χ 相(Cr/Mo 为 $1.66 \sim 2.15$)。

（2）测定夹杂物。

大多数非金属夹杂物对材料的性能起不良的影响。用电子探针能很好地测定出它们的成分、大小、形状和分布，这对选择合理的生产工艺，减少材料中的有害夹杂物起重要作用。

（3）测定元素的偏析。

晶界与晶粒内部结构上的差异，往往会造成金属在结晶和热处理过程中晶界元素的富集或贫乏现于元素的因素引起的成分偏析。这种偏析现象用电子探针进行面扫描就可以很直观地看到。

（4）研究元素扩散现象及测定渗层厚度。

过去研究这类问题一般采用放射性示踪原子或剥层化学分析方法。若采用电子探针分析，会更为简便。在垂直于扩散面的方向上进行线分析，即可显示元素浓度与扩散距离的关系曲线；若以微米距离逐点分析，还可测定扩散系数和扩散激活能。同样可以测定化学热处理渗层以及氧化和腐蚀层厚度和元素分布。

2）地质和矿物学

电子探针在地质矿物学中应用也非常广泛，尤其是分析颗粒较细的岩相组成和结构，除速度快以外，分辨率和精度都比光学方法高。

电子探针也常用来研究半导体以及分析空气中的微粒物质。由于电子探针具有不损耗试样的特点，因此在考古中也发挥了很关键的作用。除此之外，在生物学和医学方面电子探针也得到广泛应用。

8.6 表面成分分析

随着材料科学的进展，人们发现除固体内部的缺陷和杂质影响材料性能之外，固体的表面（包括晶界和相界等内表面）状态对材料性能也有重要影响。例如，金属材料的氧化和腐蚀、材料的脆性和断裂行为、半导体的外延生长等，都与表面几个原子层范围内的化学成分及结构有密切关系，从而要求从微观的、原子和分子的尺度上认识表面现象，为此需要发展研究表面成分和结构的新物理方法。

在研究表面现象时，由于涉及的层深很浅，故需对样品的制备和分析过程进行严格控制，以防止外来污染造成的假象和误差。因此，用于分析的仪器必须具有极高的真空度 $10^{-8} \sim 10^{-7}\mathrm{Pa}$。同时，由于被检测信息来自极小的采样体积，信息强度微弱，因此，对信息检测系统的灵敏度要求也很高。由于上述两方面的原因，表面分析技术一直到 20 世纪 60 年代以后，随着超高真空技术和电子技术的发展才开始出现，并在随后的 10 年中得到了较快的发展。

与金属的表面结构和成分分析有关的仪器和技术主要有：

（1）俄歇电子能谱分析（Auger Electron Spectrometry，AES）。

（2）离子探针（Ion Miero – analysis，IMA）。

（3）场离子显微镜和原子探针（Field Ion Microscopy and Atom Probe，FIM）。

（4）低能电子衍射（Low Energy Electron Diffraction，LEED）。

上述表面分析技术的应用为探索和澄清许多涉及表面现象的理论和工艺问题做出了重要贡献。

8.6.1 俄歇电子能谱分析

自 1967 年以来，已经发展了许多种俄歇能谱技术，其中有的已达到了商品化的程度，这些技术中所说的分析，可以严格地认为是"真正的表面"分析。简单地说，俄歇能谱术就是用单能电子辐照置于真空中的样品，随着入射电子与表面原子的相互作用，由俄歇过程从表面发射出电子并测量这些俄歇电子的能量,就可以得到关于表面原子的性质和化学形态的信息。

1. 原理和仪器结构

1）俄歇电子的产生

俄歇过程是以其发现者皮埃尔·俄歇(Pierre. Auger)命名的,他在威尔逊云室中观察并识别出一种从未被人们辨认出的电子轨迹。当样品原子的内壳层电子受入射电子的激发而留下空位时,外层较高能级的电子将自发地向低能级的内壳层空位跃迁,跃迁时多余的能量将以X光子形式辐射出来,或引起另一外层电子电离,从而发射一个具有一定能量的电子,称为俄歇电子。上述这两种释放能量的方式分别称为辐射跃迁和俄歇跃迁。

如果用 W_X 和 W_A 分别表示两种跃迁的概率,则显然

$$W_X + W_A = 1$$

同辐射跃迁可能产生 K_α、K_β 等X射线一样,俄歇跃迁也可以发射出各种不同能量的俄歇电子。例如,当入射电子引起K层空位后,可能产生 KL_1L_1、KL_1L_2、KL_2L_3、$\cdots$ 等K系俄歇电子;而当初始激发态为L或M层电子电离时,则可能产生 LM_iN_j 或 MNN 俄歇电子($i = 1$、2、3、4 或 5;$j = 1$、2、3、4 或 5),它们的能量比相应线细的X光子的能量稍低。俄歇跃迁概率 W_A 随原子序数的变化如图8.30所示。对于原子序数 $Z < 15$ 的轻元素的K系,以及几乎所有元素的L系和M系,俄歇电子产额都是很高的,因而对于分析轻元素而言,采用俄歇电子信息的分析灵敏度比用特征X射线灵敏度高。通常对于 $Z \leq 14$ 的元素,采用 KLL 俄歇电子信息;对于 $Z > 14$ 时的元素,采用 LMM 电子较合适;$Z \geq 42$ 时,以采用 MNN 和 MNO 电子为佳。

为了激发上述这些类型的俄歇电子跃迁,产生初始电离所需的入射电子能量都不高,大约 2keV 即可足够。大多数元素在 50~1000eV 的能量范围内都有产额较高的俄歇电子。它们的有效激发体积(空间分辨率)取决于入射电子束直径及俄歇电子发射深度。由于能够保持特征能量而逸出表面的俄歇电子,发射深度仅限于表面以下大约 1mm 以内的深度,约相当于表面几个原子层,故使这一信息特别适于用来分析晶界成分及表面氧化或腐蚀等过程。在这样浅的表层内,入射电子束的侧向扩

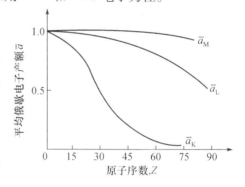

图8.30　俄歇电子跃迁概率随原子序数的变化

展几乎尚未开始,其空间分辨率直接由入射电子束的直径决定。目前,利用细聚焦入射电子束的俄歇谱仪可分析直径大约 30mm 面积内的表面化学成分。不久的将来,或许有可能使用束流更小,直径更细的电子束。

2）俄歇电子的检测

俄歇电子能量分布中的特征图形可能是尖锐、明显的,但通常遇到的是难以分辨,或只不过是在一个很陡的本底上出现一些小拐折,这样一些图形并不能作为一种分析方法。1967年Harris证明,对能量 $N(E)$ 求导数得到微分形式的分布 $dN(E)/dE$ 能大大地提高俄歇峰的可见分辨率,在图8.31中,上边的曲线是下边 $N(E)$ 曲线相对应的峰的微分,由此可以看出分辨率的改善。按惯例,在微分分布 $dN(E)/dE$ 中取尖锐的高能量的极小值作为能量坐标的峰的位置,虽然这样的位置并不完全对应于 $N(E)$ 中真正锋的位置,而是对应于 $N(E)$ 中拐折点的位置。因为微分分布 $dN(E)/dE$ 中高能量的极小值最容易辨认,而且比低能的极大值更不容易畸变和偏移,所以通常采用微分分布 $dN(E)/dE$ 中的极小值作为能量坐标的峰的位置。

234

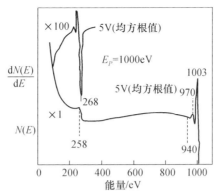

图 8.31　碳的俄歇谱的 $N(E)$ 能量分布和 $\mathrm{d}N(E)/\mathrm{d}E$ 微分分布

目前,有两种能量分析器用于记录 $N(E)$ 和 $\mathrm{d}N(E)/\mathrm{d}E$ 分布。

（1）阻挡场分析器（Resist Field Analyzer,RFA）。

阻挡场分析器的基础是球面栅和收集屏装置,图 8.32 示出四栅型阻挡场分析器的俄歇谱仪原理图。

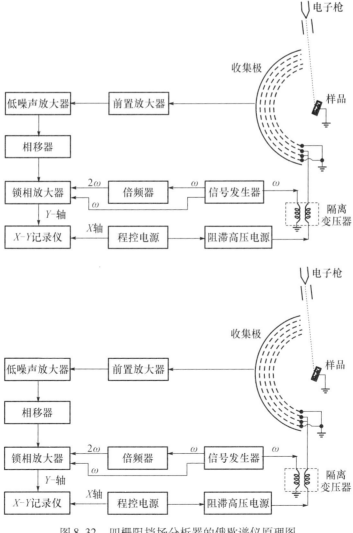

图 8.32　四栅阻挡场分析器的俄歇谱仪原理图

在俄歇谱仪中,常用的是装在分析器外边的辅助电子枪,其初始电子束通常以 15°~25° 的小角度入射到样品表面上,初始电子束与样品表面的碰撞点,应当在栅极和收集屏的曲率中心上,否则会使得分辨率降低。

为了保持样品与分析器之间的静电场为零,样品一般接地,第一栅极也接地,样品周围的磁场也应为零。此外,离子泵的磁体要屏蔽好,以便把杂散磁场降低到最小程度。

第二栅极与第三栅极并联,它们的电位从某个选定值变化到零,在任何一特定的电位时,从该电位能量到初始能量的所有电子,都可以自由地通过栅极到达收集极,而能量较低的电子将被折回,或"阻挡",这就是阻挡场分析器的名称由来。早期的俄歇谱仪只使用一个阻挡栅极,而现在均采用两个阻挡栅极,这样使分辨率得到极大的改善。在阻挡电位上叠加 0.5~5V(均方根值)很小的电压,其射频调制频率范围为 1~10kHz,并且精确地选择调制频率,以避免电源及其他仪器频率的干扰。

为了便于调整,也为了低能电子衍射测量,收集极涂上一层荧光物质,并且加正偏压200~300V,以克服表面电荷效应。到达收集极的电流,经由一个直接装在收集极法兰盘上的前置放大器,再经过一个相移器接到相敏检波器上,在相敏检波器中,来自前置放大器的信号与倍频器产生的 2ω 频率,或直接与信号发生器产生的 ω 频率的参考信号比较。在这两种情况下,所有与参考信号频率不同的分量均被抑制掉,而与参考信号频率相同的分量则转换成一个直流电压,加至 $X-Y$ 记录仪的 Y 轴,另一个与阻挡电压成比例的信号被加至 X 轴。这种以 2ω 频率(二次谐波)分量和以 ω 频率(一次谐波)分量的检测方法,分别给出了 $dN(E)/dE$ 和 $N(E)$ 形式的能量分布。

用四栅阻挡场分析器标准装置获得的典型能量分辨率为 0.5%,如果采用 Taylor(1969年)改进的阻挡场分析器,则能量分辨率可达 0.3%。一般阻滞场分析器的最佳信噪比约为 4000。

(2)筒镜分析器(Cylindrical Mirror Analyzer,CMA)。

20 世纪 70 年代初,出现了一种新型的能量分析器称为筒镜分析器,它是由两个同轴的圆筒形电极构成的静电反射系统,如图 8.33 所示。内筒上开有环状的电子入口光阑(A)和出口光阑(B),内筒和样品接地;外筒接偏转电压 U。两个筒的半径分别为 r_1 和 r_2,如果电子发射角(由入口光阑位置决定)为 42.3°,则由样品上 S 点发射的能量为 E 的电子,将被聚焦于距离 S 点为 $L = 6.19r_1$ 的 F 点(电子检测器),并满足如下关系

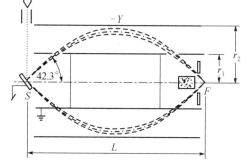

图 8.33 筒镜分析器示意图

$$E/U_e = 1.31\ln(r_1/r_2)$$

只有能量 E 与外筒偏转电压 U_e 具有一定比值的那些电子,才能通过圆筒静电反射系统得到检测。在一定的偏转电压下,能量高于 E 的电子将被外筒吸收,而能量低于 E 者,将折向内筒表面。连续地改变外筒电压 U,即可得到电子数目 $N(E)$ 随电子能量正的分布曲线。同样,对外筒电压 U 加交流微扰信号对谱线进行微分处理可以得到 $dN(E)/dE$ 曲线。

显然,只有满足上式的能量为 $E \pm \Delta E$ 的电子才能得以聚焦和检测。之所以被测电子的能量还可以有 $\pm\Delta E$ 的变化幅度,是由于电子发射角有一个与入口光阑宽度有关的范围,同时还

有交流微扰信号的作用。

与阻挡场分析器相比,筒镜分析器的优点就在于它的信噪比特性特别好,阻滞场分析器中,所有能量大于阻滞栅电位的电子都可以到达收集极。在筒镜分析器中,只传输很窄能量范围内的电子,这个窄的能量范围是由分辨率所决定的,因为发射噪声与收集到的束流平方根成正比,所以筒镜分析器的最小噪声比阻滞场分析器低得多。由于筒镜分析器的传输率也较高(约为阻滞场分析的1/10),因而它的总灵敏度要比阻滞场分析器高2~3个数量级,一台内筒半径 r_1 约3cm,角孔径为6′(即42°18′±3′)的筒镜分析器,当出口狭缝调到最佳距离时,其理论分辨率为0.04%,实际上由于源的尺寸,磁场及圆筒不完善等影响,分辨率只能达到0.1%左右。

2. 俄歇能谱的测量和分析

俄歇电子能谱采用 $X-Y$ 记录仪或阴极射线管记录谱线。将能量器的扫描电压 U 聚作 X 坐标信号决定能够通过筒镜分析器的电子的能量值,因而 X 坐标表示信号电子的能量,即俄歇电子的能量);把相敏检波器的输出信号取作 Y 坐标信号(表示电子数目随能量分布的一次微分,即 $dN(E)/dE$),从而显示出微分形式的俄歇电子能谱图。根据俄歇峰所在的能量位置,查表或与标准谱图对照,即可确定产生这些峰的化学元素。

对于普通的俄歇谱仪,由于电子束的方向是固定的,且束斑直径较大(一般为数十微米),测量结果是一定面积范围内的平均值。

在材料科学的研究中,研究者除了对材料的成分关心以外,更关心材料表面成分对材料性能的影响,还需要了解元素在表面(包括界面)上的存在形式(存在于固溶体中还是以化合物形式存在)和分布状态(均匀分布还是集中在表面的某些区域),这时需要使用扫描俄歇谱仪。像电子探针分析方法一样,扫描俄歇谱仪的入射电子束可以按照要求在样品表面进行光栅式扫描。同时,仪器带有二次电子和吸收电子检测器,可以在荧光屏上显示样品的表面形貌及相分布,以便于选择分析位置。

利用扫描俄歇谱仪进行成分分析主要有下述四种方式:

1)点分析或一定面积内的平均成分分析

入射电子束固定照射某点或在一定面积内扫描,能量分析器依次取不同的扫描电压 U ,将相应的俄歇电子谱记录在 $X-Y$ 记录仪上,即可获得被分析点(或面内)的成分信息,如图8.34为 Cr - Ni 合金钢在回火脆性断口表面俄歇电子能谱图。由于断口具有明显的沿晶断裂特征,所获得的能谱曲线可以反映晶界的化学成分。谱线表明,断口表面 P 含量明显高于基体含量,说明在回火状态下,在晶界处发生了 P 的强烈富集。进一步用离子刻蚀法对样品进行逐层的纵向成分分析的结果表明,P 的富集深度在晶界附近约 2nm 的范围内。这是用其他化学分析方法及电子探针微区分析无法做到的。

2)线分析

入射电子束沿预定的某一直线扫描,调节能量分析器扫描电压 U ,用选定元素的俄歇电子信号作为荧屏的亮度调制或 $X-Y$ 记录仪的 Y 信号调制,显示出该元素给定直线的浓度变化。

现代的扫描俄歇谱仪(如 PHILIPS 公司的 Multiprobe6000 型)可以同时对五条给定的直线进行扫描,并分别显示与记录五条不同的俄歇谱线。

3)元素面分布图

入射电子束在待分析区内作光栅扫描,调整电子能量分析器只让某种选定能量电子通过(即仅监测某种指定元素的俄歇电子)并用相敏检波器的输出调制记录显示系统,得到该元素的俄歇电子显微像。

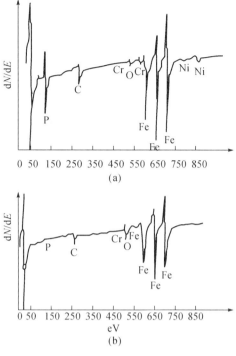

图 8.34 Cr – Ni 合金钢在回火脆性断口表面的俄歇电子能谱图

(a) 断口表面;(b) 距表面 175nm 处。

4) 纵向浓度分布

利用离子枪对样品表面进行溅射刻蚀,然后逐层测定其化学成分,则可以得到元素沿纵深方向的浓度分布。这种分析手段是电子探针无法做到的。

3. 俄歇电子能谱技术的应用

俄歇电子谱仪主要是研究固体表面及界面的各种化学的变化,通过成分分布的规律来研究和解释许多与表(界)面吸附及偏聚等物理现象,从而来改变和控制元素在表(界)面的分布,达到改善材料性能的目的。

1) 研究金属及合金脆化的本质

晶间断裂是脆性断裂的一种特殊形式,有的是由于片状沉淀在晶界析出而引起的,可以用扫描电镜、选区电子衍射、电子探针等手段确认晶界析出物的形貌、晶体结构和化学成分,从而找出产生脆断的原因。但是还有一些典型的晶间脆断,如合金钢的回火脆断及难熔金属的脆断,在电子显微镜放大几十万倍下观察,仍未能在晶界处发现任何沉淀析出,人们一直怀疑这可能是一些有害杂质元素在晶界富集而引起脆断,但一直苦于拿不出直接的证据。直到在俄歇能谱对断口表面进行分析后,合金钢回火脆性本质才被揭开。

难熔金属的晶间脆断也是在俄歇谱仪问世后才把问题搞清楚。过去人们一直认为难熔金属的晶间脆断是氧化引起的,为此有意识地在金属中加入微量碳,以期在氧化后产生一氧化碳而得到脱氧的效果。但是,这种措施并未得到预期的结果。最后在对区域提纯钨和一般冶炼钨的俄歇谱线分析结果上找到了答案,两种工艺生产的钨试样的断口表面上都含有少量的碳和氧,但一般冶炼工艺的钨断口表面还含有相当多的磷,而区域提纯的钨断口表面则不含磷。由此可以看出,钨中引起晶间脆断不是氧而是磷。尽管磷含量仅为百万分之五十,但它却在晶界两侧几纳米的范围的富集相当高的浓度,从而导致脆断。

可见,表界面的元素偏聚问题是金属及合金中影响其性能的一个很重要的问题,而在表界面的成分分析研究中,俄歇谱仪具有其他分析仪器不可替代的作用。

2)了解微合金化元素的分布特性

早在 20 世纪 50~60 年代,人们就发现微合金化对材料组织和性能有很大影响。如结构钢加硼(B)可以提高淬透性,高温合金中加硼(B)、锆(Zr)、稀土元素可提高抗蠕变性能等。但金相观察或化学分析均无法查知这些元素的存在形式和分布状态。有人推测,可能由于表面吸附现象,使这些元素富集在晶界上,从而改善晶界状态,进而影响相变过程及提高高温下晶界的强度。俄歇谱仪为研究这些微量元素的作用机理提供了有效的手段。类似的问题还有很多,例如,铝合金变质机理和长效变质剂的研究,化学热处理中稀土元素催渗机理的研究,稀土元素在钢中的形态及分布规律的研究等。

3)复合材料界面成分的分析

复合材料中增强纤维与基体金属之间的结合力,与界面上杂质元素的种类及含量有着极密切的关系,为了获得所要求的基体和纤维的相容性,必须控制基体成分和杂质含量。在选择扩散阻挡层的成分、种类的研究中,俄歇谱仪都成为一种必需的试验手段。

从以上所述,可以看出,俄歇谱仪主要用于研究表面和界面的问题,这类问题在材料科学研究中是经常遇到的关键性问题。例如,电极合金与半导体界面上的互扩散,离子溅射工艺中择优溅射引起在表面形成一个与基体成分不同的成分改变层;烧结合金中界面和孔洞表面元素成分变化;在陶瓷和薄膜材料中俄歇谱仪都是重要而不可替代的分析测试手段。

8.6.2 原子探针显微分析

材料微观结构及微区成分的研究是各国材料科学家最为关心的问题。随着现代技术的不断发展,扫描或透射电镜也在向更现代方向发展,同样,俄歇谱仪或二次离子质谱(SIMS)也在不断改进和升级。但这些分析技术终归受其分辨率的限制,难以直接观察到固体表面单个原子。场离子显微镜(FIM)由于具有高分辨率、高放大倍数的特点,故可以直接观察到固体表面单个原子,将场离子显微镜与飞行时间质谱仪组合成场离子显微镜—原子探针(FIM - AP),可鉴别几纳米的极微区的化学成分,并且对原子序数无任何限制,因此,原子探针显微分析技术越来越受到人们的青睐。

场离子显微镜和原子探针技术几乎都是 E. Müller 个人的天才发明。1956 年,E. Müller 在样品的尖端施加正电压并用液氢冷却样品,在样品周围充入 He 成像气体,得到能够分辨单个原子的钨场离子像。20 世纪 60 年代前 FIM 在应用方面进展比较缓慢,随着超高真空系统的发展和像增强器的使用,尤其是 FIM 配上了原子探针以后,有了很大发展,不仅少数难熔金属可得到很好的场离子像,而且像 Fe、Ni、Cu 甚至 Al 这些常见的金属也得到场离子像。随着表面物理及材料科学研究的不断发展,不但 FIM - AP 仪器本身在提高,而且 FIM - AP 的应用范围也在不断扩大。目前,在金属材料中的应用大致分为两方面,一方面是金属材料内部结构,包括晶体缺陷、位错观察、界面和晶界偏析出及沉淀相析出的研究;另一方面是金属表面结构和表面反应,包括表面台阶类型,金属原子在晶体表面的凝聚、迁移及扩散的研究。

1. 场离子显微镜基本原理

图 8.35 为场离子显微镜结构示意图。可以看出,场离子显微镜基本上是由一个真空容器构成,真空容器的一端为荧光屏,被研究材料的样品制成为针尖形状,其顶端曲率半径的典型

数值为 50～100nm，并被固定在沿真空容器轴线、离荧光屏大约 50mm 的位置。样品保持低温并装在电绝缘体上，以便样品上能加以正高压（3～30kV）。在显微镜的容器中充以低压的惰性气体（大约 10^{-3} Pa），通常是氦气或氖气。当样品上的电势增高时，在样品面端周围的气体原子，被强电场极化并拽向样品顶端的表面。如果样品表面的电场足够强（每纳米几十伏），最先到达样品表面的气体原子将吸附在样品表面顶端突起部位强电场的位置上，然后紧跟着到达样品表面的气体原子将在场吸附层的表面上做表面跳跃，并不断地损失其动能而降低跳跃振幅，直到在某些特定的表面原子附近的位置上电离（图 8.36）。在此过程

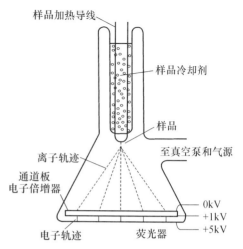

图 8.35 场离子显微镜示意图

中，气体原子的一个电子穿过表面势垒而进入样品的未占满的能级，伴随着在样品表面上留下了一个带正电荷的气体离子。然后，这样的气体离子从样品表面弹回到荧光屏上，并将样品表面的形貌在荧光屏上形成放大倍数很高的图像。场电离更容易在较为突起的样品表面的原子上发生，同时这种单个原子形成的细离子束在荧光屏上生成相应的像点。

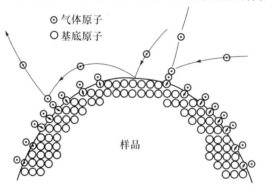

图 8.36 场离子显微镜成像原理

场离子像的亮度或衬度是由针尖表面场电离的总离子流决定的，即由离化率决定，不但和表面电子转移的离化概率有关而且和针尖附近成像气体浓度有关。试验发现像衬度并非随电压增加而提高，而是达到某个电压之后像衬度即随电压增加而降低，这个电压称为最佳成像电压（V_{BIV}），同时样品的温度降低时 V_{BIV} 向低电压方向位移。如果使用的电压太低，从样品表面产生的离子流不足以形成满意的图像；如果电压太高，在整个样品尖端表面上将形成均匀的电离，从而减小了图像的衬度。所以，最佳成像电压的条件对应着与表面特征相关的场电离过程的最佳调整，通常这可以用眼睛在 ±（1%～2%）范围之内来调节。

场离子像的分辨率定义为试样上最邻近的两个原子投影到荧光屏上的像点正好能够分开，或者测量单个原子所产生像点直径。影响分辨率的主要因素有三点：第一是离子飞行到荧光屏的路程中离子的发散；第二是离子飞行速度的切向分量；第三是离子波动性的衍射效应。当然还有一些其他因素，如仪器的真空度，针尖表面附近气体成分的变化，空间电荷分布及库仑力的影响等。

场离子显微镜具有高的放大倍数,在荧光屏上得到的像的放大倍数可表示为 $M = R/\beta\gamma$,式中:R 为针尖到荧光屏距离;γ 为针尖的曲率半径;β 为常数,一般约为 1.5。例如 $R = 100\text{mm}, \gamma = 30\text{mm}, M = 2 \times 10^6$。

2. 原子探针基本原理

原子探针的物理基础是场蒸发。在液氦冷却条件下,当高于最佳成像电压的场强施加到针尖上时,晶体表面原子开始形成离子蒸发,称为场蒸发。1967 年,由 E. Müller 等人设计的仪器中,在场离子显微镜的成像荧光屏上开一小孔,样品固定在一个可以转动的支架上,以便使图像上的某个小的区域调整到与单个离子灵敏的飞行时间质谱仪成一直线。在场离子显微镜的静电场中所形成的场电离子和场蒸发离子轨迹的相同性,第一次使得区别被选择的单个离子成为可能。

图 8.37 为原子探针原理示意图。图中左边是场离子显微镜,右边是飞行时间质谱仪。质谱仪由一支漂移管组成,漂移管的端部装有对单原子灵敏的检测器。在通道板和荧光屏装置上的小探孔限定了样品表面的某个区域,由此区域剥落的原子将在质谱仪中被分析。

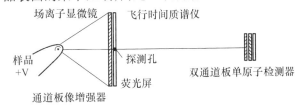

图 8.37　原子探针原理示意图

场蒸发过程主要决定于场强和针尖温度,在低温下场蒸发过程是以原子和离子的隧道效应占优势,在较高温度下是热激发效应占优势,在中温(20 ~ 90K)下既有隧道效应又有热激发效应。蒸发通常是以单原子层蒸发,但也和针尖表面形貌及晶体取向有关。当电压恒定时,随着场蒸发过程进行,针尖的曲率半径随之增加,这时场强减弱而蒸发速率降低,为使蒸发继续进行,必须不断地提高电压。在原子探针分析中必须严格控制场蒸发过程,因此采用纳秒(ns)脉冲叠加在直流高压上,其幅度约为直流高压的 1/10。这个短脉冲技术对原子探针来说非常重要,不仅用它来控制原子蒸发速率,并用它来打开计时器门电路,测量场蒸发离子的飞行时间。

原子探针测量系统是利用飞行时间质谱仪来测量场蒸发离子的飞行时间,以确定是什么元素。在针尖样品上施加直流高压 u_{dc} 和脉冲高压 u_p 后,表面原子产生场蒸发,脱离样品表面,正离子经静电透镜聚焦,使离子飞向检测器。针尖到检测器距离为 d,则离子的能量和飞行速度有如下关系:

$$1/2 mv^2 = ne(u_{dc} + u_p)$$

离子飞行时间为

$$T = d/v = d\left[2e(u_{dc} + u_p) \cdot n/m\right]^{-1/2}$$

离子的质量电荷比为

$$m/n = 2e/d^2 \cdot (u_{dc} + u_p)T^2$$

当准确测量出离子飞行时间 T 时,根据上式可计算出离子的质量电荷比,从而鉴别出是什么元素。如果取 u_{dc}、u_p 以 kV 为单位,T 以 μs,d 以 m 为单位,则上式变成原子探针中常用的计算质荷比公式:

$$m/n = 0.193/d^2 \cdot (u_{dc} + u_p)T^2$$

原子探针问世以后的 10 年间,一些优秀的科学家不断地改进并设计出新的仪器,其中有 Panitz 设计的成像原子探针,它可由样品的基本图像得到具有原子分辨的被选择的元素图。还有 Kellogg 等人设计的脉冲激光原子探针;Barofsky 等人设计的磁偏转扇形原子探针;Müller 等人设计的能量补偿原子探针。随着计算机和数字化技术的发展,原子探针在参数输入、采样、存储及 m/n 计算的分析程序中已被普遍采用,这无疑给使用者带来了极大的方便并可节省大量的时间。

3. 原子探针场离子显微镜的应用

近些年来,随着科学技术的飞速发展,原子探针场离子显微镜无论在性能还是质量上都得到了极大的改善,因而其应用领域也在不断地扩大。由于原子探针场离子显微镜具有原子级分辨本领,因而它已成为材料科学和表面物理领域内不可多得的实验手段。

1)晶体表面结构的研究

由于原子探针场离子显微镜具有原子级的分辨率,因此具有检测单个原子的特点。金属钨在 FIM - AP 研究中广泛用作表面原子迁移及功函数测量等方面基体材料,因此对钨晶体的场离子显微镜观察及图像分析有助于了解金属及合金复杂结构的成像机理及其结构特征。图 8.38 为一个(011)取向钨样品的场离子像。对于大多数元素,特别是难熔金属如钼(Mo)、铱(Ir)、铼(Re)等能观察到类似的原子像。它显示出原子占据在场稳定的低坐标位置,而不是通常的晶格位置。

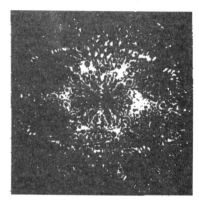

图 8.38　一个(011)取向钨样品的场离子像

同样,FIM - AP 在研究合金相变、晶体缺陷、有序无序转变、固溶体短程有序化及簇和合金中沉淀分解过程等都是有力的手段。图 8.39 为螺旋位错的场离子显微图像,图中 a 为在 Fe - Be 合金中的单螺旋位错;图中 b 为经中子辐照过的容器压力钢中的双螺旋位错。

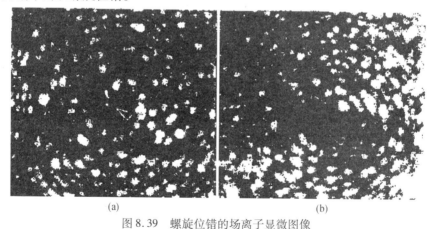

|(a)|(b)|

图 8.39　螺旋位错的场离子显微图像

(a)在 Fe - Be 合金中的单螺旋位错;(b)经中子辐照过的容器压力钢中的双螺旋位错。

2)金属中氢的研究

金属中氢的研究至今已有一百多年,随着近代科学技术的迅速发展,氢对金属性能的影响日益引起人们的重视,研究氢与金属的交互作用也逐渐深化。以前较少有人用原子探针场离子显微镜研究过氢,因为氢与金属的交互作用很强,而氢在某些金属中扩散非常快,并且不易在真空中移去,控制实验非常困难,分辨金属与金属氢化物更加不易。利用直型飞行时间质谱仪的原子探针,是不能获得极高的分辨率的。

1974年,在美国宾州大学发展的能量补偿原子探针,通过利用一个聚焦型静电透镜消除了场蒸发离子的能量不稳定性,而获得了高的质量分辨率($m/\Delta m \geq 1000$)应用此高效能原子探针研究了$Fe - 0.29\omega\%Ti$合金在充氢前与高温充氢后,进行原子探针分析和场离子显微结果发现,在晶粒边界聚集了H、H_2、FeH及TiH_2,还观察到一个微裂纹的形成和扩展。

原子探针场离子显微镜在精确地测定存在于合金中的相成分,高熔点元素是否在相界面上偏聚等方面,也都成为一种重要手段。例如,IN939是一种主要用于造船业的高铬镍基超合金,在四级热处理后,将产生超细化的二次沉淀物,而这种二次沉淀物在TEM图像上是模糊不清的,采用场离子显微镜就能清晰地观察到它们。

显然,原子探针场离子显微镜在研究晶(相)界元素偏聚和分布方面是其他仪器无法比拟的。

8.7　红外光谱与拉曼光谱

红外(IR)和拉曼(Raman)光谱在高聚物研究中占有十分重要的地位,它们是研究高聚物的化学和物理性质及其表征的基本手段。红外光谱技术发展到20世纪60年代末,已为高聚物的研究提供了各种信息。至今,已逐渐扩展到多种学科和领域,应用日趋广泛。随着激光技术的发展,激光拉曼光谱仪器问世以来,拉曼光谱在高聚物研究中的应用也日益增多。

原则上,在高聚物研究方面,红外和拉曼光谱能对其组成和结构提供以下定性和定量信息:

(1)化学性质:结构单元、支化类型和支化度、端基、添加剂及杂质。

(2)立体结构:顺-反异构体、立构规整性。

(3)构象:高聚物链的几何排列,即平面折叠或螺旋构象。

(4)序态:晶相、结晶相和非晶相、单位晶格链的数目、分子间力、晶片厚度。

(5)取向:在各向异性材料中,高聚物链和侧基择优排列的类型及程度。

从应用角度来说,红外和拉曼光谱在下列方面已广泛应用:

(1)高聚物材料的分析和鉴定。

(2)共聚物的组成分析和序列分布的研究。

(3)聚合过程、反应机理的研究。

(4)老化、降解机理的研究。

红外和拉曼光谱统称为分子振动光谱,但它们分别对振动基团的偶极矩和极化率的变化敏感。因此可以说,红外光谱为极性基团的鉴定提供最有效的信息,而拉曼光谱对研究共核高聚物骨架特征特别有效。在研究高聚物结构的对称性方面,红外和拉曼光谱两者相互补充。一般来说,非对称振动产生强的红外吸收,而对称振动则表现出显著的拉曼谱带。红外和拉曼分析法相结合,可以更完整地研究分子的振动和转动能级,从而更可靠地鉴定分子的结构。

红外和拉曼光谱虽然经历了较长的发展过程,但从某种意义上来说,它们仍是一门经验科学。因此,人们十分重视用它们从试验中直接获得数据和资料,总结归纳出大量有用的经验和规律,制成各类图表。这些图表直观地提供有关物质的性质、结构和组成等信息。必须指出,尽管红外和拉曼光谱对研究高聚物结构特征具有十分重要的意义,但是作为光谱技术,不可能要求它们能解决研究工作中的所有问题。

8.7.1 红外光谱

1. 红外光谱的基本原理

1)电磁辐射与物质分子的相互作用

光是一种电磁波(或称电磁辐射),它具有一定的振动频率 ν,光又是一种高速运动的粒子,具有一定的能量 E。爱因斯坦利用 $E = h\nu$ 这一简单的方程式,把光子的能量和光波的振动频率直接联系了起来。当一束连续的光辐射通过物质后,其中频率为 ν_0 的光的强度减弱了,就说是光被物质所吸收,这时有 $\Delta E = h\nu_0$,ΔE 是被物质分子所吸收的光能量,它等于该物质分子的两个能级之间的能量差,ν_0 便是被吸收的光的频率。这样在一定频率范围内,由于被物质吸收而产生的光强度按其频率的分布称为吸收光谱。

红外光谱的波长范围是 $0.8 \sim 1000\mu m$,相应的频率是 $12500 \sim 10 cm^{-1}$(波数)。μm 和 cm^{-1} 是红外光谱经常使用的波长和波数单位,它们之间的关系是

$$\nu(cm^{-1}) = 1/\lambda(\mu m) \times 10^4$$

由于用以研究的对象及实验观测的手段不同,红外光谱范围又可分成三个部分,即 $0.8 \sim 2.5\mu m$ 或 $12500 \sim 4000 cm^{-1}$ 部分,称为近红外区;$2.5 \sim 50\mu m$ 或 $4000 \sim 200 cm^{-1}$ 部分,称为中红外区;$50 \sim 1000\mu m$ 或 $200 \sim 10 cm^{-1}$ 部分,称为远红外区。中红外区的光谱是来自物质吸收能量以后,引起分子振动能级之间的跃迁,因此称为分子的振动光谱。远红外区的光谱,有来自分子转动能级跃迁的转动光谱和重原子团或化学键的振动光谱以及晶格振动光谱,分子振动模式所导致的较低能量的振动光谱也出现在这一频率区。近红外区为振动光谱的泛频区,中红外区是分子振动的基频吸收区,也是红外光谱应用中最重要的部分,是下面讨论的内容。

随着红外光谱仪制造技术的发展,中红外区的频率下限有所变化。在最早的棱镜式红外光谱仪中,由于使用 NaCl 单晶制成的棱镜作为分光元件,它只能工作到 $16\mu m$,即 $650 cm^{-1}$,因此中红外区便定义为 $2.5 \sim 16\mu m$,即 $4000 \sim 650 cm^{-1}$。早期的简易光栅型光谱仪,使用一块光栅分光,其工作范围也是如此。近几年来,带有微处理机的红外光谱仪,采用两块以上光栅分光,可把中红外区扩展到 $50\mu m$,即 $200 cm^{-1}$。当然也有一些型号的商品仪器的工作范围是 $2.5 \sim 25\mu m$,即 $4000 \sim 400 cm^{-1}$,它们也是采用光栅分光的。

当用一束红外辐射照射高聚物样品时,包含于高聚物分子中的各种化学键或基团,如 C—C、C=C、C—O、C=O、O—H、N—H、苯环等便会吸收不同频率的红外辐射而产生特征的红外吸收光谱。因此,利用红外光谱可以鉴定这些化学键或基团的存在。

由于某些化学键或基团处于不同结构的分子中,它们的红外吸收光谱频率会发生有规律的变化。利用这种变化的规律可以鉴定高聚物的分子链结构。当高聚物的序态不同时,由于分子间的相互作用力不同,也会导致红外光谱带的频率变化或是发生谱带数目的增减或谱带强度的变化,因此可用以研究高聚物的聚集态结构。

此外,红外吸收谱带的强度与相应的化学键或基团的数目有关,因此可以利用红外光谱对高聚物的某些特征基团或结构进行定量测定。

2)大分子的简正振动

一个含有 N 个原子的分子应有 $3N - 6$ 个简正振动(线性分子为 $3N - 5$),每个简正振动具有一定的能量,应在相应的波数位置产生吸收。高聚物分子内的原子数目是相当大的。例如,

含有 1000 个苯乙烯单元的聚苯乙烯包含 16000 个原子,应有 48000 个简正振动。由此看来,聚苯乙烯(或所有其他高聚物)的红外光谱将是非常复杂的。但事实并非如此,结晶等规聚苯乙烯只有 50 条左右的红外谱带,无规聚苯乙烯仅有约 40 条(图 8.40),可见它们的红外光谱往往比单体还要简单。那么高聚物的红外光谱为什么会有这种特点呢? 其主要原因是,高聚物是由许多重复单元构成的,各个重复单元具有大致相同的力常数,因而简正振动的频率相近,在光谱上无法分辨,只能看到一个吸收带。其次,高聚物的选择定则十分严格,只有少数简正振动具有红外或拉曼活性。此外,由于振动相互耦合而使振动频率发生位移。不同链长的分子,其振动耦合不完全相同。因此,经耦合而发生不同位移的单个谱带重叠混合,出现扩散型的强宽峰。同时,强宽峰往往要覆盖与它频率接近的弱而窄的吸收谱带。

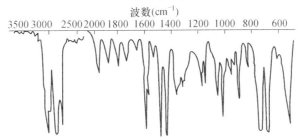

图 8.40　无规聚苯乙烯的红外光谱

3) 基团频率

对于高聚物光谱的解析,是建立在基团频率这一基本前提之上的,即高聚物中原子基团的振动与分子其余部分的振动之间的机械耦合及电子耦合均很少。因此,从小分子或简单的高分子所获得的理论或经验的特征频率数据均可应用于高聚物的光谱解析。例如 $C=O$、$C—O$、$C\equiv N$、苯环及酰胺基等的光谱吸收带均位于一定的特征频率范围以内。图 8.41 中三种不同碳链长度的聚酰胺 6、7 和 8 的红外光谱,均在以下各处出现酰胺基的特征谱带:$3300 cm^{-1}[\nu(NH)]$,$1635 cm^{-1}[\nu(C=O)]$,$1540 cm^{-1}[\nu(NH)+\nu(N-H)]$,以及 690 和 $580 cm^{-1}$。这些谱带在三种聚酰胺中的相应位置几乎完全相同。但在 $1400\sim800 cm^{-1}$ 波数范围内又各保留了细微的差别。

在高聚物光谱中,除特征的基团频率本身,还有大量来自邻近基团相互耦合的其他谱带。这些谱带可看作高聚物的指纹。例如,线型脂肪族聚酯的 CH_2 基团的弯曲振动带,按其所处的分子环境不同,可分为三类。第一类 CH_2 连接酯链上的氧原子;第二类为 CH_2 自身相互为邻;第三类是 CH_2 与羰基相连。由于耦合的程度不同,这些 CH_2 的振动行为各异。红外光谱基团频率表可参考有关专著。

4) 序态

序态(Shate order)系指高聚物的分子结构(即平衡状态分子中原子的几何排列)和聚集态结构(即分子与分子间的几何排列)。在解析高聚物的红外光谱时,必须考虑到大分子系统的这种化学和物理的序态。因为处于不同序态的高聚物,它的光谱也将出现特征性的变化。其中有些谱带对不同序态有特殊的敏感性,而另一些谱带则是不敏感的。这样,为了表征不同序态的高聚物,把有关的谱带进行如下分类。

(1) 构象带(Conformational bands)。构象带是高聚物分子链组成单元中的基团构象的特征谱带。这类谱带在液态、晶态或液晶态的光谱中均可出现。因为高聚物在非晶态时可能有旋转异构体存在,所以这种构象谱带的数目要比结晶态时的多。

245

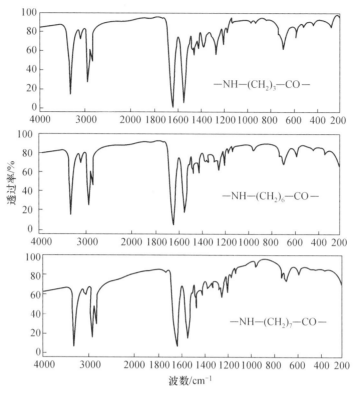

图 8.41　聚酰胺 6、7、8 薄膜(α 形)红外光谱

（2）构象规整带（Confonnafional regularity bands）。这类谱带取决于高聚物分子链内相邻基团之间的相互作用,它在熔融态或液态时消失或者谱带强度减弱。

（3）立构规整带（Stereoregularity bands）。这类谱带随高聚物分子链的构型不同而异,其数目在各种不同相态的光谱中都相同。

（4）结晶带（Crystallinity bands）。真正的结晶带是来自结晶高聚物晶胞内相邻分子链之间的相互作用。当一个晶胞内有两个或两个以上的高分子链通过时,可能引起谱带的分裂。图 8.42 是不同序态聚丙烯的红外光谱,从谱图上可以看到不同序态对光谱的影响。

2. 红外光谱在高聚物研究中的应用

在振动光谱的许多应用中,分析方面的应用是最早为人们感兴趣的,同时也是最普遍的。它不仅可对样品的化学性质进行定性分析,而且也可以以样品的组成进行定量分析（如纯度、添加剂的含量、共聚物的组成等）。定量吸收光谱不仅可用于纯粹的分析,而且可广泛应用于高聚物的结构测定,如构型、构象、构象规整度、序列分布、取向度、结晶度等。由于红外光谱的强度依赖于振动分子的偶极矩变化,因此还可以从绝对强度的数据推导出其他结构信息（如键矩的计算、强度与结构参数之间的关系等）。

红外光谱图吸收峰的归属方法主要是依赖基团频率关系。表示特征谱带位置的波数（cm^{-1}）是红外光谱法的最重要参数。对于高聚物来说,虽然种类比小分子少得多,但仍有数百种,要记住它们的全部红外光谱图是难以办到的,主要依靠查标准谱进行对照。红外标准谱有 D. O. Hurmnel 等编著的《高聚物、树脂和添加剂的红外分析谱图》;还有美国的萨特勒编著《标准谱》;文件式的商品光谱图还有英、德两国合编的 OMS 卡片。近代红外光谱仪的计算机有储存系统,存有各种分子结构的标准图。可按分子式、化学名称以及最强波数自动检索,并

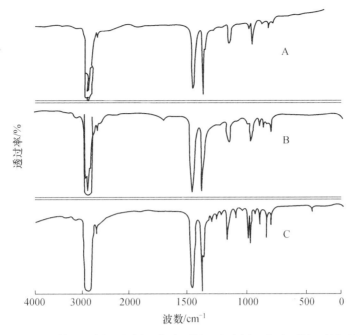

图 8.42　无规立构聚丙烯 A、间同立构聚丙烯 B 和全同立构聚丙烯 C 的红外光谱

且能同时给出 IR、UV、Raman、NMR 谱图以供对照比较。

1）研究高聚物的相转变

例如,PE 的非晶型吸收带在 $1308cm^{-1}$ 处。通过测定不同温度下 $1308cm^{-1}$ 峰的强度变化,可以求出 PE 的结晶度(图 8.43)。

在温度 T_1(熔融)以前,吸收带强度维持恒定。在 $T_1 \sim T_2$ 之间晶粒熔融,非晶相增加,使 $1308cm^{-1}$ 吸收带强度增加(透光率下降),如图 8.44 所示。

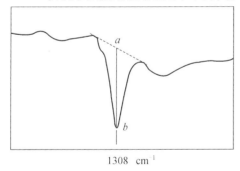

图 8.43　非晶型家 PE 的吸收峰

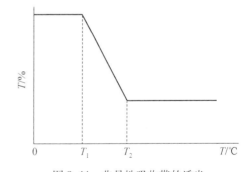

图 8.44　非晶性吸收带的透光

当温度大于 T_2 时,PE 完全以非晶态存在,此时非晶相浓度为 $C_\alpha = 1$。当温度小于 T_2 时,非晶相浓度为

$$C'\alpha = D_2/D_1 ; D = \lg a/b$$

式中　D_1——$1308cm^{-1}$ 峰在 T_2 时的光密度;

D_2——$1308cm^{-1}$ 峰小于 T_2 时的光密度。结晶度由下式给出

$$X_e = (C\alpha - C'\alpha) \times 100\%$$

247

2）对结构相近的高聚物的红外光谱鉴别

例如,丁二烯和苯乙烯的嵌段和无规共聚物的鉴别。这两种共聚物由于结构不同其物理性能也不相同。无规丁苯是橡胶,而嵌段共聚物则是热塑弹性体。两种结构的红外光谱图在 $650 \sim 450 cm^{-1}$ 区域中有明显差异(图8.45)。在嵌段共聚物的红外光谱中,位于 $542 cm^{-1}$ 处有一中等强度的谱带(图8.45(b))。而在无规共聚物中,则谱带位移至 $560 cm^{-1}$ 处,强度较弱,而形状变宽(图8.45(a))。

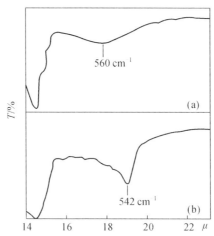

图8.45　丁二烯 – 苯乙烯共聚物的红外光谱图(丁二烯：苯乙烯 =75：25)

Schnell 把在这两个波数位置所测量的谱带吸光度的比值定义为嵌段指数 β,即

$$\beta = A_{542}/A_{560}$$

3）聚乙烯支化度的测定

由于聚合方法不同,聚乙烯有高密度和低密度之分。低密度聚乙烯的分子链中含有较多的短支链。

它对聚乙烯的拉伸行为、熔点、晶胞尺寸和结晶度等物理性质都有很强的影响,所以支化度的测定具有重要实际意义。

在红外光谱法中,采用测定聚乙烯端基(甲基)的浓度来表征它的支化度。取位于 $1378 cm^{-1}$ 的甲基对称形振动谱带作为分析谱带。

$$-CH_2-CH-CH_2-CH-CH_2-$$
$$\qquad\ | \qquad\qquad | \quad$$
$$\qquad\ CH_2 \qquad\ CH_2$$
$$\qquad\ | \qquad\qquad | \quad$$
$$\qquad\ CH_2 \qquad\ CH_3$$
$$\qquad\ |$$
$$\qquad\ CH_3$$

4）高聚物取向的研究

用偏振红外光谱法研究高聚物分子链的取向,在理论和实践上都有重大意义。首先,它可以测量纤维或薄膜的取向类型和程度,从而研究高聚物在外力作用下的变形机理。其次,可以测定高分子链的结构,在红外谱带的归属上也很有用。

根据不同的使用性能要求,可以采取不同方法使高聚物材料产生不同方式的永久取向(图8.46)。例如,采用单轴拉伸取向或双轴拉伸(压延)取向,就可以获得具有不同性能的永久取向材料。

248

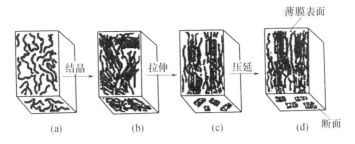

图 8.46　高聚物形态的简单模型

（a）非晶态；（b）基本结构单元没有取向的晶体；（c）单轴取向的晶体；（d）双轴取向的晶体。

研究高聚物取向性的方法是,把入射红外光加一偏振器使其成为偏振红外光,在偏振红外光照射拉伸取向的高聚物薄膜时,会引起某基团偶极变化方向（即跃迁距方向,也即振动模式）与入射偏振光电场矢量方向有较大的平行度时,吸收峰的相对强度加强,记为 $A_{//}$;当二者大致垂直时,吸收峰的相对强度变弱,记为 $A_{\perp}$。

光谱中所得到的相应吸收峰的吸光度 A 之比叫二色性,$A_{//}/A_{\perp} = R$。因为偶极变化方向与高分子链取向有关,所以可用二色性表征高聚物的取向性。$A_{//}$ 与 $A_{\perp}$ 之值变化愈大（即 R 值大）说明取向性强,如果用平行和垂直的偏振红外光照射样品,A 值无变化,则说明样品分子的取向是杂乱的。

8.7.2　拉曼光谱

水溶性高分子以及结构上没有偶极矩变化的高聚物用 IR 和其他方法进行研究是困难的,而拉曼光谱正好适合于这类高分子材料的分析研究。

拉曼光谱是印度科学家 Raman 于 1928 年正式建立的,但由于当时没有强光源,拉曼效应很弱,使拉曼光谱这一技术的发展受到限制。直到 1961 年激光出现后,拉曼光谱有了新的单色强光源,这一技术便迅速发展起来。

1. 拉曼光谱的基本原理

1）拉曼散射

当一束单色光（$h\nu_0$）照射到透光的样品上以后,一部分光沿入射方向透过样品,另一部分被散射介质向各方向散射。散射有两种类型,当入射光子与样品分子进行弹性碰撞而发生散射时,只是改变了入射光子的方向,散射光与入射光的频率相等,没有能量交换。这种散射被称为瑞利(Rayleigh)散射。当入射光子与分子发生非弹性碰撞时,光子与分子之间有能量交换。散射光的频率低于或高于入射光的频率。在散射谱图上,这种散射线分布在瑞利线的两侧,文献上称斯托克斯(Stokes)线和反斯托克斯(AntiStokes)线,这种散射被称为拉曼(Raman)散射。

在高分子溶液的光散射中,瑞利散射和拉曼散射同时存在,但它们的频率范围不同（拉曼散射线很弱,频率变化范围 10~几千波数）。因此,要用不同的仪器进行检测。用溶液光散射仪测定的是瑞利散射光强的浓度和角度依赖性,可以计算高聚物的分子量等数据。用拉曼光谱仪则通过研究拉曼散射线获取结构信息。

拉曼散射和瑞利散射的谱线和能级跃迁情况如图 8.47 所示。

当处于基态 E_0 或激发态 E_1 的分子与频率为 ν_0 的入射光子相碰撞时,分子得到能量立即提高到 $E_0 + h\nu_0$（或 $E_1 + h\nu_0$）能级,这是不稳定能级。分子会散射出相应能量回到它们原来的

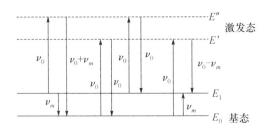

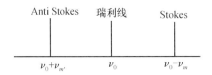

图 8.47 拉曼散射瑞利散射的谱线和能级跃迁情况

基态能级。在这一过程中,散射光的频率与入射光的频率相等,这就是瑞利线。如果分子与入射光子相碰撞,提高到激发态能级后不回到原来能级,而是回到另一个能级,这一过程得到的是拉曼线,即 Stokes 和 AntiStokes 线。拉曼线与入射光频率之差 $\Delta \nu$ 被称为拉曼位移。Stokes 线和 AntiStokes 线的跃迁概率是相等的,但由于在常温下处于振动基态 E_0 的分子要比处于振动激发态 E_1 的分子数目大得多,因此斯托克斯散射谱带要比反斯托克斯谱带的强度大得多。故拉曼光谱分析多采用斯托克斯线。

2) 拉曼活性

分子在振动时,如果极化率发生改变,它就是拉曼活性的分子。拉曼散射可以发生在异核分子中,也可以发生在同核分子中,而红外活性取决于振动时偶极矩的变化,非极性分子没有红外活性。

极化率 α 是指分子在电场作用下,分子中电子云发生变形的难易程度。极化率 α 与诱导偶极矩 D 以及电场 E 有关,见下式:

$$D = \alpha E$$

拉曼散射谱线的强度依赖于分子的极化率 α。

3) 拉曼光谱的主要参数

拉曼光谱的主要参数是拉曼位移,即频率位移。和红外光谱一样,给出的基团频率是一个范围值,单位是波数(cm^{-1})。另一个参数是去偏振度,也称退偏振比。在三维空间中,当入射激光 L 在 X 轴上与不对称分子 P 相碰撞时,分子被激发散射出不同方向的偏振光。如果在 r 轴上加一偏振器 Q,当偏振器与入射激光方向平行时,则 ZY 面上的散射光可以通过;当偏振器与激光方向垂直时,则 XY 面上的散射光就可以通过,如图 8.48 所示。

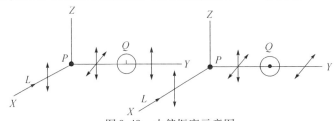

图 8.48 去偏振度示意图

L—入射激光;P—不对称分子;Q—偏振器。

250

令垂直散射光强与平行散射光强之比为去偏振度 P：

$$P = I_\perp / I_{/\!/}$$

去偏振度 P 与极化率 α 有关

$$P = 3\alpha_1^2 / (45\alpha_2^2 + 4\alpha_1^2)$$

式中　α_1——各向异性分子的极化率；

　　　α_2——各向同性分子的极化率。

对于完全对称的球形振动来说，$\alpha_1 = 0$，则 $P = 0$。说明去偏振度可以表征分子的对称性。P 值越大，分子对称性越高。

对拉曼光谱的分析方法与红外光谱基本相同。拉曼光谱图中的拉曼位移与红外光谱中吸收峰的频率是一致的，只不过对应峰的相对强度不同而已。它们都是通过对谱带频率、形状和强度等的分析来推断分子结构。

2. 拉曼光谱在高聚物中的应用

拉曼光谱与红外光谱在应用上可以互相配合。近年来，对高聚物的立规性、结晶和取向，特别是水溶性高分子和生物高分子方面的研究，已成为激光拉曼光谱研究的一个重要领域。

（1）测定聚烯烃的内、外双键和顺、反结构，运用拉曼光谱法是十分有效的。因为 C ＝C 键的拉曼散射很强，且因结构而异。

例如，聚异戊二烯的拉曼光谱，1,4 – 结构的谱带在 $1662\,cm^{-1}$；3,4 – 结构在 $1641\,cm^{-1}$；1,2 – 结构在 $1689\,cm^{-1}$。再如，聚丁二烯的外双键，1,2 – 结构在 $1639\,cm^{-1}$；内双键中的顺 1,4 – 结构的谱带在 $1650\,cm^{-1}$；反 1,4 – 结构在 $1664\,cm^{-1}$。

（2）结晶性高聚物的拉曼光谱研究。例如，聚四氟乙烯的拉曼光谱（图 8.49），可明显地看出，$600\,cm^{-1}$ 处谱带的变宽标志着结晶度的降低。

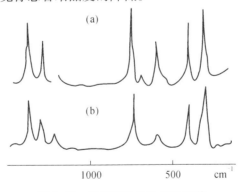

图 8.49　聚四氟乙烯的拉曼光谱

（a）结晶度 90%；（b）结晶度 60%。

（3）用拉曼光谱研究生物大分子，要比其他手段优越。因为研究生物大分子的结构和行为，多处于水溶液体系，不少情况都是有颜色的，显然用红外光谱研究是困难的。例如，血色素带氧的问题，人体碳酸酐酶 – B 的组成和结构等都可运用拉曼光谱进行研究。由图 8.50 可以看出，人体碳酸酐酶 – B 中含多种氨基酸和其他基团。

近年来，共振拉曼光谱和计算机拉曼光谱在生物大分子研究中更加显示出了其独到之处。前者的散射强度比一般拉曼散射大几个数量级，可以研究浓度很小的有生色团的生物大分子，

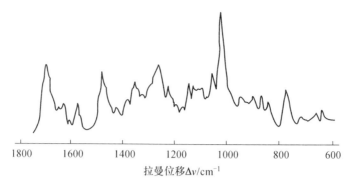

图 8.50　人体碳酸酐酶 – B 的拉曼光谱图

不破坏样品。计算机拉曼光谱技术,可通过重度扫描、信息存储,扣除水和荧光本底的方法得到纯蛋白质的结构。

（4）分析共聚物组成的含量。例如,氯乙烯和偏二氯乙烯共聚物,氯乙烯组分含量 P_1,与拉曼谱带 $2906\text{cm}^{-1}/2926\text{cm}^{-1}$（内标）强度有线性关系（图 8.51）。

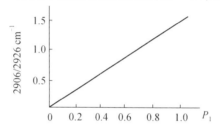

图 8.51　氯乙烯—偏二氯乙烯共聚物组成曲线

用拉曼光谱法的退偏振比与红外光谱法的二色性相配合,去推断高聚物的结构性是比较可靠的。

第9章　电子设备检验技术

9.1　概　　述

9.1.1　电子设备在现代武器系统中的重要作用

现代高技术武器系统主要特点是趋向综合化、系统化、智能化,其中智能化是主要发展方向。电子设备将起着主导作用,电子设备在现代武器系统中所占的比例越来越大,已经成为武器系统的"神经中枢"。因此,高可靠性是现代武器系统对电子设备的必然要求之一。

电子设备的可靠性主要取决于设计、生产过程。在其生产、装配过程中,采用一定的检验手段是保证电子元器件、电子设备高可靠性的必要措施。

9.1.2　电子设备在使用中的失效机理

在探讨电子元器件、电子设备检验技术之前,首先了解电子设备在武器系统使用中的故障失效机理,以更好地理解电子设备在生产、装配过程中采取的检验技术必要性。

实际使用中,导致电子设备故障失效的原因:一是不正常的电气条件;二是不正常的环境条件。环境应力因素有湿度、温度、压力、微生物、腐蚀性气体、盐雾、空气尘埃之类沉积物、振动、冲击、电磁干扰以及人为因素等。电子设备故障失效影响因素统计数据表明:振动、潮湿、温度导致电子设备故障失效的最主要环境应力因素,三种环境应力因素导致的故障失效在80%以上。潮湿、温度与故障失效的关系分别如图9.1、图9.2所示。

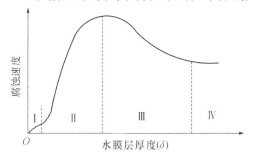

图9.1　大气腐蚀与金属表面水膜层厚度之间的关系
$\mathrm{I}:\delta \approx 1 \sim 10\mathrm{nm}; \mathrm{II}:\delta \approx 10\mathrm{nm} \sim 1\mu\mathrm{m}; \mathrm{III}:\delta \approx 1\mu\mathrm{m} \sim 1\mathrm{mm}; \mathrm{IV}:\delta > 1\mathrm{mm}$。

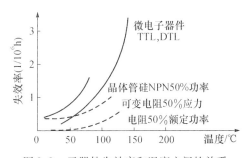

图9.2　元器件失效率和温度之间的关系

从各种故障因素作用机理,可以将电子设备的故障归纳为下述三类:

（1）机械应力性故障。

（2）环境腐蚀性故障。

（3）电磁干扰性故障。

9.1.3 电子设备检验内容

由实际使用中电子设备的故障失效机理表明:电子设备在生产、装配过程中,不仅要对电子元器件、设备的电性能进行检验,而且对其环境适应性也需加强检验,如"三防"(防潮、防盐雾、防霉)性能、热评估、抗振动、电磁兼容性等。

统计表明,在某电子设备现场试验和使用发生的责任故障原因中,设计22%,元器件38%,制造工艺32%,其他8%。

由上述分析,电子设备在生产、装配过程中根据图纸设计要求,对其元器件、制作工艺、模块、整机通常采取一系列检验措施,以保证其高可靠性。常见检验措施如表9.1所列。

表9.1　检验措施

类别	产品/项目	项目/参数
分析类	微电子器件/元器件/组建失效分析	失效与模式确认、外部检查、电性能、电/环境试验、开封、内部检查、显微分析、X射线透视、细检漏和粗检漏、封装外部清洗、多头探针、横截面、氧化层缺陷分析、扩散缺陷分析、残余气体分析、电子显微分析、失效机理综合分析
	元器件DPA分析	外部目检、X射线检查、PIND、密封、内部气氛分析、内部目检、键合强度、SEM检查、剪切强度、黏结强度、引出端强度、制样镜检
	芯片结构分析	各向异性腐蚀、显微分析
	红外热像分析	PCB板、SMA、功率模块、功率元器件等电子产品的温度探测,通过温度分布的定量检测可以直接验证产品的热性能,进而针对热缺陷优化产品设计和改进工艺
测试类	集成电路测试	中心规模数字电路参数;中心规模数TTL数字电路测试;中心规模数CMOS数字电路测试;存储器测试;计算机外围电路测试;稳压电路参考电压电路测试;实验方案咨询;企业标准制定
	电子元器件测试	分立半导体器件、电阻、电容、电感、继电器、连接器、微组装件(MCM、HIC、SMT)
	静电放电敏感度等级评价LATCH-UP测试	静电放电敏感度、触发电压/电流、维持电压/电流
	器件内部气氛测试	检测的范围是1-512原子量,主要为水汽、氮气、氧气、氩气、氢气、二氧化碳,水汽达到100ppm;其余气氛达到10ppm
	裸芯片测试	参数测试、功能测试、筛选
	微米级长度扫描电镜测量	微米级长度、镀层厚度、微观形貌观察
	电子探针和X射线能谱分析	碳到铀的全元素成分分析
	环境试验及可靠性试验	高温、低温、恒定湿热、交变湿热、温度循环、热冲击、盐雾、霉菌、跌落、动态监测、沙尘
	超声探伤	粘结空洞、裂纹、封装分层、焊接缺陷
	器件抗辐射性能测试	X射线总剂量

类别	产品/项目	项目/参数
试验评价	集成电路试验评价	热冲击和温度循环;稳定性焙烤;双85稳态湿度寿命试验;高加速温度及湿度应力试验(HAST);盐雾试验;老炼试验;耐潮性试验;高压锅试验
	集成电路寿命与可靠性评价试验	稳态寿命试验、间歇寿命试验、老炼试验
	集成电路金属化电迁移可靠性评价	电阻、可靠性指标
	集成电路抗热载流子注入效应能力评价	线性区漏级电流、跨导、恒定电流阈值电压、外推阈值电压、饱和漏级电流
	电子元器件试验评价	分立半导体器件、电阻、电容、电感、继电器、连接器、微组装件(MCM、HIC、SMT)
	工艺分析与质量控制	PC、CPK、PPM技术、可靠性物理技术
	无铅工艺制程评价	无铅制程产品的可靠性评价,焊接质量分析
理化分析	电子焊料(焊锡条、炉锡块、焊锡丝与焊锡膏的金属部分)	锡、铅、铁、铜、锑、铋、砷、锌、铝、银、镍、镉、金等
	焊锡丝	合金成分、焊剂均匀连续性、表面质量、焊剂含量、喷溅试验、锡槽试验、树脂芯焊剂性能
	焊锡膏	合金成分、金属含量、黏度、锡珠试验、坍塌试验、合金粉粒度大小与分布、润湿性试验、助焊剂性能
	助焊剂	外观、密度、黏度、物理稳定性、酸值、不挥发物含量、铜镜腐蚀性、卤素含量、铜板腐蚀、表面绝缘电阻、残留物干燥度、水萃取液电阻率、扩展率、霉菌
	PCB与PCBA	外观检验、尺寸测量、表面离子污染性、PCB可焊性、金相切片、翘曲度测试、拉脱强度、胶带测试、介质耐电压、绝缘电阻、互连电阻测、电迁移试验、剥离强度、阻燃性试验、PCBA失效分析
	SMT用胶粘剂	黏度、铺展/塌落、剪切强度、固化、耐溶剂性、电气强度、介电常数、体积电阻率、表面电阻率、耐湿热性、耐霉菌性、电迁移、高温强度
	清洗剂	密度、闪点、铜片腐蚀性、介电强度、绝缘电阻、ODS含量、残留物、水萃取液酸碱度(pH)、挥发速度、溶解力
	禁止有害物质分析	铅、镉、汞、钡、锑、砷、铬、硒、多溴联苯类和多溴二苯醚类、氧化石蜡、多氯联苯、类、多氯化萘类、有机锡化合物、石棉
	金相切片	焊点可靠性试验

下面从元器件、模块及整机三个方面分别介绍武器系统电子装备实际生产过程中的检验技术。

9.2 电子元器件检验技术

凡在订货合同中规定的下厂验收元器件,应按订购元器件批次组织有验收资格的人员按合同规定到供应单位进行验收。验收应按规定的技术标准和管理要求执行。元器件验收应考虑下列情况：

（1）对有特殊要求的元器件、关键元器件和其他需要下厂验收的元器件,应按合同规定进行下厂验收。

（2）对质量有保证的元器件,或订购单位下厂验收有困难,可委托元器件供应单位质量部门代验。经供应单位质量部门代验的产品,到货后订货单位必须立即进行入厂检验,如有问题及时反馈处理。

（3）元器件应有生产日期(或生产批次号)、质量等级的标志,并应与质量证明文件相符。根据技术条件要求,应按产品批次进行复验。

（4）进口元器件到货后,应按元器件规定的技术标准进行检验及复验。元器件检验工作由指定的元器件可靠性检测机构或失效分析机构、元器件质量控制部门进行,并按批次和品种进行破坏性物理分析(DPA)以评价其工艺可靠性。对选用无检验手段的进口元器件,必须报经总设计师批准后方可用于军工产品或重点工程产品。

（5）经元器件可靠性检测中心等部门检验及复验合格的元器件,应由检验部门出具检验合格证,作为装机的依据。凡无检验合格证的元器件不能装机使用。

9.2.1 电子元器件非破坏性筛选检验

1. 可靠性筛选的目的

电子元器件的失效率与时间的关系可用浴盆曲线(图9.3)来表示。曲线分为三个阶段,即早期失效阶段(Ⅰ)、偶然失效阶段(Ⅱ)和耗损失效阶段(Ⅲ)。

筛选的主要目的是对电子元器件实施100%非破坏性筛选检验,剔除具有潜在缺陷的早期失效产品,提高批产品的可靠性。一般在微电路产品上施加一定的电、热应力,其产品特性分布会有一定的变化。施加应力的大小确定主要考虑因素是,如何才能有利于将具有潜在缺陷的早期失效产品与合格产品分离开来,即有利于失效产品的劣化而不会损伤合格产品。

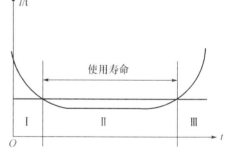

图9.3　成批电子设备故障率曲线

可靠性筛选有以下特点：

（1）可靠性筛选所剔出的具有潜在缺陷的早期失效产品一般是工艺缺陷和工艺过程产生的差错造成的,所以可靠性筛选也叫工艺筛选。在产品制造中,各个工艺质量的检验,成品和半成品的电参数测试等可看做筛选的过程。

（2）可靠性筛选是全部的实验,而不是抽样检验。所以可靠性筛选必须是非破坏性的试验,经过试验对批产品不应增加新的失效模式和机理。

（3）可靠性筛选本身不能增加产品固有的可靠性,可提高批产品的可靠性。因为把潜在的早期失效产品从整批产品中剔除后,确保出厂的产品具有原设计要求的可靠性。所以,高可靠性电子产品的获得要靠对元器件的可靠性设计和严格的工艺控制,而不是靠可靠性筛选。

2. 失效模式与筛选检验方法的关系

为达到良好的筛选检验效果,必须了解电子元器件产品的失效模式和机理,以便选定一个有效的筛选方法,制定准确的筛选条件和失效判据。为此,必须掌握电子元器件产品的失效分布、失效模式和机理,摸清筛选检验项目,确定应力与时间的关系。这些是制定正确的筛选检验条件的前提。若筛选条件选择不当,可能使筛选强度不够,导致不合格产品漏网,达不到可靠性要求;或者筛选得过严,剔除率太高,造成浪费;或者遗漏一些筛选项目,造成某些失效模式控制不住,达不到筛选的目的。

以集成电路为例,分析一下失效模式与筛选方法的关系。在其生产过程中,经过几十道、上百道工序,不可避免地产生一些工艺误差而引起失效。集成电路的主要失效模式与表面界面缺陷(离子沾污等)、氧化膜缺陷(针孔等)、扩散缺陷、金属互连线缺陷、输入回路缺陷等有密切关系。根据这些失效模式,表9.2提出了一些相应的筛选方法。

表9.2介绍的几种筛选方法中,公认为最有效的方法是老化筛选。一般认为选用静态老化,可以排除表面缺陷引起的漏电流增大、运算速度的劣化、阈值电压的变动等。而动态老化可以剔除氧化膜引起的存储器单元缺陷、接触缺陷及扩散缺陷等。表9.3比较几种不同应力、采用不同方法的筛选效果。

表9.2　失效模式与相应的筛选检验方法

失效模式	筛选方法
表面缺陷	静态老化
氧化膜缺陷	动态老化、高压、单元应力
输入电路劣化	静态老化
扩散缺陷	动态老化
微小裂纹	温度循环
接触缺陷	动态老化
电迁移	动态老化
腐蚀(塑料)	高温、高湿度、低损耗偏置
腐蚀(密封)	低温、低损耗偏置
热载流子注入	低温工作

表9.3　筛选检验方法及其比较

方法		检测对象	效果	费用	应用
热应力	高温储存	电稳定性、金属氧化层、硅、腐蚀	好	很便宜	有效的方法,也是稳定的方法,也有会恢复用其他方法产生的缺陷
	温度循环	封装的密封性、引线焊接、管芯焊接、硅(裂纹)、结热缺陷	好	很便宜	有效的方法,对结异常的筛选有效
	热冲击	封装的密封性、引线焊接、硅(裂纹)、结热缺陷	好	便宜	效果近似温度循环,应力程度高
机械应力	恒定加速度	内部引线的形状、引线焊接、管芯焊接、硅(裂纹)	好	中等	对高密度封装有效
	变频振动(无监控器)	封装、引线焊接、管芯焊接、硅(裂纹)	稍好	高	
	随机振动(无监控器)	封装、引线焊接、管芯焊接、硅(裂纹)	好	高	航天设备用部件

方法		检测对象	效果	费用	应用
机械应力	变频振动（有监控器）	异物、内部引线（现状）、内部引线（半断线）	好	很高	对异物的效果取决于异物的类型
	随机振动（有监控器）	异物、内部引线（现状）、内部引线（半断线）	好	很高	价格最高的方法
	振动噪声	异物	稍好	高	费用效果比小
	冲击	异物、内部引线（现状）	稍差	中等	比恒定加速度差
电应力	断续工作	金属化、硅、氧化膜、污染、位错沟道、漂移	好	高	
	交流工作	金属化、硅、污染、位错沟道、漂移	很好	高	
	直流工作	金属化、硅、氧化膜、污染、位错沟道、漂移	好	高	
	高温交流工作	金属化、硅、氧化膜、污染、位错沟道、漂移	极好	很高	由于温度加速失效，故高温进行效果大
	高温反偏	位错沟道	稍差	高	
其他	细检漏	封装的密封	好	中等	
	粗检漏	封装的密封	好	便宜	
	X 射线透视	管芯焊接、引线形状、封装密封、异物、污染	好	中等	对塑料封装有效

3. 筛选检验技术方法

对比上述电子元器件筛选方法的应用范围、费效比，在电子设备批量生产中对其元器件常采用下列一些筛选检验方法。

1）目检和镜检筛选

目检或镜检（显微镜检查）是集成电路制造中一种重要的筛选方法。多年来的经验公认为这种方法是最简便易行而且效率很高的方法之一。对检查芯片表面各类缺陷（如金属氧化层缺陷、芯片裂纹、氧化层质量、掩膜版质量、扩散缺陷等）以及观察内引线键合、芯片焊接、封装缺陷等都很有效。国外已有采用扫描电镜与计算机联合使用的自动镜检系统，自动识别不合格元器件。

2）X 射线筛选

X 射线是一种非破坏性筛选，用于检查器件密封后检管壳内有无多余物、键合和封装工艺的潜在缺陷以及芯片上的裂纹等。

3）红外线筛选

通过红外线探测技术，检测显示芯片热分布情况，用来观察由于异常扩散、针孔或二氧化硅层台阶处的局部热点、PN 结不均匀的击穿点、键合处裂纹、金属膜内部的小孔等，以便筛选存在严重的体内缺陷、表面缺陷、热缺陷的器件。

4）功率老化筛化

功率老化是很有效的一种筛选方法，是高可靠集成电路必须进行的筛选手段之一。功率老化通过对产品施加过电应力,促使早期失效器件存在的潜在缺陷尽快暴露而被剔除。它能有效地剔除器件生产过程中产生的工艺缺陷、金属化膜过薄及划伤和表面沾污等。

功率老化通常是将集成电路置于高温条件下,施加最大的电压,以获得足够大的筛选应力,达到剔除早期失效产品的目的。所施加的电应力,可以是直流偏压,也可以是脉冲功率老化。前者多用于小规模数字电路,而后者则用于中、大规模集成电路,使电路内的元器件在老化时能经受工作状态下的最大功耗和应力。超功率老化虽然缩短老化时间,但也有可能使器件瞬时负载超过最大额定值,使合格器件遭受损伤,甚至发生即时劣化或击穿。有的产品可能暂时还能工作,但寿命却缩短了。所以,对于超功率老化而言,并不是超得越多越有效,而是应选择一个最佳的超负荷量。现在较一致的方法是对器件施加最大额定功率,适当延长老化时间,是较合理的电功率老化筛选方法。

5)温度循环和热冲击筛选

温度循环可以加速因材料之间热不匹配效应所造成的失效。芯片组装、键合、封装以及在氧化层上的金属化膜等潜在缺陷都可以通过温度循环进行筛选。温度循环的典型条件是 $-55 \sim +155℃$ 或多 $-65 \sim +200℃$ 进行 3 次或者 5 次循环。每循环一次,在最高或最低的温度下各保持 30min,转移时间为 15min。试验后进行交直流电参数测试。热冲击筛选是判定温度急剧变化的集成电路强度的有效方法,例如设有 100℃ 和 0℃ 两个水槽,在高温槽浸 15s 后取出,在 3s 内移入低温槽至少浸 5s,再于 3s 内移入高温槽,如此往复操作 5 次。

6)高温储存筛选

高温可以加速产品内部的化学反应。如果在集成电路封装的管壳内含有水汽或各种有害气体,或者芯片表面不清洁,或者在键合处存在各种不同的金属成分等,都会产生化学反应,高温储存可加速这些反应。由于这种筛选方法操作简便,可批量进行,筛选效果好,投资又小,因此应较为普遍。

高温储存温度,对于硅器件而言,金 – 铝系统的一般选用 150℃,铝 – 铝系统选用 200℃,金 – 金系统选用 300℃。储存时间则一般为 24 ~ 168h。

7)高温工作筛选

高温工作筛选一般有高温直流静态、高温交流动态和高温反偏三种筛选方法,对于剔除器件表面、体内和金属化系统存在的潜在缺陷引起的失效十分有效。高温反偏是在高温下加反偏工作电压的试验,它是在热电应力共同作用下进行的,与实际工作状态很接近,所以比高温储存筛选的效果好。

9.2.2 电子元器件破坏性物理分析(DAP)

1. 概述

电子元器件破坏性物理分析(Destructive Physical Analysis,DPA)技术,即是在电子元器件成品批中随机抽取适当样品,采用一系列非破坏性和破坏性的物理试验与分析方法,以检验元器件的设计、结构、材料和工艺制造质量是否满足预定用途的规范要求的一种有效分析方法。

DPA 技术首先是由美国提出并广泛应用于可靠性工程,在高可靠元器件的质量保证中发挥了重要作用。元件的 DPA 标准最早是由美国电子工业协会制定,如高可靠陶瓷独石电容器破坏性物理分析方法标准"EIA – 469"。20 世纪 80 年代初,美军标也开始采用元器件的 DPA 方法,1980 年 10 月颁布了 MIL – STD – 1580"电子、电磁和机电元器件破坏性物理分析"标准;1984 年将微电子器件 DPA 内容纳入 MIL – STD – 883 标准中;1989 年 12 月颁布"MIL – STD –

1580A"的修订本。至今美国仍在不断发展与完善DPA技术,如1998年1月颁布的"MIL - STD - 750D"标准第三次修订本中,又重新修改了有关二极管和晶体管的DPA方法,从中可看出美国对DPA工作高度重视的程度。

我国从20世纪90年代中后期开始重视并认真开展这项工作,主要的执行标准是2000年颁布的国军标"GJB4027 - 2000军用电子元器件破坏性物理分析方法"。近几年来,信息产业部、航天工业总公司、总装备部等单位在开展DPA的工作中,主要以提高国产军用元器件的质量为目的,充分利用和发挥长期从事电子元器件失效分析的技术特长,按照下列程序实施:DPA分析实验→对存在问题进行分析研究→协助厂、所实施针对性的改进措施→检查整改效果,收到显著成效。

DPA技术是高可靠性工程中元器件质量保证的重要方法之一,所获得的信息可用于:

(1)核查元器件的内部设计、材料、结构和工艺质量是否符合有关技术标准,防止具有明显或潜在缺陷的元器件装机使用。

(2)帮助处理"显示异常"的元器件。

(3)帮助确定在设计、材料或工艺制造方面的改进措施。

(4)评估供货方的生产状况和质量变化倾向。

DPA与电子元器件的失效分析有相同也有不同,二者相互补充使元器件质量保证工作更为完善。如果已经具备失效分析能力,利用失效分析的人员和设备进行DPA工作,可以得到投入小、见效快,效益高的结果。二者的比较如表9.4所列。

表9.4　DPA与失效分析的区别

分析方法	失效分析	DPA
分析目的	得出失效原因,提出处理意见和改进措施	评价设计和工艺质量,预防已知的与基本设计和工艺相关的批缺陷
分析阶段	出现失效后	认定或到货验收
应用部门	元器件生产厂,承担项目的公司和独立实验室	承担项目的公司和独立实验室为主
分析样品	失效样品(全部)	合格品(抽样)
分析程序	有基本要求	有具体规定
判别标准	失效特征与失效原因的关系有时很复杂,没有定量的判据	有缺陷的定量判别标准
工作性质	分析研究和经验判断	符合性研究
分析设备	电性能测试,形貌观察,物理性质测试,暴露应力测试,成分分析等	形貌观察,物理性质测试为主
分析费用	由复杂程度决定,范围变化大	周期固定,变化不大
分析周期	由复杂程度决定,范围变化大	周期固定,变化不大

2. DPA有关标准和可预防的失效模式

破坏性物理分析的方法和程序的有关DPA的标准、能够做DPA的元器件种类及其主要相关项目中以美国军用标准微电子器件试验方法和程序(MIL - STD - 883中方法5009)中的规定最具有代表性和权威性。在此标准中,给出了DPA、缺陷、与批有关的缺陷、可筛选缺陷的定义;设备要求;抽样方案(检验批的 1%,但不少于 2 只多于 5 只),分析方法、程序和判据。以混合和多片微电路为例,其分析方法、程序和判据如表 9.5 所列。

表 9.5　混合和多片微电路 DPA 方法、程序主要内容和判据

序号	检测项目	设备要求和主要内容	判据: MIL – STD – 883	可预防的失效模式
1	外部目检	记录识别标记,用 10 倍显微镜检查结构、密封封口、涂覆(镀层)、玻璃填料(玻璃绝缘子等)	方法 2009	清单与实物不符;封装和镀层类型不符;密封缺陷
2	X 射线照相检查	用优于 25.4μm 分辨的 X 射线照相设备,检查封壳内结构、芯片和内引线位置、密封工艺引起的缺陷、多余物等	方法 2020	结构错误;装配工艺不良
3	颗粒碰撞噪声检测(PIND)	用灵敏度优于 20mV 噪声电压的传感器并带冲击和振动的 PIND 设备,检测封壳内的可动颗粒	方法 2020	可动颗粒引起的随机短路
4	密封检查	用灵敏度优于 $101 \times 10^{-9} \mathrm{kPa \cdot cm^3/s}$ 的氦质谱仪等设备,检测密封性	1014	不良的环境气氛引起的电性能不稳定;内部腐蚀开路
5	内部水汽含量检测	用重复检出 0.01mL 样品体积中 5/10000(500ppm)或更小的水汽绝对灵敏度持质谱仪,检测封壳内的水汽含量	1018	内部水汽含量过高引起的电性能不稳定和内部腐蚀开路
6	内部目检	用 75~200 倍的高显微镜检查芯片金属化缺陷,如划伤、孔隙、腐蚀、附着性、跨接和对准偏差;扩散缺陷;划片缺陷;介质隔离缺陷;激光修正缺陷等。用 30~60 倍的低倍显微镜检查引线键合、内引线、芯片安装、外来物(多余物)等	方法 2017、2010、2013、2014	内部一项或多项加工工艺缺陷引起的质量问题
7	键合强度试验	用可以固定或钩住引线并施加 0~1N 拉力的仪器检测引线键合(焊接)强度	方法 2011	键合强度不够引起的引线开路
8	扫描电镜检查	用具有 0.025μm 分辨率和放大倍数 1000~10000 的扫描电子显微镜检查芯片表面互连金属化层与批有关的缺陷	方法 2018	氧化层台阶处电迁移开路等
9	芯片剪切试验	用具有可以施加 0~100N、5% 精度的设备检测芯片的剪切强度	方法 2019	芯片脱离管座引起的开路
10	结构检验	用形貌检测、尺寸检测、成分检测等设备验证元器件的结构和材料符合设计文件	基准设计文件	设计结构不良引起的可靠性问题

3. 不同种类元器件的 DPA 试验内容

由于元器件的种类繁多,它们在设计、工艺和结构方面相差很大,因此在进行 DPA 时不仅选择的项目不同,而且试验的重点也不相同,它们的主要区别如下:

(1)电子、电磁和电气元器件大致可分为 36 种,其中可供试验的项目共有 23 项,但不同类型的元器件所选择试验项目不同,重点和评定标准也不相同。其中集成电路进行的项目最

多为12项,最少的仅做一项(固定片式电阻器)。

（2）集成电路和分立半导体器件的键合强度试验和芯片剪切力试验很重要,但其他元器件则不需要做或无法做此项试验。

（3）某些元器件的引出端需要进行机械强度试验,如固定瓷介电容器、固定云母电容器、射频线圈、固定金属箔电阻器、热敏电阻等。

（4）有的个别元器件要求进行特殊的物理试验,如接触件隔绝的多针电连接器等。

（5）有的个别元件要求进行微洁净检查,如继电器和热敏开关。

（6）接触件电连接器要求进行"接触件弯曲试验"。

（7）有的元器件要求对材料进行检查,如继电器和快速开关等。

（8）某些器件有时需要进行扫描电子显微镜检查,如单片集成电路、二次集成电路和部分分立半导体器件的芯片表面。

（9）接触件电连接器要求进行接触件焊接试验。

（10）部分元器件在开封前要求进行X射线检查,如接触件隔绝的多针电边接器、二极管、电感器和变压器、单片集成电路和二次集成电路。

（11）部分元器件要求进行颗粒碰撞噪声(PIND)试验、检验壳内是否存在可动多余物,如集成电路和分立半导体器件,以及继电器等。

（12）部分元器件要求进行壳内残余气体分析,如集成电路、继电器、快速开关和热敏开关等。

4. DPA 项目的选取与等级

在实施DPA时,可以依据实践经验增加和剪裁DPA项目。例如,欧洲某航天公司的标准规定,微电子器件和晶体管的DPA有14个项目,依次为外部目检、机械、电性能测试、X射线照相、密封性检测、可焊性、抗溶性、引线牢固性、开帽、微剖面、内部目检、键合强度、扫描电子显微镜和芯片剪切。将这份标准中混合集成电路与美国军用标准 MIL – STD – 883 中方法5009 的混合集成电路DPA项目相比较,欧洲某航天公司的标准多机械、电性能测试、可焊性、抗溶性、引线牢固性5项,少颗粒碰撞噪声检测、内部水汽含量检测和内部结构3个项目。实地调查表明:该公司DPA项目的增加和剪裁考虑的因素是问题出现频率和用较少的样品获得较多的质量与可靠性信息。以水汽含量检测为例,由于采购元器件的质量等级高,水汽含量过高的问题已经十分少见。法国某公司高可靠器件生产线封装时公司的水汽含量内控标准是30ppm,实测值是2ppm。内控标准已经低于合同标准,实测数值比内控标准还有1个半数量级的保险系数。相比之下,国内差距很大。就内部水汽含量过高引起器件内部铝腐蚀问题,1988年的20个为卫星提供半导体器件的国内高可靠器件生产厂,有1/3的生产厂在封装时不做内部水汽含量控制;1/2的厂用毛发湿度计测湿,但控湿标准差别较大,在15% ~35%相对湿度范围。这种状况近年虽有好转,但不乐观。不做内部水汽含量检测的做法,出于国情,不能照搬。

一些国外宇航公司的标准,除规定半导体分立元器件、集成电路、滤波器、可变电容器/电阻器、陶瓷电容器、钽电容器、继电器、晶体检波器、混合电路、开关、高压元器件、高频元器件和光电元器件要做DPA,还规定了DPA的等级。例如,一家法国公司将DPA分成简化、普通、寿命试验和全项4个等级。在同一个等级中又对项目规定必做、选做和适用时做3种。

分析认为,确定DPA等级有一定的规律:

（1）该公司的DPA等级越高,DPA项目就越多。按这个规律,等级的次序为简化、普通、寿命试验和全项。简化级项目数平均占普通级的 75%、占寿命试验级的 69%、占全项级的 56%。例如,集成电路的 DPA,简化级有 7 项,普通级有 9 项,寿命试验级有 10 项,全项级有 13 项。

（2）提高等级的原则是以简化级项目为基础,再增加新的项目。不是任意组合项目达到一定项目数后等级就提高。

（3）简化级项目的必做项目,可能是法国工程师认为 DPA 的最核心的内容。例如,集成电路简化级的 7 项中有包括外部目检、机械、电测、开帽、内部目检、键合强度和芯片剪切 7 个项目。必做外部目检、开帽、内部目检、键合强度和芯片剪切 5 个项目,选做机械和电测 2 个项目。

5. DPA 试验重点

DPA 研究的重点是解剖技术、样品制备和评定标准。

在 DPA 的试验项目中,解剖和样品制备属于破坏性项目,一旦该项试验失败,随后的各项试验将无法进行,所以此项工作只许成功,不许失败。由于不同种类样品的结构、封装类型、封装材料和制造工艺都不相同,必须确保在解剖和样品制备中不引入新的质量问题,才有可能得出准确的 DPA 结论,因此应针对不同种类的样品,研究它们相应的解剖方法和样品制备方法以及相应的妥善防护措施。例如:

（1）元器件是采用塑料包封,应采用化学溶剂去除,并且这种溶剂对元器件内部的组成元件和有关材料无破坏作用。推荐使用 EIA－469 规定的方法。

（2）圆金属壳封装的样品,应采用切割或剥离金属外壳的方法。切开部位和力矩的大小应充分试验,待取得经验并证实无破坏性后方可进行正式试验。

（3）方形金属外壳(继电器等)的开封方法是:将样品安装在类似台钳的夹具上,夹具不应使外壳变形,也不应扰动继电器内部的尺寸。定位的方位应使底座与罩壳的溶焊处能用铣床进行立铣。立铣掉的材料高度和深度必须严格控制,待铣到熔焊面露出焊缝为止,然后用刀片小心地切穿剩余的壁厚。

（4）扁圆形金属管壳(石英晶体等),可用扁平研磨去罩壳冷焊到基板的凸缘,然后用锋利的刀片切割去剩余部分。由于石英晶体的内部结构比较脆弱,开封过程不能使用台钳、扁嘴钳和夹子一类工具。

（5）对于"温度开关",不能用一般方法开启外壳,为了避免温度开关的损坏或变形,禁止使用夹子、钳子之类的夹持工具。只能用研磨的方法开封,用手拿着试样在毛玻璃板上进行研磨,但不能将顶磨穿,待磨到剩余部分为壁厚的大约 10% 时,再用刀片一类锋利工具切穿。

（6）对于继电器、石英晶体、温度开关一类器件,在打开封壳之前应进行全面清洗、清除掉外壳上的全部粒子或其他污染物,最终打开阶段还应在洁净的白色无污染台基或纸表面上进行。

因为一部分元器件是实心结构,在解剖样品时为了获得必要的信息,还应进行专门的样品剖切面制备,例如电容器、热敏电阻器和连接器等都需要进行此项试验,以下列举几个例子。

（1）云母电容器和独石电容器的剖面制作。

将样品浇注在清晰的环氧树脂中,在垂直于引线平面的某一平面剖切样品,以便评价介质叠层质量,引线固定板或箔与固定板的连接以及浸渍剂进入的程度等。

（2）固体钽电容的剖面制作。

将样品封入清晰的剖切塑料中,塑料的轴向深度为露出焊管顶部的阳极引线。在剖切过程中就注意保证不产生裂纹。

（3）热敏电阻器的剖面制作。

将样品浇注在塑料或环氧树脂中,然后沿其纵轴方向剖切至裸露其中心引线的深度,经抛光表面后,再用显微镜检查其结构和工艺质量。

（4）射频连接器的剖面制作。

将连接器样品浇注在清晰的环氧树脂中,在浇注灌封过程中需要抽真空以便排除气体。沿通过连接器和中心的纵轴线切割。

评定标准是 DPA 工作的核心。由于电子、电磁和电气元器件的种类繁多,并且它们在结构、材料、制造工艺方面均有很大差别,因此不同种类和型号的元器件,其评定内容和技术标准有很大差别的,甚至完全不同。不同型号的元器件,其内容和判断依据,必须根据它的设计、制造和检验的详细规范或图纸以及其他在基本文件中的要求作为依据,对于缺陷性质的判断,应以相应的标准如 GJB4027 - 2000 等作为依据。

6. DPA 报告格式

由于 DPA 的试验项目在 10 项左右,A4 型纸需要 12 ~ 15 页左右,内容丰富且相对稳定,因此建立一个相对完美的 DPA 报告格式,需要总结大量的实践并且要精雕细刻。综合外国公司的 DPA 报告格式,有如下特点:

1）每页有篇眉

报告的每一页都印有篇眉。内容是公司标志、公司名称和 DPA 报告篇眉,并且留出 DPA 编码和日期的填写位置,使出示报告的公司历历在目,既表明谁对报告负责,又便于联系。

2）提示填空

尽可能地运用提示填空式的表格,将检测内容和判据印在表格中,填写时一般只画符号和极少的文字,效率高、报告标准化、易于统计检索、不易漏项或画蛇添足。

例如,内部目检项目中的高倍显微镜检查,列出金属化层、扩散—氧化、划片—芯片、玻璃钝化 4 个大部分。每个大部分又列出六七个小部分。如金属化层检查中又列出划伤、孔隙、腐蚀、附着、探针划伤、跨接和对准 7 个小部分,需要 DPA 的操作者逐栏检验后在接收或不接收栏中填写相应的符号。如不做出提示表格,既可能写得很少（如只写内部目检接收）,又可能写得很繁,使得审阅 DPA 报告者不满意。

3）大量使用照片

大量的照片,不仅避免了繁重的描述工作,使人一目了然,更重要的是用照片做证据令人信服,不易扯皮。DPA 报告平均有十余幅照片。有彩色照片,也有黑白照片;有全貌照片,也有表明特征的特写。

9.3 电子设备模块、整机检验技术

电子设备模块、整机各方面的检验应以国军标、部标、设计任务书以及技术协议为准。其检验技术内容主要有下列三个方面:

（1）设备制造工艺的检验。

印制板工艺检验;焊接工艺检验;装配工艺检验;"三防"工艺检验。

（2）电性能检验。

功能性检验;计量检验;电磁兼容性检验。

（3）环境适应性检验。

"三防"性能检验；热性能检验；环境应力筛选检验。

除上述检验内容外，为检验电子设备整机在实际应用环境中的使用性能及可靠性，通常还要在比使用环境更为苛刻的条件下进行破坏性的例行试验，如低气压、常温高湿、低温、振动、离心、运输等苛刻环境。

9.3.1 制造工艺的检验

1. 印制板检验

印制电路板是现代电子设备必不可少的重要部件，技术发展很快，其缺陷类型也较多，主要缺陷如下：

（1）印制导线松动，甚至脱离基板，由敷铜板质量差或制造过程损伤所致。松动的导线易发生位移而改变与相邻导线的间隙，可能发生短路，影响可靠性。当松动发生在焊接盘部位时，维修拆卸该部位元件时可能损坏焊接盘。

（2）安装孔破损。可能引起虚焊，影响可靠性。维修时易损坏印制板。

（3）安装孔歪斜和安装孔不在焊接盘中央，当发生在安装密度大的情况下或多层板上时，有此缺陷的板将无法使用。在其他场合若勉强使用，将可能使元器件引线扭曲受损和发生虚焊，影响可靠性和维修性。

（4）金属化孔缺陷，主要是孔内有电镀空白或接盘有大于10%的面积缺少镀层。可能造成虚焊或焊点电阻过大，因而耐受功率下降，影响可靠性。

（5）多余导体，有可能减小防短路间隙而影响可靠性。

（6）导线变窄，比设计要求窄35%以上时，会明显影响其负载能力，影响长期连续工作设备的可靠性。

（7）导线间隙过小。此缺陷无论是由设计造成的还是工艺引入的，都可能发生短路，影响可靠性。

（8）安装孔间隔过小，损坏孔的材料甚至与相邻孔贯穿。此缺陷不仅影响可靠性，还可能影响维修性。

（9）孔直径不符合要求，过大或过小。孔过大影响焊接，过小影响元器件的安装和维修，两者都有可能导致虚焊，影响可靠性和维修性。

（10）测试点位置不当或过密，影响调试、性能检测及维修。

2. 焊接工艺检验

焊接质量的好坏直接关系到电子设备使用性能。电子设备的焊接包括两类：导线、引线与接线端子的连接焊接和印制电路板组装件焊接。印制板焊接又包括手工焊、波峰焊及最新的表面贴装红外再流焊等工艺。表面贴装红外再流焊属于全自动化工艺，焊接质量主要取决于焊料和元器件的品质及与设备的匹配情况，缺陷率很低，不过多讨论。

焊接过程中，施工人员的技术素质、焊接的工具与设备、焊接材料、焊接的实施工艺方法以及焊接环境直接影响到焊接的质量，对这些影响因素的具体要求在相关的航天工业企业标准QJ3011-98、QJ3117-99中均有明确的规定。

常见连接焊接缺陷主要有：焊头缠绕过少（少于1/4圈）或过多（多于3/4圈）、线头过长伸出焊点表面超过1.5mm、漏焊、焊料不足、焊料过量、冷焊（焊料未熔化浸润）、松香焊头、接线头绝缘、线头过长等。其中漏焊、冷焊、松香焊头及接线头绝缘等缺陷直接影响性能，比较容易被发现和消除;而焊头缠绕过少(少于 1/4 圈)、线头过长伸出焊点表面超过 1.5mm、焊料不足、冷焊(焊料未熔化浸润)、线头过长等缺陷;有可能仍能暂时满足性能要求,但随着环境应力的不断施加,特别是在热和振动应力的共同作用下,它们便可能导致连接不良,甚至开路,从而将严重影响产品可靠性。

印制电路板组装件焊接缺陷主要有:焊孔没填满、焊点过高、有烧焦面、引线穿孔的尺寸不合要求等。后两种缺陷可能主要影响性能;而焊料没填满可能发生虚焊,引线穿孔的尺寸不合要求(如过长)则可能因碰触引起短路。

焊接质量应在清洗后检验。电子产品的焊点及连接部位均需检验。焊点应百分之百目测检验,并可借助于 4~10 倍放大镜。对于有争议的焊点或目测拒收的产品,仲裁应提高放大倍数来检验。通常根据焊盘宽度选择放大倍数:

焊盘宽度	仲裁用放大倍数
>0.5mm	10×
0.25~0.5mm	20×
<0.25mm	30×

只有符合下列要求的焊点,才能判定为合格焊点:

(1)焊点表面光滑、明亮,无针孔或非结晶状态。

(2)焊料应润滑所有焊接表面,形成良好的焊锡轮廓线,润湿角一般应小于 30°。

(3)焊料应充分覆盖所有连接部位,但应略显导线或引线外形轮廓,焊料不足或过量都是不允许的。

(4)焊点和连接部位不应有划痕、尖角、针孔、砂眼、焊剂残渣、焊料飞溅物及其他异物。

(5)焊料不应呈滴状、尖峰状,相邻导电体间不应发生桥接。

(6)焊料或焊料与连接件之间不应存在裂缝、断裂或分离。

(7)不应存在冷焊或过热连接。

(8)印制电路板、导线绝缘层和元器件不应过热焦化发黑。印制电路板基材不应分层起泡,印制导线和焊盘不应分离起翘。

对焊点的检验还可借助相应检测仪器来进行,如采用超声波、红外以及激光全息技术探伤焊接缺陷、制作金相切片检验焊点的可靠性等。

焊接后,绝缘体不应出现热损伤,如裂痕、烧焦、分解等现象(过热变色是允许的)。

对重复使用的焊料就保持其纯度,在焊接前应清除出现在焊料接触面上所有浮渣,并定期按 GB3131 进行光谱分析,若不合格应全部更新焊料。

3. 装配工艺

电子设备组装包括多个工序过程,从装配环境、材料、元器件、零部件、工具、设备、各类文件的准备,到元器件安装、压接、绕接、机械装配、清洗、涂覆、封装等实施过程。检验中应当注意的问题较多,如元器件安装高度要适当,以提高电子设备抗振性能;消除元器件预应力,避免使用中因振动、腐蚀等原因造成的失效。在此着重介绍机械装配过程检验注意的问题。

首先,对整体机械结构设计的合理性进行评估,应满足设备维修性要求,便于设备的维护、维修。

机械装配的一般要求如下:

(1)机械零部件装配前必须进行清洁处理。清洁处理后,对活动零部件应重新干燥和润滑;对非金属材料制成的零部件,清洗所用的溶剂不应影响零部件表面质量和造成变形。

（2）对在使用状态下易产生不应有振动的旋转零部件,应在安装前按有关技术文件要求进行动平衡检查。

（3）相同的机械零部件应具有互换性,在装配中允许按工艺文件的规定进行适当的调整。

（4）机械零部件在装配过程中不允许出现裂纹、凹陷、翻边、毛刺和压痕等缺陷,因装配原因使涂覆层造成局部损伤时,允许采取相应的补救措施。

（5）弹性零件装配时不允许超过弹性限度的最大负荷,以防产生永久性变形。

（6）各种橡胶、毛毡及其他非金属材料制成的垫圈、衬垫应经防霉防虫处理后方可使用,在装配时应使其紧贴于装配部位,不允许有裂纹或皱折等产生。

（7）经氧化和氮化处理的钢制件在装配前应进行防锈处理,镀银零件装配前（或装配后）在不影响使用性能的前提下应采取防氧化和防硫化等措施。

（8）管路、阀门等在装配后必须保持畅通,无任何泄漏。

（9）机械装配完毕后应认真检查,不允许多余物残留在产品中。

（10）特殊零部件的装配按专用技术条件和设计、工艺文件规定的要求进行。

对于螺纹连接的装配要求如下:

1）可拆卸螺纹连接的装配要求

（1）可拆卸螺纹连接必须保证连接可靠,装拆方便。

（2）使用的各种金属紧固件均要求进行表面处理,螺纹连接紧固后,尾端外露一般不得小于1.5螺距,连接有效长度一般不得小于3螺距。

（3）装配过程中不允许出现滑扣、起毛刺等现象,螺纹孔由于工艺上难以避免的原因,造成与螺钉不相匹配时,允许回丝并随即涂以防锈剂,回丝时应采取严格的保护措施,防止多余物带入装配件。

（4）螺纹连接应有防松措施,当采用弹簧垫圈时,拧紧程度以弹簧垫圈切口压平为准;未采取其他防护措施时,紧固件应按 QJ/Z151 规定胶封。

（5）对非金属材料制成的零部件装配时不允许直接安装弹簧垫圈,而应加垫非金属垫圈或采用自锁螺母、双螺母等方式紧固。

（6）沉头螺钉紧固后,其顶部与被紧固件表面保持平齐,允许稍低于被紧固件表面。

（7）螺纹连接时应选用适当的装配工具,紧固件应按对称交叉分步紧固,以免发生装配件变形和接触不良,紧固力适当。

2）不可拆卸螺纹连接的装配要求

（1）不可拆卸螺纹连接应按 QJ/Z151 的规定采用粘接强度较高的胶液涂在螺纹连接部位,使其紧固后达到牢固可靠的目的。

（2）不可拆卸螺纹连接的装配应符合上述可拆卸螺纹连接的装配要求。

4.“三防”、灌封、粘固工艺

“三防”防护工艺检验中,应注意零部件的清洗、防护涂层的均匀性、电接触点是否被防护涂层绝缘、防护涂层对高频部件性能的影响等。

航天电子电气产品中的印制电路板组装件、接线板、电缆组装件及各焊点均应进行100%的清洗,去除焊剂残渣及各种污染物,应防止元器件清洗时受损。涂覆、封装后应进行电气性能复测,利用高倍放大镜在“三防”施工后对敏感部位如触点的接触性能进行检查。复测合格后方准进入下道工序作业。

灌封与粘固部位的外观应光滑、无气孔、无明显拉尖、杂质和剥落,其厚度和形状应符合设计或工艺文件的要求。灌封和粘固后产品的电气性能和机械性能应满足产品技术条件的要求。

9.3.2 电性能检验

1. 功能性检验

按图纸设计要求,通电检查电子设备模块、整机的设计功能的实现情况。对于测量类电子设备模块、整机,检定其测量精度,如前述现代测量误差分析及数据处理,进行计量检验。

2. 电磁兼容性检验

1)电磁兼容概述

电磁兼容是伴随着电子技术出现并发展的,因此凡是有电子技术的领域都会存在电磁干扰,也都离不开电磁兼容。随着电子科学技术的发展,电子系统和设备的数量正在逐渐增多,性能也在不断提高。电子系统和设备正在向高频率、宽频带、高集成度、高可靠性和高精度方向发展,而电磁干扰将越来越严重,它现已成为电子系统和设备正常工作的突出障碍。因此如何在共同的电磁环境中,使电子系统和设备不受干扰的影响而相互兼容地正常工作,是迫切需要解决的技术问题,而这一点正是研究电磁兼容性(Electromagnetic Compatibility,EMC)的宗旨。目前,电磁兼容性已成为电子系统和设备的技术关键。

电磁兼容的确切定义按国家军用标准 GJB72—85《电磁干扰和电磁兼容性名词术语》为:设备(分系统、系统)在共同的电磁环境中能一起执行各自功能的共存状态。即该设备不会由于受到处于同一电磁环境中其他设备的电磁发射导致或遭受不允许的降级;它也不会使同一电磁环境中其他设备(分系统、系统)因受其电磁发射而导致或遭受不允许的降级。

电磁兼容性的研究对象是电磁干扰,其研究范围包括从静电问题到电磁脉冲,从低频到超高频,用场的方法又用路的方法,有强电(电气)问题又有弱电(电子)问题,有工程技术问题,又有管理工程问题。它涉及电子、电气、电磁场、计算机、通信、电磁测量、机械结构、自动控制、生物医学、工程材料等广泛的学科领域。

电磁兼容研究的重点是系统和设备工作时所产生的非预期效果。一般来说,它比研究系统和设备的工作性能往往要复杂得多,需采用特定的方法及程序来对各种干扰进行分析和计算,以便进行合理的设计。为了保证测量结果的可比性,电磁兼容测量不仅要有高精度的测量设备,并且还要有统一规定的测量方法。

为了保证电子系统和设备的正常工作,必须进行严格的电磁兼容设计,它对系统的效能有着重大的影响,其影响的范围如图 9.4 所示。由图可以看出,电磁兼容绝不单纯是质量部门的工作,在产品的系统、子系统直至设备、装置、部件,在研制、设计、生产、工艺、试验、使用等各个阶段均要采用电磁兼容技术。电磁兼容设计和管理应贯穿于从产品的研制到使用的全过程。

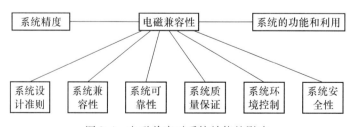

图 9.4 电磁兼容对系统效能的影响

为了造成一个良好的电磁环境,减少各种相互干扰和电磁污染,有关国际组织和许多国家对电子、电气产品规定了电磁兼容的质量标准,甚至将电磁兼容性要求与安全性要求等同对待,要求产品在设计时必须考虑电磁兼容,并进行电磁兼容测试和质量检查,不满足电磁兼容要求的产品不准进入市场。例如,美国联邦通讯委员会(FCC)1989 版《联邦法规》(电信)卷中《联邦通讯委员会》第 2 部分 K 款中规定,进入美国的设备都拥有一份 FCC From740,以确认该设备已获得 FCC 所颁布的设备认证证书,否则不得进入美国市场。同年,欧共体也做出同样的规定,要求其所有成员国必须从 1992 年 1 月 1 日起将其电磁兼容导则 89/336/CEE 纳入各国相应的电磁兼容法规中,并要求所有进入和流通于欧共体市场的相关产品都必须满足其电磁兼容导则的规定,符合其要求的合格产品将由相应的认证机构组织授予"CE"标识的证书,否则产品将不能进入其市场。随着我国加入世贸组织,电子、电气产品也将必须满足国际电磁兼容性标准方可进入市场。

电磁干扰造成的故障是令人难忘的:1969 年 11 月 14 日,由于雷电干扰,使土星 V—阿波罗 12 发射后连续遭到雷击;1971 年 11 月 5 日,由于静电干扰,欧罗巴火箭发射起飞后,制导计算机发生故障,姿态失控,火箭炸毁;由于宇宙电离辐射干扰,伽利略火星探测卫星一度失控;阿以中东战争、海湾战争的电子干扰,使阿拉伯人一败涂地;电源噪声干扰曾经导致美国一次导弹试验的控制系统失控,导弹提前 0.1s 发射,致使导弹偏离了预定目标;某导弹武器系统地面卡马克测试系统因电磁兼容问题而性能不稳定;某研制装备产生的电磁兼容故障,以 20 万元代价换来一个电阻而解决问题;未来作战环境的人为电子干扰等。专家预测:在设计阶段解决电磁兼容问题,它仅占总产品成本的 5% ~7%;要在样机阶段解决电磁兼容问题,它所占总产品成本升为 50% 以上;而在产品阶段要更改设计方案来解决电磁兼容问题,它所占总产品成本的份额将飙升至 200%。因而,在武器系统设计、研制阶段必须重视电磁兼容问题,加强检验以保证武器装备的质量。

客观事实使人们认识到电磁干扰的严重危害,为了保障电子系统或设备的正常工作,必须研究电磁干扰,分析预测干扰,限制人为干扰强度,研究抑制干扰的有效技术手段,提高抗干扰能力,进行电磁干扰技术测量等。除了用技术措施来实现电磁兼容外,还必须采用组织上的措施。事实上,与电磁干扰的对抗从一开始就是国际性的有组织的对抗,为了抑制干扰实现电磁兼容,国际上已成立了一系列的组织,还有各国政府及军事部门等制定了一系列电磁兼容标准、规范与频谱分配,使各种系统在指定的频域、时域及空域上工作,以保证电磁兼容的有效实施。

2)电磁兼容性技术发展历程

电磁兼容是通过控制电磁干扰来实现的,因此该学科是在认识电磁干扰、研究电磁干扰和对抗电磁干扰的过程中发展起来的。

从 20 世纪 20 年代以后,各工业先进国家日益重视电磁兼容性的研究,为了保证各系统之间的电磁兼容,必须对人为的电磁干扰进行规定及限制,从而需要制定电磁兼容有关标准及规范,第一个无线电干扰标准是美国于 1945 年 6 月制定的陆、海军标准 JAN – I – 225《150kHz ~ 20MHz 无线电干扰测量方法》。1964 年美国国防部组织专门小组改进标准和规范,统一名词术语,统一测量方法,统一极限值,这就是著名的 MIL – STD – 460 系列标准,该系列标准对各国的军事部门及对近代系列标准有较大的影响。

20 世纪 80 年代以来,电磁兼容已成为十分活跃的学科领域,许多国家(如美、英、德、日、法等)在电磁兼容标准与规范、分析预测、设计、测量及管理等方面均达到了很高的水平。有高精度的电磁干扰(EMI)、电磁敏感度(EMS)自动测量系统,可进行各种系统间电磁兼容性试验,研制出系统内及系统间的各种电磁兼容性计算机分析程序软件,有的程序已经商品化,形成了一套比较完整的电磁兼容性设计体系。在电磁干扰的抑制技术方面,已研制出许多新材料、新工艺及规范的设计方法。一些国家还建立了相应的对军用产品和民用产品的电磁兼容检验、认证及管理机构。国际性、地区性的有关学术组织及专业委员会也相继对电磁兼容、电磁干扰技术标准的制定和推广,对电磁干扰控制技术的发展,并对国家间、地区间的合作起了重要的作用。

随着科学技术的发展,对电磁兼容性不断提出新的要求,其研究范围也日益扩大,现在电磁兼容已不只限于电子和电气设备本身,还涉及电磁污染、电磁饥饿、电离辐射等一系列生态效应及其他一些学科领域。

我国由于过去的工业基础比较薄弱,电磁环境危害尚未充分暴露,对电磁兼容的研究认识不足,使该项工作起步较晚,与国际间的差距较大。第一个电磁干扰标准是1962年才颁布的行业标准CZ5001-62《船用电气设备工业无线电干扰极限标准和测量方法》。近年来,在标准与规范方面取得了很大进展,至今已制定了行业标准、国家标准和国家军用标准数十个,为考核进出口电子、电气产品的干扰特性提供了一定的条件,使我国在电磁兼容标准与规范方面有了长足的进展。目前,已具备按行业标准、国家标准、国家军用标准和国际标准及国外其他一些有关标准进行电磁兼容测量和试验的能力。

3)电磁兼容有关标准概况

在当今世界,美国最早积极致力于研究和制定电磁兼容方面的标准及规范(包括军用标准和民用标准),在美国除了联邦政府机构从事这方面工作之外,有许多工业组织和专业性机构也进行了电磁兼容研究工作,制定了许多电磁兼容标准与规范。如美国军用 MIL-STD 系列标准、HP765 系列标准对世界各国影响较大。除了美国之外,世界上较早进行电磁兼容标准与规范研究的国家还有英、德、日、法、加拿大、意大利、比利时、瑞士、丹麦、奥地利、荷兰、瑞典、波兰等二十多个国家。表9.6列出美军军用标准中与电磁兼容有关的部分标准代号。

表9.6　美军军用标准中与电磁兼容有关的部分标准代号

序号	标准代号	标准、规范、通告名称
1	国防部通讯局的 310-70-1 号通告	国防通信系统的接地、搭接和屏蔽方法的暂行指南 (DCA Notice 310-70-1)
2	MIL-STD-188-124	关于公用远距离或战术通信系统的接地、搭接和屏蔽的一般要求
3	MIL-B-5087B	航天系统的电气搭接和雷电保护
4	MIL-E-6051D	系统电磁兼容性要求
5	MIL-I-6181D	机载设备干扰控制要求
6	MIL-STD-416C	设备的电磁干扰性能要求
7	MIL-STD-462	电磁干扰特性的测量
8	MIL-STD-463	电磁干扰技术中术语、定义与单位制
9	MIL-STD-469	雷达装备设计中的电磁兼容性要求
10	MIL-STD-704A	机载电源的特性及应用
11	MIL-STD-1857	接地、搭接和屏蔽设计的实施
12	MIL-STD-1541	空间系统电磁兼容性要求

序号	标准代号	标准、规范、通告名称
13	MIL – STD – 1542	空间系统装备的电磁兼容性和接地要求
14	MIL – R – 5757	电气继电器(适用于电子和通信设备)通用规范
15	MIL – R – 83536	有可靠性指标的电磁继电器总规范
16	MIL – R – 28776	有可靠性指标的混合式继电器总规范

在各国的标准规范中,国际无线电干扰特别委员会(CISPR)经常在其出版物中,发表关于测量技术的规范,推荐电磁干扰的允许值标准以及控制电磁干扰发射的报告等,业已为世界许多国家所采用,成为世界各国民用的通用标准。国际电工技术委员会近年来制定出一系列电磁兼容性标准,著名的IEC801和IEC1000系列标准,涉及电源谐波、电压失落及波动、射频场干扰、浪涌、快速脉冲串干扰、静电放电等诸多干扰形式,如表9.7所列。

表9.7 国际电工技术委员会制定的电磁兼容性标准

序号	标准代号	标准、规范、通告名称
1	IEC 512	电子设备用机电元件基本试验规程及测量方法
2	IEC 68	电工电子产品环境试验规程
3	IEC 810 – 2	静电放电敏感度要求
4	IEC 810 – 4	快速脉冲串敏感度要求
5	IEC 810 – 5	浪涌干扰敏感度要求
6	IEC 810 – 6	传导干扰敏感度要求
7	IEC1000 – 4 – 2	静电放电抗扰度基本要求
8	IEC1000 – 4 – 4	快速脉冲串抗扰度基本要求
9	IEC1000 – 4 – 5	浪涌干扰抗扰度基本要求
10	IEC1000 – 4 – 6	传导干扰抗扰度基本要求
11	IEC 1000 – 11	电压瞬态失落及波动抗扰度基本要求

我国制定电磁兼容标准与规范的工作起步较晚,与国际间差距较大,但近年来认真研究和积极采用国际标准,并借鉴国外先进标准的基本方针,作了大量的制定国内标准的工作。在原中华人民共和国国防科学技术工业委员会的领导下,各有关工业主管部门参照美国军用标准、规范的有关内容,结合我国国情,制定出军用电磁兼容标准、规范,这些标准、规范的制定和实施,对军工产品的研究、生产及质量、可靠性的提高,起到了应有的作用。表9.8为我国有关电磁兼容性的部分军用标准。

表9.8 我国有关电磁兼容性的部分军用标准

序号	标准代号	标准、规范、通告名称
1	GJB72 – 84	微波辐射安全限值
2	GJB72 – 85	电磁干扰和电磁兼容名词术语和单位制
3	GJB86.4 – 86	机载火控雷达抗干扰能力试验
4	GJB151 – 86	军用设备和分系统电磁发射及敏感度要求
5	GJB152 – 86	军用设备和分系统电磁发射及敏感度测试方法

序号	标准代号	标准、规范、通告名称
6	GJB376 – 86	军工产品可靠性评价方法
7	GJB181 – 86	飞机供电特性及对用电设备的要求
8	GJB344 – 87	敏感电起爆器通用设计规范
9	GJB358 – 87	军用飞机电搭接技术要求
10	GJB403.7 – 87	舰载雷达通用技术条件:电磁兼容性要求和测量
11	GJB777 – 87	敏感度试验用升降方法
12	GJB475 – 88	微波辐射生活区安全限制
13	GJB476 – 88	生活区微波辐射测量方法
14	GJB786 – 89	预防电磁场对军械危害的一般要求
15	GJB968.7 – 90	军用舷外机定型试验规程:电磁干扰试验方法
16	GJB1001 – 90	超短波辐射测量方法
17	GJB1014 – 90	飞机布线通用要求
18	GJB1064 – 90	舰艇搭接、接地、屏蔽、滤波及电缆电磁兼容性要求和方法

总的来说,电磁兼容标准(或规范)可以分为四大类:基础标准、通用标准、产品标准和产品行业标准。

基础电磁兼容标准规定了达到电磁兼容性的通用条件和规则,它适用于所有的产品、系统或装置,它着重描述和明确电磁现象和电磁环境,介绍各种测量技术,提出干扰辐射测试的极限值要求与方法,并推荐抗扰度方面的要求和测试。基础电磁兼容标准通常是由 IEC 来制定,由 CISPR、IEEE、CENELEC 及下属的各专业委员会等组织、机构采用和应用。

通用电磁兼容标准是完全限定在电磁兼容领域内,根据所确定的环境并适用于所安装在该环境内的系统、设备的标准。在尚未规定出专门产品标准时,通用电磁兼容标准还可以作为通用产品标准来应用,也还可作为规定专门产品标准的参照基础。通用电磁兼容标准分为两个系列:一个系列用于民用、商用或轻工业环境;另一个系列用于工业化环境。每个系列各自分别又包括辐射标准和抗扰度标准。

电磁兼容产品标准规定了针对专门产品的电磁兼容要求和测试内容;而电磁兼容产品行业标准则不同于前三类技术标准,为用于一类具有相似特点的产品行业管理标准。产品标准和产品行业标准以基础标准为依据,并在其所安装的环境下最大程度地与适用于相应环境的通用标准相协调一致。

4)电磁干扰现象

各种形式的电磁干扰是影响电子设备电磁兼容性的主要因素。电磁干扰现象即无用的电磁场通过辐射和传导的途径以场和电流的形式浸入电子设备产生电噪声,干扰电子设备的正常工作,甚至导致设备故障、失灵,表现为多种形式:计算机对无线电产生的噪声、吸尘器对电视机画面产生的线条干扰、电磁辐射使微机工作失常、控制系统失灵产生误动作等。

形成电磁干扰必须同时具备三个基本因素:电磁干扰源、耦合通道和对干扰源敏感的受扰器。

(1)电磁干扰源:指产生电磁干扰的任何元件、器件、装置、设备、系统或自然现象。干扰源通常有人为干扰和自然干扰,其中又包括功能性干扰和非功能性干扰。对于一台电子设备又可以分为内部干扰和外部干扰。

内部干扰是指电子设备内部各元部件之间的相互干扰,包括以下几种:

① 工作电源通过线路的分布电容和绝缘电阻产生漏电造成的干扰。

② 信号通过地线、电源和传输导线的阻抗互相耦合或导线之间的互感造成的干扰。

③ 设备或系统内部某些元件发热,影响元件本身或其他元件的稳定性造成的干扰。

④ 大功率和高电压部件产生的磁场、电场通过耦合影响其他部件造成的干扰。

外部干扰是指电子设备或系统以外的因素对线路、设备或系统的干扰,包括以下几种:

① 外部的高电压、电源通过绝缘漏电而干扰电子线路、设备或系统。

② 外部大功率的设备在空间产生很强的磁场,通过互感耦合干扰电子线路、设备或系统。

③ 空间电磁波对电子线路或系统产生的干扰。

④ 工作环境温度不稳定,引起电子线路、设备或系统内部元器件参数改变造成的干扰。

⑤ 由工业电网供电的设备和由电网电压通过电源变压器所产生的干扰。

(2) 耦合通道:指将电磁干扰能量从干扰源耦合到受扰器上,并使系统性能明显恶化的媒介。干扰信号可以是连续的、随机的或周期的,其传递途径:

① 通过电源、信号线、控制线、互连线、电缆线等直接传导方式引入线路、设备或系统;

② 以电磁辐射的形式从空间进入被干扰的电子线路、设备或系统内。当干扰源的频率较高、干扰信号的波长 λ 比被干扰的对象结构尺寸小,或者干扰源与被干扰者之间的距离 r 远大于 $\lambda/2\pi$ 时,则干扰信号可以认为是辐射场,它以平面电磁波形式向外辐射能量进入被干扰对象的通路。

③ 以漏电和耦合形式,通过绝缘支承物等(包括空气)为媒介,经公共阻抗的耦合进入被干扰的线路、设备或系统。如果干扰源的频率较低,干扰信号的波长 λ 比被干扰对象的结构尺寸大,或者干扰源与干扰对象之间的距离 r 远小于 $\lambda/2\pi$ 时,则干扰源可以认为是似稳场,它以感应场形式进入被干扰对象的通路。

(3) 受扰器:指受到电磁干扰影响,或者说电磁干扰对其发生影响的设备。

在 IEC/TC77 规范中,对有关电磁干扰现象进行了明确的分类,如表 9.9 所列。

表 9.9 电磁干扰现象分类

传导低频现象	谐波
	电压波动
	信号系统
	电压陷落及失落
	电压失衡
	电源频率变化
	感应低频电压
	交流电网中的直流分量
辐射低频场现象	磁场(连续或瞬态)
	电场
传导高频现象	感应连续波电压或电流
	单向瞬态(单个或重复—快速脉冲串)
	振态瞬态(单个或重复—快速脉冲串)

辐射高频场现象	磁场
	电场
	电磁场
	λ 连续波
	λ 瞬态（单个或重复—快速脉冲串）
静电放电现象	
核电磁脉冲现象	

5）电磁兼容的控制技术

在电子设备系统研制的不同阶段,电磁兼容控制所运用的方法和程序是不同的。其中,方案、设计、开发(样机)、生产、测试(鉴定)和运行的各个阶段均可为实施电磁兼容性工程提供一定的机会。最初的方案阶段是提供最佳费效比的机会,而最终的运行阶段提供的以机会最小。对系统寿命的周期而言,拖延的时间越长,最佳机会消失的越快,最后剩余机会的费用就越大。据美国军方统计,电磁兼容性所需的费用约占系统总成本的 5% ~ 10%。电磁兼容性获得成功的基础在于,预测电磁干扰发射与敏感度的分析能力和运行中各个阶段的有效诊断程序。

（1）系统间电磁干扰的控制技术。

系统间电磁干扰形式的特点是干扰通常发生在由各独立系统控制的两个或两个以上的分系统之间。其电磁干扰的控制技术分为频率、时间、位置和方向管理四类,如图 9.5 所示。

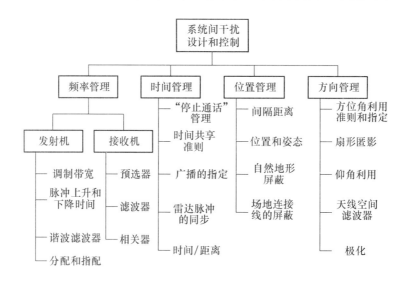

图 9.5　系统间电磁干扰控制技术

（2）系统内电磁干扰的控制技术。

对于系统内的电磁干扰,主要关心的是自身干扰所引起的性能恶化。但还需考虑其他的潜在问题,如本系统产生的传导、辐射发射对邻近系统的有害影响和外部产生的传导、辐射发射对系统所引起的敏感度问题。其电磁干扰的控制技术分为电路和元器件、滤波、屏蔽、布线、接地等,如图 9.6 所示。

274

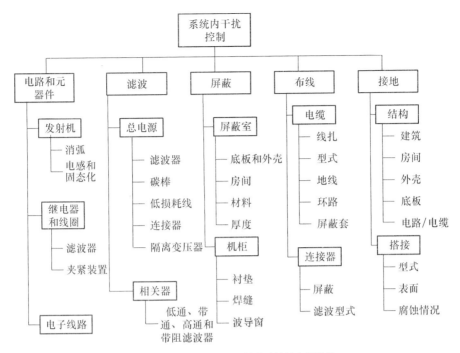

图 9.6　系统内电磁干扰控制的树形结构

6）保证电磁兼容的方法

保证电子设备电磁兼容性是一项复杂的技术任务,不存在万能的方法。电子设备的电磁兼容设计涉及很广的学科领域,具有学科交叉的特点,而且必须在各个阶段,包括由电子设备的设计到使用阶段的全过程,利用不同性质的措施才能有效地解决。通常要考虑在元件级、部件级、设备级、系统级和业务级保证电磁兼容性的工作。方法主要有设计工艺、电路技术方法、系统工程方法和利用专业技术组织机构四大类方法。

（1）在设备元件级上保证电磁兼容性。

在设备元件级上保证电磁兼容性的主要任务是要解决减弱这些元件上产生干扰以及减小元件上外界感应的电平。设备元件可以分为两类:无源器件和有源器件。无源器件主要包括电容器、电阻器、电感线圈(变压器)、连接器。在分析无源器件的电磁兼容问题时,最关键的就是要分析这些元器件产生电磁问题的原因。通常主要有以下原因:

① 工作频带上的元件参数与工作频带以外的元件参数有很大的差别,这个差别会产生电磁兼容问题。

② 元件的末端引线有电感存在,在高频时,由于这个电感的作用会发生电磁兼容问题,并且使元器件的频率特性发生很大改变。

③ 元器件上有各种寄生电容,寄生电感,这些表现为电路上的分布参数。有分布参数的电路与原来的电路有很大的不同,因此必须考虑由这些寄生参数和电路器件所组成的新的等效电路。

对有源器件来讲,器件工作时会产生电磁辐射也会以传导电流的方式成为干扰源。由于隔离不完善以及耦合电感、耦合电容的存在,使有源器件影响其他器件或电路功能的实现,在含有非线性元件的电路中还可能发生频谱成分的变化,这种变化会引起电磁干扰。其实,大多数有源器件都具有非线性的特点。继电器接触点、开关的火花效应和电弧也可以认为是有源

275

器件。不同的有源器件的特性不同,例如发射极耦合的逻辑元件产生的干扰最小,但同时对干扰作用却最敏感。又例如,互补 MOS 逻辑电路的元器件最不容易受干扰,但本身却产生相当高的干扰电平。

（2）保证设备级的电磁兼容性。

保证设备级或设备部件级的电磁兼容性的主要任务是减弱元件、部件范围以外的由干扰源产生的干扰电平。这就要求减小干扰电平,减小电磁耦合等,可以采取下面减小振荡电平、减小干扰频带宽的措施。

① 增加脉冲前沿时间可以减小干扰的频带宽,也可圆滑脉冲尖顶。

② 消除电路中的振荡器和电磁泵发生器产生的谐波和信号的谐波。

③ 限制干扰辐射或消除导线引导的干扰传播途径。

④ 改善设备电路元件的性能,采用屏蔽、接地、滤波等方法改善设备整体的电磁兼容特性。

（3）保证系统级的电磁兼容性。

这个级别的问题要靠组织的方法、系统工程的方法保证电磁兼容性。这些方法要充分地利用空间区域分布、频率资源以及时间因素方面的因素获得最佳的效果。

电磁兼容设计的理论基础是电磁场理论、电路理论和信号分析理论等。应用中的电磁兼容设计有接地技术、滤波技术、吸收技术、屏蔽技术和隔离技术以及结构技术等。电磁兼容设计的基本方法有问题解决法、规范法和系统法。电磁兼容设计的内容有电磁环境分析、频率选用、电磁兼容性指标和电磁兼容设计技术应用。

通常在电子/电气系统或装置的设计中,最常用搭接、接地、屏蔽、滤波、平衡线路、同轴电缆、扭绞双线电缆等方法来降低和消除电磁干扰。目前,在电磁兼容性研究的领域中,已建立了电磁干扰的源模型、耦合模型和接收器模型等数学模型,进行分析、预测,进行规范研制和计算弃权。有些系统内部和系统之间的分析程序已经商品化,形成了一套较完整的电磁兼容设计体系。

7）电磁兼容测试

电子设备电磁兼容性的定量设计为提高电子设备的电磁兼容性能提供了良好的保证。为了确保定量设计的正确性和可靠性,科学地评价设备的电磁兼容性能,就须在研制的整个过程中,对各种干扰源的干扰量、传输特性和敏感器的敏感度进行定量测定,验证设备是否符合电磁兼容性标准和规范;找出设备设计及生产过程中在电磁兼容性方面的薄弱环节,为用户安装和使用提供有效的数据,因此电磁兼容性测试是电磁兼容性设计所必不可少的重要内容。

EMC 测试不同于电压、电流等无线电参数的测量,它除了要有精确的测量仪器外,还要具备符合要求的测量实验室（场地）和规定严格的测量方法。没有合格的测量场地和不按规定的测量方法进行测试,即使有了精确的测量设备也测不准确。不同的电子设备和不同的使用场合,则依据的测量标准也不一样。要测量某一电子设备的 EMC 性能,首先要确定用什么标准,一般情况标准确定以后测量方法和测量设备及测量用场地也就确定了。所以 EMC 测量要具备:测量依据的标准和规范、测量设备、测量场地。

EMC 测量可分为诊断测量（预测量）和认证测量（按相关标准进行测量）。认证测量需要满足一定的测试标准和规范,要求精确的测量仪器和专门的测量场地;诊断测量不需要严格遵守什么标准和规范,只要能找出扰源并能大致估计出干扰的频率和幅度量级即可。

（1）电磁兼容测量的主要仪器和设施。

EMC 检验包括两方面的内容:

276

① 在规定的条件下,对电力或电子设备发出的有害的电磁干扰进行测试,确定其是否超过了规定的限值,这就是干扰度(EMI)检验。测量需要的设备有接收机、接收天线、探头和卡钳、电源阻抗稳定网络,$10\mu F$ 穿心电容等。

② 各类设备运行所产生的电磁干扰,使工作过程的设备处于严酷的电磁环境中,为保证装置和系统可靠工作,并具有较多的可靠性,这些装置和系统必须经受在工作场所可能遇到的各种电磁干扰试验,这就是抗扰度(EMS)检验。所需要的设备除上面测量 EMI 的设备外还需要产生电磁场的设备,例如各种信号发生器、功率放大器、发射天线、注入探头、注入变压器、横电磁波(TEM)传输室、吉赫横电磁波(GTEM)传输室、混响室和亥姆霍兹圈等。EMI 和 EMS 一般都是在屏蔽室内进行。

电磁干扰信号测量技术主要分为时域和频域测量两大类。时域是测量电磁信号幅度相对于时间的函数,频域是测量电磁信号幅度相对于频率的函数曲线,时域与频域是相互关联的。用何种方法测量,可根据信号特性而定。如果要测量干扰信号与时间的关系,例如测量开关形成的脉冲信号或其他瞬变信号,则用时域测量合适,常用的时域测量仪器有示波器、峰值记忆电压表、瞬态记录仪等。如果要测量干扰信号与频率的关系,即其频谱特性,则用频域测量合适。由于频域测量仪器比时域测量仪器灵敏度高、频率范围宽、动态范围大,因此现在大部分 EMC 测量是用频域法。常用的频域测量仪器有干扰场强度计、频谱分析仪、功率谱测量仪等。

在电磁兼容测量中,需要用各种连续波信号发生器(包括正弦波、AM、FM、脉冲调制等)和脉冲信号发生器,还要用来模拟静电、电快速瞬变脉冲、浪涌、尖峰信号、阻尼正弦瞬变信号等的信号发生器。

电磁兼容测量放大器需要用宽带大功率放大器。敏感度测试一般需要很强的信号以产生从 1 到几百 V/m 场强,因此要用功率放大器把信号放大。

EMC 测量除了需要接收机外,还需要传感器把电磁信号通过电磁感应形成感应电压或电流送到接收机中,以便测量电磁信号的频率和大小,或者把信号通过传感器的电磁感应作用再辐射出去。EMC 测量附件主要有天线、电流卡钳(电流探头)、注入卡钳(注入探头)、功率吸收钳、电压探头和电场探头等。

横电磁波(TEM)传输室是由信号源、放大器、功率计、5012 负载和 TEM 传输室等组成。它可用做辐射敏感度测量装置和辐射发射测量装置,也可以作为电场标准和磁场标准来校准全向探头、小偶极子和环天线。

吉赫横电磁(GTEM)传输室克服了 TEM 传输室上限频率不高和被测件太小的缺点,它具有很宽的工作频率范围,较大的工作空间,但室内场强的均匀性和测量精度不如 TEM 传输室高。

混响室是一个用金属板做成的屏蔽体,其内部有模搅拌器、发射天线和接收天线。发射天线发射一个很强的信号,由于各个面对电磁波的反射,再加上模搅拌器的搅拌,使金属腔体内产生含有许多个谐振模的场强。利用这个相对均匀的场强可进行电磁敏感度测量。

亥姆霍兹线圈能产生一个比较均匀的磁场,利用这个磁场可进行磁场敏感度测量。

辐射测量场地要求用开阔场地,其地面应平坦且足够大、无架空电力线、周围无反射物、无电磁污染,为得到有效的测量结果,建议环境电平低于测量得到的发射电平 20dB。在国标 GB/T6113 中有推荐的 30~1000MHz 频率范围的开阔试验场地的详细结构图。符合条件的开阔场地难以寻找时,用屏蔽暗室(既有屏蔽又吸波)来替代。替代场地测量重复性好,不受外界干扰的影响,可全天候测量。但由于存在不同程度的反射和谐振,给测量结果带来很大的测量误差。

传导测量的场地条件：由于电网负载因季节、时间和地点的不同而随时在变化，因此导致电网输出阻抗不断地变化。另外，电网中还可能有其他干扰，这些都影响传导测量精度，同时被测设备产生的干扰也能影响电网的质量而造成污染。为了能正确地进行传导测量，客观的考核受试设备的干扰，需要电网能提供一个稳定的输出阻抗，以便统一传导测量条件。例如，在电网和被测设备之间安装滤波去耦合网络、电阻阻抗稳定网络或隔离变压器等，就是为了规定统一的电源阻抗特性，统一传导测量条件，以避免来自电源系统的干扰影响测试结果和测量精度，并使 EUT 产生的干扰信号与电网系统隔离开。

（2）电磁兼容基本测量方法。

军标 GJBl52A 是军用设备和分系统电磁发射和敏感度要求和测量方法。客观存在的测量项目按照英文字母和数字混合编号命名的：

C—传导　　　　　E—发射　　　　　　　R—辐射　　　　S—敏感度
CE—传导发射　　CS—传导敏感度　　　RE—辐射发射　　RS—辐射敏感度

该标准共有 19 条测试项目，19 条不一定都进行测量，不同的被测设备可选择不同的测试项目。下面是几种典型的基本测量方法。

① 电磁辐射发射（RE）测量：目的是测量被测设备辐射的电磁能量是否超过标准要求，以便控制设备和系统辐射的电磁能量。

为消除环境电磁干扰的影响，测量应屏蔽室内进行。被测件（EUT）与接收天线之间的距离 R 和天线高度，对于不同的标准有不同的要求，如国军标 GJBl52A 被测件离地高 1m，其 $R=1m$，接收天线距地面高 1.2m，测试中需改变接收天线极化和 EUT 方向。国标 GB9254 被测件离地高 0.8m，其 R 可分为 3m、10m、30m 等不同的距离，且接收天线要能在 1～4m 的高度上下移动和改变极化，而且被测件需在转台上旋转。TEM 和 GTEM 传输室也能作辐射发射测量。

② 电磁辐射敏感度（RS）测量：目的是考核被测设备受空间电磁波能量影响的程度。按标准要求对被测件施加一定强度的场强，观察被测设备工作是否正常。做此顶测试需产生一个一定强度的电磁环境，产生的方法有以下几种：

用发射天线产生场强。例如 GJB 152A10kHz～40GHz 电场辐射敏感度测量（RSl03）。

用 GTEM 传输室产生场强。例如军标 GJB152A 瞬变电磁场辐射敏感度试验（RS105）。

用混响室产生场强。

用亥姆霍兹线圈产生磁场。

用感应线圈产生磁场。

③ 传导发射（CE）测量：目的是测量被测设备工作时，从电源线、信号线和互连线上耦合出来的干扰信号，测量这些能量是否超过标准要求的界限值，从而保证在公共电网上工作的其他设备免受干扰。根据干扰频率的不同，有以下几种测量方法：

用电流卡钳（电流探头）测量传导发射。例如 GJB152A 中 CE102$f=25Hz～10kHz$ 传导发射测量。

用电源阻抗稳定网络（LISN）测量传导发射。例如 GJB152A 中 CE102$f=10kHz～10MHz$ 和 GB9254 中 $f=150kHz～30MHz$ 传导发射测量。

用功率吸收钳测量传导发射。例如 GB4343—1995"家用和类似用途电动、电热器具、电动工具以及类似电器无线电干扰特性测量方法和允许值"（CISPR14）干扰功率测量方法 $f=30～300MHz$。

④ 传导敏感度(CS)测量：目的是在被测设备的电源线、互连线(信号线、控制线)、天线输入端及设备壳体上按照要求注入规定的干扰信号，考核被测件对干扰信号的承受能力。观察被测件工作可能出现的异常现象，如性能降低、元器件损坏或功能故障等。有下列几种测量方法：

通过变压器注入干扰信号。例如 GJB152A 中 CS101 传导敏感度测量。

用网络注入干扰信号。例如 GB/T17626.4 信息技术注入电快速瞬变脉冲群抗扰性试验耦合/去耦合网络。

GB/T17626.5 信息技术设备浪涌(冲击)抗扰度试验耦合/去耦合网络，是做干扰信号互调、交调、无用信号的测量用的三端口网络。有关接收机和调谐放大器要求做的项目，如通信接收机、无线电接收机、雷达接收机、声学接收机、电子对抗等需做传导敏感度测量。例如 GJB152A 中 CS103 15kHz～10GHz 天线端子互调传导敏感度，CS104 25Hz～20GHz 天线端子无用信号抑制传导敏感度，CS105 25Hz～20GHz 天线端子交调传导敏感度。

用注入卡钳注入，例如 GJB152ACS114 10kHz～400MHz 电缆束注入传导敏感度，CS115 电缆束注入脉冲激励传导敏感度，CS116 10kHz～100MHz 电缆和电源线阻尼正弦瞬变传导敏感度。

直接注入干扰信号，将尖峰信号直接加到直流电源上，例如 GJB152A 中 CS106 电源线尖峰信号敏感度测量。对含有低频灵敏接收机的金属壳体(如飞机、导弹、潜艇)进行传导敏感度试验，例如 GJB152A/CS109 50Hz～100kHz 壳体电流传导敏感度。静电放电抗扰性试验有接触放电和间接放电两种。标准要求静电放电仅施加于操作人员正常使用被测设备时可能接触的点和表面上，在预选点上至少施加 10 次放电，且每次放电间隔至少 1s，放电枪应与实施放电的平面垂直，放电回路的电缆应距被测设备至少大于 0.2m。

当今世界，电子/电气设备对空间电磁环境的干扰日益严重，而随着电磁干扰发展起来的电磁兼容学科，已被国内外科学界、工业界、军界及环境保护界瞩目。在这方面确实应引起足够的重视，应投入足够的研究力量，加速研究步伐，改善测量设备，完善资料和数据积累，加强电磁兼容管理，开展对各种电子/电气系统的电磁兼容预测分析和设计方法的研究，并将此项研究应用于产品的设计、工艺等生产过程，以提高产品质量，改善空间电磁环境。

9.3.3 环境适应性检验

1."三防"性能检验

1)"三防"性能检验目的

电子设备中大量使用金属和非金属材料，由于使用环境条件极为复杂，而各种材料的性质又不一样，它们在不同的环境、不同的气候因素的影响下，特别是在高温高湿、大量工业气体污染、盐雾等恶劣环境中，金属材料易遭到腐蚀；非金属材料也易老化和霉变；元器件会遭到不同程度的破坏作用，从而引起性能显著下降，严重影响设备的可靠性及寿命。"三防"设计的目的就是要在有潮气、霉菌和盐雾的环境下工作的电子设备不受或少受影响而可靠地工作或降低故障率。

对于"三防"工艺处理过的电子设备模块、整机的"三防"性能检验采取抽验的方法，根据国军标，进行湿热、霉菌、盐雾试验，以确定其是否合格。

2)"三防"性能检验内容

(1)湿热检验。

不同武器系统的湿热试验条件不同，如表 9.10 所列。

表 9.10　不同武器系统的湿热试验条件

类别	高温高湿阶段		低温高湿阶段		试验周期
	温度/℃	相对湿度/%	温度/℃	相对湿度/%	
地面和机载电子 设备湿热试验	60	95	30	95	10
地面起动控制 设备湿热试验	60±5	95	30±5	95	5
自然环境周期 湿热试验	40	90	21	95	20

　　地面和机载电子设备的湿热试验以 24h 为一周期,每周期分为升温、高温高湿、降温和低温高湿四个阶段,如图 9.7 所示。

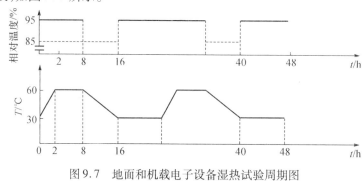

图 9.7　地面和机载电子设备湿热试验周期图

　　① 升温阶段。

　　在 2h 内,将试验箱温度由 30℃ 升到 60℃,相对湿度升至 95%。温湿度的控制应能保证试验样品表面凝露。

　　高温高湿阶段:

　　在 60℃ 及相对湿度 95% 条件下至少保持 6h。

　　② 降温阶段。

　　在 8h 内将试验箱温度降到 30℃,此期间内相对湿度保持在 85% 以上。

　　低温高湿阶段:

　　当试验箱温度降到 30℃ 后,相对湿度应为 95%,在此条件下保持 8h。

　　在第 5 周期和第 10 周期接近结束前,试验样品处于温度 30℃、相对湿度 95% 的条件下,对其性能进行检测。

　　地面起动控制设备样品的预处理过程在温度 40~50℃ 的条件下干燥不少于 2h,在温度 25±5℃、相对湿度 50% 的条件下放置 24h,进行 5 次 24h 的周期试验。24h 的试验周期是由 60℃ 下 16h 和 300℃ 下 8h 组成(包括转换时间)。在这两个温度条件下,相对湿度保持 95% 或稍大些。在 30℃ 和 60℃ 两者间的每个转换时间不超过 1.5h。在每个温度转换时间内,相对湿度不需控制。

　　可在第 2 周期的 60℃ 降至 30℃ 之前对其性能进行检查,在第 5 周期结束,试验箱内温度为 30℃、相对湿度不小于 95% 的条件下,对样品性能进行检测。

　　自然环境下的周期湿热试验样品首先进行预处理,样品在温度 55℃ 的条件下干燥 24h,在温度 23℃、相对湿度 50 ± 10% 的条件下放置 24h。

在 2h 内试验箱温度升至 40℃，相对湿度升至 90%。在上述条件下对样品性能进行测试，16h 内保持箱内温度为 40℃，相对湿度为 90%。而后在 2h 内箱内温度降至 21℃，相对湿度升至 95%，保持此条件 4h。重复上述试验，共进行 20 个周期。在最后一个周期，样品处于温度 21℃、相对湿度 95% 的条件下，对其性能进行检测。

（2）霉菌检验。

根据国军标 GIBl50 - 86，鉴定电子设备的抗菌能力通过霉菌试验来检验。试验周期的确定，若样品仅作外观检查试验周期为 28 天，若样品需进行性能测试，试验周期为 84 天。

试验在温湿度交变循环条件下进行，每 24h 循环一次。前 20h，保持温度 30 ± 1℃、相对湿度 95% ± 5%。在以后的 4h 中，保持 25 ± 1℃、相对湿度 95% + 5% 最少 2h，用于温湿度变化的时间最长为 2h。变化期间温度保持在 24 ~ 31℃ 之间，相对湿度不得小于 90%。

试验常用的菌种有黑曲霉、黄曲霉、杂色曲霉、绳状青霉、球毛壳霉等。

试验结束时，立即检查试验样品表面霉菌生长情况，以目测为主，必要时可借助放大镜进行观察。记录霉菌生长部位、覆盖面积、颜色、生长形式、生长密度和生长厚度，根据需要进行性能检测。

（3）盐雾检验。

试验用盐溶液为含 5 ± 1% NaCl 的溶液，温度 35℃，pH 值为 6.5 ~ 7.2。盐雾的沉降率，在试验有效空间的任意位置上，连续收集喷雾时间最少为 16h，平均每小时在 $80cm^2$ 的水平收集面积内，盐雾沉降量为 1 ~ 2mL。样品连续承受喷雾的时间为 48h。

试验结束后进行全面直观检查及性能检测。

2. 热评估

1）热评估的目的

电子设备、组件、电路板、元器件在工作时需要消耗一定能量，产生一定热量。热量的产生会直接影响到温度的生高和热应力的增加，同时对周围的器件也产生影响，使有的设备、组件、电路板、元器件在较高的温度下不可靠的工作，甚至缩短其工作寿命。实践证明，随着温度的增加，它们的失效率也呈指数增长趋势。对电子设备进行可靠性热设计，实施有效的热控制措施是提高设备工作可靠性的关键措施。然而，在实际设备中，所用的器件的品种繁多，系统功能、结构变化万千，用实际的物理模型建立一个准确的数学模型，实现设备的热设计工作是很困难的，因此允许设计有一定的误差。评价热设计的水平和效果主要依靠热评估工作。在设备工作时测出其内部工作温度分布，获得关键发热部位、部件的温度将作为评估热设计的主要参数。通过热测量，不仅评估了热设计的效果，同时发现热设计中存在的缺陷（热控制过盈或不足），获得改进热设计的措施，为提高设备设计的合理性及可靠性提供有力保障。热评估的目的是为使军用电子设备长期、连续、可靠地工作，必须对设备的热设计合理性、冷却措施的有效性进行全面的热性能评价，找出热设计的缺陷，及时改进热设计，进一步提高设备工作的可靠性。

2）热评估的实施

热评估最好从电路板级的设计阶段实施。由于条件限制，目前尚未开展。对设备级进行热评估是环境试验后的最后一道把关措施。

设备整机系统热评价分为热粗测和热细测两道程序。热粗测是在常温下进行，热细测在高低温环境下进行。

（1）热粗测的内容及步骤。

热粗测的内容由目检和热粗测量试验两部分组成。

目检内容有：

① 冷却系统检查项目。

依据所采用的冷却方式的不同进行不同内容的检查。

a. 自然冷却：

是否使用最短的热流通路；

是否利用金属作为导热通路；

电子元器件是否采用垂直安装和交错排列；

对热敏感的元器件是否与热源隔离，当二者距离小于 50mm 时，是否采用热屏蔽罩；

对发热功率大于 0.5W 的元器件，是否装在金属底座上或与散热器之间设置良好的导热通路；

热源表面的黑度是否足够大；

是否有供通风的百叶窗口；

对于密闭式热源，是否提供良好的导热通路。

b. 强迫空气冷却：

流向发热元器件的空气是否经过冷却过滤；

是否利用顺流气流来对发热元器件进行冷却；

气流通道是否适当和畅通无阻；

风机的容量是否适当，抽风或鼓风是否选择适当；

风机的电动机是否得到冷却，对风机的故障是否采用防护措施；

空气过滤器是否适当和易于清洗、更换；

是否已对设备或系统中的气流分布进行了测量；

关键的功率器件是否有适当的气流流过。

② 电子元器件检查项目。

电子元器件的电应力水平是否与设备可靠性要求相一致，在电路设计中是否进行了合理的降额设计，是否存在变色、变黑、起泡、变形、漆起或变脏等现象。

a. 半导体器件：

对热敏感的器件是否与高温热源隔离；

功率器件是否安装有散热器，散热器的安装方式是否合理（垂直于冷气流方向），其表面是否经过涂覆处理；

器件与散热器的接触面之间，是否采取了减小接触热阻的措施。

b. 电容器：

电容器与热源之间是否采取了隔离或缓热措施。

c. 电阻器：

功耗大的电阻器是否采取了冷却措施；

对功耗大的电阻器是否采用机械夹紧方法或封装材料来提高它的导热能力；

对电阻器的安装，是否采取了减小热阻的措施（如短引线、与底座接触良好等）。

d. 变压器和电感器：

是否为变压器或电感器提供了良好的导热通路；

是否将变压器或电感器置于对流冷却良好的位置;

对功耗较大的变压器或电感器是否采取了专门的散热措施。

f. 印刷电路板:

是否将发热元器件与对热敏感的元器件进行热隔离;

对于多层印刷电路板中采用金属芯的中间层,这些层与支承结构件或散热器之间是否有良好的导热通路;

是否采用保护性涂覆和封装,以降低印刷电路板至散热器或结构件之间的热阻;

是否在必要的通路上采用较粗的导线。

(2) 热粗测量试验一般在实验室内的常温工作环境下进行,主要内容和步骤如下:

① 采用不影响设备工作时内部热分布的测量设备与测量方法(应采用微型陶瓷封装的贴片铂电阻温度传感器)。

② 确定关键发热部位和主要发热部件,安放温度传感器。

③ 设备开机进行热测量,记录各测量点的温度数值、测量时间,持续到设备内部工作达到热平衡后延续半小时。

④ 给出设备内部关键部位和关键发热元器件表面的工作温度,确定所用的电子器件内部结温是否超过降额使用后的结温。热粗测试验的实施流程如图9.8所示。

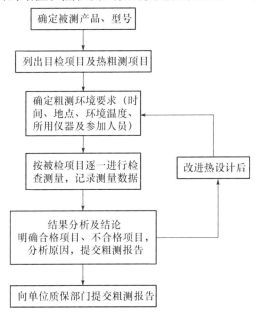

图9.8 热粗测试验的实施流程

(3) 热细测量的内容和步骤:

设备热细测量要求在高低温箱内进行,测量内容和步骤基本与粗测量相似,不同的要求如下:

① 测量发热空间、部位、发热元器件的工作温度,逐一安放好热传感器。

② 低温环境下的热测量:通电开机,从常温开始进行热测量,记录下测量点的温度,直至 -55℃后,保温 2h,测至设备内部温度达到平衡为止。

③ 高温环境下的热测量:通电开机,从常温开始进行热测量,记录下各测量点的温度,直至 +60℃(也可根据设备实际工作的环境而定),保温 2h,测至设备内部温度达到平衡为止。

如果个别发热部件达不到热平衡,应继续测量 1 ~ 2h。

④ 确定高温环境下所用器件是否超过降额使用后的结温。

(4) 热细测量的内容和步骤:

热细测量的目的是评价设备工作在高低温环境下设备内部工作温度分布,获得评价或改进热设计的温度数据。

热细测量的内容和步骤如图 9.9 所示。

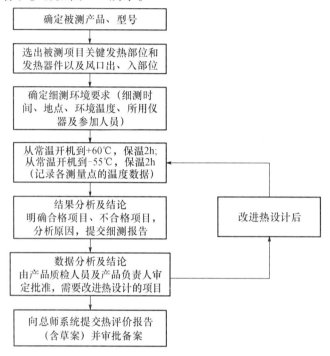

图 9.9　热细测量的内容和步骤

3) 热评价报告

应包括粗测和细测两部分内容,细测应在粗测的基础上进行。

4) 热测量方法

目前,国内外对电子设备、组件的热测量通常采用两种测量手段:一种是将热传感器直接与被测目标接触进行测量,称为直接接触法;另一种是利用红外热测量仪器进行测量,称作非直接接触法。

直接接触测量法将传感器直接安放在被测器件上,这种方法具有精通、直接、可靠的特点,对于封闭机壳内的电子设备、PCB(印制电路板)组件的热测量都可采用这种方法,用其他方法是很难替代的。但在实际测量中,需要许多传感器进行多点安放,从而造成引线过多,使得测量时繁琐费时还会引起被测目标热场分布的改变,引起测量的失真。

间接法测量克服了直接法测量的缺点,尤其是对元器件大面积密集的 PCB 板的热测量十分简捷方便,精确可靠,而且能获得连续的二维热分布图像。这类仪器都附有微机接口,通过微机可进行控制、数据的处理、显示、打印等,十分方便。但对封闭在机箱内部的电子设备或组件,则是无能为力的。

下面是两个实用热测量系统的评价。

图 9.10 是配置了红外热像仪和廉价的多路测温系统(热像仪用电子制冷,便于外场使

用),可以完成外场的快速测量。这样不仅可以获得板级或设备(部位)的二维连续热分布图像,还可以获得高低温环境下机箱内发热部件(芯片)的工作温度,加之配置了热图像分析处理软件及多点温度的数据采集系统,实现了数据的存储、处理、打印,从而能够获得设备的完整温度数据。

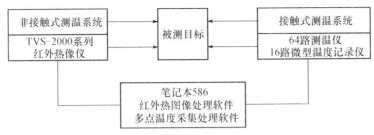

图 9.10　复合测温系统

图 9.11 所示的温度测量系统仅由接触式多点测温仪及笔记本电脑组成。系统成本费仅为图 9.10 所示系统的 1/10,它非常适合外场封闭机壳的电子设备、组件热分布的多点测量,尤其适合于测量高低温环境下红外无法探测的电子设备内部的工作温度,使用简单方便,快速准确,具有普及的意义。

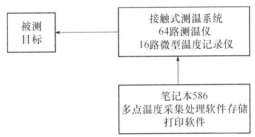

图 9.11　多点测温系统

3. 环境应力筛选检验

电子组件是设备制造过程中初级装配段,由于使用了劣质元器件且经历了大量的复杂操作工艺,会引入各种明显缺陷和潜在缺陷,明显缺陷通过常规检验手段均能排除,潜在缺陷则保留在组件之中。环境应力筛选(Environmental Stress Screening,ESS)就是选择若干典型环境因素施加于电子产品的硬件上,使其各种潜在的缺陷加速为早期故障,然后加以排除,从而使产品的可靠性达到设计的固有可靠性水平,同时不使产品受到疲劳损伤。

筛选理论如何正确使用以及应力的施加方法,都直接关系到筛选的效率。所谓筛选的效率是指引入的缺陷经 ESS 被发现概率,也称为筛选度。不同的筛选方法在相同的等效准则下能发现的缺陷愈多,则其效率愈高。就激发缺陷而言,有些环境因素特别有效,而另外一些则作用不大。国内外的实践证明"温度循环加随机振动应力筛选"是消除潜在缺陷的最经济、高效力的手段。因而,首先参照美军标 MIL - STD - 2164 和我国 GJB 1032 - 90 的规定介绍高低温度循环和随机振动组合的环境应力筛选,而后介绍综合环境应力问题。

1)环境应力筛选检验的作用

温度循环主要用于激发性能漂移方面的缺陷和部分工艺缺陷,而随机振动则主要用于激发工艺缺陷。

温度循环对剔除早期失效有效首先是因为它具有较高的热应力和热疲劳的交互作用同时

作用在电子组件上。由于组件有多种复合材料制成的,在热应力的作用下,各种材料的膨胀系数的差异而产生一定的机械应力,采用快速,大幅度的温度冲击,致使材料在承受双向变化的热应力的同时,使其应力差也变大,这样在结合部可产生有效作用,使隐患得以暴露。又通过多次循环产生热变疲劳应力,加速了激发时效。其次是温度对元件和材料物理化学性能影响,有机材料低温变硬,发脆,高温软化,超出温度范围,其物理和机械性能变化,造成失效,如影响机械强度和抗振减振特性。再者是温度对电性能也有影响。高温是材料电阻加大,会使电路、传感器发生温漂;电路内耗大,发热大,反过来加剧环境温度,加速绝缘体老化,甚至热击穿,对半导体器件的主要影响放大倍数和穿透电流。

随机振动是通过直接给组件施以机械外力激起组件中元器件及结合部的谐振来达到暴露潜在隐患目的。一是因振动使组件性能超差或功能混乱失灵。由于振动加速度加大,改变了组件中各部件、零件之间的相对关系所致。在去掉振动后功能正常。二是由于振动引起的交变应力的多次反复使用使结构松动或磨损,或使组件的结构材料的微小的缺陷经多次交变应力和作用使裂纹扩展。造成材料的电气或机械性能的变化或结构的变化而失效。

2)环境应力筛选的基本方法

目前,国内外普遍使用的高效筛选方法主要有两种:一种是温度循环与随机振动综合施加;另一种是温度循环和随机振动顺序施加。

(1)温度循环与随机振动综合施加方法。

温度循环与随机振动综合施加方法要求生产厂具备温度和振动综合筛选试验设备,其工艺过程为产品安装在温度箱内的振动台的台面上,箱内温度由高温降至低温,在低温保持3h,此时设备不通电工作。3h后箱内开始升温,设备通电工作,当升温到规定的高温保持5h,并在此阶段振动10min。

(2)温度循环和随机振动顺序施加方法。

当生产厂没有温度循环和随机振动综合试验设备时,可采取温度循环和随机振动顺序施加的方法。这种方法把随机振动分成两次,温度循环前一次,时间为5min,温度循环后一次,时间为5~15min,其中应有5min无故障。

3)环境应力条件的选择

(1)温度循环。

温度循环的基本环境应力包括温度变化幅度(温度范围)、温度变化速率、循环次数以及在高、低温阶段稳定时间。一次循环的时间为 $3\frac{1}{3}$h 或4h。

① 温度变化幅度。一般来说,温度达到50℃以上才能发现缺陷。温度变化幅度越大,筛选效率也越高。国外的一些经验表明,大部分航空电子设备在 $-55\sim70$℃的温度变化幅度进行温度循环,可以达到较好的筛选效果。对于一些特殊设备,还可以增大变化幅度,即提高温度范围。具体产品有关技术条件确定。一般取产品的工作极限温度,也可取非工作温度。

② 温度变化速率。温度循环变化速率越大,筛选效果越好。为了保证温度快速变化,应选用加热和致冷能力大的试验箱。一般筛选标准规定温度变化速率为5℃/min,也可以根据需要提高温度变化速率。美国针对一些电子设备已经把温度变化速率提高到30℃/min。

③ 环次数。循环次数对筛选效果也非常重要。筛选效率随循环次数的增加而迅速提高,产品越复杂,所需的循环次数越多。如含2000个元器件的设备至少要进行6个循环。表9.11给出了使产品失效率达到稳定时一般所需的温度循环数的参考值。但对于武器系统分系统电

子设备的循环次数应达到总系统的要求。

表 9.11　各类产品筛选所需循环数

产品类型	电子器件数	所需循环
简单型	100 个	1
中等复杂型	500 个	3
复杂型	2000 个	6
超复杂型	4000 个	10

在 GJB 1032 - 90 规定:在缺陷剔除试验中,温度循环为 10 次或 12 次,相应试验时间为 40h;在无故障检验中则为 10 ~ 20 次或 12 ~ 24 次,时间为 40 ~ 80h。

④ 高、低温稳定时间。经验表明,高、低温稳定时间对筛选效果影响不大,只要能保证产品温度达到热稳定即可。

（2）随机振动。

振动量值和振动时间对筛选效果有一定影响。振动量值低于 4grms 的筛选不太有效,6grms 量值下的筛选效果要好得多。筛选效果还随振动时间的增加而迅速提高。振动 30min 可发现 80% 左右的缺陷。在试验中对振动谱、施振轴向、时间、控制点、监测点等都有要求。

① 随机振动谱:随机振动功率谱密度要求如图 9.12 所示。

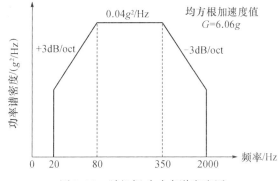

图 9.12　随机振动功率谱密度图

② 振轴向的确定:施振方向的选择取决于产品的物理结构特点、内部部件布局以及产品对不同方向振动的灵敏度。一般情况只选取一个轴向施振即可有效地完成筛选,必要时也可增加施振轴向以使筛选充分。在筛选试验前应通过产品的振动特性试验,为确定施振轴向以使筛选充分。在筛选试验前应通过产品的振动特性试验,为确定施振轴向提供依据。

③ 施振时间:在缺陷剔出试验阶段为 5min,无故障检验阶段为 5 ~ 15min。

④ 控制点:控制点应选在夹具或台面上的最接近产品的刚度最大的部位。对大型整机可采用多点平均控制。

⑤ 监测点:监测点应选在试验产品的关键部位处,使其均方根加速度不得超过设计允许最大值。若超过则应进行谱分析,查出优势频率所在,允许降低该处谱值,以保证不使试验产品关键部位受到过应力作用。

ESS 条件要根据具体产品的具体情况,以本标准为基础进行适当的剪裁,得出具体产品的筛选条件。在筛选执行过程中,还要根据产品的工艺成熟程度及使用方的质量反馈信息对筛选条件进行调整。

4）环境应力筛选的程序

按照我国 GJB 1032－90 标准,环境应力筛选程序由初始性能检测、缺陷剔除试验、无故障检验及最后性能检测等组成。

（1）初始性能检测。

试验产品应按有关标准或技术文件进行外观、机械及电气性能检测并记录,凡检测不合格者不能继续进行环境应力筛选试验。

（2）环境应力筛选。

包括缺陷剔除试验和无故障检验试验两部分。

① 缺陷剔除试验。试验产品应施加规定的随机振动和温度循环应力,以激发出尽可能多的故障。在此期间,发现的所有故障都应记录下来并加以修复,试验条件如前述。

在随机振动试验时出现的故障,待随机振动试验结束后排除;在温度循环试验时出现的故障,每次出现故障后,应立即中断试验,排除故障再重新进行试验。

试验因故中断后再重新进行试验时,中断前的试验时间应计入试验时间,对温度循环则需扣除中断所在循环内的中断前试验时间。

在最后 4 次温度循环必须进行 100% 的功能监测。

② 无故障检验试验。试验的目的在于验证筛选的有效性,应先进行温度循环,后进行随机振动。所施加的应力量级与缺陷剔除试验相同,不同的是温度循环时间增加到最大为 80h,随机振动增加到最长为 15min。在最后 4 次温度循环和整个无故障检验随机振动时间内必须进行 100% 的功能监测。

试验过程应对试验产品进行功能监测,在最长 80h 内只要连续 40h 温度循环期间不出现故障,即可认为产品通过了温度循环应力筛选;在最长 15min 内连续 5min 内不出现故障,则可认为产品通过了随机振动筛选。

若在 80h 温度循环试验中,在前 40h 出现的故障允许设法排除后继续进行无故障检验试验;同样对随机振动试验若 10min 前出现的故障允许排除后继续试验。

（3）最后性能检测。

将通过无故障检验的产品在标准大气条件下通电工作,按产品技术条件要求逐项检测并记录其结果,将最后性能与初始测量值比较,对筛选产品根据规定的验收功能极限值进行评价。

5）环境应力筛选发现典型缺陷

环境应力筛选作为一种重要的工艺过程试验,其暴露的缺陷也具有明显的工艺特性。环境应力筛选发现的缺陷大致可分为工艺缺陷、元器件缺陷和设计缺陷三类。工艺缺陷主要是工艺方法不当造成的,常见的如虚焊、松脱、断裂、短路、开路等;元器件缺陷主要是元器件本身质量低劣或元器件老化筛选不彻底而造成的;设计缺陷主要是设计不合理造成的。表 9.12 列出了常见的一些典型缺陷及其这些缺陷的激活应力。

某机载电子设备批生产过程中的环境应力筛选试验采用了温度循环和随机振动综合施加的方法。试验剖面为低温 −55℃ 保持 3h,高温 60℃ 保持 5h,并加随机振动 10min,温度变化速率为 5℃/min。由于该电子设备仅有 1200 个元器件,因此确定每个循环 8h,共进行了 3 个循环的筛选试验。试验中出现了三级管管腿断,电容、电阻引腿断,继电器引线断和电容击穿等故障,从表 9.13 可见,本次筛选发现的缺陷非常典型。

表 9.12 环境应力筛选发现的典型缺陷

缺陷类型	环境应力		缺陷类型	环境应力	
	温度循环	振动		温度循环	振动
参数漂移	√		相邻元件短路		√
印刷电路板短、开路	√	√	相邻电路板接触		√
布线连接不当		√	虚焊或焊接不良		√
元件装配不当	√	√	元件松脱		√
错用元件	√		冷焊接点缺陷	√	√
密封失效	√		硬件松脱		√
元件污染	√		有缺陷低劣元件	√	√
多余物	√		紧固件松脱		√
导线擦破		√	连接器不配对		√
导线夹断		√	设计问题		√
导线松脱		√			

表 9.13 某产品环境应力筛选发现的缺陷

早期故障件	缺陷类型	环境应力	
		温度循环	随机振动
三极管(3DK₄B)	c、e 极管腿断开		√
继电器	第 7 条引线断开		√
电容(CA30 – 40V – 47μF)	瞬间导通、软击穿	√	√
电容(CA40V – 22μF)	两腿断开		√
电容(CA40V – 22μF)	一腿松动(虚焊)		√
电阻(RJ – 1 – 620Ω ± 5%)	一腿断开		√

6) 综合环境应力检验

(1) 综合环境应力试验的定义与作用。

众所周知,电子设备的环境比较复杂,产品不仅经受正常工作的环境,也经受运输、储存和安装时的环境。而实际的环境条件通常是由若干单一环境因素复合而成的,如气候环境就包括设备工作的温度、湿度、大气压力、气压变化等;机械环境就可能包括了冲击、振动、自由跌落等。对于电子仪器来说,又常会受到电场、磁场的干扰。因此,电子设备在其寿命的各个阶段中将面临的环境应力并不是单一的,而是多个环境应力的综合。

综合环境应力试验就是把各种环境应力(如温度、振动、湿度等)或与电应力相结合,同时施加在产品样品上,模拟产品在未来运输、储存和使用过程中实际经受的应力作用,验证产品可靠性平均无故障工作时间(MTBF)的水平;同时暴露出产品设计、元器件选用、生产工艺等方面存在的薄弱环节,分析原因、寻找纠正措施的一种有效的试验方法。

事实证明,在我国目前的状态下,加强设备的综合环境应力试验是提高产品抗恶劣环境能力、增长产品可靠性的重要途径。实践证明:

① 综合环境应力能更真实地反映产品现场所遇到的环境,所得出的 M9BF 值更能代表产品的实际可靠性水平。

② 综合环境应力能更真实地反映产品现场使用中出现的失效模式,能采用更有针对性的增长措施。

③ 综合环境应力能更充分地揭露产品隐藏的缺陷、故障、失效,可靠性水平增长更快。

（2）综合环境应力试验特点。

综合环境应力试验的应用范围非常广泛,它可用于产品研制的各个阶段,用于考核产品的耐环境能力、环境适应性及其可靠性等。但它主要用于可靠性试验(如可靠性鉴定和验收试验),模拟那些在部署寿命中主要发生的叠加环境效应,是趋向于对产品实际使用环境的模拟,即其考虑的是真实环境。具有如下的特点:

① 只考虑主要的有限的环境因素。例如,在可靠性鉴定和验收试验里面,通常只考虑温湿度、振动与电应力。

② 对实验严酷度取的是使用值,而不是极值,且明确规定对于作用时间短的高量级环境不予考虑,考虑的是出现概率较大的量值。例如温度应力,就以实际使用中可能经历的合理量级为基础,对小概率出现的事件(有的称为合理极值)一概不考虑。

③ 不是破坏性试验,其试验后产品的失效机理和失效分布都不变。

（3）应力之间的联合作用。

大量的试验表明,在许多情况下,当单个环境应力单独作用时,其效果不明显或检测不出来,而当两个或两个以上应力同时作用时就明显显示出来,往往比将各项环境应力分开进行的单项试验的总效果要大得多。例如,美国海军将通过单项试验的电子设备的失效率与现场使用的失效率进行对比,发现它们的比值为1∶20;而用几种应力组成的综合模拟环境应力试验的结果,与现场使用效果比较,它们的失效率之比为4∶5。这些数据说明除了各应力本身的作用外,应力之间还存在着非线性联合作用,应力之间的这种联合作用能相互产生某些效应,这些效应是任何单个环境应力无法产生的,某一种环境因素对产品的影响可能会在另一种环境因素诱发下得到加强并导致失效,多应力同时作用的效果将剧烈增长。如高温与湿度的结合会增加潮湿的穿透速度,增加潮湿引起的蜕化效应,也能增加湿度的一般破坏作用;低温与沙尘的结合会增加尘埃的渗透能力;湿度与振动的结合会增加电气材料的击穿率;湿度与磨屑、沙粒的结合会增大机械的破坏力;低气压与低温的结合能加速密封处的泄漏;湿度与臭氧的结合会形成氧化氢,它对塑料、合成橡胶、粘合剂等破坏作用比水气和臭氧单独作用大得多。

各种环境应力可综合叠加产生以下的一些典型故障:

① 参数漂移引起电子元件性能下降(温度/湿度)。

② 快速形成水或霜引起光电变得模糊或者机械故障(温度/湿度)。

③ 密封结构中大量积存冷凝水(温度/湿度)。

④ 不同材料的不同收缩或膨胀(温度/高度)。

⑤ 运动部件的卡死或松动(温度/振动)。

⑥ 玻璃瓶和光学设备破裂(温度/振动/高度)。

⑦ 爆破器材中固体小球或颗粒破裂(温度/湿度/振动)。

⑧ 部件变形或破裂(温度/振动/高度)。

⑨ 密封舱泄漏(温度/振动/高度)。

⑩ 散热不充分引起故障(温度/振动/高度)。

⑪ 部件分离(温度/湿度/振动/高度)。

⑫ 表面涂层开裂(温度/湿度/振动/高度)。

（4）几种典型的综合环境应力试验。

① 湿热试验。其检验内容在前述"三防"性能检验中已有所叙述,湿热环境的影响主要是湿气的影响。在高相对湿度环境下,对产品的影响主要是吸潮湿,化学作用易发生腐蚀和电解反应,引起的典型故障有容器的破裂、膨胀、腐蚀等;而物理作用更加明显,所引起的典型故障有:丧失抗电能力、丧失机械强度、损害电气性能、增加绝缘体的导电性。而高温会提高湿气的渗透率,增加湿度的破坏性。

湿热试验有两种:一种是恒定湿热试验,另一种是交变湿热试验。恒定湿热试验的目的是确定电子设备在高温及高相对湿度环境条件下工作的适应性;交变湿热试验的目的是确定电子设备在高相对湿度并伴有温度循环变化的环境条件下工作的适应性。

② 振动—温度—湿度综合环境应力试验。振动—温度—湿度广泛用于电子产品的可靠性鉴定与验收试验,是使用最广泛的综合环境应力试验。在所有的环境因素中,电子产品对振动、温度和湿度最为敏感。据国外某基地所使用的产品的失效分析统计:温度占 43.3%,振动占 28.7%,湿度占 16%。从这些数据不难看出,热效应、温度和振动对产品的可靠性有巨大影响,这三种应力作用导致的故障加起来占 88%。从费效比来看,振动—温度—湿度三综合包括了环境因素敏感度的 88%,若在考虑其他的环境因素(剩下的 12%),即四综合、五综合等,那么所花的费用却要增加 1~2 倍以上,这也是振动/温度/湿度三综合使用最广泛的原因之一。

③ 振动—温度—噪声三综合试验。主要适用于电子产品的环境适应性试验。

④ 温度—湿度—高度三综合。温度—湿度—高度试验模拟的是飞行器升降期间非控温、非增压舱内设备遇到的环境条件。当飞行器在高空飞行时,一些装有弹性密封的设备处于低温下,密封件可能会硬化收缩而损坏,设备内部的压力就随设备舱内气压的降低而降低;当飞行器返回湿热的地面时,产品表面温度因低于空气温度会结冰结霜,随着设备舱内温度和气压的回升,湿热空气中的水分以及设备表面冰霜融化产生的水就会被"压"入设备内部,从而产生积水现象。因此,温度—湿度—高度试验主要考核的就是那些装有弹性密封的机载设备和其他带壳盖的不密封的机载设备,看它们在低温低气压和高温高湿的交替作用下,是否会发生密封失效、壳体内积聚冷凝水,进而影响产品的性能。

⑤ 温度—湿度—振动—高度四综合试验。主要适用于航空与航天产品的环境适应性试验,帮助确定飞机在地面和飞行工作期间,温度、湿度、振动和高度对机载电子和机电设备安全性、完整性和性能的综合影响。以模拟气候环境为主,一般采用振动台与气候环境试验结合在一起,实现高频振动、高低温、湿度、高度的综合。美国国防部试验方法标准 MIL-STD-810F 与国军标 GJB 150.24-92 都有比较详细的温度—湿度—振动—高度试验方法。到目前为止,国内只有一套这样的综合试验设备。

⑥ 温度—高度—振动—加速度综合环境应力试验。这种试验主要是针对工作在低气压环境下的航空电子装置和其他电子装置的定性和验收试验。国内还没有这样的试验设备,也没有开展这样的综合试验项目。美国 Wyle 实验室有这样的试验设备(A/V-1050 温度—高度—振动—加速度试验平台),其基本环境模拟能力:最大的线加速度为 50g,桌面半径为 120cm,环境试验箱为 0.3047m³;振动台的最大推力为 0.499t(11001bs),频率范围为 10~2000Hz,电动激励器提供正弦、正弦扫描和随机振动的输入信号,在样品(包括夹具)质量为 49.896kg 情况下,大随机振动量极为 14grms;温度极限值为 +115℃ 和 35℃,高度极限值为 14000m。A/V 平台除了提供综合应力试验外,还提供以下的一些性能:高温环境极限模拟、低

温环境极限模拟和中高度环境极限模拟。

⑦ 加速度—振动—噪声—真空四综合试验。主要用于模拟航天器发射准备,动力段飞行,再入大气层时的飞行环境剖面。它以模拟力学环境为主,一般都在离心机一端,安装一个环境实验室。美国 Goddard 宇宙飞行中心"发射阶段模拟器",可以实现加速度、振动、噪声、真空综合环境,其离心机半径为 18.3m,最大加速度为 30g。

⑧ 振动—温度—湿度—静载荷(或疲劳载荷)四综合试验。主要用来做飞机结构部件,如复合材料、蜂窝结构等的疲劳试验。

对某车载电子设备综合环境应力试验采用温度(高温、低温)、湿度、振动与电应力等多种环境因素叠加。其结果与其自然环境故障失效相比,有较好的一致性,但因无湿度因素故有一定差异。

我国目前较为成熟的环境试验设备多是用于模拟一个或两个环境因素的设备。如振动台、温度试验箱、温湿度试验箱等,且试验方法也多是在几个试验环境中分阶段地进行。这样的试验效果往往不太理想。如前所述,电子设备在其寿命的各个阶段中将面临的环境应力并不是单一的,而是多个环境应力的综合。由于综合环境试验设备紧缺,很多试验没法开展,很难模拟产品的真实环境。针对这个问题,现在有人提出了环境试验设备的虚拟技术,即利用有限元思想和计算机模拟的方法。

综合环境应力试验虽然比单应力试验更能模拟产品的实际环境,但它只能模拟任务环境中有限个环境因素对电子设备的影响,绝不可能完全真实地模拟电子设备的任务环境,而且试验必须考虑并承当一定的风险系数,即必须科学合理地确定各环境因素的量级。量级定得不好,往往出现过试验或欠试验。所以在大力开展综合环境应力试验的同时,也应加强对外场试验的重视,两者相互补充,相互促进。

第10章　软件检验技术

10.1　软件测试概述

10.1.1　软件测试的意义

信息技术的飞速发展,使软件产品应用到社会的各个领域,软件产品的质量自然成为人们共同关注的焦点。不论软件的生产者还是软件的使用者,均生存在竞争的环境中,软件开发商为了占有市场,必须把产品质量作为企业的重要目标之一,以免在激烈的竞争中被淘汰出局。用户为了保证自己业务的顺利完成,当然希望选用优质的软件。质量不佳的软件产品不仅会使开发商的维护费用和用户的使用成本大幅增加,还可能产生其他的责任风险,造成公司信誉下降,继而冲击股票市场。在一些关键应用(如民航订票系统、银行结算系统、证券交易系统、自动飞行控制软件、军事防御和核电站安全控制系统等)中使用质量有问题的软件,还可能造成灾难性的后果。

软件危机曾经是软件界甚至整个计算机界最热门的话题。为了解决这场危机,软件从业人员、专家和学者做出了大量的努力。现在人们已经逐步认识到所谓的软件危机实际上仅是一种状况,那就是软件中有错误,正是这些错误导致了软件开发在成本、进度和质量上的失控。有错是软件的属性,而且是无法改变的,因为软件是由人来完成的,所有由人做的工作都不会是完美无缺的。问题在于我们如何去避免错误的产生和消除已经产生的错误,使程序中的错误密度达到尽可能低的程度。

给软件带来错误的原因很多,具体地说,主要有如下几点:

1. 交流不够、交流上有误解或者根本不进行交流

在应用应该做什么或不应该做什么的细节(应用的需求)不清晰的情况下进行开发。

2. 软件复杂性

图形用户界面(GUI)、客户/服务器结构、分布式应用、数据通信、超大型关系型数据库以及庞大的系统规模,使得软件及系统的复杂性呈指数增长,没有现代软件开发经验的人很难理解它。

3. 程序设计错误

向所有的人一样,程序员也会出错。

4. 需求变化

需求变化的影响是多方面的,客户可能不了解需求变化带来的影响,也可能知道但又不得不那么做。需求变化的后果可能是造成系统的重新设计;设计人员的日程的重新安排;已经完成的工作可能要重做或者完全抛弃;对其他项目产生影响;硬件需求可能要因此改变;等等。如果有许多小的改变或者一次大的变化,项目各部分之间已知或未知的依赖性可能会相互影响而导致更多问题的出现,需求改变带来的复杂性可能导致错误,还可能影响工程参与者的积极性。

5. 时间压力

软件项目的日程表很难做到准确,很多时候需要预计和猜测。当最终期限迫近和关键时刻到来之际,错误也就跟着来了。

6. 自负人更喜欢说

"没问题""这事情很容易""几个小时我就能拿出来"……

太多不切实际的"没问题",结果只能是引入错误。

7. 代码文档贫乏

贫乏或者差劲的文档使得代码维护和修改变的异常艰辛,其结果是带来许多错误。事实上,在许多机构并不鼓励其程序员为代码编写文档,也不鼓励程序员将代码写得清晰和容易理解,相反他们认为少写文档可以更快地进行编码,无法理解的代码更易于工作的保密("写得艰难必定读得痛苦")。

8. 软件开发工具

可视化工具、类库、编译器、脚本工具等,它们常常会将自身的错误带到应用软件中。就像我们所知道的,没有良好的工程化作为基础,使用面向对象的技术只会使项目变得更复杂。

为了更好地解决这些问题,软件界做出了各种各样的努力。事实上,不论采用什么技术和什么方法,软件中仍然会有错。采用新的语言、先进的开发方式、完善的开发过程,可以减少错误的引入,但是不可能完全杜绝软件中的错误,这些引入的错误需要测试来找出,软件中的错误密度也需要测试来进行估计。

测试是所有工程学科的基本组成单元,是软件开发的重要部分。自有程序设计的那天起测试就一直伴随着。软件产品最大的成本是检测软件错误、修正软件错误的成本。统计表明,在典型的软件开发项目中,软件测试工作量往往占软件开发总工作量的40%以上。而在软件开发的总成本中,用在测试上的开销要占30%到50%。如果把维护阶段也考虑在内,讨论整个软件生存期时,测试的成本比例也许会有所降低,但实际上维护工作相当于二次开发,乃至多次开发,其中必定还包含有许多测试工作。因此,测试对于软件生产来说是必需的。

10.1.2 软件测试的概念

1. 软件测试的定义

软件测试的定义有许多种,其中比较权威的是1983年IEEE在软件工程标准术语中给出的定义:"使用人工或自动手段来运行或测定某个系统的过程,其目的在于检验它是否满足规定的需求或是弄清预期结果与实际结果之间的差别。"

2. 软件测试的对象

软件测试并不等于程序测试。软件测试应贯穿于软件定义与开发的整个期间。

需求分析、概要设计、详细设计以及程序编码等各阶段所得到的文档,包括需求规格说明、概要设计规格说明、详细设计规格说明以及源程序,都应成为软件测试的对象。

3. 软件测试的目的

基于不同的立场,存在着两种完全不同的测试目的。

从用户的角度出发,普遍希望通过软件测试暴露软件中隐藏的错误和缺陷,以考虑是否可接受该产品。

从软件开发者的角度出发,则希望测试成为表明软件产品中不存在错误的过程,验证该软件已正确地实现了用户的要求,确立人们对软件质量的信心。

由此可见,软件开发者的情感倾向会影响软件测试的有效性,而用户的需求应该得到尊重。

Grenford J. Myers 在 *The Art of Software Testing* 一书中提出了以下观点:

(1)软件测试是为了发现错误而执行程序的过程。

(2)测试是为了证明程序有错,而不是证明程序无错误。

(3)一个好的测试用例是在于它能发现至今未发现的错误。

(4)一个成功的测试是发现了至今未发现的错误的测试。

换言之,测试的目的是:

(1)想以最少的时间和人力,系统地找出软件中潜在的各种错误和缺陷。如果我们成功地实施了测试,我们就能够发现软件中的错误。

(2)测试的附带收获是,它能够证明软件的功能和性能与需求说明相符合。

(3)实施测试收集到的测试结果数据为可靠性分析提供了依据。

(4)测试不能表明软件中不存在错误,它只能说明软件中存在错误。

4. 软件测试的原则

(1)应当把"尽早地和不断地进行软件测试"作为软件开发者的座右铭。

(2)测试用例应由测试输入数据和对应的预期输出结果这两部分组成。

(3)程序员应避免检查自己的程序。

(4)在设计测试用例时,应当包括合理的输入条件和不合理的输入条件。

(5)充分注意测试中的群集现象。经验表明,测试后程序中残存的错误数目与该程序中已发现的错误数目成正比。

(6)严格执行测试计划,排除测试的随意性。

(7)应当对每一个测试结果做全面检查。

(8)妥善保存测试计划、测试用例、出错统计和最终分析报告,为维护提供方便。

5. 软件测试的复杂性

人们常常以为,开发一个程序是困难的,测试一个程序则比较容易,这其实是误解。设计测试用例是一项细致并需要高度技巧的工作,稍有不慎就会顾此失彼,发生不应有的疏漏。

不论是黑盒测试方法还是白盒测试方法,由于测试情况数量巨大,都不可能进行彻底的测试。所谓彻底测试,就是让被测程序在一切可能的输入情况下全部执行一遍。通常也称这种测试为"穷举测试"。"黑盒"法是穷举输入测试,只有把所有可能的输入都作为测试情况使用,才能以这种方法查出程序中所有的错误。实际上测试情况有无穷多个,人们不仅要测试所有合法的输入,而且还要对那些不合法但是可能的输入进行测试。"白盒"法是穷举路径测试,贯穿程序的独立路径数是天文数字,但即使每条路径都测试了仍然可能有错误。第一,穷举路径测试决不能查出程序违反了设计规范,即程序本身是个错误的程序。第二,穷举路径测试不可能查出程序中因遗漏路径而出错。第三,穷举路径测试可能发现不了一些与数据相关的错误。E. W. Dijkstra 的一句名言对测试的不彻底性做了很好的注解:"程序测试只能证明错误的存在,但不能证明错误不存在。"

在实际测试中,穷举测试工作量太大,实践上行不通,这就注定了一切实际测试都是不彻底的。当然就不能够保证被测试程序中不存在遗留的错误。软件工程的总目标是充分利用有限的人力和物力资源,高效率、高质量地完成测试。为了降低测试成本,选择测试用例时应注意遵守"经济性"的原则。第一,要根据程序的重要性和一旦发生故障将造成的损失来确定它的测试等级;第二,要认真研究测试策略,以便能使用尽可能少的测试用例,发现尽可能多的程序错误。掌握好测试量是至关重要的,一位有经验的软件开发管理人员在谈到软件测试时曾这样说过:"不充分的测试是愚蠢的,而过度的测试是一种罪孽。"测试不足意味着让用户承担隐藏错误带来的危险,过度测试则会浪费许多宝贵的资源。

测试是软件生存期中费用消耗最大的环节。测试费用除了测试的直接消耗外,还包括其他的相关费用。能够决定需要做多少次测试的主要影响因素如下:

1)系统的目的

系统的目的的差别在很大程度上影响所需要进行的测试的数量。那些可能产生严重后果的系统必须要进行更多的测试。一台在波音 757 上的系统应该比一个用于公共图书馆中检索资料的系统需要更多的测试;一个用来控制密封燃气管道的系统应该比一个与有毒爆炸物品无关的系统有更高的可信度;一个安全关键软件的开发组比一个游戏软件开发组要有苛刻得多的查找错误方面的要求。

2)潜在的用户数量

一个系统的潜在用户数量也在很大程度上影响了测试必要性的程度。这主要是由于用户团体在经济方面的影响。一个在全世界范围内有几千个用户的系统肯定比一个只在办公室中运行的有两三个用户的系统需要更多的测试。如果不能使用的话,前一个系统的经济影响肯定比后一个系统大。除此而外,在分配处理错误的时候,所花的代价的差别也很大。如果在内部系统中发现了一个严重的错误,在处理错误的时候的费用就相对少一些,如果要处理一个遍布全世界的错误就需要花费相当大的财力和精力。

3)信息的价值

在考虑测试的必要性时,还需要将系统中所包含的信息的价值考虑在内,一个支持许多家大银行或众多证券交易所的客户机/服务器系统中含有经济价值非常高的内容。很显然这一系统需要比一个支持鞋店的系统要进行更多的测试。这两个系统的用户都希望得到高质量、无错误的系统,但是前一种系统的影响比后一种要大得多。因此,我们应该从经济方面考虑,投入与经济价值相对应的时间和金钱去进行测试。

4)开发机构

一个没有标准和缺少经验的开发机构很可能开发出充满错误的系统。在一个建立了标准和有很多经验的开发机构中开发出来的系统中的错误不会很多,因此,对于不同的开发机构来说,所需要的测试的必要性也就截然不同。

然而,那些需要进行大幅度改善的机构反而不大可能认识到自身的弱点。那些需要更加严格的测试过程的机构往往是最不可能进行这一活动的,在许多情况下,机构的管理部门并不能真正地理解开发一个高质量的系统的好处。

5)测试的时机

测试量会随时间的推移发生改变。在一个竞争很激烈的市场里,争取时间可能是制胜的关键,开始可能不会在测试上花多少时间,但几年后如果市场分配格局已经建立起来了,那么产品的质量就变得更重要了,测试量就要加大。测试量应该针对合适的目标进行调整。

10.2　软件测试过程

10.2.1　软件开发过程与软件测试的关系

1. 软件开发与软件测试的对应关系

测试在所有的软件开发过程中都是最重要的部分。在软件开发过程中,一方面要求我们通过测试活动验证所开发的软件在功能上满足软件需求中描述的每一条特性,性能上满足客户要求的负载压力和相应的响应时间、吞吐量要求;另一方面,面向市场和客户,开发团队还要满足在预算范围内尽快发布软件的要求。

传统的软件测试流程一般是先在软件开发过程中进行少量的单元测试,然后在整个软件开发结束阶段,集中进行大量的测试,包括功能和性能的集成测试和系统测试。随着开发的软件项目越来越复杂,传统的软件测试流程不可避免地给我们的工作带来以下问题:

问题一:项目进度难于控制,项目管理难度加大。

大量的软件错误往往只有到了项目后期系统测试时才能够被发现,解决问题所花的时间很难预料,经常导致项目进度无法控制,同时在整个软件开发过程中,项目管理人员缺乏对软件质量状况的了解和控制,加大了项目管理难度。

问题二:对于项目风险的控制能力较弱。

项目风险在项目开发较晚的时候才能够真正降低。往往是经过系统测试之后,才真正确定该设计是否能够满足系统功能、性能和可靠性方面的需求。

问题三:软件项目开发费用超出预算。

在整个软件开发周期中,错误发现的越晚,单位错误修复成本越高,错误的延迟解决必然导致整个项目成本的急剧增加。

程序中的问题根源可能在开发前期的各阶段解决、纠正错误也必须追溯到前期工作。软件测试应贯穿于软件定义与开发的整个期间,如表 10.1 所列。

表 10.1　开发生命周期中的验证活动

开发阶段	验证活动
需求	确定验证步骤; 对需求进行评审; 产生功能测试用例; 确定需求一致性
设计	确定设计信息是否足够; 准备结构和功能的测试用例; 确定设计的一致性
编码	为单元测试产生了结构和功能测试的测试用例; 进行了足够的单元测试
测试	测试应用系统,着重在功能上
安装	为测试过的系统进行产品化的工作
维护	修改缺陷并重新测试

2. 软件测试策略

测试过程按 4 个步骤进行,即单元测试、集成测试、确认测试和系统测试,如图 10.1 所示。

开始是单元测试,集中对用源代码实现的每一个程序单元进行测试,检查各个程序模块是否正确地实现了规定的功能。

集成测试把已测试过的模块组装起来,主要对与设计相关的软件体系结构的构造进行测试。

确认测试则是要检查已实现的软件是否满足了需求规格说明中确定了的各种需求,以及软件配置是否完全、正确。

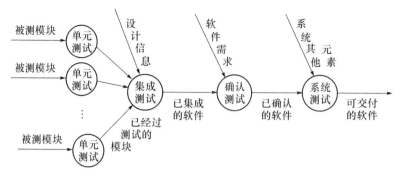

图 10.1 软件测试策略

系统测试把已经经过确认的软件纳入实际运行环境中,与其他系统成分组合在一起进行测试。

3. 软件测试文件

软件测试文件描述要执行的软件测试及测试的结果。由于软件测试是一个很复杂的过程,同时对于保证软件的质量和它的运行有着重要意义,必须把对它们的要求、过程及测试结果以正式的文件形式写出。测试文件的编写是测试规范化的一个组成部分。测试文件不只在测试阶段才考虑,它在软件开发的需求分析阶段就开始着手,因为测试文件与用户有着密切的关系。在设计阶段的一些设计方案也应在测试文件中得到反映以利于设计的检验。测试文件对于测试阶段工作的指导与评价作用更是非常明显的。需要特别指出的是,在已开发的软件投入运行的维护阶段,常常还要进行再测试或回归测试,这时仍需用到测试文件。

根据测试文件所起的作用不同,通常把测试文件分成两类,即测试计划和测试分析报告。测试计划详细规定测试的要求,包括测试的目的和内容、方法和步骤,以及测试的准则等。由于要测试的内容可能涉及软件的需求和软件的设计,因此必须及早开始测试计划的编写工作。不应在着手测试时,才开始考虑测试计划。通常测试计划的编写从需求分析阶段开始,到软件设计阶段结束时完成。测试报告用来对测试结果的分析说明,经过测试后,证实了软件具有的能力,以及它的缺陷和限制,并给出评价的结论性意见,这些意见即是对软件质量的评价,又是决定该软件能否交付用户使用的依据。由于要反映测试工作的情况,自然要在测试阶段内编写。

测试文件的重要性表现在以下几个方面:

(1)验证需求的正确性:测试文件中规定了用以验证软件需求的测试条件,研究这些测试条件对弄清用户需求的意图是十分有益的。

(2)检验测试资源:测试计划不仅要用文件的形式把测试过程规定下来还应说明测试工作必不可少的资源,进而检验这些资源是否可以得到,即它的可用性如何。如果某个测试计划已经编写出来,但所需资源仍未落实,那就必须及早解决。

(3)明确任务的风险:有了测试计划,就可以弄清楚测试可以做什么不能做什么。了解测试任务的风险有助于对潜伏的可能出现的问题事先做好思想上和物质上的准备。

生成测试用例:测试用例的好坏决定着测试工作的效率,选才择合适的测试用例是做好测试工作的关键。在测试文件编制过程中,按规定的要求精心设计测试用例有重要的意义。

(4)评价测试结果:测试文件包括测试用例,即若干测试数据及对应的预期测试结果。完成测试后,将测试结果与预期的结果进行比较,便可对已进行的测试提出评价意见。

（5）再测试：测试文件规定的和说明的内容对维护阶段由于各种原因的需求进行再测试时，是非常有用的。

（6）决定测试的有效性：完成测试后，把测试结果写入文件，这对分析测试的有效性，甚至整个软件的可用性提供了依据。同时，还可以证实有关方面的结论。

在软件的需求分析阶段，就开始测试文件的编制工作，各种测试文件的编写应按一定的格式进行。具体格式可以根据各个公司的不同特点和标准制定固定的标准格式。

10.2.2 单元测试

单元测试的对象是软件设计的最小单位——模块。单元测试的依据是详细设计描述，单元测试应对模块内所有重要的控制路径设计测试用例，以便发现模块内部的错误。单元测试多采用白盒测试技术，系统内多个模块可以并行地进行测试。

1. 单元测试任务

模块接口测试；模块局部数据结构测试；模块边界条件测试；模块中所有独立执行通路测试；模块的各条错误处理通路测试。

模块接口测试是单元测试的基础，只有在数据能正确流入、流出模块的前提下，其他测试才有意义。测试接口正确与否应该考虑下列因素：

（1）输入的实际参数与形式参数的个数是否相同。

（2）输入的实际参数与形式参数的属性是否匹配。

（3）输入的实际参数与形式参数的量纲是否一致。

（4）调用其他模块时所给实际参数的个数是否与被调模块的形参个数相同。

（5）调用其他模块时所给实际参数的属性是否与被调模块的形参属性匹配。

（6）调用其他模块时所给实际参数的量纲是否与被调模块的形参量纲一致。

（7）调用预定义函数时所用参数的个数、属性和次序是否正确。

（8）是否存在与当前入口点无关的参数引用。

（9）是否修改了只读型参数。

（10）对全程变量的定义各模块是否一致。

（11）是否把某些约束作为参数传递。

如果模块内包括外部输入输出，还应该考虑下列因素：

（1）文件属性是否正确。

（2）OPEN/CLOSE 语句是否正确。

（3）格式说明与输入、输出语句是否匹配。

（4）缓冲区大小与记录长度是否匹配。

（5）文件使用前是否已经打开。

（6）是否处理了文件尾。

（7）是否处理了输入/输出错误。

（8）输出信息中是否有文字性错误。

检查局部数据结构是为了保证临时存储在模块内的数据在程序执行过程中完整、正确。局部数据结构往往是错误的根源，应仔细设计测试用例，力求发现下面几类错误：

（1）不合适或不相容的类型说明。

（2）变量无初值。

（3）变量初始化或省缺值有错。

（4）不正确的变量名（拼错或不正确地截断）。

（5）出现上溢、下溢和地址异常。

除了局部数据结构外，如果可能，单元测试时还应该查清全局数据（如 FORTRAN 的公用区）对模块的影响。

在模块中应对每一条独立执行路径进行测试，单元测试的基本任务是保证模块中每条语句至少执行一次。此时设计测试用例是为了发现因错误计算、不正确的比较和不适当的控制流造成的错误。此时基本路径测试和循环测试是最常用且最有效的测试技术。计算中常见的错误包括：

（1）误解或用错了算符优先级。

（2）混合类型运算。

（3）变量初值错。

（4）精度不够。

（5）表达式符号错。

比较判断与控制流常常紧密相关，测试用例还应致力于发现下列错误：

（1）不同数据类型的对象之间进行比较。

（2）错误地使用逻辑运算符或优先级。

（3）因计算机表示的局限性，期望理论上相等而实际上不相等的两个量相等。

（4）比较运算或变量出错。

（5）循环终止条件或不可能出现。

（6）迭代发散时不能退出。

（7）错误地修改了循环变量。

一个好的设计应能预见各种出错条件，并预设各种出错处理通路，出错处理通路同样需要认真测试，测试应着重检查下列问题：

（1）输出的出错信息难以理解。

（2）记录的错误与实际遇到的错误不相符。

（3）在程序自定义的出错处理段运行之前，系统已介入。

（4）异常处理不当。

（5）错误陈述中未能提供足够的定位出错信息。

边界条件测试是单元测试中最后，也是最重要的一项任务。众的周知，软件经常在边界上失效，采用边界值分析技术，针对边界值及其左、右设计测试用例，很有可能发现新的错误。

2. 单元测试过程

模块并不是一个独立的程序，在考虑测试模块时，同时要考虑它和外界的联系，用一些辅助模块去模拟与被测模块相联系的其他模块。辅助模块有两种：一种是驱动模块（driver），用以模拟被测模块的上级模块。驱动模块在单元测试中接受测试数据，把相关的数据传送给被测模块，启动被测模块，并打印出相应的结果。另一种是桩模块（stub），用以模拟被测模块工作过程中所调用的模块。桩模块由被测模块调用，它们一般只进行很少的数据处理，例如打印入口和返回，以便于检验被测模块与其下级模块的接口，如图 10.2 所示。驱动器和桩都是额外的开销，这两种模块虽然在单元测试中必须编写，但却不作为最终的软件产品提供用户。如果驱动器和桩很简单的话，那么开销相对较低，然后，使用"简单"的模块是不可能进行足够的单元测试的,模块间接口的全面检验要推迟到集成测试时进行。

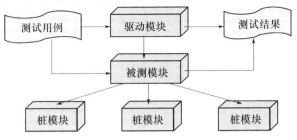

图 10.2 单元测试环境

如果一个模块要完成多种功能,可以将这个模块看成由几个小程序组成,必须对其中的每个小程序先进行单元测试要做的工作,对关键模块还要做性能测试。

对支持某些标准规程的程序,更要着手进行互联测试。有人把这种情况特别称为模块测试,以区别单元测试。

10.2.3 集成测试

时常有这样的情况发生,每个模块都能单独工作,但这些模块集成在一起之后却不能正常工作。主要原因是,模块相互调用时接口会引入许多新问题。例如,数据经过接口可能丢失;一个模块对另一模块可能造成不应有的影响;几个子功能组合起来不能实现主功能;误差不断积累达到不可接受的程度;全局数据结构出现错误;等等。集成测试是组装软件的系统测试技术,按设计要求把通过单元测试的各个模块组装在一起之后,进行综合测试以便发现与接口有关的各种错误。把所有模块按设计要求一次全部组装起来,然后进行集成测试,这称为非增量式集成。这种方法容易出现混乱。因为测试时可能发现一大堆错误,为每个错误定位和纠正非常困难,并且在改正一个错误的同时又可能引入新的错误。新旧错误混杂,更难断定出错的原因和位置。与之相反的是增量式集成方法,程序一段一段地扩展,测试的范围一步一步地增大,错误易于定位和纠正,界面的测试也可做到完全彻底。常用的有下面两种增量集成方法。

1. 自顶向下集成

自顶向下集成是构造程序结构的一种增量式方式,它从主控模块开始,按照软件的控制层次结构,以深度优先或广度优先的策略,逐步把各个模块集成在一起。深度优先策略首先是把主控制路径上的模块集成在一起,至于选择哪一条路径作为主控制路径,这多少带有些随意性,要根据问题的特性确定。

自顶向下集成测试的具体步骤为:

(1)以主控模块作为测试驱动模块,把对主控模块进行单元测试时引入的所有桩模块用实际模块替代。

(2)依据所选的集成策略,每次只替代一个桩模块。

(3)每集成一个模块立即测试一遍。

(4)只有每组测试完成后,才着手替换下一个桩模块。

(5)为避免引入新错误,须不断地进行回归测试。从第 0 步开始,循环执行上述步骤,直至整个程序结构构造完毕。

自顶向下集成的优点在于能尽早地对程序的主要控制和决策机制进行检验,因此能较早地发现错误。缺点是在测试较高层模块时,低层处理采用桩模块替代,不能反映真实情况,重

要数据也不能及时回送到上层模块,因此测试并不充分。解决这个问题有几种办法:

第一种是把某些测试推迟到用真实模块替代桩模块之后进行;

第二种是开发能模拟真实模块的桩模块;

第三种是自底向上集成模块;

第一种方法又回退为非增量式的集成方法,使错误难于定位和纠正并失去了在组装模块时进行一些特定测试的可能性;第二种方法无疑要大大增加开销;第三种方法更切实可行。

2. 自底向上集成

自底向上测试是从软件结构最低层的模块开始组装测试。因测试到较高层模块时,所需的下层模块功能均已具备,所以不再需要桩模块。

自底向上集成测试的步骤分为:①把低层模块组织成实现某个子功能的模块群;②开发一个测试驱动模块,控制测试数据的输入和测试结果的输出;③对每个模块群进行测试;④删除测试使用的驱动模块,用较高层模块把模块群组织成为完成更大功能的新模块群。从第①步开始循环执行上述各步骤,直至整个程序构造完毕。

自底向上集成方法不用桩模块,测试用例的设计也相对简单,但缺点是程序最后一个模块加入时才具有整体形象。它与自顶向上集成测试方法优缺点相反。因此,在测试软件系统时,应根据软件的特点和工程的进度,选用适当的测试策略。有时混合使用两种策略更为有效,上层模块用自顶向下的方法,下层模块用自底向上的方法。此外,在集成测试中尤其要注意关键模块。所谓关键模块一般都具有下述一个或多个特征:①对应几条需求;②具有高层控制功能;③复杂、易出错;④有特殊的性能要求。关键模块应尽早测试,并反复进行回归测试。

10.2.4 确认测试

确认测试也称合格性测试,这是检验所开发的软件是否按用户要求运行。确认测试应检查软件能否按合同要求进行工作,即是否满足软件需求说明书中的确认标准。

1. 确认测试标准

实现软件确认要通过一系列黑盒测试。确认测试同样需要制订测试计划和过程,测试计划应规定测试的种类和测试进度,测试过程则定义一些特殊的测试用例,旨在说明软件与需求是否一致。无论是测试计划还是测试过程,都应该着重考虑软件是否满足合同规定的所有功能和性能,文档资料是否完整、准确,人机界面、可移植性、兼容性、可维护性等是否令用户满意。

2. 配置复审

确认测试的另一个重要环节是配置复审。复审的目的在于保证软件配置齐全、分类有序,并且包括软件维护所必需的细节。

3. α、β 测试

事实上,软件开发人员不可能完全预见用户实际使用程序的情况。例如,用户可能错误地理解命令,或提供一些奇怪的数据组合,也可能对设计者自认明了的输出信息迷惑不解。因此,软件是否真正满足最终用户的要求,应由用户进行一系列验收测试。验收测试既可以是非正式的测试,也可以是有计划、系统的测试。有时,验收测试长达数周甚至数月,不断暴露错误,导致开发延期。一个软件产品,可能拥有众多用户,不可能由每个用户验收,此时多采用称为 α、β 测试的过程,以期发现那些似乎只有最终用户才能发现的问题。

α 测试是指软件开发公司组织内部人员模拟各类用户对即将面市的软件产品(称为 α 版本)进行测试,试图发现错误并修正。α 测试的关键在于尽可能逼真地模拟实际运行环境和用户对软件产品的操作并尽最大努力涵盖所有可能的用户操作方式。经过 α 测试调整的软件产品称为 β 版本。紧随其后的 β 测试是指软件开发公司组织各方面的典型用户在日常工作中实际使用 β 版本,并要求用户报告异常情况、提出批评意见,然后软件开发公司再对 β 版本进行改错和完善。

10.2.5 系统测试

软件开发完成后,还要与系统中其他部分配套运行,进行系统测试包括恢复测试、安全测试、强度测试和性能测试等。在系统测试之前,软件工程师应完成下列工作:

(1) 为测试软件系统的输入信息设计出错处理通路。

(2) 设计测试用例,模拟错误数据和软件界面可能发生的错误,记录测试结果,为系统测试提供经验和帮助。

(3) 参与系统测试的规划和设计,保证软件测试的合理性。

系统测试应该由若干个不同测试组成,目的是充分运行系统,验证系统各部件是否都能工作并完成所赋予的任务。下面简单介绍几类系统测试。

1) 恢复测试

恢复测试主要检查系统的容错能力。当系统出错时,能否在指定时间间隔内修正错误并重新启动系统。恢复测试首先要采用各种办法强迫系统失败,然后验证系统是否能尽快恢复。对于自动恢复需验证重新初始化、检查点、数据恢复和重新启动等机制的正确性;对于人工干预的恢复系统,还需估测平均修复时间,确定其是否在可接受的范围内。

2) 安全测试

安全测试检查系统对非法浸入的防范能力。安全测试期间,测试人员假扮非法入浸者,采用各种办法试图突破防线。

例如:

(1) 想方设法截取或破译口令。

(2) 专门定做软件破坏系统的保护机制。

(3) 故意导致系统失败,企图趁恢复之机非法进入。

(4) 试图通过浏览非保密数据,推导所需信息。

理论上讲,只要有足够的时间和资源,没有不可进入的系统。因此,系统安全设计的准则是使非法浸入的代价超过被保护信息的价值此时非法浸入者已无利可图。

3) 强度测试

强度测试检查程序对异常情况的抵抗能力。强度测试总是迫使系统在异常的资源配置下运行。例如,当中断的正常频率为每秒 1~2 个时,运行每秒产生 10 个中断的测试用例;定量地增长数据输入率检查输入子功能的反应能力;运行需要最大存储空间(或其他资源)的测试用例;运行可能导致虚存操作系统崩溃或磁盘数据剧烈抖动的测试用例等。

4) 性能测试

对于那些实时和嵌入式系统,软件部分即使能满足功能要求,也未必能够满足性能要求。虽然从单元测试起,每一测试步骤都包含性能测试,但只有当系统真正集成之后,在真实环境中才能全面、可靠地测试运行性能系统。性能测试是为了完成这一任务。性能测试有时与强度测试相结合,经常需要其他软硬件的配套支持。只有经过上述测试过程测试后,软件才能基本满足开发要求。测试宣告结束,经验收后,将软件提交用户使用。

10.2.6 回归测试

回归测试就是漏洞修复完成后再对软件进行测试,以确保软件没有产生"回归"或因修复而变得更糟,这种测试一般要重新运行最初发现问题的原始测试程序。有关回归测试有两个焦点:有没有产生新的漏洞,修复是否确实使缺陷消除。

回归测试的价值在于它是一个能够检测到回归错误的受控试验。当测试组选择缩减的回归测试时,有可能删除了将揭示回归错误的测试用例,消除了发现回归错误的机会。然而,如果采用了代码相依性分析等安全的缩减技术,就可以决定哪些测试用例可以被删除而不会让回归测试的意图遭到破坏。

1. 回归测试方式

选择回归测试策略应该兼顾效率和有效性两个方面。常用的选择回归测试的方式包括:

1)再测试全部用例

选择基线测试用例库中的全部测试用例组成回归测试包,这是一种比较安全的方法,再测试全部用例具有最低的遗漏回归错误的风险,但测试成本最高。全部再测试几乎可以应用到任何情况下,基本上不需要进行分析和重新开发,但是,随着开发工作的进展,测试用例不断增多,重复原先所有的测试将带来很大的工作量,往往超出了我们的预算和进度。

2)基于风险选择测试

可以基于一定的风险标准来从基线测试用例库中选择回归测试包。首先运行最重要的、关键的和可疑的测试,而跳过那些非关键的、优先级别低的或者高稳定的测试用例,这些用例即便可能测试到缺陷,这些缺陷的严重性也仅有三级或四级。一般而言,测试从主要特征到次要特征。

3)基于操作剖面选择测试

如果基线测试用例库的测试用例是基于软件操作剖面开发的,测试用例的分布情况反映了系统的实际使用情况。回归测试所使用的测试用例个数可以由测试预算确定,回归测试可以优先选择那些针对最重要或最频繁使用功能的测试用例,释放和缓解最高级别的风险,有助于尽早发现那些对可靠性有最大影响的故障。这种方法可以在一个给定的预算下最有效地提高系统可靠性,但实施起来有一定的难度。

4)再测试修改的部分

当测试者对修改的局部化有足够的信心时,可以通过相依性分析识别软件的修改情况并分析修改的影响,将回归测试局限于被改变的模块和它的接口上。通常,一个回归错误一定涉及一个新的、修改的或删除的代码段。在允许的条件下,回归测试尽可能覆盖受到影响的部分。

再测试全部用例的策略是最安全的策略,但已经运行过许多次的回归测试不太可能揭示新的错误,而且很多时候,由于时间、人员、设备和经费的原因,不允许选择再测试全部用例的回归测试策略,此时,可以选择适当的策略进行缩减的回归测试。

2. 回归测试的过程

有了测试用例库的维护方法和回归测试包的选择策略,回归测试可遵循下述过程进行:

(1)识别出软件中被修改的部分。

（2）从原基线测试用例库中排除所有不再适用的测试用例,确定那些对新的软件版本依然有效的测试用例。

（3）如果必要,生成新的测试用例集,用于测试原来测试用例集无法充分测试的部分。

（4）依据一定的策略选择测试用例测试被修改的软件。

（5）进行测试,并记录测试结果到测试报告。

（6）分析测试报告。

（7）修正和测试工作。

（8）完成测试产品提交配置。

10.3 软件测试方法

10.3.1 软件测试方法概述

软件测试的方法和技术是多种多样的。对于软件测试技术,可以从不同的角度加以分类:从是否需要执行被测软件的角度,可分为静态测试和动态测试。

从测试是否针对系统的内部结构和具体实现算法的角度来看,可分为黑盒测试和白盒测试。

1. 黑盒测试

黑盒测试也称功能测试或数据驱动测试,它是在已知产品所应具有的功能,通过测试来检测每个功能是否都能正常使用。在测试时,把程序看作一个不能打开的黑盆子,在完全不考虑程序内部结构和内部特性的情况下,测试者在程序接口进行测试,它只检查程序功能是否按照需求规格说明书的规定正常使用,程序是否能适当地接收输入数据而产生正确的输出信息,并且保持外部信息(如数据库或文件)的完整性。黑盒测试方法主要有等价类划分、边值分析、因果图、错误推测等,主要用于软件确认测试。"黑盒"法着眼于程序外部结构、不考虑内部逻辑结构、针对软件界面和软件功能进行测试。"黑盒"法是穷举输入测试,只有把所有可能的输入都作为测试情况使用,才能以这种方法查出程序中所有的错误。实际上测试情况有无穷多个,人们不仅要测试所有合法的输入,而且还要对那些不合法但是可能的输入进行测试。

2. 白盒测试

白盒测试也称结构测试或逻辑驱动测试,它是知道产品内部工作过程,可通过测试来检测产品内部动作是否按照规格说明书的规定正常进行,按照程序内部的结构测试程序,检验程序中的每条通路是否都有能按预定要求正确工作,而不顾它的功能。白盒测试的主要方法有逻辑驱动、基路测试等,主要用于软件验证。

"白盒"法全面了解程序内部逻辑结构,对所有逻辑路径进行测试。"白盒"法是穷举路径测试。在使用这一方案时,测试者必须检查程序的内部结构,从检查程序的逻辑着手,得出测试数据。贯穿程序的独立路径数是天文数字。但即使每条路径都测试了仍然可能有错误。第一,穷举路径测试决不能查出程序违反了设计规范,即程序本身是个错误的程序;第二,穷举路径测试不可能查出程序中因遗漏路径而出错;第三,穷举路径测试可能发现不了一些与数据相关的错误。

比较黑盒测试与白盒测试如表10.2所列。

表 10.2 黑盒测试与白盒测试的比较

测试方式	特征	依据	测试人员	测试驱动程序
黑盒测试	只关心软件的外部表现,不关心内部设计与实现	软件需求	任何人(包括开发人员、独立测试人员和用户)	一般无需编写额外的测试驱动程序
白盒测试	关注软件的内部设计与实现,要跟踪源代码的运行	设计文档	由开发人员兼任测试人员的角色	需要编写额外的测试驱动程序

10.3.2 黑盒测试法

1. 等价类划分法

等价类划分是一种典型的黑盒测试方法,使用这一方法时,完全不考虑程序的内部结构,只依据程序的规格说明来设计测试用例。

等价类划分方法把所有可能的输入数据,即程序的输入域划分成若干部分,然后从每一部分中选取少数有代表性的数据作为测试用例。使用这一方法设计测试用例要经历划分等价类(列出等价类表)和选取测试用例两步。

1)划分等价类

等价类是指某个输入域的子集合。在该子集合中,各个输入数据对于揭露程序中的错误都是等效的。测试某等价类的代表值就等价于对这一类其他值的测试。等价类的划分有两种不同的情况:① 有效等价类:是指对于程序的规格说明来说,是合理的,有意义的输入数据构成的集合。② 无效等价类:是指对于程序的规格说明来说,是不合理的,无意义的输入数据构成的集合。

在设计测试用例时,要同时考虑有效等价类和无效等价类的设计。

划分等价类等价类的原则。

(1)如果输入条件规定了取值范围,或值的个数,则可以确立一个有效等价类和两个无效等价类。例如,在程序的规格说明中,对输入条件有一句话:" …… 项数可以从 1 到 999 ……",则有效等价类是"1≤项数≤999",两个无效等价类是"项数 < 1"或"项数 > 999"。在数轴上表示成如所图 10.3 所示:

图 10.3 等价类划分示例

(2)如果输入条件规定了输入值的集合,或者是规定了"必须如何"的条件,这时可确立一个有效等价类和一个无效等价类,例如,在 Pascal 语言中对变量标识符规定为"以字母打头的……串",那么所有以字母打头的构成有效等价类,而不在此集合内(不以字母打头)的归于无效等价类。

(3)如果输入条件是一个布尔量,则可以确定一个有效等价类和一个无效等价类。

(4)如果规定了输入数据的一组值,而且程序要对每个输入值分别进行处理,这时可为每一个输入值确立一个有效等价类,此外针对这组值确立一个无效等价类,它是所有不允许的输入值的集合。例如,在教师上岗方案中规定对教授、副教授、讲师和助教分别计算分数,做相应的处理。因此,可以确定 4 个有效等价类为教授、副教授、讲师和助教,一个无效等价类,它是所有不符合以上身份的人员的输入值的集合。

（5）如果规定了输入数据必须遵守的规则,则可以确立一个有效等价类(符合规则)和若干个无效等价类(从不同角度违反规则)。例如,Pascal 语言规定"一个语句必须以分号';'结束",这时,可以确定一个有效等价类"以';'结束",若干个无效等价类"以':'结束""以','结束""以' '结束""以 LF 结束"等。

2）确立测试用例

在确立了等价类之后,建立等价类表,列出所有划分出的等价类,如表 10.3 所列。

再从划分出的等价类中按以下原则选取测试用例:

（1）为每一个等价类规定一个唯一编号。

（2）设计一个新的测试用例,使其尽可能多地覆盖尚未被覆盖的有效等价类,重复这一步,直到所有的有效等价类都被覆盖为止。

表 10.3 等价类表

输入条件	有效等价类	无效等价类

（3）设计一个新的测试用例,使其仅覆盖一个尚未被覆盖的无效等价类,重复这一步,直到所有的无效等价类都被覆盖为止。

例:在某一 PASCAL 语言版本中规定:"标识符是由字母开头,后跟字母或数字的任意组合构成。有效字符数为 8 个,最大字符数为 80 个。"并且规定:"标识符必须先说明,再使用。""在同一说明语句中,标识符至少必须有一个。"

用等价类划分的方法,建立输入等价类表如表 10.4 所列。

表 10.4 示例等价类表

输入条件	有效等价类	无效等价类
标识符个数	1 个(1),多个(2)	0 个(3)
标识符字符数	1~8 个(4)	0 个(5),>8 个(6),>80 个(7)
标识符组成	字母(8),数字(9)	非字母数字字符(10),保留字(11)
第一个字符	字母(12)	非字母(13)
标识符使用	先说明后使用(14)	未说明已使用(15)

下面选取了 9 个测试用例,它们覆盖了所有的等价类。

① **VAR** *x*,T1234567:**REAL**;

BEGIN *x* : = 3.414;

T1234567 : = 2.732;

……

（1）,（2）,（4）,（8）,（9）,（12）,（14）

② **VAR**:**REAL**;　　　　　　　　　　　（3）

③ **VAR** *x*,:**REAL**;　　　　　　　　　　（5）

④ **VAR** T12345678:**REAL**;　　　　　　（6）

⑤ **VAR** T12345……:**REAL**;　　　　　　（7）

　　　　　　多于 80 个字符

⑥ **VAR** T ＄：**CHAR**；　　　　　　（10）

⑦ **VAR** GOTO：**INTEGER**；　　　　（11）

⑧ **VAR** 2T：**REAL**；　　　　　　　（13）

⑨ **VAR** PAR：**REAL**；　　　　　　（15）

BEGIN……

　　　PAP：= **SIN**（3.14 ＊ 0.8）／6；

2. 边界值分析法

边界值分析也是一种黑盒测试方法,是对等价类划分方法的补充。

人们从长期的测试工作经验得知,大量的错误是发生在输入或输出范围的边界上,而不是在输入范围的内部。因此针对各种边界情况设计测试用例,可以查出更多的错误。

例如,在做三角形计算时,要输入三角形的三个边长:a、b 和 c。我们应注意到这三个数值应当满足 $a > 0$、$b > 0$、$c > 0$、$a + b > c$、$a + c > b$、$b + c > a$,才能构成三角形。但如果把六个不等式中的任何一个大于号"＞"错写成大于等于号"≥",那就不能构成三角形。问题恰出现在容易被疏忽的边界附近。

这里所说的边界是指,相当于输入等价类和输出等价类而言,稍高于其边界值及稍低于其边界值的一些特定情况。

使用边界值分析方法设计测试用例,首先应确定边界情况。应当选取正好等于,刚刚大于,或刚刚小于边界的值作为测试数据,而不是选取等价类中的典型值或任意值作为测试数据。

边界值设计测试遵循的五条原则:

（1）如果输入条件规定了取值范围,应以该范围的边界内及刚刚超范围边界外的值作为测试用例。如以 a 和 b 为边界,测试用例应当包含 a 和 b 及略大于 a 和略小于 b 的值。

（2）若规定了值的个数,分别以最大、最小个数及稍小于最小、稍大于最大个数作为测试用例。

（3）针对每个输出条件使用上述（1）、（2）条原则。

（4）如果程序规格说明中提到的输入或输出域是个有序的集合（如顺序文件、表格等）,就应注意选取有序集的第一个和最后一个元素作为测试用例。

（5）分析规格说明,找出其他的可能边界条件。

试用边界值分析法设计报表日期的测试用例,如表 10.5 所列。

表 10.5　"报表日期"边界值分析法测试用例

输入条件	测试用例说明	测试数据	期望结果	选取理由
报表日期的类型及长度	1 个数字字符	5	显示出错	仅有 1 个合法字符
	5 个数字字符	20015	显示出错	比有效长度少 1
	7 个数字字符	2001005	显示出错	比有效长度多 1
	有 1 个非数字字符	2001.5	显示出错	只有 1 个非法字符
	全部是非数字字符 6 个数字字符	MAY－－－	显示出错	6 个非法字符类型及长度均
		200105	输入有效	有效
日期范围		200101	输入有效	最小日期
	在有效范围	200512	输入有效	最大日期
	边界上选取数据	200100	显示出错	刚好小于最小日期
		200513	显示出错	刚好大于最大日期

输入条件	测试用例说明	测试数据	期望结果	选取理由
月份范围	月份为 1 月	200101	输入有效	最小月份
	月份为 12 月	200112	输入有效	最大月份
	月份 <1	200100	显示出错	刚好小于最小月份
	月份 >12	200113	显示出错	刚好大于最大月份

3. 判定表

判定表(Decision Table)是分析和表达多逻辑条件下执行不同操作的情况下的工具。由于它可以把复杂的逻辑关系和多种条件组合的情况表达得既具体又明确,因此在程序设计发展的初期,判定表就已被当作编写程序的辅助工具了。

判定表通常由五个部分组成,如图 10.4 所示。

条件桩(Condition Stub):列出了问题得所有条件。通常认为列出的条件的次序无关紧要。

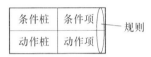

图 10.4　判定表组成

动作桩(Action Stub):列出了问题规定可能采取的操作,这些操作的排列顺序没有约束。

条件项(Condition Entry):列出针对它左列条件的取值,在所有可能情况下的真假值。

动作项(Action Entry):列出在条件项的各种取值情况下应该采取的动作。

规则:任何一个条件组合的特定取值及其相应要执行的操作。在判定表中贯穿条件项和动作项的一列就是一条规则。显然,判定表中列出多少组条件取值,也就有多少条规则,既条件项和动作项有多少列。

判定表的建立步骤:(根据软件规格说明)

(1) 确定规则的个数。假如有 n 个条件,每个条件有两个取值(0,1),故有 2^n 种规则。

(2) 列出所有的条件桩和动作桩。

(3) 填入条件项。

(4) 填入动作项,形成初始判定表。

(5) 简化,合并相似规则(相同动作)。

试设计初始"读书"的判定表如表 10.6 所列。

表 10.6　初始判定表

容易看出,1、5 规则,2、6 规则,3、4 规则,7、8 规则相似,可以简化。简化合并后的判定表如表 10.7 所列。

表 10.7　最终判定表

		1	2	3	4
问题	你觉的疲倦吗	–	–	Y	N
	你对内容感兴趣吗	Y	Y	N	N
	书中的内容使你糊涂吗	Y	N	–	–
建议	请回到本章开头重读	*			
	继续读下去		*		
	跳到下一章去读				*
	停止阅读,请休息			*	

适合于使用判定表设计测试用例的条件:

(1) 规格说明以判定表形式给出,或是很容易转换成判定表。

(2) 条件的排列顺序不会也不应影响执行哪些操作。

(3) 规则的排列顺序不会也不应影响执行哪些操作。

(4) 每当某一规则的条件已经满足,并确定要执行的操作后,不必检验别的规则。

(5) 如果某一规则得到的满足要执行多个操作,这些操作的顺序无关紧要。

10.3.3　白盒测试法

1. 逻辑覆盖

根据覆盖准则的强弱,可以分为语句覆盖、判定覆盖、条件覆盖、判断-条件覆盖、路径覆盖。

1) 语句覆盖

设计若干个测试用例,运行所测程序,使得每一可执行语句至少执行一次。语句覆盖是最弱的逻辑覆盖准则。

$$IF((A > 1) \ AND \ (B = 0))THEN$$
$$X = X / A$$
$$IF((A = 2) \ OR \ (X > 1))THEN$$
$$X = X + 1$$

其中"AND"和"OR"是两个逻辑运算符。图 10.5 给出了它的流程图。a、b、c、d 和 e 是控制流上的若干程序点。

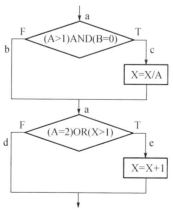

图 10.5　被测程序流程图

310

语句覆盖的含意是,在测试时,首先设计若干个测试用例,然后运行被测程序,使程序中的每个可执行语句至少执行一次。这时所谓"若干个",自然是越少越好。

在上述程序段中,我们如果选用的测试用例是:

$$\left.\begin{array}{l} A = 2 \\ B = 0 \\ X = 3 \end{array}\right\} \cdots\cdots\cdots\cdots\cdots\cdots \text{CASE1}$$

则程序按路径 ace 执行。这样该程序段的 4 个语句均得到执行,从而作到了语句覆盖。但如果选用的测试用例是:

$$\left.\begin{array}{l} A = 2 \\ B = 1 \\ X = 3 \end{array}\right\} \cdots\cdots\cdots\cdots\cdots\cdots \text{CASE2}$$

程序按路径 abe 执行,便未能达到语句覆盖。

从程序中每个语句都得到执行这一点来看,语句覆盖的方法似乎能够比较全面地检验每一个语句,但它也绝不是完美无缺的。假如这一程序段中两个判断的逻辑运算有问题,例如,第一个判断的运算符"AND"错成运算符"OR"或是第二个判断中的运算符"OR"错成了运算符"AND"。这时仍使用上述前一个测试用例 CASE1,程序仍将按路径 ace 执行。这说明虽然也作到了语句覆盖,却发现不了判断中逻辑运算的错误。

2)判定覆盖

按判定覆盖准则进行测试是指,设计若干测试用例,运行被测程序,使得程序中每个判断的取真分支和取假分支至少经历一次,即判断的真假值均曾被满足。判定覆盖又称为分支覆盖。

仍以上述程序段为例,若选用的两组测试用例是:

$$\left.\begin{array}{l} A = 2 \\ B = 0 \\ X = 3 \end{array}\right\} \cdots\cdots\cdots\cdots\cdots\cdots \text{CASE1}$$

$$\left.\begin{array}{l} A = 1 \\ B = 0 \\ X = 1 \end{array}\right\} \cdots\cdots\cdots\cdots\cdots\cdots \text{CASE3}$$

则可分别执行路径 *ace* 和 *abd*,从而使两个判断的 4 个分支 *c*、*e* 和 *b*、*d* 分别得到覆盖。

当然,我们也可以选用另外两组测试用例:

$$\left.\begin{array}{l} A = 3 \\ B = 0 \\ X = 3 \end{array}\right\} \cdots\cdots\cdots\cdots\cdots\cdots \text{CASE4}$$

$$\left.\begin{array}{l} A = 2 \\ B = 1 \\ X = 1 \end{array}\right\} \cdots\cdots\cdots\cdots\cdots\cdots \text{CASE5}$$

分别路经 acd 及 abe,同样也可覆盖 4 个分支。

我们注意到,上述两组测试用例不仅满足了判定覆盖,同时还做到语句覆盖。从这一点看似乎判定覆盖比语句覆盖更强一些,但让我们设想,在此程序段中的第 2 个判断条件 X > 1 如果错写成 X < 1,使用上述测试用例 CASE5,照样能按原路径执行(abe),而不影响结果。这个

事实说明,只作到判定覆盖仍无法确定判断内部条件的错误。因此,需要有更强的逻辑覆盖准则去检验判断内的条件。

以上仅考虑了两出口的判断,我们还应把判定覆盖准则扩充到多出口判断(如 CASE 语句)的情况。

3)条件覆盖

条件覆盖是指,设计若干测试用例,执行被测程序以后,要使每个判断中每个条件的可能取值至少满足一次。

在上述程序段中,第一个判断应考虑到:

A>1,取真值,记为 T_1。

A>1,取假值,即 A≤1,记为 F_1。

B=0,取真值,记为 T_2。

B=0,取假值,即 B≠0,记为 F_2。

第 2 个判断应考虑到:

A=2,取真值,记为 T_3。

A=2,取假值,即 A≠2,记为 F_3。

X>1,取真值,记为 T_4。

X>1,取假值,即 X≤1,记为 F_4。

我们给出 3 个测试用例:CASE6、CASE7、CASE8,执行该程序段所走路径及覆盖条件是(表 10.8):

表 10.8

测试用例	ABX	所走路径	覆盖条件
CASE 6	2 0 3	a c e	T_1, T_2, T_3, T_4
CASE 7	1 0 1	a b d	F_1, T_2, F_3, F_4
CASE 8	2 1 1	a b e	T_1, F_2, T_3, F_4

从这个表中可以看到,3 个测试用例把 4 个条件的 8 种情况均做了覆盖。

进一步分析上表,覆盖了 4 个条件的 8 种情况的同时,把两个判断的 4 个分支 b、c、d 和 e 似乎也被覆盖。这样我们是否可以说,做到了条件覆盖,也就必然实现了判定覆盖呢?让我们来分析另一情况,假定选用两组测试用例是 CASE 9 和 CASE 8,执行程序段的覆盖情况是(表 10.9):

表 10.9

测试用例	ABX	所走路径	覆盖路径	覆盖条件
CASE 9	1 0 3	a b e	b e	F_1, T_2, F_3, T_4
CASE 8	2 1 1	a b e	b e	T_1, F_2, T_3, F_4

这一覆盖情况表明,覆盖了条件的测试用例不一定覆盖了分支。事实上,它只覆盖了 4 个分支中的两个。为解决这一矛盾,需要对条件和分支兼顾。

4)判定 - 条件覆盖

判定 - 条件覆盖要求设计足够的测试用例,使得判断中每个条件的所有可能至少出现一次,并且每个判断本身的判定结果也至少出现一次。

例中两个判断各包含 2 个条件,这 4 个条件在两个判断中可能有 8 种组合,它们是:

① $A > 1, B = 0$,记为 T_1, T_2。

② $A > 1, B \neq 0$,记为 T_1, F_2。

③ $A \leq 1, B = 0$,记为 F_1, T_2。

④ $A \leq 1, B \neq 0$,记为 F_1, F_2。

⑤ $A = 2, X > 1$,记为 T_3, T_4。

⑥ $A = 2, X \leq 1$,记为 T_3, F_4。

⑦ $A \neq 2, X > 1$,记为 F_3, T_4。

⑧ $A \neq 2, X \leq 1$,记为 F_3, F_4。

这里设计了 4 个测试用例,用以覆盖上述 8 种条件组合(表 10.10):

表 10.10

测试用例	ABX	覆盖组合号	所走路径	覆盖条件
CASE 1	2 0 3	① ⑤	a c e	T_1, T_2, T_3, T_4
CASE 8	2 1 1	② ⑥	a b c	T_1, F_2, T_3, F_4
CASE 9	1 0 3	③ ⑦	a b e	F_1, T_2, F_3, T_4
CASE 10	1 1 1	④ ⑧	a b d	F_1, F_2, F_3, F_4

我们注意到,这一程序段共有 4 条路径。以上 4 个测试用例固然覆盖了条件组合,同时也覆盖了 4 个分支,但仅覆盖了 3 条路径,却漏掉了路径 acd。前面讨论的多种覆盖准则,有的虽提到了所走路径问题,但尚未涉及路径的覆盖,而路径能否全面覆盖在软件测试中是个重要问题,因为程序要取得正确的结果,就必须消除遇到的各种障碍,沿着特定的路径顺利执行。如果程序中的每一条路径都得到考验,才能说程序受到了全面检验。

5) 路径覆盖

按路径覆盖要求进行测试是指,设计足够多测试用例,要求覆盖程序中所有可能的路径。

针对例中的 4 条可能路径

ace 记为 L_1。

abd 记为 L_2。

abe 记为 L_3。

acd 记为 L_4。

我们给出 4 个测试用例:CASE 1、CASE 7、CASE 8 和 CASE 11,使其分别覆盖这 4 条径(表 10.11):

表 10.11

测试用例	ABX	覆盖路径
CASE 1	2 0 3	a c e(L_1)
CASE 7	1 0 1	a b d(L_2)
CASE 8	2 1 1	a b e(L_3)
CASE 11	3 0 1	a c d(L_4)

这里所用的程序段非常简短,也只有 4 条路径。但在实际问题中,一个不太复杂的程序,

其路径数都是一个庞大的数字,要在测试中覆盖这样多的路径是无法实现的。为解决这一难题只得把覆盖的路径数压缩到一定限度内,例如,程序中的循环体只执行了一次。

其实,即使对于路径数很有限的程序已经做到了路径覆盖,仍然不能保证被测程序的正确性。例如,在上述语句覆盖一段最后给出的程序段中出现的错误也不是路径覆盖可以发现的。

由此看出,各种结构测试方法都不能保证程序的正确性。这一严酷的事实对热心测试的程序人员似乎是一个严重的打击。但要记住,测试的目的并非要证明程序的正确性,而是要尽可能找出程序中的错误。确实并不存在一种十全十美的测试方法,能够发现所有的错误。想要撒下几网把湖中的鱼全都捕上来是做不到的,软件测试是有局限性的。

2. 基本路径测试

基本路径测试方法把覆盖的路径数压缩到一定限度内,程序中的循环体最多只执行一次。

它是在程序控制流图的基础上,分析控制构造的环路复杂性,导出基本可执行路径集合,设计测试用例的方法。设计出的测试用例要保证在测试中,程序的每一个可执行语句至少要执行一次。

1)绘制程序的控制流图

符号○为控制流图的一个结点,表示一个或多个无分支的 **PDL** 语句或源程序语句。箭头为边,表示控制流的方向,如图 10.6 所示。

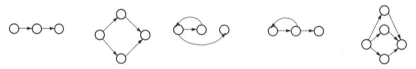

顺序结构　　　IF选择结构　　WHILE重复结构　　UNTIL重复结构　　CASE亚多分支结构

图 10.6　控制流图图示

在选择或多分支结构中,分支的汇聚处应有一个汇聚结点。边和结点圈定的区域叫做区域,当对区域计数时,图形外的区域也应记为一个区域,如图 10.7 所示。

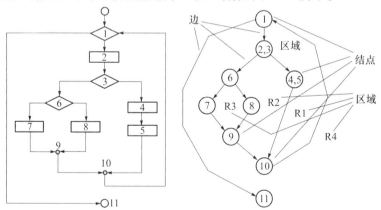

图 10.7　控制流图示例 1

如果判断中的条件表达式是由一个或多个逻辑运算符(OR、AND、NAND、NOR)连接的复合条件表达式,则需要改为一系列只有单个条件的嵌套的判断,如图 10.8 所示。

2)分析程序环路复杂性

程序的环路复杂性给出了程序基本路径集中的独立路径条数,这是确保程序中每个可执

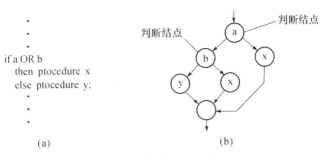

图 10.8　控制流图示例 2

行语句至少执行一次所必需的测试用例数目的上界。从控制流图来看,一条独立路径是至少包含有一条在其他独立路径中从未有过的边的路径。

例如,在图 10.6 的控制流图中,一组独立的路径是

path1:1 – 11
path2:1 – 2 – 3 – 4 – 5 – 10 – 1 – 11
path3:1 – 2 – 3 – 6 – 8 – 9 – 10 – 1 – 11
path4:1 – 2 – 3 – 6 – 7 – 9 – 10 – 1 – 11

路径 path1、path2、path3、path4 组成了控制流图的一个基本路径集。

3)导出测试用例

导出测试用例,确保基本路径集中的每一条路径的执行。

根据判断结点给出的条件,选择适当的数据以保证某一条路径可以被测试到——用逻辑覆盖方法。每个测试用例执行之后,与预期结果进行比较。如果所有测试用例都执行完毕,则可以确信程序中所有的可执行语句至少被执行了一次。

必须注意,一些独立的路径(如例中的 path1)往往不是完全孤立的,有时它是程序正常的控制流的一部分,这时,这些路径的测试可以是另一条路径测试的一部分。

10.4　软件检验技术的最新发展

10.4.1　面向对象的测试

传统的测试计算机软件的策略是从"小型测试"开始,逐步走向"大型测试"。即我们从单元测试开始,然后逐步进入集成测试,最后是有效性和系统测试。在传统应用中,单元测试集中在最小的可编译程序单位——子程序(如模块、子例程、进程),一旦这些单元均被独立测试后,它被集成在程序结构中,这时要进行一系列的回归测试以发现由于模块的接口所带来的错误和新单元加入所导致的副作用,最后,系统被作为一个整体测试以保证发现在需求中的错误。

面向对象程序的结构不再是传统的功能模块结构,作为一个整体,原有集成测试所要求的逐步将开发的模块搭建在一起进行测试的方法已成为不可能。而且,面向对象软件抛弃了传统的开发模式,对每个开发阶段都有不同以往的要求和结果,已经不可能用功能细化的观点来检测面向对象分析和设计的结果。因此,传统的测试模型对面向对象软件已经不再适用。

面向对象的开发模型突破了传统的瀑布模型,将开发分为面向对象分析(OOA)、面向对象设计(OOD)和面向对象编程(OOP)三个阶段。针对这种开发模型,结合传统的测试步骤的划分,我们把面向对象的软件测试分为:面向对象分析的测试、面向对象设计的测试、面向对象

315

编程的测试、面向对象单元测试、面向对象集成测试、面向对象系统测试。

1. 面向对象分析的测试

  传统的面向过程分析是一个功能分解的过程，是把一个系统看成可以分解的功能的集合。这种传统的功能分解分析法的着眼点在于一个系统需要什么样的信息处理方法和过程，以过程的抽象来对待系统的需要。而 OOA 是把 E－R 图和语义网络模型，即信息造型中的概念，与面向对象程序设计语言中的重要概念结合在一起而形成的分析方法，最后通常是得到问题空间的图表的形式描述。OOA 直接映射问题空间，全面地将问题空间中实现功能的现实抽象化。将问题空间中的实例抽象为对象，用对象的结构反映问题空间的复杂实例和复杂关系，用属性和操作表示实例的特性和行为。对一个系统而言，与传统分析方法产生的结果相反，行为是相对稳定的，结构是相对不稳定的，这更充分反映了现实的特性。OOA 的结果是为后面阶段类的选定和实现，类层次结构的组织和实现提供平台。因此，对 OOA 的测试，应从以下方面考虑：

  （1）对认定的对象的测试。

  （2）对认定的结构的测试。

  （3）对认定的主题的测试。

  （4）对定义的属性和实例关联的测试。

  （5）对定义的服务和消息关联的测试。

2. 面向对象设计的测试

  通常的结构化的设计方法，用的是面向作业的设计方法，它把系统分解以后，提出一组作业，这些作业是以过程实现系统的基础构造，把问题域的分析转化为求解域的设计，分析的结果是设计阶段的输入。而 OOD 采用造型的观点，以 OOA 为基础归纳出类，并建立类结构或进一步构造成类库，实现分析结果对问题空间的抽象。由此可见，OOD 不是在 OOA 上的另一思维方式的大动干戈，而是 OOA 的进一步细化和更高层的抽象。所以，OOD 与 OOA 的界限通常是难以严格区分的。OOD 确定类和类结构不仅是满足当前需求分析的要求，更重要的是通过重新组合或加以适当的补充，能方便实现功能的重用和扩增，以不断适应用户的要求。因此，对 OOD 的测试，应从如下三方面考虑：

  （1）对认定的类的测试。

  （2）对构造的类层次结构的测试。

  （3）对类库的支持的测试。

3. 面向对象编程的测试

  典型的面向对象程序具有继承、封装和多态的新特性，这使得传统的测试策略必须有所改变。封装是对数据的隐藏，外界只能通过被提供的操作来访问或修改数据，这样降低了数据被任意修改和读写的可能性，降低了传统程序中对数据非法操作的测试。继承是面向对象程序的重要特点，继承使得代码的重用率提高，同时也使错误传播的概率提高。多态使得面向对象程序对外呈现出强大的处理能力，但同时却使得程序内同一函数的行为复杂化，测试时不得不考虑不同类型具体执行的代码和产生的行为。

  面向对象程序是把功能的实现分布在类中。能正确实现功能的类，通过消息传递来协同实现设计要求的功能。因此，在 OOP 阶段，忽略类功能实现的细则，将测试的目光集中在类功能的实现和相应的面向对象程序风格，主要体现为以下两个方面。

  （1）数据成员是否满足数据封装的要求。

  （2）类是否实现了要求的功能。

4. 面向对象的单元测试

传统的单元测试的对象是软件设计的最小单位——模块。单元测试的依据是详细设描述,单元测试应对模块内所有重要的控制路径设计测试用例,以便发现模块内部的错误。

当考虑面向对象软件时,单元的概念发生了变化。封装驱动了类和对象的定义,这意味着每个类和类的实例(对象)包装了属性(数据)和操纵这些数据的操作,而不是个体的模块。最小的可测试单位是封装的类或对象,类包含一组不同的操作,并且某特殊操作可能作为一组不同类的一部分存在,因此,单元测试的意义发生了较大变化。我们不再孤立地测试单个操作,而是将操作作为类的一部分。

5. 面向对象的集成测试

传统的集成测试,有两种方式通过集成完成的功能模块进行测试。①自顶向下集成:自顶向下集成是构造程序结构的一种增量式方式,它从主控模块开始,按照软件的控制层次结构,以深度优先或广度优先的策略,逐步把各个模块集成在一起。②自底向上集成:自底向上测试是从"原子"模块(即软件结构最底层的模块)开始组装测试。

因为面向对象软件没有层次的控制结构,传统的自顶向下和自底向上集成策略就没有意义,此外,一次集成一个操作到类中(传统的增量集成方法)经常是不可能的,这是由于"构成类的成分的直接和间接的交互"。对 OO 软件的集成测试有两种不同策略,第一种称为基于线程的测试,集成对回应系统的一个输入或事件所需的一组类,每个线程被集成并分别测试,应用回归测试以保证没有产生副作用。第二种称为基于使用的测试,通过测试那些几乎不使用服务器类的类(称为独立类)而开始构造系统,在独立类测试完成后,下一层的使用独立类的类,称为依赖类,被测试。这个依赖类层次的测试序列一直持续到构造完整个系统。

6. 面向对象的系统测试

通过单元测试和集成测试,仅能保证软件开发的功能得以实现,但不能确认在实际运行时,它是否满足用户的需要。为此,对完成开发的软件必须经过规范的系统测试。系统测试应该尽量搭建与用户实际使用环境相同的测试平台,应该保证被测系统的完整性,对临时没有的系统设备部件,也应有相应的模拟手段。系统测试时,应该参考 OOA 分析的结果,对应描述的对象、属性和各种服务,检测软件是否能够完全再现问题空间。系统测试不仅是检测软件的整体行为表现,从另一个侧面看,也是对软件开发设计的再确认。

面向对象测试的整体目标——以最小的工作量发现最多的错误——和传统软件测试的目标是一致的,但是 OO 测试的策略和战术有很大不同。测试的视角扩大到包括复审分析和设计模型,此外,测试的焦点从过程构件(模块)移向了类。

10.4.2 自动化测试

定义:通过自动化测试工具或其他手段,按照我们预定的计划进行自动测试的活动。

由于软件测试的工作量很大(40% 到 60% 的总开发时间),而又有很大部分适于自动化,因此,测试的改进会对整个开发工作的质量、成本和周期带来非常显著的效果。

下面举出一些测试自动化的例子:

1)测试个案(test case ,或称为测试用例)的生成

用编程语言或更方便的剧本语言(script language 如 Perl 等)写出短小的程序来产生大量的测试输入(包括输入数据与操作指令),或同时也按一定的逻辑规律产生标准输出。输入与输出的文件名字按规定进行配对,以便控制自动化测试及结果核对的程序易于操作。

2）测试的执行写控制

对于单个的测试运行,挖潜的机会在测试的设置及开始运行和结果的对比及显示。有时候,需要反复修改程序,重新汇编和重新测试。这样,每一个循环的各种手工键入的设置与指令所花费的时间,加起来就非常可观。如果能利用 make 或类似的软件工具来帮助,就能节省大量的时间。

如果不购买商品化的工具的话,应当遵从正规的软件开发要求来开发出好的软件测试自动化工具。在实践中,许多企业自行开发的自动化工具都是利用一些现成的软件工具再加上自己写的程序而组成的。这些自己开发的工具完全是为本企业量身定做的,因此可用性非常强。同时,也能根据需要随时进行改进,而不必受制于人。当然,这就要求有一定的人力的投入。

在设计软件自动测试工具的时候,路径(path)控制是一个非常重要的功能。理想的使用情况是:这个工具可以在任何一个路径位置上运行,可以到任何路径位置去取得测试用例,同时也可以把测试的结果输出放到任何的路径位置上去。这样的设计,可以使不同的测试运行能够使用同一组测试用例而不至于互相干扰,也可以灵活使用硬盘的空间,并且使备份保存工作易于控制。

同时,软件自动测试工具必须能够有办法方便地选择测试用例库中的全部或部分来运行,也必须能够自由地选择被测试的产品或中间产品才作为测试对象。

3）测试结果与标准输出的对比

在设计测试用例的时候,必须考虑到怎样才能够易于对此测试结果和标准输出。输出数据量的多少及数据格式对比较的速度有直接影响。而另外,也必须考虑到输出数据与测试用例的测试目标的逻辑对应性及易读性,这将会大大有利于分析测试所发现的不吻合,也有利于测试用例的维护。

许多时候,要写一些特殊的软件来执行测试结果与标准输出的对比工作,因为可能有部分的输出内容是不能直接对比的(例如,对运行的日期时间的记录,对运行的路径的记录,以及测试对象的版本数据等),就要用程序进行处理。

不吻合的测试结果的分析、分类、记录和通报。

上一点所谈到的,用于对测试结果与标准输出进行对比的特殊软件,往往也同时担任对不吻合的测试结果进行分析、分类、记录和通报的任务。

"分析"是找出不吻合的地方并指出错误的可能起因。"分类"包括各种统计上的分项,例如,对应的源程序的位置;错误的严重级别(提示、警告、非失效性错误、失效性错误;或别的分类方法);新发现的还是已有记录的错误;等等。"记录"是按分类存档。"通报"是主动地对测试的运行者及测试用例的"负责人"通报出错的信息。

最直接的通报方法是由自动测试软件发出电子邮件给测试运行者及测试用例负责人。邮件内容的详细程度可根据需要灵活决定。

4）总测试状况的统计,报表的产生

这些都是自动测试工具所应有的功能。目的是提高过程管理的质量,同时节省用于产生统计数据的时间。

产生出来的统计报表,最好是存放到一个约定的路径位置,以便任何有关人员都知道怎样查阅。同时,可按需要用电子邮件向适当的对象(如项目经理、测试经理和质量保证经理)寄出统计报表。

自动化测试软件比较有影响的有:嵌入式软件测试工具——LOGISCOPE、白盒工具—Nu-Mega DevPartner Studio、黑盒工具—QACenter 等。

第11章　质量检验体系

11.1　质量检验与质量管理体系

企业的质量检验是企业质量管理体系的重要组成部分,是质量管理总体系中的一个子体系,它们之间的关系主要表现在以下几个方面。

11.1.1　质量检验与质量管理体系

1. 质量检验是企业质量管理体系的重要组成部分

首先,企业按 ISO 9000 族标准建立质量管理体系策划时,质量检验作为质量管理体系所需要的过程,已被确定下来,这在 ISO 9001:2000 4.1 质量管理体系总要求中作了描述,同时要求确定质量检验与其他过程的顺序和相互作用。因此,质量检验既是识别、确定其输入和输出活动的过程设计的一部分,也是由一系列过程组合成质量管理体系中不可缺少的一部分。

其次,企业的质量检验,一般包括:采购产品的验证、不合格品控制、产品的监视和测量、检验状态标识等。这些要求在 ISO 9001:2000 标准的 7.4.3,8.3,8.2.4,7.5.3 等条款中作了描述,这是因为对外购产品进行检验或验证,不合格品进行控制,对产品进行检验和监视,并对这一系列过程中的产品检验状态进行标识,是产品质量形成过程不可缺少的环节,其工作质量直接关系到产品质量的优劣和企业的信誉。因此,质量检验是企业质量管理体系的重要组成部分。

这里我们着重介绍产品验证与质量检验之间的联系和区别。

1）产品验证

验证是指通过提供客观证据对规定要求已得到满足的认定。产品验证就是对生产各阶段形成的有形产品和无形产品,通过物理的、化学的和其他科学技术手段和方法进行观察、试验、测量后所提供的客观证据,证实规定要求已经得到满足的认定。它是一种管理性的检查活动。

产品验证是产品实现过程中客观存在的质量活动,产品的生产者在产品生产完成,交付使用之前必须对产品进行技术认定,证实产品符合规定的要求,确定产品是否可以出厂或交付使用。产品验证也是产品消费、使用过程中必须有的活动,产品的消费者和使用者在产品接收之前或投入使用之前,也必须对产品进行技术认定,确定产品是否接收或投入使用。

2）质量检验

检验就是通过观察和判断,适当时结合测量、试验所进行的符合性评价。对产品而言,是指根据产品标准或检验规程对原材料、半成品、成品进行观察,适当时进行测量或试验,并把所得到的特性值和规定值作比较,判定出各个物品或成批产品合格与不合格的技术性检查活动。

质量检验就是对产品的一个或多个质量特性进行观察、试验、测量,并将结果和规定的质量要求进行比较,以确定每项质量特性合格情况的技术性检查活动。产品检验通常是验证的基础和依据;产品验证要以检验结果作为客观证据,还要按规定程序和要求进行认定。

质量检验的几个阶段:

（1）熟悉规定要求,选择检验方法,制定检验规程。

（2）观察、测量或试验。

（3）记录。

（4）比较和判定。

（5）确认和处置。

① 对合格品准予放行,对不合格做出返修、返工或报废处置。

② 对批量产品做出接收、拒收、复检等处置。

2. 质量检验机构是构成企业质量管理体系的重要组成部分

企业质量管理体系的重要内容之一是组织结构,它是由企业的设计、工艺、制造、检验、销售等有关的组织机构组成,其中包括了质量检验机构。按照质量法要求,厂长作为企业法人,应直接对产品质量负责,因此,质量检验应在厂长的领导下,独立行使检验职能,组织全体检验人员开展检验和试验工作。

3. 质量检验是质量管理体系的一部分,应制定文件化程序

质量管理体系是由被识别、确定并规定它们之间顺序和相互作用的一系列过程组成。过程是一组将输入转化为输出的相互关联或相互作用的活动。质量检验是通过一个过程来实现的,它既存在检验职能之中,又可跨越检验职能通过鉴别、把关、预防及报告等监督活动与其他过程相联系而有效运行。

为了确保过程的质量,对输入过程的信息、要求和输出的产品以及在过程中的适当阶段进行必要的检查、验证。因此应制定文件化程序,将质量检验作为过程通过文件规定它的活动途径,结合 ISO 9001:2000 的要求,一般要制定以下程序(或规范):

（1）进货检验和试验程序。

（2）过程检验和试验程序。

（3）最终检验和试验程序。

（4）支持文件:如产品检验指导书或产品检验规程以及产品的状态标识规范等,此类文件由工艺部门或质检部门编制,这些文件是质量管理体系文件化组成部分之一。可以达到或明确某项检验工作由谁来做、何时、何地和如何做;使用什么仪器或设备或文件;如何对活动进行检查、监视和记录。

4. 质量检验应配备必需的资源

（1）企业在建立质量管理体系识别和确定质量检验这一过程时,应根据企业产品的复杂程度、规模的大小来配备必需的资源,以保证质量管理体系的正常运行和产品质量的稳定及提高。

这些资源包括:

各类检验人员(包括管理干部)。

检验和试验设备。

检验和试验设施和场地。

资金:如对用户质量访问费用、标准检验仪器的检定费用等。

技术方法,包括采用计算机和质量监控软件等。

（2）项目质量计划中规定应配备的资源。

包括:

① 新产品开发研制并在该项质量计划中规定质量检验所需要配备的资源。

② 质量改进和管理运作等,并在该项质量计划中规定质量检验所需要配备的资源。

11.1.2 质量检验在质量管理体系中的应用

根据质量检验的职能,质量检验在质量管理体系运行中有以下作用:

1. 评价作用

企业的质量检验机构根据技术标准、合同、法规等依据,对产品质量形成的各阶段进行检验,并将检验和试验结果与标准比较,做出符合或不符合标准的判断,或对产品质量水平进行评价,并依此评价质量管理体系中"产品实现"和"测量、分析和改进"有关条款,即采购产品的验证、不合格品控制、产品的监视和测量等活动的符合性和有效性。

2. 把关作用

检验人员通过对原材料、外购件、外协件、零部件和成品的检验和试验,将不合格品分选或剔出,严格把住每个环节的质量关,做到不合格的原材料、外购外协件不进厂,不合格的零部件不转序,不合格的产品(成品)不出厂。

3. 预防作用

检验人员通过进货检验、首件检验、巡回检验及抽样检验等,及早发现不合格品,防止不合格品进入工序加工和大批量的产品不合格,避免造成更大的损失。

4. 信息反馈作用

通过各阶段的检验和试验,记录和汇集了产品质量的各种数据,这些质量记录是证实产品符合性及质量管理体系有效运行的重要证据。另外,当产品质量发生变异时,这些检验记录能及时向有关部门及领导报告,起到重要信息反馈作用。

5. 实现产品的可追溯性

当有要求时,检验部门通过产品的检验和试验状态标识、产品标识、质量记录等相关活动,实现产品的可追溯性。

11.2 质量检验的主要活动内容

企业质量检验的主要活动内容有两大方面:一是产品检验和试验;二是质量检验的管理工作。

11.2.1 产品的检验和试验

公认的产品类别有四种:硬件、软件、服务及流程性材料,无论哪一种产品均需对产品进行检验、试验或验证,不过是检验的形式和内容有区别。对于工业企业,产品检验工作是按照生产过程不同阶段和检验对象不同而划分的,包括:

(1)进货检验。

(2)工序(过程)检验。

(3)最终(成品)检验。

(4)成品入库、包装及出厂检验。

11.2.2 质量检验管理工作

为了保证质量管理体系正常有效运行,同时给检验人员的工作创造条件,必须做好质量检验的管理工作,其主要工作内容包括以下三大项。

1. 编制和实施质量检验和试验计划

其中包括：设计检验流程，设置检验站(组)，制定质量检验技术管理文件，配备必须的人、财、物等资源。

2. 不合格品的管理

3. 质量检验和试验的记录、检验状态标识、证书、印章的管理

以上两大方面的工作将在以下各节中详述。

11.3　质量检验计划

11.3.1　质量检验计划的编制

1. 质量检验计划的概念

质量检验和试验计划，简称为质量检验计划，是对检验涉及的活动、过程和资源做出的规范化的书面(文件)规定，用以指导检验活动正确、有序、协调地进行。

检验计划是生产企业对整个检验和试验工作进行的系统策划和总体安排的结果，一般以文字或图表形式明确地规定检验站(组)的设置，配备资源(包括人员、设备、仪器、量具和检具)，选择检验和试验方式、方法和确定工作量，它是指导各检验站(组)和检验人员工作的依据，是企业质量工作计划的一个重要组成部分。

2. 编制质量检验计划的目的

为了保证产品质量，企业在生产活动的各个阶段，都必须由分散在各个生产单位的检验人员来进行检验和试验。这些人员需要熟悉和掌握产品及其检验和试验工作的基本情况和要求，如产品和零件的用途、质量特性、各质量特性对产品功能的影响，以及检验和试验的技术标准、检验和试验项目、方式和方法、检验和试验场地及测量误差等，才能更好地保证检验和试验的质量。为此，就需要编制检验计划来予以阐明，以指导检验人员的工作。

现代企业的生产活动从原材料等物资、配件进厂到产品实现最后出厂是一个有序、复杂的过程，涉及不同部门，不同工种，不同人员，不同过程(工序)，不同的材料、物资、设备，这些部门、人员和过程都需要协同配合，有序衔接。因而，也就要求检验活动和生产作业密切协调和紧密衔接。为此，就需要编制检验计划来予以保证。

3. 质量检验计划的作用

检验计划是对检验和试验活动带有规划性的总体安排，它的重要作用有：

(1) 按照产品加工及物流的流程，充分利用企业现有资源，统筹安排检验站、点(组)的设置，可以节约质量成本中的鉴别费用，降低产品成本。

(2) 根据产品和工艺要求合理地选择检验、试验项目和方式方法，合理配备和使用人员、设备、仪器仪表和量检具，有利于调动每个检验和试验人员的积极性，提高检验和试验的工作质量和效率，降低物质和劳动消耗。

(3) 对产品不合格按严重性分级，并实施管理，能够充分发挥检验职能的有效性，在保证产品质量的前提下降低产品制造成本。

(4) 使检验和试验工作逐步实现规范化、科学化和标准化，使产品质量能够更好地处于受控状态。

4. 质量检验计划的内容

质量检验部门根据企业技术、生产、计划等部门的有关计划及产品的不同情况来编制检验

计划,其基本内容有:

（1）编制质量检验流程图,确定适合生产特点的检验程序。

（2）合理设置检验站、点(组)。

（3）编制主要零部件的质量特性分析表,制定产品不合格严重性分级原则并编制分级表。

（4）对关键的和重要的零部件编制检验规程(检验指导书、细则或检验卡片)。

（5）编制检验手册。

（6）选择适宜的检验方式、方法。

（7）编制测量工具、仪器设备明细表,提出补充仪器设备及测量工具的计划。

（8）确定检验人员的组织形式、培训计划和资格认定方式,明确检验人员的岗位工作任务和职责等。

5. 编制检验计划的原则

根据产品复杂程度、形体大小、生产工艺、生产规模、特点、批量的不同,质量检验计划可由质量管理部门或质量检验的主管部门负责,由检验技术人员编制,也可以由两个部门合作共同编制。编制检验计划时应考虑以下原则:

（1）充分体现检验的目的,一是防止产生和及时发现不合格品;二是保证检验通过的产品符合质量标准的要求。

（2）对检验活动能起到指导作用。检验计划必须对检验项目、检验方式和手段等具体内容有清楚、准确、简明的叙述和规定,而且应能使检验活动相关人员有同样的理解。

（3）关键质量应优先保证。所谓关键的质量是指关键的零部件,关键的质量特性。对这些质量环节,制订质量检验计划时要优先考虑和保证。

（4）进货检验应在采购合同的附件中做出说明。对外部供货商的产品质量检验,应在合同的附件或检验计划中详细说明,并经双方共同评审确认。

（5）综合考虑检验成本。制订检验计划时要综合考虑质量检验成本,在保证产品质量的前提下,尽可能降低检验费用。

11.3.2　检验流程图的编制

1. 流程图的分类

（1）企业中的流程图有生产/作业流程图、工艺流程图(工艺路线)和检验流程图三种,而生产/作业流程图和检验流程图的基础和依据都是工艺流程图。

（2）工艺(工序)流程图在机械制造行业习惯上称为工艺路线。它是根据设计文件将工艺过程控制的要求和实现的方式、方法,表示为具体采取的流程顺序、工艺步骤和加工制作的方法、要求。

（3）生产流程图将产品从原材料(包括外购、外协件等)和其他工艺所需的材料投入开始,到最终产品实现的全过程中的所有备料、加工制作(工艺反应)、搬运、包装、防护、存储等作业的程序,包括每一过程涉及的车间、工段、班组或场地,用图表和文字组合形式予以表达,以便于生产管理和劳动组织。

（4）检验流程图是用图形符号,简洁明了地表示检验计划中确定的特定产品的检验流程(过程、路线)、检验站(组)设置和选定的检验方式、方法和相互的顺序和程序的图纸。它是检验人员进行检验活动的依据。检验流程图和其他检验指导书等一起,构成完整的检验文件。

较为简单的产品可以直接采用工艺流程(路线)图,并在需要控制和检验的部位、处所,添加检验站(组)和检验的具体内容、方法,起到检验流程图的作用和效果,如图 11.1 所示。

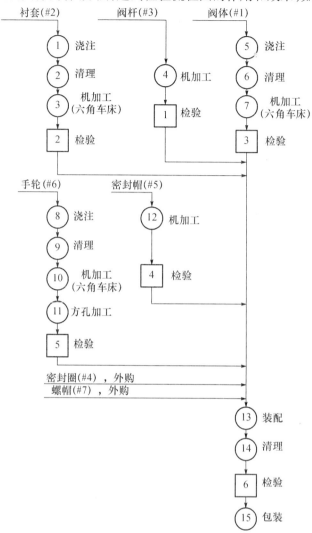

图 11.1 检验流程图示例

对于比较复杂的产品,单靠工艺流程(路线)图往往还不够,还需要在工艺流程(路线)图基础上编制检验流程图,以明确检验的要求和内容及其与各工序之间的清晰、准确的衔接关系。图 11.2 是××产品检验流程图。

检验流程图对于不同的行业、不同的企业、不同的产品会有不同的形式和表示方法,不能千篇一律。但是一个企业内部流程图的表达方式、图形符号要规范、统一,以便于准确理解和执行。

2. 检验流程图的编制过程

首先,要熟悉和了解有关的产品技术标准及设计技术文件、图样和质量特性分析;其次,要熟悉产品的工艺文件,了解产品工艺流程(路线);然后,根据工艺流程(路线)、工艺规程等工艺文件,设计检验工序的检验点,确定检验工序和生产工序的衔接点及主要的检验工作内容,绘制检验流程图;最后,对编制的流程图进行评审。由产品设计、工艺、检验人员、生产管理人员、生产操作人员一起联合评审流程图的合理性,提出改进意见,进行修改。流程图最后经企业技术或质量的最高管理者(如总工程师、质量保证经理)批准。

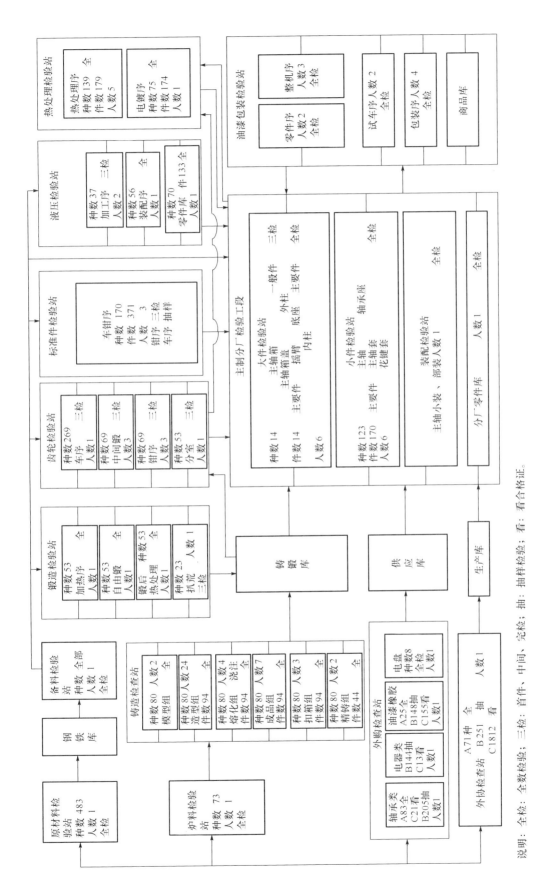

图11.2 ××产品检验流程图

说明：全检：全数检验；三检：首件、中间、完检；抽：抽样检验；看：看合格证。

325

11.3.3 检验站的设置

检验站是根据生产工艺布置及检验流程设计确定的生产过程中最小的检验实体。其作用是通过对产品的检测,履行产品检验和监督的职能,防止所辖区域不合格品流入下道工序或销售出厂。

1. 检验站设置的基本原则

检验站是检验人员进行检验活动的场所,合理设置检验站可以更好地保证检验工作质量,提高检验效率。设置检验站通常遵循的基本原则是:

(1)要重点考虑设在质量控制的关键部位和控制点。为了加强质量把关,保证下道工序或用户的利益,必须在一些质量控制的关键部位设置检验站。例如,在企业外购物料进货处、在产成品的出厂处、在车间之间、工段之间、半成品进入半成品库之前、成品进入成品库之前,一般都应设立检验站。其次,在关键零件、关键工序之后或生产线的最后工序处,也必须设立检验站。

(2)要能满足生产过程的需要,并和生产节拍同步和衔接。在流水生产线和自动生产线中,检验通常是工艺链中的有机组成部分,因此,在某些重要工序之后,在生产线某些分段的交接处,应设置必要的检验站。

(3)要有适宜的工作环境。检验站要有便于进行检验活动的空间,要有合适的存放和使用检验工具、检验设备的场地,要有存放等待进行检验产品的面积,要方便检验人员和操作人员的联系,使生产工人送取检验产品时行走的路线最佳,检验人员要有较广的视域,能够很清楚地观察到大部分操作工人的生产活动情况。

(4)要考虑节约检验成本,提高工作效率。为此,检验站和检验人员要有适当的负荷,检验站的数量和检验人员、检测设备、场地面积都要适应生产和检验的需要。检验站和检验人员太少,会造成等待检验时间太长,影响生产,甚至增加错检与漏检的损失;人员太多,又会人浮于事,工作效率不高,并增加检验成本。

2. 检验站设置的分类

1)按产品类别设置

这种方式就是同类产品在同一检验站检验,不同类产品分别设置不同的检验站。其优点是检验人员对产品的结构和性能容易熟悉和掌握,有利于提高检验的效率和质量,便于交流经验和安排工作。它适合于产品的工艺流程简单,但每种产品的生产批量又很大的情况。图 11.3 为按产品类别设置检验站的示例。

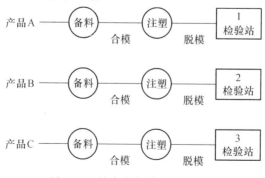

图 11.3 按产品类别设置检验站

某些连续生产性质的企业,如钢铁冶金、化工产品、纺织等,设备需要连续不停地运转,检验人员一般随作业班次跟班进行检验。

2）按生产组织设置

（1）按生产组织设置如:一车间检验站、二车间检验站、三车间检验站、热处理车间检验站、铸锻车间检验站、装配车间检验站等。

（2）按生产作业班次设置:每一作业班次分别设立检验站,如图11.4 所示。

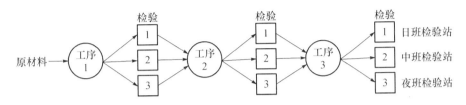

图11.4　按生产作业班次设置检验站

3）按工艺流程顺序设置

（1）进货检验站(组)。负责对外购原材料、辅助材料、外购配套件、工艺性协作件及其他散件等的进厂检验和试验。

（2）过程检验站(组)。在生产车间各生产工序设置。

（3）完工检验站(组)。在生产车间对各生产工序已全部加工完成的零件进行检验,其中包括零件库检验站。

（4）成品检验站(组)。专门负责成品装配质量和防护、包装质量的检验工作。

4）按检验技术的性质和特点设置

检验工作中针对特殊检测技术要求和使用的测试设备特点而设置专门、专项的检验站,如为高电压的试验、无损探伤检测、专项电器设备检测、冶炼炉的炉前冶金成分快检等项目而设置的检验站。

3. 几种主要检验站设置的特点和要求

1）进货检验站

进货检验通常有两种形式,一是在本企业检验,这是较普遍的形式。物料进厂后由进货检验站根据规定进行接收检验,合格品接收入库,不合格品退回供货单位或另做处理。二是在供货单位进行检验,这对某些产品是非常合适的,像重型产品,运输比较困难,一旦检查不合格,可以就地返修,就地协商处理。

2）工序检验站

工序检验基本上也有两种不同形式,一种是分散的,即按工艺顺序分散在生产流程中,如图11.5(a)所示。第二种是集中式的,如图11.5(b)所示,零件 A、B、C 三条生产线的末端有一个公共的检验站。这说明三个零件在工序中实行自检(可能还有巡检),部分工序完成后,都送同一检验站进行检验。图11.5(c)是另一种形式的集中检验站,该检验站负责车、铣、刨、钻、磨等各工段加工后的检验工作。分散式的检验站多用在大批量生产的车间,而集中式的检验站多用在单件小批量生产的车间。

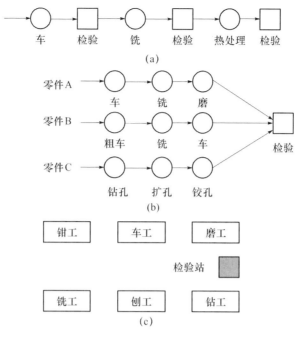

图 11.5　工序检验站的设置形式

3）完工检验站

完工检验站是指对半成品或成品的完工检验而言,也是指产品在某一生产环节(如生产线、工段或加工车间)全部工序完成以后的检验。对于半成品来说,完工检验可能是半成品入库前的检验,也可能是直接进入装配前的检验;对于成品来说,可能是出厂检验,也可能是进入成品库以前的检验。不管是半成品或成品的完工检验,都可按照以下三种形式组织检验站:

(1) 如图 11.6(a)所示,称为开环分类式检验站,这种检验站只起把合格品和不合格品分开的作用,以防止不合格品流入下一生产环节或流入用户手中。

(2) 如图 11.6(b)所示,称为开环处理式检验站。这种检验站的工作特点,就是对于一次检查后被拒收的不良品,还应进行重新审查,审查后能代用的代用,能返修的就进行返修,返修后再重新检验,并做出是拒收还是接收的决定。

(3) 如图 11.6(c)所示,称为闭环处理式检验站。这种检验站的特点,就是对一次检测后的拒收品,要进行认真的原因分析,查出不合格的原因,这种分析不仅决定是否可进行返修处理,而且要分析标准的合理性,分析加工中存在的问题,并采取改进措施,反馈到加工中去,防止重新出现已出现过的不合格。显然,最后一种形式的检验站,对生产来说具有明显的优越性。但是一般检验站都是开环形式,不进行不合格的原因分析。

11.3.4　检验手册和检验指导书(检验规程)

1. 检验手册

(1) 检验手册是质量检验活动的管理规定和技术规范的文件集合。它是质量检验工作的指导文件,是质量体系文件的组成部分,是质量检验人员和管理人员的工作指南,对加强生产企业的检验工作,使质量检验的业务活动标准化、规范化、科学化具有重要意义。

(2) 检验手册基本上由程序性和技术性两方面内容组成。它的具体内容有:

① 质量检验体系和机构,包括机构框图,机构职能(职责、权限)的规定。

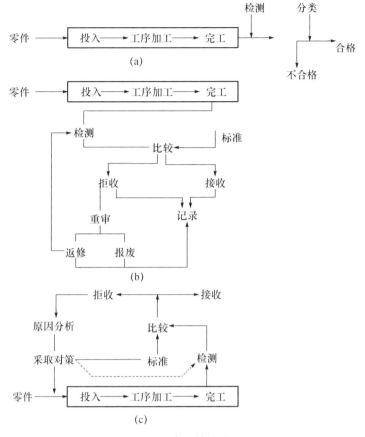

图 11.6　完工检验流程

② 质量检验的管理制度和工作制度。

③ 进货检验程序。

④ 过程(工序)检验程序。

⑤ 成品检验程序。

⑥ 计量控制程序(包括通用仪器设备及计量器具的检定、校验周期表)。

⑦ 检验有关的原始记录表格格式、样张及必要的文字说明。

⑧ 不合格产品审核和鉴别程序。

⑨ 检验标志的发放和控制程序。

⑩ 检验结果和质量状况反馈及纠正程序。

⑪ 经检验确认不符合规定质量要求的材料、零部件、半成品、成品的处理程序。

检验手册中首先要说明质量检验工作宗旨及其合法性、目的性,并经授权的负责人批准后生效。

(3)产品和过程(工序)检验手册可因不同产品和过程(工序)而异。主要内容有:

① 不合格严重性分级的原则和规定及分级表。

② 抽样检验的原则和抽样方案的规定。

③ 材料部分,有各种材料规格及其主要性能及标准。

④ 过程(工序)部分,有工序规范、质量控制标准。

⑤ 产品部分,有产品规格、性能及有关技术资料、产品样品、图片等。

⑥ 试验部分,有试验规范及标准。

⑦ 索引、术语等。

编制检验手册是专职检验部门的工作,由熟悉产品质量检验管理和检测技术的人员编写,并按规定程序批准实施。

2. 检验指导书(检验规程)

1)检验指导书的概念

检验指导书又称检验规程或检验卡片,是产品生产制造过程中,用以指导检验人员正确实施产品和工序检查、测量、试验的技术文件。它是产品检验计划的一个重要部分,其目的是为重要零部件和关键工序的检验活动提供具体操作指导。它是质量体系文件中的一种作业指导性文件,又可作为检验手册中的技术性文件。其特点是表述明确,可操作性强;其作用是使检验操作达到统一、规范。

由于生产过程中工序和作业特点、性质的不同,检验指导书的形式、内容也不相同,有进货检验用检验指导书(如某材料化学元素成分检验指导书;某电子元器件筛选检验指导书等)、工序检验用检验指导书(如机加工工序检验指导书;电镀工序检验指导书等)、组装和成品完成检验用指导书(如主轴组装检验指导书;清洁度检验指导书;负荷试验指导书等)。

2)编制检验指导书的要求

一般对关键和重要的零件都应编制检验指导书,在检验指导书上应明确详细规定需要检验的质量特性及其技术要求,规定检验方法、检验基准、检测量具、样本大小以及检验示意图等内容。为此,编制检验指导书的主要要求如下:

(1)对所有质量特性,应全部逐一列出,不可遗漏。对质量特性的技术要求要明确、具体,使操作和检验人员容易掌握和理解。此外,它还可能要包括不合格的严重性分级、尺寸公差、检测顺序、检测频率、样本大小等有关内容。

(2)必须针对质量特性和不同精度等级的要求,合理选择适用的测量工具或仪表,并在指导书中标明它们的型号、规格和编号,甚至说明其使用方法。

(3)当采用抽样检验时,应正确选择并说明抽样方案。根据具体情况及不合格严重性分级确定 AQL 值,正确选择检查水平,根据产品抽样检验的目的、性质、特点选用适用的抽样方案。

质量检验指导书的主要作用,是使检验人员按检验指导书规定的内容、方法和程序进行检验,保证检验工作的质量,有效地防止错检、漏检等现象发生。

3)检验指导书的内容

(1)检测对象:受检产品名称、型号、图号、工序(流程)名称及编号。

(2)质量特性值:按产品质量要求转化的技术要求,规定检验的项目。

(3)检验方法:规定检测的基准(或基面)、检验的程序和方法、有关计算(换算)方法、检测频次、抽样检验时有关规定和数值。

(4)检测手段:检测使用的计量器具、仪器、仪表及设备、工装卡具的名称和编号。

(5)检验判断:规定数据处理、判断比较的方法、判断的原则。

(6)记录和报告:规定记录的事项、方法和表格,规定报告的内容与方式、程序与时间。

(7)其他说明。

检验指导书的格式,应根据企业的不同生产类型,不同工种等具体情况进行设计。表11.1和表11.2为两种检验指导书的示例。

表 11.1　检验指导书例 1

零件名称	零件件号		检验频次		发出日期
套筒	HJX41 - 03 - 300		全检		

注意事项	1. 在测量零件时,必须做好清洁工作,消除毛刺和硬点,保护良好状态。 2. 在使用杠杆卡规检验时,活动脚需松开进出,防止零件表面划伤。 3. 需用量块校准尺寸,并消除量块误差。 4. 在检验接触精度时,需保护塞规清洁,防止拉毛、起线。 5. 在使用各种量仪时,应具备有效期内的检定合格证

序号	检验项目	检验要求	测量器具	检验方法、方案	重要度
1	尺寸公差:配合间隙	<0.01	内径千分尺、量块、杠杆卡规	与100件研配,莫氏锥孔处允许略小	[2]
2	粗糙度:ϕ60 外圆	0.1	样板比较	目测	
3	粗糙度:$\Phi 60^{-0.05}_{-0.10}$处	0.4	样板比较	目测	
4	粗糙度:莫氏 4# 锥孔	0.4	样板比较	目测	
5▲	圆度:ϕ60 外圆	0.002	杠杆卡规	H3 - 4	△[2]
6▲	平行度:	0.002	杠杆卡规	H1 - 2	△[2]
7▲	同轴度:	0.007	扭簧测微仪莫氏 4# 试棒	L:距轴端150mm 处 H3 - 5	△[2]
8	接触精度:莫氏 4# 锥孔	≥75%	莫氏 4# 塞规 4/KO4 - 2A	目测	
9	硬度:ϕ60 外圆	HRC56	硬度计	每批抽检一件	
简图(略)					

注:1. "▲"为关键项目,不得申请回用;

2. "△"为工序质量控制点;

3. [2]为二级重要度

表 11.2　检验指导书例 2

主要件检验指导书					共　页
件号	46301	零件名称	主轴	检验指导书	第　页

工序	特 征 值	检 具	检 验 方 法
磨 轴	1. $\overset{0.08}{\bigtriangledown}$端面与 E、F 外圆跳动0.01	千分表	检验前将主轴擦干净,准备好有合格证的量检具,且擦干净。 1. 将主轴颈放在两个 V 形铁上,以钢球为支撑点,使主轴轴向定位,安装千分表,使其测头顶在被测面的边缘处旋转主轴进行检验,千分表最大与最小读数差即为端面跳动误差

主要件检验指导书				共　页	
件号	46301	零件名称	主轴	检验指导书	第　页
磨 轴	2. $\varphi40dd$ 与 E、F 的跳动 0.03	千分表		2. 将千分表测头顶在主轴的花键定心直径上,旋转主轴进行检验,千分表最大与最小读数差即为径向跳动误差	
	3. 锥孔轴线与 E、F 轴颈 轴线径向跳动 　a:端部:0.015 　b:距端 300 处:0.05	千分表		3. 在主轴锥孔中插入检棒,使千分表测头顶在检验棒轴线 a、b 两处位置上,旋转主轴进行检验,退出检棒,旋转 90° 重新插入主轴锥孔,依次重复检验三次,误差值以千分表 4 次读数的算术平均值即为主轴锥孔径向跳动误差	
	4. E、F 轴颈的圆度、圆柱度	J37/杠杆 卡规		4. 用卡规在轴径的横截面的三个方向上进行测量,以卡规读数的最大差值作为单个截面的圆度误差,按上述方法测量三个截面,取其中单个截面最大的读数值作为圆度误差。 按上述方法进行测量,取各截面所测得的所有读数中最大与最小读数的差值,即为圆柱度误差	

11.3.5　质量特性分析表

为了使检验人员充分了解和掌握产品的各项质量特性要求及其与整机的关系,分析产生不合格的主要原因,应该在流程图的基础上,由技术部门编制质量特性分析表,以指导检验站的检验活动。质量特性分析表可以按产品(包括零件或部件)编制,表中详细列出各道工序所需检验的质量特性,并指出这些特性的主要影响因素,作为编制检验文件的依据。制定质量特性分析表所依据的主要技术资料有:

(1) 产品图纸或设计文件(含原材料、元器件、零部件汇总表中的质量特性重要性分级标识或质量特性重要性分级表)。

(2) 工艺流程(路线)及工艺规程。

(3) 工序管理点明细表。

(4) 用户或下道工序要求的变更质量指标的资料。

表 11.3、表 11.4 是两种形式质量特性分析表的示例。

表 11.3　质量特性分析表例 1

主要件重要质量特性分析表			共　页	
			第　页	
零件号	48011	零件名称	摇臂	
工序	磨削			
重要质量特性	导轨面平行度	0.08/1000	大孔与导轨面平行度 300:0.02	
		0.05/1000		
重要质量特性分析	导轨面的平行度与大孔轴线对导轨面平行度合格与否,将直接影响整机的精度			
决 定 因 素	1. 人的因素	与严格执行规程和操作者水平有关		
	2. 方法的因素	零件的正确装配,充足的冷却液		
	3. 机器的因素	机床精度必须满足加工零件的技术要求		
	4. 材料的因素	铸件硬度的均匀性		

11.3.6 不合格的严重性分级

1. 不合格的概念

在全数检验或抽样检验中,不合格是指单位产品的任何一个质量特性不符合规定要求。它是由于产品在生产过程中,影响质量的基本因素(人员、材料、设备、方法、环境条件)的波动和变化造成的。

表 11.4 质量特性分析表例 2

车间:	产品名称:××	编订日期:				
生产线或部门:	零件号及名称:	编订者:				
工序	瑕疵	影响因素				备注
		设备	工装	材料	操作者	
10 下料	材料及成分,厚度			×	×	
	尺寸		×			
	毛刺	×				
20 滚齿	齿距		×			
	齿深		×			
	毛刺	×				
	齿尖锐度	×				
30 磨齿	齿的精度	×	×		×	
	是否有齿面漏磨	×	×		×	
40 抛光	表面粗糙度				×	
50 腐蚀印字	字体是否清晰		×			
	打印位置是否正确		×			
60 冲压	尺寸		×			
	毛刺	×				
70 清洗涂塑	是否有漏涂部位	×				

2. 不合格分级的作用

不合格是偏离质量规定要求的表现,而这种偏离因其质量特性的重要程度不同和偏离规定的程度不同,对产品适用性的影响程度也就不同。不合格严重性分级,就是将产品可能出现的不合格,按对产品适用性影响的不同进行分级,列出具体的分级表,并据此实施管理。具体地说,不合格分级的作用是:

(1)明确检验控制的重点。通过分级明确各种不合格对产品适用性影响的严重程度,就可使检验工作把握重点,以便更好地保证产品质量和提高检验效率。

(2)有利于选择更好的验收抽样方案。在使用抽样标准时,对于 AQL 值的确定以及不合格品的判定和处理,都可根据不合格严重性的级别做出相应的规定。

(3)便于综合评价产品质量。通过不合格分级,可以对产品多个质量特性的不合格进行总的评价。例如,将产品的检查结果进行记录统计,以最低一级不合格为基数,其余各级按严重程度以倍数计算,用这种方法可以把某个生产工人或某一产品(包括零部件)所产生的实际不合格,用同一基数进行综合比较,使评价工作更加科学、细致,有利于保证和提高产品质量。

此外,对不合格进行分级并实施管理,对发挥质量综合管理和质量检验职能的有效性都有重要作用。

3. 不合格严重性分级的原则

不合格严重性分级,需要考虑的原则是:

(1)所规定的质量特性的重要程度。首先应根据企业设计部门提供的产品质量特性重要度分级表或设计文件中的原材料、元器件、零部件汇总表上标明的质量特性重要度标识,编制产品不合格严重性分级表。等级高的质量特性如 A 类发生的不合格,其严重性也高。

(2)对产品适用性的影响程度。不合格严重性分级不能单纯由质量特性的重要程度来决定,还要从使用和安全、经济等方面综合考虑产生不合格后产品应如何处理来决定。

不合格的严重性分级除考虑功能性质量特性外,还必须包括外观、包装等因素。

表 11.5 是某产品考虑不合格分级的原则示例。

表 11.5　不合格的分级

不合格等级代号	不合格等级	对安全、性能的影响	对精度、性能的影响	对最终产品可靠性的影响	对产品外观的影响	对信誉和经济性的影响
A	致命不合格	造成对人身、产品危害或不安全,导致零部件报废、人身伤亡	影响严重	对某些产品在使用期造成重大故障,丧失工作能力	影响严重	需承担法律责任
B	严重不合格	造成故障,降低单位产品预定的使用性能	有严重影响	对使用期可靠性有较大影响	引起用户不满或索赔	造成信誉和经济损失
C	一般不合格	不会严重降低产品预定使用性能或使产品偏离标准	有影响	对使用期内可靠性有轻微影响	外观质量影响用户不满,但不会索赔	用户有意见,可能造成信誉和经济损失
D	轻微不合格	对产品性能无影响	影响不大	没有影响	不会引起用户不满	不会造成信誉损失

4. 不合格分级的级别

根据上述原则,一般将不合格划分为几个等级。我国某些行业将不合格分为四级,其代号分别为 A、B、C、D,某些行业则分为三级。

分为三级时:

(1)A 类不合格。单位产品的极重要的质量特性不符合规定,或单位产品的质量特性极严重不符合规定,称为 A 类不合格。

(2)B 类不合格。单位产品的重要特性不符合规定,或单位产品的质量特性严重不符合规定,称为 B 类不合格。

(3)C 类不合格。单位产品的一般特性不符合规定,或单位产品的质量特性轻微不符合规定,称为 C 类不合格。

不合格分级较早在美国使用。20 世纪 40 年代,美国贝尔系统在公司范围内对质量特性的重要性和不合格的严重性进行了分级。第二次世界大战期间,美国国防部采用了这种分级方案。贝尔系统将不合格的严重性分为四级。

A 级——非常严重(不合格分值 100 分):

(1) 必然会造成部件在使用中运转失灵,并在现场难以纠正,如继电器线圈断线。

(2) 必然会造成间隙的运转故障,在现场难以确定其位置,如接线连接不实。

(3) 会使部件完全不适用,如电话拨号盘不能恢复到正常位置。

(4) 在正常使用情况下,易于造成人员伤害或财产损失,如接线露出部分有锐利的边缘。

B 级——严重(不合格分值 50 分):

(1) 可能会造成部件在使用中运转失灵,并在现场难以纠正,如同轴插销保护涂层的缺损。

(2) 必然会造成部件在使用中运转失灵,但在现场易于纠正,如继电器接触不良。

(3) 必然会造成尚未严重到运转失灵程度的麻烦,如保险器组不能在特定电压下运转。

(4) 必然会导致增加保养次数或缩短寿命,如单接点圆盘不合格。

(5) 会大大增加用户安装上的困难,如安装孔错位。

(6) 严重的外形或涂层上的不合格,如涂层颜色同其他部件不能匹配,需要重涂。

C 极——中等严重(不合格值 10 分):

(1) 可能会造成部件在运转中失灵,如接触低于最低限度。

(2) 可能造成尚未严重到运转失灵程度的故障,如振铃不在特定范围内运转。

(3) 可能导致增加保养次数或缩短寿命,如接触部位肮脏。

(4) 造成用户安装上的小困难,如安装托座歪曲。

(5) 较大的外观、涂层或工艺不合格,如涂层有明显的划痕。

D 级——不严重(不合格值 1 分):

(1) 不影响部件在使用时的运转,保养或寿命(包括对工艺要求上的小偏差,如套管太长或太短)。

(2) 外观、涂层或工艺上的小毛病,如涂层轻微划痕。

不合格等级的划分,对不同行业、不同产品将有所不同,应根据具体情况确定。

5. 产品不合格严重性分级表

产品不合格严重性分级原则(标准)是企业的一种管理规范性质的文件(可编入企业管理标准内),并不是某种产品检验计划的构成文件,而反映某一产品不合格严重性的分级表才是该产品检验计划的组成部分。不合格严重性分级表应明确列出不合格的项目、状况及严重性级别,见表 11.6 某机床产品不合格严重性分级表。它是不合格严重性分级原则对某一产品的具体化。

表 11.6 某机床产品不合格严重性分级表(其中的一部分)

序号	瑕疵内容	不合格分级		
		A	B	C
一、	包装质量			
1	包装箱外部尺寸不符合规定,超过要求 10mm			×
2	包装箱面不齐全、不正确、不清晰			×
3	包装箱底架不牢固、不可靠、有断裂现象	×		
4	包装箱底座或框架缺少皮包角,或缺少横头长圆钉		×	
5	机床附件及零部件不固定、不牢靠、能任意移动	×		

序号	瑕疵内容	不合格分级		
		A	B	C
6	机床及附件、工具油封保护不良,能造成锈蚀		×	
7	包装箱内缺备件,缺技术文件规定的物品		×	
8	由于外箱质量差,能造成箱内积水		×	
⋮	……			
二、	外观质量			
1	机床上各种标牌歪斜、不平整、不牢固			×
2	机床结合面边沿、缝隙超过规定			×
3	外露加工面有明显磕碰、生锈			×
4	错装、漏装标牌		×	
5	标牌上字码不清楚或打错		×	
⋮	……			
三、	结构性能质量			
1	整个液压系统漏油,影响液压性能,压力不正常,并超过温升值	×		
2	进给手轮、工作台手轮、液压操作手柄超过规定力		×	
3	各联锁动作失灵、砂轮架快速进退动作错乱,会造成安全事故	×		
4	各联锁动作失灵,动作错乱,但不会造成安全事故		×	
5	冷却液油水混合,冷却液漏进油池	×		
6	机床噪声超过规定值		×	
⋮	……			

11.4 进货检验和试验

进货检验是指对供方(供货厂商、外协厂)交付的原材料、元器件、零件、组装件、配套分机等进行的质量检验。

11.4.1 进货检验和试验的目的与作用

现代化的企业,生产各种产品,所需的原材料、元器件、配套件、分机等不可能都由本企业加工制造,而是适应专业化生产方式,选择专业化生产的原材料、元器件、配套件以及外协厂的产品,来满足本企业生产需要。

外购和外协的产品,涉及产品的质量,如性能、可信性、安全性、经济性和环境的适应性等,它们对本企业的成品起着重要作用,甚至是决定性的作用。

进货检验和试验的目的,就是通过进货检验,确保所购的产品,所外协的产品符合规定要求,防止不合格的产品进入工序进行加工或装配,及减少购货引起的经济损失。

11.4.2 进货检验的要求

（1）按合同或协议明确交货产品的质量保证内容进行检验。

企业与合格供方的订货合同或协议中应明确交货产品的质量保证内容,视情况可规定:

① 检验的方式方法:规定全检还是抽检。抽检还要规定采用何种标准,如计数型 GB2828—1987 或计量型 GB 8053—1987;还应规定 AQL 或 AOQL、LQ 等指标。

② 供方应提供交货产品的合格证明书,必要时要求提供检测数据和表单。

③ 对供货不合格的处理方式,如退货、换货以及经济补偿(赔偿)等。

④ 对供方的质量体系进行第二方质量认证审核等。

(2)按企业形成文件的检验和试验程序,以及进货检验和试验规程进行检验和办理入库手续。

(3)外购产品、外协产品应是经企业评定合格供方的产品,其他情况进货应经过审批并通知相关部门。

(4)按文件化程序、质量计划、检验和试验计划执行。

进货检验视企业的资源及检验产品后的有效程度来设计检验方法,既可采用检测设备进行检验,也可采用其他验证方法进行验证。

(5)合格放行,不合格追回等处置。

"紧急放行"的产品,需要在该项产品上做出标识,做好记录,能及时追回和更换,经相应的授权人批准,才可放行。同时,进货检验员继续对此批产品进行检验,直到能判别合格与否并做完相应的处理为止。

11.4.3 进货检验的内容

进货检验、外协检验(以下简称进货检验)也称进厂检验,包括两个内容,首件(批)样品进货检验和成批进货检验。

1. 首件(批)样品进货检验

(1)对首件(批)进货样品,按程序文件、检验规程以及该产品的规格要求或特殊要求进行全面检验或全数检验或某项质量特性的试验;详细记录检测和试验数据,以便分析首件(批)样品的符合性质量及缺陷,并预测今后可能发生的缺陷,及时与供方沟通进行改进或提高。

(2)要求供方(可在合同、协议条款中)在首件(批)送检与成批交货有一定的时间间隔,这样可使供方有时间去纠正质量缺陷,不影响正式交货。

2. 在以下情况下应进行首件(批)样品的进货检验

(1)首次交货,要求供方提供的产品必须具有代表性,制造首件(批)样品的生产设备,检测设备,操作人员水平与将来大生产时一致。

(2)供方产品设计上有较大的变更。

(3)产品(供货)的制造工艺有了较大的改变,如改变了所用的原材料,改变了配比,改变了操作条件等。

(4)供货停产较长时间后恢复生产。

(5)需方质量要求有了改变。

3. 成批进货检验

现代化企业对外购、外协件按其对产品质量的影响程度分为 A、B、C 三类,实施 A、B、C 管理法:

A 类:是关键件,必检;

B 类:是重要件,抽检;

C 类:是一般件,对产品型号规格、合格标志等进行验证。

通过 A、B、C 分类检验,可使检验工作分清主次,集中主要力量检测关键件和重要件,确保进货质量。

其中 A 类的外购、外协件的检验,一般应做到检验项目齐全,如无条件检验的可采用工艺验证试验,或送至具有资格的第三方检测机构(如市产品检测中心)进行检测或试验,经全项目合格后才能办理入库。

工艺验证试验,按程序文件或检验规程要求,由检验部门提出工艺验证申请,工艺(技术)部门批准,车间按照工艺标准进行试验,并出具试验报告。检验部门按照工艺试验报告和其他项目的检验,出具检验报告,判断该批进货是否合格。

4. 介绍两个企业(机械、电子)的进货检验流程图

×××机械厂原材料检验流程图如图 11.7 所示。

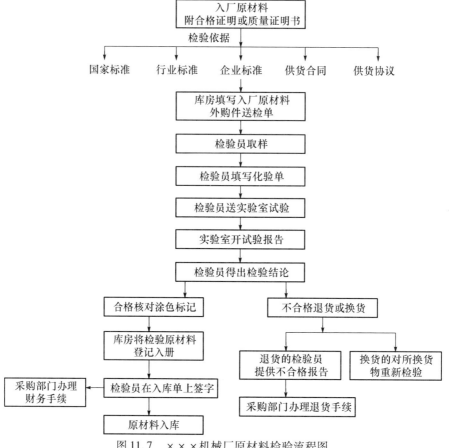

图 11.7　×××机械厂原材料检验流程图

338

×××电子设备厂进货检验流程图如图 11.8 所示。

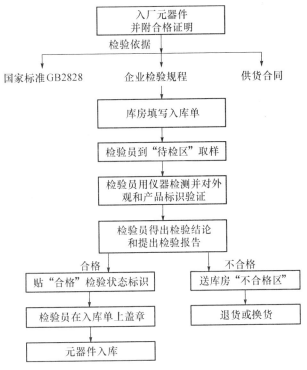

图 11.8 ×××电子设备厂进货检验流程图

11.4.4 过程检验和试验的要求

1. 依据质量计划和文件要求进行检验

按企业形成文件的检验和试验程序或依据质量计划,以及过程检验规程、工艺规程等文件进行检验,合格后转入下道工序或入库。

2. 设置质量控制点进行过程检验

以关键部位或对产品质量有较大影响及发现不合格项目较多的工序设置质量控制点,可以应用统计技术对过程进行控制,使产品质量稳定,以及为质量改进提供数据。

3. 一般不得将未完成过程检验和试验的产品转入下一过程

如果生产急需来不及在检验报告完成前就要转入下一过程,则必须有可靠追回程序,并在相应的产品上明确标识,做好记录,并经相应授权人批准,方可放行。这种做法也称为"例外放行"。

11.4.5 过程检验和试验的内容

过程检验和试验的内容,通常有三项或称三种形式:

1. 首件检验

首件检验是对加工的第一件产品进行的检验;或在生产开始时(上班或换班)或工序因素调整(调整工装、设备、工艺)后前几件产品进行检验,其目的及早发现质量缺陷,防止产品成批报废,以便查明缺陷原因,采取改进措施。

2. 巡回检验

巡回检验是检验员在生产现场,按一定的时间间隔对有关过程(工序)进行流动检验。

巡回检验员在过程检验中的检验项目和主要职责有:

(1)巡回检验的重点是关键工序,检验员应熟悉和掌握所负责检验范围内工序控制点的质量要求及检验方法,并对加工后产品进行检测或观察是否符合工艺文件、检验规程等规定的要求,发现质量缺陷应及时处理。

(2)按照过程检验规程要求对关键工序的零部件进行抽样检验或全检,并做好检验后合格品、不合格品(返工品)、废品的存放处理工作。

(3)做好巡回检验记录,提出检验报告。

3. 完工检验

完工检验是对一批加工完的产品(这里指零件、部件)进行全面的检验,目的是发现和剔除不合格品,使合格品继续转入下道工序或进入半成品库。

除以上三种通常采用的形式外,还有:

环境检验:对工作环境和操作人员的卫生实行严格控制所进行的检验。

工艺监督检查:对一些关键重要的工序的操作工人是否严格执行工艺纪律所作监督检查。检查内容有下列几项:根据工艺规程、作业指导书或检验规程的规定,对照所有量具、夹具、仪器仪表是否符合规定要求;所用原材料是否符合规定要求;零部件的加工结果是否符合规定要求。

11.5 最终检验和试验

最终检验和试验也称成品检验或出厂检验,是完工后的产品入库前或发到用户手中之前进行的一次全面检验。这是最关键的检验。

11.5.1 最终检验和试验的目的与作用

1. 最终检验和试验的目的

是防止不合格产品出厂和流入到用户手中,损害用户利益和本企业的信誉。

2. 最终检验和试验是全面考核产品质量

是否符合规范和技术文件的重要手段,并为最终产品符合规定要求提供证据,因而最终检验和试验是质量控制的重点,也是实行质量管理活动的必需过程。

11.5.2 最终检验和试验的要求

1. 依据企业文件进行检验

按企业形成文件的检验和试验程序、质量计划、最终检验和试验规程等文件进行检验和试验,合格后办理入库手续。

2. 按规定要求检验做出结论

最终检验和试验的程序,应要求所有规定的进货检验,过程检验均完成,结果满足规定要求后才能做出是否合格的结论。

3. 审批认可

只有在规定的各项检验、试验都全部完成,有关检验结果符合要求、数据、文件都得到审批认可后,产品才能发货。

11.5.3 最终检验和试验的内容

以工业电子和机械行业为例,主要有:装配过程检验、总装成品检验及型式试验。

1. 装配过程检验

按照企业产品技术标准和技术文件的要求,将零件、部件进行配合和连接使之成为半成品或成品的工艺过程称为装配。

在生产过程中,装配工序一般作为产品的进货检验及零部件加工过程检验均完成且结果满足规定要求的最后一道工序。虽然零部件、配套件的质量符合规范和技术文件规定的要求,但在装配过程中,由于不遵守工艺规程和技术文件规定的要求,导致产品质量不合格。为此,要保证装配工序的装配质量,装配过程的检验工作是十分重要的。

部件装配检验:

部件装配是依据产品图样和装配工艺规程,把零件装配成部件的过程。

部件装配检验是依据产品图样,装配工艺规程及检验规程对部件的检验。有的企业在装配工艺规程中或单独列出检验项目和技术要求,称之为检验卡,其目的是方便检验。

检验内容:机械有部件的几何尺寸、不平行度、轴径的椭圆度、端面与外圆跳动、角度等,然后与标准比较,判其是否合格;电气有部件的性能,包括电、声、色等质量特性。例如:温度控制电源,它是一个部件,检验的项目一般有输出的电源电压(幅度)、输出电源电压的稳定度、过压和过流的保护等,然后与标准比较,判断其是否合格。

2. 总装成品检验

把零件和部件或外购配套件按工艺规程装配成最终产品的过程称为总装。

总装(成品)检验是依据产品图样、装配工艺规程及检验规程对最终产品(成品)的检验。

成品检验内容一般有:

1)成品的性能

包括正常功能、特殊功能、效率三个方面:

正常功能是指产品应具有的功能。如载重汽车的载重量和速度;模块电源输出的电压幅度及输出电压的稳定度等。

特殊功能是指产品正常功能以外的功能,一般指增加附件后所具有的功能。如某型号半导体三极管,带该型号散热器时的输出额定功率为5W,不带散热器时为1W。

效率是指产品在规定时间和规定条件下的生产能力,或产品的输出功率与输入功率的比值。

2)成品的精度

包括几何精度和工作精度两项:

几何精度检验是指对最终影响产品工作精度的那些主要零部件的精度进行检验,其中包括零部件尺寸、形状、位置和相互间的运动精度。

工作精度检验,是通过对规定试件或工件进行加工,然后进行检验,判定是否满足规定要求。

3)结构

指对产品的装卸、可维修性、空间位置、抵御环境能力等项的检验。

4)操作

主要要求操作简便、轻巧灵活等。

5）外观

主要是造型美观大方,色彩适宜和光洁,出现瑕疵应符合规定要求等。

6）安全性

指产品在使用过程中保证安全的程度。如检验某产品超温下的报警;检验某产品的闭锁、隔离装置是否能达到闭锁和隔离的要求。

7）环保

主要是对成品的噪声和排放的有害物质对环境的污染是否符合有关标准。如对噪声检测、对粉尘浓度的检验。

以上各条,应按技术文件的规定进行检验。检验均合格时,才能判定产品合格和出厂。为方便检验工作,企业在设计质量管理体系文件时,将该产品的检测项目、技术要求、检测方法、实测结果合格与否判定等项目列在××产品检验报告(表)中,以此报告作为最终产品检验的记录和凭证。

表11.7是××公司成品(模块电源)检验报告。

表11.7 ××公司成品(模块电源)检验报告

表单号:QM-R-001 编号:

型号			数据	
测试项目		单位	技术要求	实测结果
输入电压		V		
空载输入电流		A		
空载输出电压 V01:		V		
V02:		V		
V03:		V		
V04:		V		
满载输入电流		A		
满载输出电压 V01:		V		
V02:		V		
V03:		V		
V04:		V		
上调电压		V		
下调电压		V		
短路保护				
输出纹波与噪声		mV		
动态响应	过冲电压	mV		
	响应时间	μs		
输入电压保护点		V		
耐压		V		
遥控				
负载		Ω	V01:V02:V03:V04:	

342

型号		数据
外观检查	不干胶	
	管脚出针	
	喷漆	
	密封处理	
	缝隙	
检验结论： 　　　　　□合格　　　　　□不合格		

注：① 技术要求的数值,检验测量用的仪器以及测试方法等见本企业《成品检验规程》;

　　② 用户需要此报告时,检验主管应审查后签字。

　　　年　月　日　　　　　　　　年　月　日

　　主　管：　　　　　　　　检验员：

3. 型式试验

所谓型式试验是根据产品技术标准或设计文件要求,或产品试验大纲要求,对产品的各项质量指标所进行的全面试验和检验。通过型式试验,评定产品技术性能是否达到设计功能的要求,并对产品的可靠性、维修性、安全性、外观等进行数据分析和综合评价。

型式试验一般对产品施加的环境、应力条件比较恶劣:常有低温、高温、潮热、电源电压变换(如从198~242V),满功率负载、机械振动、温度冲击等项目的试验,因此,新产品研制、设计定型均应按产品技术标准所列的试验项目做全项目的试验;而出厂时只是选择其中若干项做试验,甚至不做试验,依产品的要求和用户要求而定。

型式试验和交收试验有区别又有联系。前者:①只有在周期检验和试验,例如:执行GB2829-1987标准时进行全项目试验;②在产品设计定型或生产定型进行全项目的检验和试验。后者:是出厂交用户,只选择部分项目进行检验和试验,例如:选择空运转试验、负载试验、精度检验等项。这些规定一般都在企业制定的该产品技术标准中的验收准则列出。

还应指出:产品的技术标准包括其中必须做试验的项目和达到的质量水平(性能指标),同时,它与该产品的行业标准(部标)、国际 GB 或国军标 CJB 相关联。一般情况下企业制定的产品技术标准,应高于部标、国标,至少应与部标、国标规定的要求相等。质量检验部门在出厂检验或型式试验时应进行监督检查,保证产品的质量和企业的市场竞争能力。

1) 结构受力试验

结构受力试验一般用于承受外力的产品,进行机械力学性能试验。试验时模拟外界受力的状态进行静力和动力等试验,试验时,往往加载到结构破坏时测定其结构的强度,验证产品设计及参数计算的正确性。

2) 空运转试验

空运转试验包括主运动机构、进给机构、快速移动机构三个空运转试验。空运转试验时,主运动机构从最低速度起,做低、中、高速运转,每级速度按规定时间运转;进给机构做低、中、高进给量的空运转;快速移动机构做快速移动的空运转。在试验过程中,检验工作机构的平移性、可靠性和准确性;检验主运动和进给机构的起动、停止、制动、自动动作的灵活性和可靠性;

检验变速转换的可靠性和准确性,检验重复定位、分度和转位动作的准确性;检验自动循环动作的可靠性;检验夹紧装置、快速移动机构、读数指示装置和其他附属装置的可靠性;检验刻度装置的手轮反向空程量;检验手轮和手柄的操纵力;检验安全防护装置和保险装置的可靠性;检验电气、液压、气动、润滑、冷却系统和光学及自动测量装置的工作情况。

3）负载试验

负载试验是按照设计编制的试验规范和产品质量分等规定所规定的试验方法对承载零件最大重量的运转(主传动系统最大扭矩)、最大切削主分力和主传动系统最大功率进行试验,试验后把试验数据记录在产品合格证书上。

4）精度检验

精度检验包括几何精度检验和工作精度检验。几何精度检验是在负载试验前后进行,工作精度检验是在负载试验后进行,不做负载试验的产品在空运转试验后进行。最后一次精度检验的实测数值记入产品合格证书内,并根据产品标准和产品质量分等规定判定产品精度的等级。

5）高低温试验

产品高低温试验,一般都是按产品技术标准或技术协议规定的要求进行检验评定。产品高温试验通常是把产品置于恒温箱或恒温室内进行,它是检验和评定产品在高温条件下工作的可靠性。产品低温试验通常是在低温箱(或室)内进行,它是检验和评定产品在模拟寒冷地区、冬季或高空条件下工作的可靠性。

6）温度冲击试验

产品进行温度试验时,产品一般处于非工作状态,交替置于低温和高温箱或低温和高温室内,按所要求的高低温度和保温时间进行若干次循环试验,在最后一次循环的高温结束时,将产品取出箱外,待温度恢复到常温后对产品进行检验和评定。产品温度冲击试验是衡量产品在温度冲击条件下的工作适应性及结构的承受能力。

7）耐潮试验

产品耐潮试验,一般是把产品置于湿热试验箱或实验室内进行,其湿度是靠喷雾水或使水加热蒸发来调节。产品耐潮试验是检验和评定产品对潮湿空气影响的条件下抵抗的能力。耐潮试验的目的是防止产品绝缘材料在潮湿空气的条件下绝缘性能显著降低和金属零件易锈蚀等现象的发生。

8）防霉试验

产品在使用和储存中,在长期高温和高湿的环境条件下,外表面可能有霉菌生长,霉菌生长后菌丝吸收潮湿气体和分泌有机酸性物质使产品的绝缘性能遭到破坏,并加速金属零件的腐蚀作用,光学玻璃上长菌后会使光聚性能下降。为此,要进行产品的防霉试验。

防霉试验是把非工作状态下的产品和易于长菌的对比样件同时放入霉菌试验箱内,然后将按规定配制好的霉菌溶液均匀地喷到产品表面和对比样上,试验后根据产品生霉情况检验和评定产品的抵抗霉菌浸蚀能力。

9）防腐试验

产品的防腐试验是把产品置入喷射盐水雾的盐雾试验箱或室内进行,其试验温度、盐溶液的组成、浓度、喷雾量和喷雾方式等按产品技术条件来决定,检验和评定产品对含盐水分或大气腐蚀的抵抗能力。其目的是防止产品在沿海地区含盐水分或大气浸袭条件下,产品的金属零件受到电化学腐蚀的现象发生。

10）防尘试验

任何产品在风沙或灰尘环境条件下都会受到风沙和灰尘的影响。当沙粒或尘埃进入转动或滑动部位时，将会增大这些部位的摩擦力和磨损程度，使这些部位出现动作失灵或卡死现象，容易造成油路和气路的堵塞，还会影响电路接点的接触性能。为此，要进行产品的防尘试验，提高工作的可靠性。防尘试验是在防尘试验室内进行，试验后检验和评定产品在风沙或灰尘环境条件下其防尘结构的密封性和工作的可靠性，要求产品打开密封后无尘埃，无妨碍产品正常工作的一切故障。

11）密封试验

某些产品在使用中，可能会被浸入水中或被雨淋，水的渗透会使产品发生故障或被破坏。为此，这些产品要进行密封性试验。密封性试验有两类，一类是淋雨试验，把产品放入实验室内，用一定水压或水量的水以一定的角度或任意方向喷淋在产品上，经一定时间后取出产品检验和评定产品防漏性。试验后的产品要求内部不应有渗透和积水存在，同时应无妨碍产品正常工作的一切故障发生。另一类是漏气和漏液的试验，是根据产品结构和要求不同采用不同的检漏试验。密封试验的目的是鉴定产品的防漏能力。

12）振动试验

产品在运输和使用过程中，将会受到由旋转冲击和振动诸力所产生的谐和振动的影响。当产品构件受到周期性的干扰后，各构件都会被激振动，甚至有些构件会产生谐振；当弹性构件产生振动后，构件承受了反复载荷而影响构件的寿命，甚至很快产生断裂；由于振动的作用还可使产品各构件的连接部位松动、脱落，甚至破坏；振动还会使滑动或转动构件间摩擦力增大或产生附加的摩擦运动而加速磨损；装在产品上的电器部件也会由于振动而造成导线、插头、焊头或接线片松动或脱落；以至于产品上的仪器仪表可能因振动而不能正常工作。

产品振动试验时，把产品固定在振动试验台上，使其在三个互相垂直故障最易暴露的轴向依次振动，有减振装置的产品应在带减震器进行试验。试验的目的是确定产品经受振动的适应性，评价产品结构的完好性。

11.6 成品入库、包装及出厂检验

11.6.1 成品入库检验

成品入库存在两种状态，一种是产品在完成成品包装作业后，经检验入库；另一种是成品在完工后进行油封、油漆处理并经检验入库。

无论哪种情况，检验人员应做到：

（1）按检验和试验程序及检验规程的要求进行检验。

（2）核对和检查油封、油漆的质量是否满足文件规定的要求，判定是否合格。

（3）核对和检验包装的产品，主要是检查包装材料、包装箱的结构和包装的质量是否满足文件规定要求，判定是否合格。

（4）入库单或入库交验单齐全，判定合格后方能入库。

11.6.2 成品包装检验及出厂检验

所谓包装质量是指由于包装的原因，对产品质量造成影响和损坏的程度。包装质量可分

为包装设计质量,包装制造质量和包装使用质量。成品包装检验主要检验:

1. 按文件要求检验

即按检验和试验程序及检验规程的要求进行检验。

检验:

(1)包装材料。

(2)包装箱是否牢靠是否按包装设计文件制造并符合规定要求。

(3)包装前是否按文件要求每台进行油封、油漆、润滑及外观的检验。

(4)成品合格证书(或标志)的编号与包装箱的编号必须相符。

(5)包装箱上用户名称、地址、邮编及防雨、置放的标识必须正确等。如果包装后即将发往用户,还需检查。

2. 按产品装箱清单

(1)产品说明书。

(2)产品合格证书。

(3)等级品证书。

(4)附件、备件工具等进行全面清点核对,做到物卡相符,然后将主机、附件和随行文件放入指定的包装内,按包装工艺文件要求固定在包装箱内。检验人员确认全部检查完成在合格证书或产品装箱清单(包括自存)上签章后,产品方可出厂或入库。

11.7 检验和试验记录及检验证书的管理

11.7.1 检验和试验记录的作用

检验和试验记录是质量管理体系有效运行的重要的证实性文件,是表明企业实施的质量控制和最终产品符合质量要求的证据。检验记录能明确表明负责产品放行的检验部门和检验或验证人员。

检验记录又是质量信息,可供统计和分析使用,为纠正措施和改进质量提供依据。另外,当用户需要时,按合同要求提供检验记录和数据。

11.7.2 检验和试验记录的种类及内容

检验和试验记录的种类,工业企业中一般有六种:

(1)进货检验和试验记录。

(2)过程检验和试验记录。

(3)成品装配检验记录。

(4)入库、包装和发运交付记录。

(5)设计、生产定型鉴定的检验和试验记录;周期检验和试验记录。

(6)检验和试验报告、质量分析报告、关键点控制图表(有一部分)质量分析会议记录等。

11.7.3 检验和试验记录的管理

检验和试验记录是质量管理体系中质量记录的一部分,首先,应按质量管理体系文件和资料控制程序的要求,设计好每一张检验和试验表单,使表单便于检验人员填写。其次按照质量记录控制程序要求,对上述六种检验和试验记录进行标识、收集、编目、归档、储存、防护、借阅和处理的管理。按检验和试验程序及检验规程将其中规定的记录及时传递其他部门,以及上报企业领导。

11.7.4 检验证书的管理

1. 合格证书

合格证书一般有下列几种:

(1)质量证书:是制造单位说明产品质量检验结果的证书。

(2)品种规格证书:是制造单位证明所发交货品与合同条款一致的证书,证书中不记录任何检验和试验的数据。

(3)检验和试验证书(或报告):是制造单位按本企业文件规定或按合同规定的检验和试验结果的证书。检验和试验结果一般是抽样检验得出的合格结论。

(4)接受(或交收)证书:是由供方与需方单位代表共同签字的证书。

2. 合格证标签

为了证明产品质量,在产品上粘贴或栓系印制的合格证标签。

3. 检验证书的管理

各种证书和标签,应指定一名管理人员进行管理,使用检验人员进行登记,并按检验规程要求,进行检查和签章。

11.8　不合格品的控制及检验和试验状态的管理

企业在建立质量管理体系的过程中,一般将不合格品的控制、检验和试验状态的管理分配给质量检验部门管理。

11.8.1　检验和试验状态

只有合格的原材料,外购件才能投入生产,只有合格的零部件才能转序或组装,只有合格的产品才能出厂发送用户。因此,需要正确区分和管理原材料、零部件、外购件、成品等产品所处的检验和试验状态,并以恰当的方式标识,以标明是否经过检验和试验,检验后是否合格等状态。

根据程序文件或质量计划规定,检验状态一般分以下四种:

(1)产品未经检验或待检的。

(2)产品已经检验但尚待判定的。

(3)产品通过检验合格的。

(4)产品经检验判定为不合格的。

检验和试验状态的管理:

(1)在程序文件中规定标识的形式,可用标签、印章、生产路线卡、划分存放区域等方法标明以上四种状态。

(2)做好标识保护,防止涂改、丢失、消失而造成误用或混用。

(3)检验部门指定专人管理检验状态标识的发放和控制。

应当指出:企业应正确区别产品标识以及检验和试验状态标识,前者是产品在整个生产过程中自始至终保持不变的唯一标识,是产品的"身份证",当需要时可以追溯;而后者在每一个过程都只有相应检验和试验状态,因而检验和试验状态标识是可以变化的,例如某产品毛坯经检验是合格的,经车床切削加工后检验是不合格的等等。

11.8.2 不合格品的控制

不合格即未满足要求。不合格分为不合格项和不合格品,前者是针对质量管理体系要求;后者是在整个生产过程中对不符合产品要求的产品进行识别和控制,以防止非预期的使用或交付。

根据 ISO 9001:2000 标准的要求,企业应制定《不合格品控制程序》,并规定有关职责和权限,采取下列一种或几种方法,处置不合格。

(1) 采取措施,消除发现的不合格。

(2) 经有关授权人员批准,适用时经顾客批准,让步使用,放行或接收不合格品。

(3) 采取措施,防止不合格品的非预期使用或应用。

同时,应保持不合格的性质以及随后所采取的任何措施记录,包括批准的让步记录。对纠正后的产品应再次进行验证,以证实符合要求,当在交付或开始使用后发现产品不合格时,组织应采取与不合格的影响或潜在影响的程度相适应的措施。

不合格品控制程序和实施要点列举如下:

(1) 标识:经检验或其他方法一旦发现的不合格品,要及时对不合格品进行标识。

(2) 记录:做好不合格品记录,确定不合格的范围,如产品型号、规格、批次号、生产设备、交验人、生产时间、地点等。

(3) 评价:规定由谁或部门来主持评价,谁参加,以确认是否能返工、返修、让步接收、降级或报废,并在文件中明确授权人赋予的权限。

(4) 隔离:可行时,将不合格品与合格品隔离存放,并以检验状态标识予以区别。

(5) 不合格品的评审和处置。

由程序文件规定的授权人(或部门)主持不合格品的评审,并按程序文件要求由各责任部门负责对不合格品进行返工、返修、报废、重新加工等事项的实施。

(1) 返工。返工后须经检验,符合规定要求即合格后才能转序。

(2) 返修。返修后需经检验,虽不符合规定要求,但能满足预定的使用要求,经检验符合放宽的规定后才能转序。

(3) 让步接收或降级使用。除评审员签字外,应送企业质量主管签字,如有合同要求,必须得到顾客书面文字同意。

(4) 拒收或报废。对外购件的拒收,应通知供方换货或退货;报废:除评审人员签字外,应送企业领导批准。

(5) 纠正措施和预防措施。当产品质量出现异常时,特别是重大质量问题时,应找出不合格的主要原因,采取纠正措施,并对潜在的不合格原因采取预防措施。按《纠正/预防措施程序》要求制订纠正/预防措施计划,规定责任部门执行。质量检验部门应加强纠正/预防措施的监督检查,使出现的质量异常得到及时改进。

11.9 工序质量检验与工序质量控制

11.9.1 工序质量检验与工序质量控制

ISO 9000:2000 质量控制的定义是:质量管理的一部分,致力于达到质量要求。在现代化企业中,企业为了自己的生存和发展,致力于技术创新、开发、设计、制造各类市场需求的产品,统筹策划从市场调查、开发设计、工艺设计、生产制造、质量检验、搬运、储存到产品交付和服务等质量形成的各阶段采用各种作业技术和方法,即质量控制,使产品达到规定的要求。工序质量是生产制造质量的一部分,因而工序质量控制也是整个质量控制的一部分。

工序质量检验是企业整体质量检验的一部分,也是产品质量形成不可缺少的阶段。但它和工序质量控制之间有区别又有联系。首先,质量检验和生产制造是两个不同的阶段,它们各担负的质量职能不同,即不同的分工,即一个是检验,一个是制造,分属两个部门:质量检验部门和生产制造部门;其次,生产制造与质量检验两个阶段紧密联系,一般产品加工制造后,进入检验阶段,以便及时检查产品质量的符合性并判定是否转入下一阶段,满足生产计划进度和质量的要求。

因此,工序质量及其控制,应由生产制造部门负责,或由工艺技术部门负责(包括工艺文件、质量控制文件)或由工艺技术部门和生产制造部门联合对生产加工过程(工序)的质量实施有效的质量控制。

工序质量检验,特别是工艺文件规定的检验点,一般由专职检验员负责,属于质量检验部门。质量检验部门,按照程序文件和作业指导书的要求,可以参与其中进行质量控制活动的一部分,如质量控制点建立的讨论,某工序质量控制点控制图制作和对该点产品质量特性的检验,以及各工序质量改进措施的实施和配合等。质量检验部门是从参加、检查、监督这一角度去参与工序质量控制工作的,而不是由检验部门去主持和实施。下面列表对比说明工序质量检验与工序质量控制点的区别,如表 11.8 所列。

表 11.8　工序质量检验与工序质量控制点对比表

项　目	工序质量检验	工序质量控制点
数量(相对)	多	少
依据技术文件	检验指导书(或检验规程)	作业指导书
检验方式	自、巡、专检,以专检为主	自检为主
统计工具	检验报告或传统图表	数理统计工具,以控制图为主
分析方法	与质量标准对照	视有无异常排列以判断工序所处状态
处理	剔除不合格品	把正常波动控制在最低限度,采取纠正措施消除系统原因造成的异常波动
效果	防止不合格品流入下道工序	预防不合格品产生

11.9.2　工序质量控制概述

1. 工序质量

不同的行业,工序质量的含义有所不同。对于可以分割的产品:如零部件、元器件、半成品,通常指产品质量特性,如尺寸、精度、粗糙度、硬度、含量、纯度、强度、电学性能等;对于不可分割或最终才能形成者,通常指工艺质量特性,如化工产品生产反应装置的温度、压力、浓度和时间等。除此以外,工序质量有时还包括消耗和效率等。工序质量属于制造质量范畴,它主要指产品或工序质量特性符合设计规格与工艺标准的程度。

2. 工序质量的波动性

工序质量总是有波动的,其波动性一般遵循着一定的统计规律。工序质量波动有两种表现形式。

（1）正常波动：由于偶然原因引起的随机误差而造成的波动，例如，在符合规定的工艺条件下，仍会产生原材料的微小差异，机床的轻微振动，工人操作的微小变化，环境如温度、湿度、净化度的微小变化，因而使工序质量产生波动。但它们在什么时候发生具有随机性，故称随机波动，也即正常波动。

（2）异常波动：又称系统波动，它是由于系统原因引起的系统误差而造成的波动。例如，混入了不同规格成分的原材料；设备的过大磨损；夹具的严重松动；操纵者未培训或达不到规定水平；环境因素有过大的变化等。

这两类波动可根据专业技术，统计技术及管理经验加区别，常用的（数理）统计技术有控制图、直方图、假设检验等。

3. 工序质量控制的概念

工序质量的波动性是客观存在的。因此，它造成产品之间的波动，即产品的均一性差异或程度不同；单个产品与规格给定的目标值之间的波动；工艺质量特性在不同生产线、不同批次、不同时间的稳定性的差异；单个产品在使用过程中的变化等。

生产实践表明，工序质量的波动是由于工序因素人、机、料、法、环和检测（简称 5MIE）发生变化而引起的。我们把上述 6 个因素限制在一定范围内，使产品质量符合规定要求，称为工序质量控制。

4. 如何对影响工序质量的因素进行控制

从大范围来说，就是对 5MIE 的控制。

1）人的因素控制

对各类员工进行上岗、转岗培训，经考核合格方能上岗。对特殊工种（如焊接、高压容器等）还应培训考试取得资格证书。对各类人员，根据需要进行专业技术和统计技术培训。

2）设备（机器）因素的质量控制

（1）设备的选用：应符合零部件加工及质量特性值的要求。

（2）设备的维护保养：建立清扫、检查、润滑、紧固、调整、修理等项目的《设备维护保养规程》，由车间领导和专门管理人员进行管理。

（3）材料因素的质量控制：主要严格管理材料的订购、进货检验、入库、保管、发料的质量。

（4）作业方法因素的控制。

规定程序的所有工艺规程、工艺守则、产品加工作业指导书等工艺文件均是生产制造的依据。因此作业方法因素的控制，主要控制好这些文件的编制、审核、批准，以及工艺文件的修改。同时，监督和检查操作人员执行工艺文件情况，并与企业的经济责任制加以严格考核等方法相联系。

（5）环境因素的质量控制一般有：

① 文明生产：包括厂区环境文明，作业环境文明和岗位操作文明三个方面。

② 均衡生产：包括编制合理的生产作业计划，及时进行平衡与调度。

③ 定置管理：即对人、物、场所结合状态进行科学地确定其摆放区域或固定位置的管理。

（6）检测因素的质量控制：

① 合理的选用和配置相应的检验、测量和试验设备。

② 对检验、测量和试验设备按规定进行周期检定。

③ 规定检验、测量和试验设备的检定过程，包括：对设备型号、标识、地点、检定周期、校验

方法、验收准则等。

④ 制定检验、测量和试验设备的维护规范,加强维护管理。

⑤ 提供适宜的设施和环境条件,保证检验、测验和试验设备在符合规定的条件下工作。

⑥ 做好并保存检验、测量和试验设备的检定或校准记录。

11.9.3 工序质量控制的主要内容和方法

制造质量的控制重点是工序质量控制。通过产品工艺性审查、工序能力调查、工序因素分析等一系列质量活动,可以选定制造方法、工艺手段和测检方式,明确质量控制对象和目标,并对影响工序质量的主导因素和条件进行控制。工序质量控制的详细内容,请参见丛书之三《过程控制与统计技术》,王毓芳主编,中国计量出版社 2001 年 8 月出版。下面将工序质量控制的一些内容和方法作简要叙述。

1. 工序能力

(1)工序能力是指工序处于控制状态下的实际加工能力。这是一种工序固有的再现性或一致性的能力。当工序处于不稳定状态时,其测量值不具备再现性。

(2)工序能力数量表示:常用质量特性值分布的 6 倍总体标准偏差值来表示,即工序能力 $=6\delta$。当工序处于受控状态下,可用样本的标准差 s 来代替总体的标准差。那么,工序能力 $=6s$,以 B 表示工序能力,$B=6s$。显然,B 越小,工序能力越强。

(3)工序能力指数,以符号 C_p 表示,它是表示工序能力满足公差范围要求程度的量值,即

$$C_p = \frac{T}{6\delta}$$

式中　T——公差范围;

　　　δ——总体标准偏差。

计算工序能力指数时,当产品质量特性值服从正态分布、工序处于受控状态下和测量数据较多时(样本数 $N \geqslant 50$),工序总体的均值和标准偏差,可以近似用样本的均值 $\overline{X}$ 和标准差 s 来代替。故

$$C_p = \frac{T}{6\delta} \approx \frac{T}{6s}$$

当工序分布中心与公差中心有偏移时,工序能力指数用 C_{pk} 表示,其计算公式为

$$C_{pk} = (1-k)\frac{T}{6\delta} \approx (1-k)\frac{T}{6s}$$

式中　k——偏离系数。

$$k = \frac{\varepsilon}{T/2} = \frac{2\varepsilon}{T}$$

式中　ε——偏移量,$\varepsilon = |M - \overline{X}|$,$M$——公差中心;

　　　$\overline{X}$——工序分布中心。

以上 C_p、C_{pk} 是双向公差的公差中心与工序分布中心相重合和不重合的计算公式。当只有单向公差时:

单向公差上限(只给定上公差)

$$C_{pu} = \frac{T_U - \overline{X}}{3s}$$

式中　T_U——公差上限。

单向公差下限(只给定下公差)

$$C_{pl} = \frac{\overline{X} - T_L}{3s}$$

式中　T_L——公差下限。

（4）工序能力评定。

工序能力评定是指对工序能力能否满足公差要求做出的评定,以衡量生产过程的工序的贡量水平。为了便于评定,表11.9列出了常规工序过程能力等级评定表及表11.10列出了有偏离系数工序能力的评定表。

表 11.9　常规工序过程能力等级评定表

等级	特级	一级	二级	三级	四级
C_p	>1.67	1.67~1.33	1.33~1	1~0.67	<0.67
过程能力	过高	充分	尚可	不充分	不足

表 11.10　有偏离系数工序能力评定表

工序能力指数 C_p	偏离系数判断标准	对平均值采取的措施
$1.33 < C_p$	$0 < k < 0.25$	工序不调整
$1.33 < C_p$	$0.25 < k < 0.50$	工序应引起注意
$1.00 < C_p \leqslant 1.33$	$0 < k < 0.25$	工序应密切观察
$1.00 < C_p \leqslant 1.33$	$0.25 < k < 0.50$	工序应采取措施

2. 工序能力调查

工序能力调查分普查和审核(专查)两种,普查是对所有工序进行调查,一般是工序流程和各个工序设计确定之后进行;专查(审核)是对已确定的关键工序进行调查。工序能力调查程序或步骤为:

（1）明确调查目的。

（2）制订调查计划(含调查人员组成)。

（3）工序标准化和实施标准化作业。

（4）收集数据和信息。

（5）分析数据和信息。

（6）计算过程能力指数 C_p。

（7）做出判断(评定)。

（8）提出和落实改进措施。

（9）写出工序能力调查报告。

3. 工序分析

工序分析就是在工序调查中,对工序能力不能满足公差要求的工序,应用专业技术和统计技术进行工序因素分析,找出影响工序质量的主导因素(起支配性因素),采取相应的改进措施,消除异常,使工序处于稳定的受控状态。工序分析是工序质量控制的一项基础工作,对保证工序能力满足要求具有重要意义。

工序分析,一般由主管工艺员主持,车间工艺员、操作员、检验员等有关人员参加,进行现场调查和讨论,可进行必要的加工试验和验证,并将工序分析结果系统归纳,编制工序质量分析表,如表11.11所列。工序质量分析表与本章11.3.5节表11.4、表11.5质量特性分析表相似,属于同一类型。前者侧重一个工序的调查与分析,将结果以数据的形式列入表中,为后者的编写提供依据。不过,后者编写的依据除前者外,还有历年来相似规格的结果资料。

表11.11 工序质量分析表

车间　　　工段　　　　　　　　　　　　　　　　　　　NO. 888888

产品名称		零件号		零件名称		工序名称	
使用设备		质量特性		作业者		测定工具	
测验人员		记录人		标准		$C_p(C_{pk})$ 值	

因果分析图

缺陷统计表

顺号	缺陷种类	缺陷数%	累计%

————— 排列图

频数 ————————— 100 频率(%)

分析结果

年　月　日

4. 建立质量控制点,对关键工序实施质量控制

要点如下(供参考):

1)工序质量控制点的建立原则

(1)产品质量特性重要性分级为 A 级的项目或关键部位。

(2)工艺上有特殊要求,或对下道工序的质量有重大影响的部位。

(3)用户或内部质量信息反馈发现不合格较多的项目或部位。

2）工序质量控制点的建立及其实施

（1）进行工序能力调查。

（2）确定控制点。

（3）编制控制文件。

（4）准备工作：包括对车间工艺员、操作员、检验员的培训、教育、配备资源等工作。

（5）具体实施和日常管理。

（6）控制点的验收。

（7）处理。

参 考 文 献

[1] 陈炳权,王世芳. 质量管理学. 上海:上海科学技术文献出版社,1995.

[2] 王毓芳,郝凤. ISO 9000 常用统计方法. 北京:中国计量出版社,2000.

[3] 杨文士. 全面质量管理基本知识. 北京:中国科学出版社,1996.

[4] 中国机械工业质量管理协会. 机械工业质量管理教材. 北京:中国科学技术出版社,1998.

[5] 张庆新,裴殿恒. 产品质量抽样检查手册. 北京:中国标准出版社,1994.

[6] 卿寿松. 质量改进实施指南. 北京:中国计量出版社,1998.

[7] 肖惠、张玉柱. GB/T2828.1－2003＜计数抽样检验程序——第一部分:按接收质量限(AQL)检索的逐批检验抽样计划＞理解与实施. 北京:中国标准出版社,2003.

[8] 张智勇. 外资企业常用的质量管理工具. 广东:广东科技出版社,2004.

[9] 王之森,李玉芳. GB2828 在农药产品包装检验及生产过程中的应用[J]. 中国质量,2004(1):83－87.

[10] 宋占侠. 企业质量检验工作指南. 辽宁:辽宁人民出版社,1996.

[11] 刘光庭. 质量检验. 北京:北京理工大学出版社,1990.

[12] 机电部质量安全司. 电子企(事)业质量检验人员基本知识教材. 北京:海洋出版社,1992.

[13] 蒲伦昌,王毓芳. ISO 9000 统计技术实用教程. 北京:中国科学技术出版社,2000.

[14] 中国认证人员国家注册委员会. 质量管理体系国家注册审核员预备知识培训教程. 天津:天津社会科学院出版社,2001.

[15] 王毓芳,郝凤. 统计技术基本原理. 北京:中国计量出版社,2001.

[16] 肖诗唐,王毓芳,郝凤. 新产品开发设计与统计技术. 北京:中国计量出版社,2001.

[17] 肖诗唐,王毓芳,郝凤. 质量检验试验与统计技术. 北京:中国计量出版社,2001.

[18] 王毓芳,郝凤. 过程控制与统计技术. 北京:中国计量出版社,2001.

[19] 马毅林,严擎宇. 工业产品抽样检验方法. 北京:机械工业出版社,1984.

[20] 于振凡,楚安静,乔丹·于. 抽样检验教程. 北京:中国计量出版社,1998.

[21] 王庆仁,康学政,信海江. 抽样检验技术. 北京:中国计量出版社,1998.

[22] 国家质量监督检验检疫总局质量司. 质量专业理论与实务(中级). 北京:中国人事出版社,2002.